南开百年学术文库

# 陈晏清哲学文集

## 第四卷

## 历史哲学研究

U0362101

南开大学出版社

天　津

图书在版编目(CIP)数据

陈晏清哲学文集.第四卷,历史哲学研究 / 陈晏清
著.—天津:南开大学出版社,2017.5
(南开百年学术文库)
ISBN 978-7-310-05358-2

Ⅰ.①陈… Ⅱ.①陈… Ⅲ.①历史哲学—文集 Ⅳ.
①B—53

中国版本图书馆 CIP 数据核字(2017)第 078787 号

## 版权所有　侵权必究

南开大学出版社出版发行
出版人:刘立松
地址:天津市南开区卫津路 94 号　　邮政编码:300071
营销部电话:(022)23508339　23500755
营销部传真:(022)23508542　　邮购部电话:(022)23502200

＊

三河市同力彩印有限公司印刷
全国各地新华书店经销

＊

2017 年 5 月第 1 版　　2017 年 5 月第 1 次印刷
230×155 毫米　16 开本　30.75 印张　6 插页　359 千字
定价:98.00 元

如遇图书印装质量问题,请与本社营销部联系调换,电话:(022)23507125

（2015年，《人民画报》记者 王蕾摄）

陈晏清（1938—  ），湖南省新化县人，南开大学教授，马克思主义哲学家。1962年于中国人民大学哲学系毕业后分配至南开大学任教。1985年晋升教授，1986年经国务院学位委员会批准为博士生导师。曾任南开大学哲学系系主任、人文学院院长、社会哲学研究所所长、当代中国问题研究院学术委员会主任，以及中国辩证唯物主义研究会常务理事、顾问，中国人学学会学术委员会委员、顾问，天津市哲学学会会长、名誉会长等。

# 本卷说明

20 世纪 80 年代中期以后，学界关于社会历史规律客观性的讨论日趋活跃。社会历史规律的客观性问题是历史决定论的核心问题，争论的焦点是历史决定论和历史选择论的关系。就国内学术界、思想界的情况看，既受到了国外非决定论思想的冲击，也受到了某些在实质上是机械决定论思想的影响，理论上颇为混乱。这场讨论，涉及马克思主义世界观的根本哲学基础，不能不予以高度关注。因此，我们于 1992 年申报了国家社会科学"九五"规划重点课题"社会客观规律与人的自觉活动"，并获准立项。本卷收录的《辩证的历史决定论》（陈晏清、阎孟伟著，中国社会科学出版社 2007 年出版）就是这一课题研究的最终成果。

从哲学的范畴关系上说，自然哲学决定论主要涉及必然和偶然的关系问题，而在历史哲学决定论中则转换成了必然和自由的关系问题。因此，这一课题的研究同本文集第三卷收录的关于哲学体系改革的研究成果有着非常密切的关联。在第三卷中，论述了必然和自由的关系是理解整个马克思主义哲学的基本线索。如果说，在那里是以必然与自由的关系为线索去理解整个马克思主义哲学，那么，在这里则是运用整个马克思主义哲学的理论和方法去理解必然与自由的关系问题本身。这两个方面是相互论证、相互诠释的，这两种研究路向是相互支持的，都是人类活动论即实践论的哲学思维方式的运用和体现。

"社会生活在本质上是实践的"（马克思语）。这一命题是辩证的历史决定论全部立论的基础。"实践是主观见之于客观的东西"（毛泽东语）。实践是客观的物质活动，实践的物质性、客观性决定了人类社会是一个遵循其自身固有规律运行的有机系统，这是历史决定论的客观基础。同时，实践又是有意识有目的的自觉活动，实践的目的性、自觉性决定了人类社会又是一个具有精神文化特质的存在物，是一个以价值观念为核心的文化集成体。在客观规律规定的社会发展的可能性空间内，人的活动是有自己的价值选择的，社会的发展是有观念引导的，这就是历史选择论的客观基础。辩证的历史决定论是包含了历史选择论的历史决定论，同时也是以决定论为前提的历史选择论，是历史决定论和历史选择论的统一。因此，它是彻底的历史唯物论，也是真正的关于人的自由的理论。

这一课题本已于1996年以"A"级结项，但在修改成书时，觉得有些重要问题尚未获得相对满意的解决，不得不推迟出版，先作为博士研究生课的教材试用。博士生们的课堂讨论，对于这本书的修改起了重要的启发和推动作用。例如有的博士生提出，书稿在阐述决定论的自然哲学前提时几乎没有贯彻实践的观点，显得全书在逻辑上难以自洽。后来修改书稿，在阐述马克思的"感性世界"理论时，借助于皮艾尔·布迪厄的"场域"概念而提出了"实践场域"的概念，就是为了解决这一类问题的。1996年后，书稿又经过了2000年和2005年至2006年的两次大修改，才于2007年出版。但这一课题涉及难点太多，且争议太大，还须继续研究。

# 目　录

## 辩证的历史决定论

## 相关论文

# 辩证的历史决定论

# 导论：决定论的历史与历史的决定论

　　"决定论"（determinism）一词源于拉丁文"determinare"，意为"确定的，一一列举地决定、鉴别"。作为一种哲学观念，决定论的基本含义是，确认在人们赖以生存的周围世界中存在着普遍的、必然的因果联系，任何事物、现象或事件的产生都有一定的规律，都为一定的原因所决定，同时，任何事物、现象或事件的发生都会合乎规律地引起一定的结果。整个世界就是一个纷纭复杂、变化万千的因果网络。因此，确切地说，决定论就是因果决定论，它的深层内涵就是确认事物运动变化的规律性和必然性。与决定论相对立的哲学观念就是"非决定论"（indeterminism），亦称"自由意志论"。这种观念怀疑乃至否定因果联系的客观普遍性和规律性，并且认为只有否认了决定论观念，才能为人的自由意志的存在找到切实的理论根据。在西方哲学的漫长的发展过程中，决定论与非决定论理论始终是推进哲学思维的主要线索之一。因此，我们有必要对这两种观念相互斗争的历史做一简要的回顾，揭示在这一问题域中所包含的诸多问题。

# 一、古代朴素的决定论与非决定论观念

在人赖以生存的周围世界中，因果联系表现出这个世界的某种秩序性、确定性和规律性。在哲学家们理论地考察因果联系之前，因果观念就早已在人们的生活实践中形成了。人类实践活动之所以可能，最基本的客观前提，就是在实践活动与实践的对象之间，在实践的诸对象之间存在着这样一种联系：某种事物、现象或事件的发生必然会引起另外一些事物、现象或事件的出现，如"太阳晒，石头热"，"天上下雨，地上湿"，等等。只要把握住这种联系，人们就有可能通过自己的实践活动避免不利后果的出现，并促使有利后果的出现。任何事件的发生必定是有原因的，而且发生了的事件也一定会引起某种结果，这种古老的信念一经形成便凝结在人们的头脑中。人们相信，无论是翘首星空，还是俯瞰大地，都可以在纷繁杂陈的世界中发现内在的因果秩序。即便促使某种事件发生的原因尚未被发现，人们也会确信，在这个事件背后一定有某种力量在支使其出现。应当说，这种信念也是人类生存活动得以继续的最基本的信念。因为人类的生存活动与"解释"和"预见"这两种观念活动须臾不可分离，而"解释"不过是对已发生事件的原因的探究，"预见"不过是对可能发生的后果的推断。我们的某些解释，可能是错误的或者是虚幻的，我们的某些预见可能是无法实现或无法验证的，但没有"解释"和"预见"，我们赖以生存的周围世界对我们来说就是陌生的、异己的、充满不确定性的世界。人们正是凭着因果观念或因果信念来理解和把握自己的生存世界的。随着人类实践活动和思维能力的发展，人们不仅探究单个事件之间的因果联系，而且要追问整个世界秩序的根由，这一点其至在原始人质朴的神话传说中，在宗教对世界的界说中也以超自然的形式表现出来，例如宗教的"奇迹"就是极端的例证，"奇迹"的出现也不是没有原因的，它的原因就是"神"或"上帝"。

1. 古希腊哲学中朴素的决定论观念

直接发自生活经验的朴素的因果联系、因果必然性的观念构成了决定论哲学最原始、最粗糙的土壤，哲学家则是在哲学的反思中把因果观念确立为理解现实世界的基本原则的。在古希腊哲学中，最早对决定论原则予以理论表述的是爱非斯哲学家赫拉克利特。赫拉克利特认为，世界的本原就是在一定的分寸上燃烧，在一定分寸上熄灭的永恒的"活火"。所谓分寸，大致是指规律性的东西，赫拉克利特也将之称为"命运"或"逻各斯"。"赫拉克利特断言一切都遵照命运而来，命运就是必然性。——他宣称命运的本质就是那贯穿宇宙实体的'逻各斯'。'逻各斯'是一种以太的物体，是创生世界的种子，也是确定了的周期的尺度。"[①]"赫拉克利特说[神就是]永恒地流转着的火，命运就是那循着相反的途程创生万物的'逻各斯'。"[②]在赫拉克利特看来，既然"逻各斯"是贯穿了宇宙的实体，那么最高的智慧就在于认识和遵从这个"逻各斯"。他说："智慧只在于一件事，就是认识那善于驾驭一切的思想。"[③]这个驾驭一切的思想就是逻各斯："如果你不听从我本人而听从我的'逻各斯'，

① 北京大学哲学系外国哲学史教研室编译：《古希腊罗马哲学》，商务印书馆1961年版，第17页。

② 北京大学哲学系外国哲学史教研室编译：《古希腊罗马哲学》，商务印书馆1961年版，第17页。

③ 北京大学哲学系外国哲学史教研室编译：《古希腊罗马哲学》，商务印书馆1961年版，第22页。

承认一切是一，那就是智慧。"①赫拉克利特的逻各斯思想已经比较自觉地奠定了西方理性主义传统，对后世的整个西方哲学产生了深刻的影响。后现代哲学家德里达就把这个理性主义传统定名为"逻各斯中心主义"。

古希腊自然哲学家德谟克利特在其"原子论"中发展了赫拉克利特的"逻各斯"关于必然性和规律性的思想，使决定论的理论表述更为确切。德谟克利特把万物的始基归结为"原子"和"虚空"，用原子在虚空中的运动解释万物的生成与毁灭。他把原子在虚空中的"旋涡运动"称为"必然性"，并认为"一切都由必然性而产生"。值得注意的是，德谟克利特把自然必然性具体化为因果规律，事物之间的必然的联系，实质上就是原因和结果之间的必然联系。因而他声称："只要找到一个原因的解释，也比成为波斯人的王还好。"②他的这一思想肯定了客观规律的存在，肯定了因果联系的普遍性、必然性，从而道出了决定论哲学的基本原则和出发点。然而，德谟克利特为了强调因果联系或因果规律的必然性，断然否认了偶然性的存在，把偶然性看成人们为了掩盖自己的无知和轻率而捏造出来的偶像。这样，德谟克利特朴素的决定论思想事实上成为欧洲近代机械决定论的思想渊源。

值得注意的是，赫拉克利特和德谟克利特为代表的自然哲学尽管片面地强调自然必然性的存在，否认偶然性，但却没有把自然必然性与人的自由对立起来。这很可能是因为在古希腊哲学中，"自由"（ελευθερια）一词最初是涉及主奴关系的一个政治概念，即指当权者或奴隶主依照法律释放那些屈从于他们

---

① 北京大学哲学系外国哲学史教研室编译：《古希腊罗马哲学》，商务印书馆1961年版，第23页。

② 北京大学哲学系外国哲学史教研室编译：《古希腊罗马哲学》，商务印书馆1961年版，第103页。

的权力的人，如奴隶、囚徒等，解除他们的奴隶身份或囚禁状态以及其他方面的奴役。对自由概念的这种理解，使希腊哲学家并没有在理论上自觉地意识到因果必然性与人的自由之间的矛盾。像德谟克利特这位在自然哲学中片面强调必然性而否认偶然性的哲学家也明确承认："在一种民主制度中受贫穷，也比在专制统治下享受所谓幸福好，正如自由比受奴役好一样。"①此后，在柏拉图和亚里士多德的政治哲学中，自由概念得到了更充分的发展，但他们始终都没有把自由同必然联系起来加以思考。

在希腊哲学中，关于自由和必然的矛盾首先是在道德哲学中呈现出来的。道德哲学思考的一个主要问题是，人们是不是要对自己的行为负道义责任。如果认为我们的一切行为都是被因果必然性所决定的，那么谈论我们自身行为的道德责任或用"善""恶"标准来评判我们的行为就是毫无意义的事情。反之，如果强调人应当对自己的行为负道义责任，就必须肯定人有选择和决定自己行为的自由权利，但在因果必然性面前，人如何获得这种权利？最早在理论上注意到这一矛盾的是晚期希腊哲学家伊壁鸠鲁。伊壁鸠鲁继承了德谟克利特的原子学说，但他对德谟克利特只承认原子运动的必然性而否认偶然性的观点不满意，认为在原子垂直下降的必然性运动中，有些原子由于其内部原因可能离开原来的直线轨道而产生偏斜运动。因此在原子的运动中，尽管必然性的直线运动是主要的，但并不是说一切都是必然的，而是存在着偶然的偏斜运动。这一观点直接成为伊壁鸠鲁伦理思想的本体论依据。如在称颂那种能够说美德和愉快的生活共存的人时，"他不信有些人拿来当作万物之主的

---

① 北京大学哲学系外国哲学史教研室编译：《西方哲学原著选读》上卷，商务印书馆1981年版，第120页。

那个命运，他认为我们拥有决定事变的主要力量，他把一些事物归因于必然，一些事物归因于机遇，一些事物归因于我们自己，因为必然取消了责任，机遇是不经常的，而我们的行动是自由的，这种自由就形成了使我们承受褒贬的责任"①。伊壁鸠鲁把自由理解为"拥有决定事变的主要力量"和"归因于我们自己的事物"。尤其重要的是，他不仅把"自由"和责任联系起来，而且还把"自由"同"必然性"和"偶然性"（机遇）联系起来加以考察，尽管在他的理解中自由、必然和机遇分属三种不同事物的归因。当然，这也表明，在伊壁鸠鲁的道德哲学中，必然和自由依然是分立的，必然性属于自然哲学的范畴，而自由则属于道德哲学的范畴。人类的包括道德生活在内的社会生活是否像自然事物那样受因果必然性的制约，这个问题在希腊哲人那里还是相当模糊的。指出人的行为出于人的自我决定并不难，但是如果说人的任何自我决定都是有原因的，那么人的自我决定能否以及怎样摆脱因果必然性的制约，或者说，在因果必然性的链条中如何解释人的自我决定的自由，就会成为一个难解之谜。因此，对于决定论哲学来说，真正的问题是，在各种客观必然性面前人类能否获得自由。

2. 朴素决定论观念的神学表达

西方古代朴素的决定论观念在宗教神学中也有自己特定的表现形式。这种表现形式融合了希腊本体论哲学有关必然性的观念和道德哲学有关人的自由的观念。在古希腊哲学中，无论是对于以德谟克利特为代表的自然哲学家来说，还是对于以柏拉图为代表的形而上学哲学家来说，宇宙的必然性法则与人所必须遵循的道德法则本性上是同一的，因而也是绝对的。人之

①  北京大学哲学系外国哲学史教研室编译：《古希腊罗马哲学》，商务印书馆 1961 年版，第 369 页。

所以必须遵守道德，就在于必须使自己的活动与世界的本性或法则保持一致，而不能违反和抗拒无所不在的宇宙法则。这种对于道德的宇宙论界说始终是西方古代哲学和伦理学的主调。罗马斯多葛学派的哲学家奥勒留对此做出了清晰的表达。他说："不管宇宙是原子的集合，还是自然界是一个体系，我们首先要肯定，我是自然所统治的一部分；其次，我是在一种方式下和与我同种的其他部分密切关联着。……因此，由于记住我是这种整体的一部分，我就会对一切发生的事情满意。而由于我同与我自己同种的那些部分在一种方式中密切地关联着，我就不会做不合乎人群的事情，而宁愿使自己趋向与我自己的同类的东西，会把我的全部经历放到共同利益上面，而使它离开与共同利益相反的事情。"①新斯多葛学派的哲学实际上已经是一种准宗教哲学，十分明显地将希腊哲学对世界本体的探讨导向对神灵的崇拜。如斯多葛学派哲学家爱比克泰德说："要相信敬神的本质在于对神形成正确的意见，认为神灵是存在着，并且是公正地、很好地管理着宇宙。你要坚持这样的决心：服从神灵，向他们投降，在一切事变里心甘情愿地追随他们，因为一切事变是为最完满的智慧所统治着的。……要这样做，任何别的办法都没有用，只有使你自己躲开不在我们自己能力范围之内的事物，而认定善或恶只在于那些属于我们自己能力范围之内的事物。"②这样，对宇宙必然性的服从就转换成对神的敬仰和崇拜，对因果必然性的理解，转变成"一切事变是为最完满的智慧所统治"。

罗马帝国后期，基督教神学终于在精神生活领域占据了统

① 北京大学哲学系外国哲学史教研室编译：《西方哲学原著选读》上卷，商务印书馆 1981 年版，第 449—450 页。
② 北京大学哲学系外国哲学史教研室编译：《古希腊罗马哲学》，商务印书馆 1961 年版，第 440 页。

治地位。来自希伯来文化的信仰主义和来自古希腊的理性主义相互融合，衍生出西方理性神学的传统。一切道德说教也就完全被纳入人对上帝的关系中加以解释，希图使适于当时社会秩序需要的道德规则能够借助于这些超人间的力量得到贯彻执行。出于对人的道德责任的考虑，基督教神学强调人的自由本性。如教父奥古斯丁认为，人是自由的，但人的自由可以使人向善，也可以使人向恶。人类之初本来可以选择永恒的、神圣的自由，但他们没有选择，而是自由地选择了犯罪。自由被罪恶所胜，人成了自由的奴隶，这不是真正的自由。真正的自由是神的自由。这种自由是舍感性而向善，趋向至善和神，这是快乐的。这种自由受制于上帝对克服物欲的要求，但受制也是快乐。[①]不难看出，奥古斯丁试图向人们论证，在上帝面前，人的自由本性是微不足道的，这种自由除了导致人的堕落之外没有别的意义。上帝创造了一切，也支配着一切。一切都是上帝规定的。没有天命，别说世界不存在，"就是一根头发也不会从头上落下来"。因此真正的自由，就是放弃自己在现世中的自由而顺从上帝。人因其原罪而无法摆脱自身堕落的趋势，只有通过信仰才能使道德的力量发挥作用。奥古斯丁的这些理论可以说是理论化了的宗教宿命论。

　　到了中世纪，基督教的伦理学说在经院哲学的发展中得到了完整的阐释。其中，最具代表性的是托马斯·阿奎那神学理论体系。托马斯·阿奎那对上帝的存在做了五个方面的证明：第一推动者证明；第一因证明；必然性证明；至真至善至美证明；目的论证明。不难看出，托马斯·阿奎那对于上帝存在的证明，不过是把希腊哲学中关于世界本体的论证置于神学的话

　　① 参见奥古斯丁：《教义手册》，北京大学哲学系外国哲学史教研室编译：《西方哲学原著选读》上卷，商务印书馆 1981 年版，第 221 页。

语之中，把世界的终极本质也就是作为"存在之存在"的那个终极根据，置换成上帝的存在。这样，在托马斯·阿奎那的上帝的存在论证明中，上帝被推崇为万物生成和变化的始因。如果说，世界是一个生生不息的因果链，那么，上帝就是这个因果链的最初启动者，即第一推动。在这里，值得提及的是，托马斯·阿奎那用神学的语言第一次系统地阐发了偶然性与必然性的关系，因而在一定程度上纠正了伊壁鸠鲁把偶然和必然分离开来的观念。在他看来，现世的一切事物都是可以存在、也可以不存在的不确定之物，或者说是一种偶然性或可能性。而偶然性和可能性的东西只有借助必然的东西才能转化为现实的存在。这个必然的存在就是上帝，上帝使一切可能的存在和非存在转化为存在。此外，托马斯·阿奎那还把宇宙万物合乎规律的运动理解为上帝有目的的创造活动，声称包括人在内的一切存在物的生存和活动不过是在履行上帝早已制订好的计划，因而皆听命于上帝的指导，上帝的目的赋予宇宙以和谐的秩序。托马斯·阿奎那的最终结论是，"万事万物的最后目的就是上帝。……因此，我们必须把那些特别使人接近上帝的东西作为人的最后目的"。[①]可以说，在托马斯·阿奎那的神学体系中完成了古希腊朴素的决定论观念向神学目的论、预定论和宿命论的转换。

3. 古代朴素的非决定论观念

非决定论的历史似乎没有决定论那么久远。它一开始的出现不是产生于对现实事物的直观，而是产生于对人的认识活动的反思。公元 2 世纪，也就是新斯多葛学派大谈宇宙秩序、神的目的和人的命运的时候，一些新怀疑主义者开始用冷静的态

---

① 托马斯·阿奎那:《反异教大全》，北京大学哲学系外国哲学史教研室编译:《西方哲学原著选读》上卷，商务印书馆 1981 年版，第 278 页。

度对这些论断提出质疑。塞克斯都·恩披里柯是其中最主要的代表人物。他认为，人的感性认识是相对的，只能确认事物直接当下呈现出来的样子，无法判断其真假，理性认识也同样可以产生正、反两个矛盾的判断，并不具有确定无疑的性质，因此他明确地反对种种有关世界本体的独断论理解。他说："我们必须对那种是独立的、本来的（实体）的东西保留判断，不加同意。必须指出，我们在这里用了'是'字，但是意思只是指'显得'"。①

　　基于上述观念，恩披里柯把因果观念当作独断论加以批判。他认为，如果某物是另外一个东西的原因，那么或者同时的东西是同时的东西的原因，或者在先的东西是在后的东西的原因，但这两种情况都不能证明原因和结果的存在。首先，同时的东西是并存的，谁也不能产生谁；其次，在先的东西也不是在后的东西的原因，因为当原因存在时，结果还不存在。同时，在后的东西也不是结果，因为产生这个结果的东西已经不存在了。他的结论是，原因和结果都是不存在的，或者断言因果关系的存在是可疑的。

　　不难看出，恩披里柯对因果关系的怀疑在理论论证上是相当粗略的。而且在当时强调宇宙必然性和神性的主旋律面前，他的怀疑也不过是一种十分微弱的反调。但是不能否认的是，他的怀疑论代表了西方哲学中另外一种哲学倾向并对后世哲学如休谟的怀疑论和胡塞尔的现象学，产生了深刻的影响。

---

① 转引自黑格尔：《哲学史讲演录》第 3 卷，贺麟、王太庆等译，商务印书馆 1983 年版，第 119 页。

# 二、近代机械决定论的兴盛与经验论
# 哲学中的怀疑论倾向

　　古希腊自然哲学的发展孕育了西方科学精神。以德谟克利特为代表的原子论哲学事实上已经深入到对世界的物质构成的分析，从而为西方科学思维的发展奠定了传统的根基。17 世纪英国哲学家弗兰西斯·培根把古希腊哲学划分为两条路线。一条是以毕达哥拉斯、柏拉图和亚里士多德为代表的路线，他们把自然归结为某种超自然的抽象物，如数、理念、实体等等。另一条是以阿那克萨哥拉、德谟克利特、伊壁鸠鲁为代表的路线，他们主张"深入到自然里面去"研究自然。培根声称自己是阿那克萨哥拉和德谟克利特路线的继承者，主张哲学的任务就是解释自然和驾驭自然。他严厉地批判了用头脑构造虚妄观念的经院哲学，认为一切知识来源于人们的感觉经验，而科学的任务就在于发现自然事物运动变化的规律或"形式"。为此他倡导科学实验，强调在技术的干扰下迫使自然暴露自身的"奥秘"。培根的这些思想可以说是欧洲近代自然科学精神的理论表达，并奠定了经验论哲学的传统根基。因此，恩格斯把培根称为"英国唯物主义的真正始祖"①。

　　培根的思想推进了欧洲近代实验科学的发展，同时也使古代自然哲学中所隐含的朴素决定论观念成为近代科学精神的内核，并且在实验科学的推动下逐渐成为一种以近代机械力学为依据的机械决定论。

---

　　① 恩格斯：《社会主义从空想到科学的发展》，《马克思恩格斯选集》第 3 卷，人民出版社 1995 年版，第 698 页。

## 1. 机械决定论的兴盛

欧洲近代机械决定论的兴起与近代自然科学特别是力学的产生、发展和完善密切相关。近代力学，也就是牛顿力学，把千差万别的物体抽象为只有质量、速度和位置的"质点"，把物体间复杂的相互作用关系所产生的能量抽象为单一的"力"，由此通过实验确认物体在不同时刻的机械运动状态之间保持着严格的因果确定性。在这里，因果关系被描述为物体在不同时刻的运动状态之间的关系，亦即物体在每一瞬间的运动状态即被此前任一时刻的运动状态所决定，同时又严格地决定了其后任一时刻的运动状态。牛顿力学在解释地球上宏观物体的机械运动方面获得了巨大的成功，并在日后机器大工业的发展中得到了广泛的应用。人们普遍相信，牛顿力学是解释世界的真正可靠的、也是最根本的依据，一切科学最终都是以牛顿力学为基础的。

近代力学的发展成果很快被重视科学成就的欧洲经验论哲学家们所吸收。17 世纪，英国哲学家霍布斯把机械运动视为自然界唯一的运动形式，用机械运动的原理来解释因果关系的内容，并把揭示因果关系看成哲学的全部任务。他说："'哲学'是关于结果或现象的知识，我们获得这种知识，是根据我们首先具有的对于结果或现象的原因或产生的知识，加以真实的推理。"[①]在他看来，因果联系是必然的，世界就是原因和结果必然联系的锁链，世界上的一切都受因果必然性的制约。他断言："一切已经发生或将要发生的结果，都在其先行的事物中有其必然性。"[②]与此同时，他也断然地否认了偶然性的存在，认为既

---

① 霍布斯：《论物体》，北京大学哲学系外国哲学史教研室编译：《十六—十八世纪西欧各国哲学》，商务印书馆 1975 年版，第 60—61 页。
② 霍布斯：《论物体》，转引自冒从虎等主编：《欧洲哲学通史》，南开大学出版社 1986 年版，第 351 页。

然世界上的所有事物都是有原因的，那么，一切事物就都是必然的，根本不存在所谓偶然性。人们之所以谈论偶然性，是因为人们还不知道事物的原因，而一旦知道了它的原因，就又认为它是必然的了。他说："比如，明天将要下雨，将是必然下的，就是说，将是由于必然的原因下的；但是，我们认为它是偶然下的，并且也说它是偶然下的，这是因为我们还不了解它的原因……"①可以说，霍布斯关于因果联系的这些观点构成了机械决定论的最基本特征，即承认因果联系的客观性、普遍性和必然性，否认任何意义上的偶然性。

这种机械决定论的观点，在法国唯物主义哲学中得到了更为彻底的发挥。其中，霍尔巴赫的思想最具代表性。同霍布斯一样，霍尔巴赫从机械论出发，认为自然界的一切运动变化都遵循不变的必然性法则，也就是因果法则。他说："在宇宙中一切事物都是相互关联的，宇宙本身不过是一条原因和结果的无穷锁链，这些原因和结果，不断地使这一些从那一些中产生出来。"②既然世界本身就是一个因果锁链，那么人们所能见到的一切就都是必然的，没有偶然性。他说："事实上，我们是把我们看不出同原因相联系的一切结果归之于偶然。所以，我们是用偶然这个字，不过是来掩盖我们对于产生所见的那些结果的自然原因的愚昧无知罢了。"③霍尔巴赫甚至把这种机械决定论观念引申到他的社会历史观念中，他说："没有什么微小的或遥远的原因不会在我们身上有时产生最大的、最直接的后果。说不定一阵暴风雨的一些最初原因就是在利比亚干燥的平原里聚

---

① 霍布斯：《论物体》，转引自冒从虎等主编：《欧洲哲学通史》，南开大学出版社1986年版，第352页。

② 霍尔巴赫：《自然的体系》（上册），管士滨译，商务印书馆1964年版，第51页。

③ 霍尔巴赫：《自然的体系》（上册），管士滨译，商务印书馆1964年版，第63页。

集起来，这场暴风雨，被风卷着，向我们奔驰而来，加重了我们的大气，影响到一个人的气质和情绪，而这个人由他自己的一些情况又能影响到许多其他的人，并且依照他的意志来决定许多民族的命运。"①

随着力学的发展及其在工业实践中获得的巨大成功，机械决定论的观点也不断升温。1814 年，拉普拉斯在《概率的哲学》一书中，将这种决定论观念发展到极端，认为，"我们应当把宇宙的现在状态看作它先前状态的效果，随后状态的原因"，只要把宇宙中的一切物体运动纳入同一公式中，那么，未来和过去一样，都呈现在我们面前。

不能否认，机械决定论思潮的兴盛完全体现着当时历史条件下最强烈的科学精神。德国社会学家马克斯·韦伯曾把近代以来科学技术的发展称为"祛魅"的过程，而机械决定论堪称来自哲学的"祛魅"。霍布斯立足于这种机械决定论的观点，反对经院哲学的"意志自由"论，认为人们所做的任何抉择（意志）都是有原因的，都是人们权衡利害得失的结果，根本就不存在着超脱因果必然性的所谓"自由的"意志。所谓自由不过是遵循必然性而无阻碍地活动罢了。法国唯物主义则更是把机械决定论观念作为反对神秘主义和信仰主义的有力武器，如霍尔巴赫就明确宣称宗教是"神圣的瘟疫"。

但是，极端的机械决定论观念在否认偶然性的同时，也就倾向于否认人的自由。当机械决定论者完全用自然必然性来解释人性和人的存在时，他们就很难找到人的自主性和自由性的自然根据。霍尔巴赫说："我们的思维方式必然被我们的存在方式所决定；所以，它有赖于我们的自然的机体，也有赖于我们

---

① 霍尔巴赫：《自然的体系》（上册），管士滨译，商务印书馆 1964 年版，第 52 页。

的机制在不受意志支配的情况下所接受的种种改变。由此，我们不能不得到这样的结论：我们的思维、我们的反省、我们的观看、感觉、判断、配合观念等等的方式，既不能是自愿的，也不能是自由的。"①由此推论，自由是不可能成为人的生存的基本价值的，因为"我们是好是坏、幸福或不幸福、明智或愚笨、有理性或没有理性，对于这些不同的情况，我们的意志丝毫无能为力"②。"经验给人证明，在他所有的行动中，他永远逃不出必然的掌握"，"理性应当让我们学会顺从命运的意旨"；"人的一生没有一刻是自由的"，人不是自己"形体的主人"，也不是"他的观念……的主人"，"他不能自己做主不去爱或不去欲求"，"人们的行动绝不是自由的"。③ 正如马克思和恩格斯在批评近代唯物论的上述观点时所说，他们是"从唯物主义意义上来说人是不自由的"④。恩格斯在《自然辩证法》一书中也针对机械决定论只承认必然性而否认偶然性的观点提出了更尖锐的批判，他说："承认这样一种必然性，我们也还是没有从神学的自然观中摆脱出来"。⑤因为，如果确认宇宙中所发生的一切皆在宇宙的原始构造中预先安排妥当，那么，人们完全没有必要去研究这种必然性，没有必要去探索这个因果链条，这样做并不能使我们变得更聪明一些。对于宇宙的这种僵死的、直接的必然性，我们的活动绝谈不上增添一丝一毫积极的东西，既没有什么创造，也不会有什么失误。因此，"无论我们是同奥

① 霍尔巴赫：《自然的体系》（上册），管士滨译，商务印书馆 1964 年版，第 174 页。

② 霍尔巴赫：《自然的体系》（上册），管士滨译，商务印书馆 1964 年版，第 164 页。

③ 霍尔巴赫：《自然的体系》（上册），管士滨译，商务印书馆 1964 年版，第 70 页，第 190 页。

④ 马克思和恩格斯：《神圣家族》，《马克思恩格斯全集》第 2 卷，人民出版社 1974 年版，第 167 页。

⑤ 恩格斯：《自然辩证法》，《马克思恩格斯选集》第 4 卷，人民出版社 1995 年版，第 325 页。

古斯丁和加尔文一道把这叫作上帝的永恒的意旨，或者是同土耳其人一道把这称作天数，还是把这叫作必然性，这对科学来说差不多是一样的"①。也就是说，机械决定论并不能真正地排除认识论中的信仰主义和神秘主义。

2. 经验论中的怀疑论倾向对因果联系的客观性和必然性的质疑

耐人寻味的是，上述机械决定论的观念来自欧洲经验论哲学，而近代对因果联系的客观性、普遍性和必然性的怀疑乃至否定也来自经验论哲学。这看似矛盾的事情，其实并不奇怪。在经验论的认识论原则中就已潜藏着怀疑论的基本倾向。这道理在于，如果说人们的一切认识来源于感觉经验，那么感觉就是认识的起点，但人们的感觉能够真实地反映事物的性质吗？经验科学显然无法对这个问题做出明确的肯定性回答。这就不能不使重视科学的经验论者对此表示出普遍的怀疑。例如霍布斯认为，外物与感觉的关系犹如机械运动中的作用与反作用的关系，外物的运动给感官施加"压力"，感官随之产生"抗力"，这就产生了感觉。所以感觉只是感官对外物压力所产生的抗力而引起的纯粹的主观心理状态，而并不真正反映外物的性质。因此他说："一切感觉不是别的，只是原始的幻影。"②在他之后，英国另一位著名哲学家洛克则更为明确地说，"实体"作为一个复杂观念只能用来把握事物的"名义本质"，而不能反映事物的"实在本质"。实在本质是名义本质的基础，但人们却只能把握名义本质。至于实在本质，人们只能假定它的存在，却不知它为何物。洛克进而把他的这种看法延伸到对因果联系的认

---

① 恩格斯：《自然辩证法》，《马克思恩格斯选集》第 4 卷，人民出版社 1995 年版，第 325 页。

② 霍布斯：《利维坦》，转引自冒从虎等主编《欧洲哲学通史》，南开大学出版社 1986 年版，第 356 页。

识。他认为，因果关系的观念就是人心将一个观念和其他观念并列在一起加以思考和相互比较而形成的观念。当我们考察一个事物的存在是由别的事物的作用而引起时，便形成了因果性观念，把起作用的东西叫作原因，把所产生的东西叫作结果，但人们并不能真正把握因果之间的必然联系。他说："因果的意念都是由感觉和反省所传来的那些观念来的，而且这种关系不论如何普遍，亦是要归结于这些观念的。因为我们只要知道有任何简单的观念或实体，由于别的观念（或实体）的作用，而开始存在，我们就可以得到因果的观念；并不必知道那个作用的方式如何。"①

经验论的这种怀疑论倾向最终在休谟哲学中得到了彻底的、明确的阐发，并且核心问题恰恰就是因果联系的客观性、普遍性和必然性问题。休谟之所以重视对因果观念的分析，是因为他看到"关于实际事情的一切理论似乎都建立在因果关系上"②。但是，以往的哲学只是普遍地、先验地使用这个因果原则进行推论，但却没有对这个原则做出任何证明。为此他力图从经验论的立场出发，对因果观念的真实可靠性做出澄清。他明确指出："因果之被人发现不是凭借于理性，乃是凭借于经验。"③基于这种彻底的经验论立场，休谟否定了因果观念的先验性，坚持人们只能在经验范围内研究因果性问题。

休谟首先探讨了因果观念的来源问题。他认为，这种观念是从对象间的某种关系得来的。人们在经验中，一是看到了两个对象之间的接近关系，亦即两个对象只有在时间和空间上相互接近，才有可能联想到它们之间的相互作用；二是看到两者

---

① 洛克：《人类理解论》，关文运译，商务印书馆 1959 年版，第 299 页。
② 休谟：《人类理解研究》，关文运译，商务印书馆 1957 年版，第 27 页。
③ 休谟：《人类理解研究》，关文运译，商务印书馆 1957 年版，第 28 页。

间的接续关系，即一个对象总是在先，一个对象总是在后。对象间的接近关系和接续关系是我们形成因果关系观念的必要前提。但仅此还是不够的，要确立因果关系还必须确认两个对象之间必须存在着必然的联系。然而，经验上，我们只能看到两个对象间的接近关系和接续关系，却"永远看不到它们之间有任何纽带"，即二者间的"必然联系"，看不到作为原因的事件中有什么必然产生结果的能力。他说："人心纵然极其细心地考察过那个所假设的原因，它也不能在其中发现任何结果来。因为结果和原因是完全不一样的，因此，我们也就不能在原因中发现出结果来。"①当然，休谟并不由此否认因果观念在日常中的使用，不过他认为，人们之所以会从对象间的接近性和接续性中形成因果观念，不是因为人们发现了对象间有什么必然的因果联系，而不过是对象的恒常会合在人们心中形成的一种习惯，是一种来自人们心灵的"习惯性联想"。

休谟否认了因果联系的客观性，也就同时否认了因果联系的必然性。他认为，由于在经验中并不能确定对象之间有什么必然性的联系，因此，建立在习惯和信念之上的因果推论都只能是或然性的推论。此外，因果关系方面的许多复杂情况也会带来因果推论的或然性，比如，在我们不曾观察到的足以产生强烈习惯的众多例子的情况下，被迫依据这种习惯进行推论，或者在类似关系不精确的情况下进行推论，这就不可能是精确的。

休谟的上述推论的确对人们久已习惯了的因果必然性信念构成了沉重的打击，因为如果我们把因果必然性理解为现象之间的一种自在的联系，我们确实无法证明这种必然性的客观存在。休谟对因果必然性的怀疑表明彻底的经验论立场与彻底的

---

① 休谟：《人类理解研究》，关文运译，商务印书馆 1957 年版，第 29 页。

机械论观念不可能协调。在休谟看来，把因果联系的客观性和必然性理解为事物之间或现象之间关系的普遍法则，不过是一种没有经验根据的独断论。

## 三、决定论原则的辩证诠释与历史决定论的兴起

以休谟为代表的怀疑论哲学对因果联系的客观性、普遍性和必然性的质疑，启发或者说迫使人们不得不重新思考近代以来的决定论观念。在科学思维日益发达的时代，显然不可能从根本上动摇人们的决定论信念，因为在科学和工业实践中，因果必然性观念无论在解释世界上还是在改变世界上都具有任何理论都无法否认的理论效力。理论的冲突主要表现在必然与自由的关系上。在这个问题上，人的自由意志似乎也是同样不可否认的事实，如伊壁鸠鲁所说，我们"拥有决定事变的主要力量"，这一点不仅仅是人的一种信念，而且是同样可以在人类生活实践中得到普遍的证实的。如果人没有自由意志，我们将无法理解人在其行为中所要承担的道义责任，甚至无法理解人类的工业实践何以使自然界发生体现人的意志的变化。问题在于，人们的行为同样是有原因的，不管这种原因是表现为做事情的条件，还是表现为一种"欲念""动机"或"命令"，如果确认因果联系是客观的、必然的，我们又如何能够从这种客观必然性中推出人的自由？这不能不使自由与必然的关系问题成为近代哲学的主题。当这个主题由于涉及对人的本性和人的历史活动的理解而不可避免地延伸到社会历史观领域，便进而推动了近代历史决定论观念的产生。

1. 德国思辨哲学对决定论原则的辩证理解

在欧洲近代哲学中，康德是最早从哲学本体论和认识论层面上探讨自由与必然关系的著名哲学家。他深受休谟哲学的影响，承认休谟对因果联系的质疑打破了他"教条主义的迷梦"。但是他不同意休谟把因果联系归之于人的习惯性联想的观点，认为自然界中的因果关系法则固然不是来自经验观察，但也不是来自人的心理习惯，而是来自人的纯粹理智，来自人们用以把握经验素材的理智思维形式。也就是说，因果必然性法则就是作为人的认识能力和理智思维形式先验地存在于人的头脑中，并且为人所共有的，因而是普遍的客观有效的法则。当我们用因果联系的法则去把握来自自然界的现象或经验时，便赋予自然界中的现象以普遍的、必然的和客观的因果规律，因为自然的本质无非是"经验的一切对象的合乎法则性"①。

康德用这种方式承认了因果联系的普遍性、必然性和客观性，就为他论证人的自由提供了前提。他不否认在"现象界"也就是在"自然界"中，一切事物包括人的活动都受自然界的因果必然性的支配，但是就人作为理性的存在体或理性的主体具有完全按照理性而行动的能力来说，人的活动是自由的。也就是说，如果说人是按自然界的法则来行动，那么理性恰恰是这些自然界法则的原因②，因此他是自由的；反之，如果假定人的行动在自然界中引起的结果仅仅按感性的自然法则行事，理性并不对它施加影响，这就表明理性本身并不因此受感性的支配，因此他在这种情况下也仍然是自由的。"所以自由并不妨碍现象的自然法则，同时自然法则也并不妨碍理性在实践使用

---

① 康德：《未来形而上学导论》，庞景仁译，商务印书馆 1978 年译，第 61 页。
② 依照康德的认识论观点，自然界的必然性法则，既不是来自现象本身，也不是来自"自在之物"，而是来理性存在体（人），是人运用自身的先天的知性思维形式把握经验内容的结果。

上的自由"，"这样一来，就保住了实践的自由，也就是说，理性，按照客观规定的根据，有了其因果性的自由，同时作为现象的那些结果来说，也毫不妨碍自然界的必然性"。[①]显然，康德力图用上述分析消解自由与必然的对立，并为他在实践理性批判中探讨人的自由奠定了一种本体论和认识论的基础。

在康德之后，黑格尔的思辨哲学从理论上对决定论原则做出了非常系统的辩证分析，从而在哲学史上第一次建构出完整的唯心主义辩证决定论思想体系。首先，在必然性与偶然性的关系问题上，黑格尔反对把必然性与偶然性绝对对立起来的机械决定论观念。他指出，任何现实事物，就其直接的存在而言都是一种偶然性，亦即依赖他物而存在；但这种直接的偶然的存在同时亦是事物的实质借以展开和实现的条件，必然性则正是事物的实质借助条件由可能向现实的转化过程，是事物在这种转化过程中体现出来的自身同一性。内容丰富的本质是事物依赖于一定的条件同时又扬弃这些条件，把条件作为被扬弃的中介融进自我实现过程的自身联系。事物的实质借助条件由可能转化为现实的过程就是因果关系的运动。因此，因果关系就是一种必然的、自身同一的关系。但黑格尔反对把因果关系看成必然性过程的全部内容，认为因果关系只是必然性的一个侧面。同时，他还反对把因果关系仅仅看成一种直线式的无穷递进的过程，认为因果关系是不断返回自身的圆圈式运动，在这种运动中，原因和结果互相规定、互相过渡，从而构成了因果两环节不断变换的相互作用关系。黑格尔的这一思想，可以说是对因果联系和因果运动的比较完整的理论把握。

在自由与必然的关系问题上，黑格尔直截了当地承认，自

---

① 康德：《未来形而上学导论》，庞景仁译，商务印书馆1978年版，第132页注释。

由在其最根本的意义上就是意志自由。他说："自由是意志的根本规定，正如重量是物体的根本规定一样。……因为自由的东西就是意志。意志而没有自由，只是一句空话；同时，自由只有作为意志，作为主体，才是现实的。"①当然，"自由"并不是一个抽象概念，作为"理念"，它是必然要走向定在，并从定在中返回自身的运动。为此，黑格尔把自由意志逻辑运动概括为三个环节。第一个环节：意志包含"纯无规定性或自我在自身中纯反思的要素。在这种反思中，所有出于本性、需要、欲望和冲动而直接存在的限制，或者不论通过什么方式而成为现成的和被规定的内容都消除了。这就是绝对抽象或普遍性的那无界限的无限性"②。这实际上就是指没有任何规定性的纯粹"自我"，即"我从我在自身中所发现的或所设定的每一个规定中能抽象出来的这种绝对可能性"③，它意味着"我能摆脱一切东西，放弃一切目的，从一切中抽象出来"④。但这种自我是无规定性的、无差别的，因而是空虚的。第二个环节："自我就是过渡，即从无差别的无规定性过渡到区分、规定、和设定一个规定性作为一种内容和对象。……这就是自我有限性或特殊化的绝对环节。"⑤黑格尔所说的这个环节，实际上就是人的存在的经验性环节。因为意志总是要希求某物，不希求任何事物的意志就不是意志。而"意志所希求的特殊物，就是一种限制，因为意志要成为意志，就得一般地限制自己"⑥。意志对特殊物的希求，使它"面对着一个外部世界"，这同时又是一个

---

① 黑格尔：《法哲学原理》，范扬、张企泰译，商务印书馆 1961 年版，第 11—12 页。
② 黑格尔：《法哲学原理》，范扬、张企泰译，商务印书馆 1961 年版，第 13—14 页。
③ 黑格尔：《法哲学原理》，范扬、张企泰译，商务印书馆 1961 年版，第 14 页。
④ 黑格尔：《法哲学原理》，范扬、张企泰译，商务印书馆 1961 年版，第 15 页。
⑤ 黑格尔：《法哲学原理》，范扬、张企泰译，商务印书馆 1961 年版，第 16 页。
⑥ 黑格尔：《法哲学原理》，范扬、张企泰译，商务印书馆 1961 年版，第 17 页。

"通过活动和某种手段的中介而把主观目的转化为客观性的过程"。正是在这第二个环节上,意志自由受到客观必然性的制约,因为意志的这种特殊化必然要受到外部世界的限制,就此而论,决定论的观念是正确的、合理的。但是,自由意志不会停留在这个环节上,因为自由意志的特殊化不会使自身没入客体状态中,而是一定要从客观对象中返回自身。这就出现了第三个环节。这个环节是前两个环节的统一,"是经过在自身中反思而返回到普遍性的特殊性——即单一性"①。这是自我的自我规定,它意味着"任何自我意识都知道自己是普遍物,即从一切被规定的东西抽象出来的可能性,又知道自己是具有特定对象、内容、目的的特殊物"②。换句话说,在经验的世界中,人们做任何一件事都会受到外部世界的限制,但同时人们从做每一件事情上意识到"自我"的存在,因而人又可以在"自我"所从事的每一个特殊的活动中确认自我的存在并把自我从其中再度抽象出来,从而返回到自我的普遍性中。所以这第三个环节是"自由的具体概念",它表明"自由既不存在于无规定性中,也不存在于规定性中,自由同时是它们两者"③。

可以说,黑格尔的上述理论已经基本上完成了对自由与必然辩证统一的理论论证。但是,在黑格尔哲学中,"自由"归根到底不是现实中活生生的人的自由,而是能动的"绝对理念",自由的三个环节,不过是绝对理念的逻辑的展开,是绝对理念通过人的活动从自在的自由到自在自为的自由的过程。因此,黑格尔对自由与必然的矛盾的解决,不过是这一矛盾在精神中的解决。

---

① 黑格尔:《法哲学原理》,范扬、张企泰译,商务印书馆1961年版,第17页。
② 黑格尔:《法哲学原理》,范扬、张企泰译,商务印书馆1961年版,第18页。
③ 黑格尔:《法哲学原理》,范扬、张企泰译,商务印书馆1961年版,第19页。

2. 唯心主义的辩证的历史决定论

自然科学的发展及其在工业实践中获得的巨大成就，使人们普遍地相信，自然界并非是杂乱无章的物体或现象的堆砌物，而是有着内在秩序和法则的统一体。科学的任务就在于发现自然现象之间的因果关系，揭示隐含于其中的自然规律。凭借对自然规律的把握，人们不仅可以理解自然，而且可以改变自然，使之按照人的愿望发生变化。这种信念深深地影响了欧洲近代的哲学家、思想家和历史学家，促使他们努力实现对人类自身的社会生活及其历史发展的科学把握。

1725 年，意大利著名历史学家和法学家维科出版了《新科学》一书。在这本书中，维科以伽利略、培根、牛顿等人为代表的自然科学为典范，力图建立起"人的物理学"，希求从人的心灵的变化中找到支配人们的社会生活和社会制度历史演变过程的自然法则。在他之后，康德、谢林、黑格尔、孔德、斯宾塞等一大批哲学家和社会学家都致力于创立能够与自然科学相媲美的"社会科学"。他们确信，人类社会尽管有着纷杂的外表，但却不是没有规律、不能解释或预见从而可以拒绝科学的东西。正是他们的理论努力，孕育了历史决定论的思潮。从这个意义上说，历史决定论思潮的出现实际上是近代社会科学产生的前奏，是科学精神在历史领域中的体现。当然，历史决定论观念必定涉及对人的活动的解释，因而必定会遇到自由与必然的矛盾，必定依赖于自由与必然的矛盾在哲学上的解决，因此，历史决定论理论依然主要地是在德国思辨哲学中完成的。

康德的历史哲学观念就是以确认"普遍的自然律"的存在为起点的。他在 1784 年发表的《世界公民观点之下的普遍历史观念》一文中，开篇便申明自己的基本论点："无论人们根据形而上学的观点，对于意志自由可以形成怎么样的一种概念，然而它的表现，即人类的行为，却正如任何别的自然事件一样，总是为普遍的自然律所决定。历史学是从事于叙述这些表现的；不管它们的原因可能是多么隐蔽，但历史学却能使人希望：当它考察人类意志自由的作用的整体时，它可以揭示出它们有一种合乎规律的进程，并且就以这种方式而把从个别主体上看来显得是杂乱无章的东西，在全体的物种上却能够认为是人类原始的禀赋之不断前进的，虽则是漫长的发展。"①他并不认为人类的历史活动是基于对这种普遍自然律的自觉把握，从而能够有计划地推进历史的进展，恰恰相反，有着自由意志的人类个体都是根据自己的意志并且往往是彼此互相冲突地在追求着自己的目标。但是，康德确信人们是不知不觉地为自己所不认识的自然目标所引导，并为了推进这个目标而努力着。"根据这种自然的目标被创造出来的人虽则其行程并没有自己的计划，但却可能有一部服从某种确定的自然计划的历史。"②在康德看来，普遍的"自然律"之所以能够在彼此相互冲突的个人意志和活动中推进历史朝向难以为人所知的目标，这不是因为普遍的自然律能够为人类的生存和幸福做出预先的安排或提供现成的条件，恰恰相反，"自然目标"的最终实现有待于人的全部自然禀赋在人身上的充分发展。人是"大地上唯一有理性的创造物"，人的全部自然禀赋的宗旨就在于使用人的理性。因此，没有什么天生的知识可供人们直接使用，它必须通过自己的活动来创造一切。大自然根本就不曾做任何事情来使人类生活得安乐，反倒是要使人们努力奋斗，以便通过他们自身的行为而获得他们自己配得上的生命与福祉。

　　基于上述观念，康德毫不怀疑大自然是遵循着一种合规律

① 康德：《历史理性批判文集》，何兆武译，商务印书馆 1990 年版，第 1 页。
② 康德：《历史理性批判文集》，何兆武译，商务印书馆 1990 年版，第 2 页。

的进程把人类社会从低级引向人性的最高阶段。因此他总结道："人类的历史大体上可以看作大自然的一项隐蔽计划的实现，为的是要奠定一种对内的、并且为此目的的同时也就是对外的完美的国家宪法，作为大自然得以在人类的身上充分发展其全部禀赋的唯一状态。"[①]这个过程既是合规律的又是合目的的，"从它那机械的进程之中显然可以表明，合目的性就是通过人类的不和乃至违反人类的意志而使和谐一致得以呈现的"[②]。因此，康德深信人类社会是在不断地朝着改善前进，这不仅是理论上的推断，而且可以在经验中看到显示这种进步趋向的历史符号。在他眼里，震惊世界的法国大革命就是这样一种历史符号，它表明了人类全体的一种特性或至少在禀赋上的一种道德性，"那使人不仅可以希望朝着改善前进，而且就他们的能量目前已够充分而言，其本身已经就是一种朝着改善前进了"[③]。

受康德哲学的深刻影响，德国哲学家谢林进一步推进了这种决定论历史观的发展，并揭示了它的基本内涵。谢林哲学的出发点是高于一切差别和对立的"绝对同一"。这个绝对同一是一个能动的发展过程，是精神与自然、思维与存在的矛盾运动的来源和最终归宿，支配着自然与精神的矛盾发展史。显然，谢林是力图用"绝对同一"这个超验的概念将自然界的发展过程与人类社会历史发展过程统一起来。在他看来，自然是可见的精神，精神是不可见的自然，因而自然过程和社会历史过程在本质上是同一的、一致的，都是合乎规律的发展过程。他认为，尽管每个人作为一个自由意志的主体自由地进行着自己的历史活动，但人们却往往发现自己的行动经常无意识地产生人

---

① 康德：《历史理性批判文集》，何兆武译，商务印书馆 1990 年版，第 15 页。
② 康德：《历史理性批判文集》，何兆武译，商务印书馆 1990 年版，第 118 页。
③ 康德：《历史理性批判文集》，何兆武译，商务印书馆 1990 年版，第 152 页。

们从未料想过的结果。这种情况表明，人们虽然自由地行动，但结局却取决于一种不以个人意志为转移的必然性，而这种必然性又恰恰是通过各个人的自由的活动来实现的。因此，他明确指出："历史的主要特点在于它表现了自由与必然的统一，并且只有这种统一才使历史成为可能。"①这就是说，人类社会的历史过程和自然过程一样，"也受一种自然规律的支配，但这种规律完全不同于可见的自然界中的规律，就是说，是一种以自由为目的的自然规律"②。谢林的这些观点实际上已经道出了历史决定论的核心问题即自由与必然的矛盾，尽管他是用唯心主义的甚至近乎神秘主义的方式来解答这个问题的，例如他说："整个历史都是绝对不断启示、逐渐表露的过程。"③

德国思辨哲学对自由与必然关系的辩证理解，最终在黑格尔哲学中完成了唯心主义的、辩证的历史决定论在理论上的建构。黑格尔哲学的出发点也是思维与存在的同一性，但他反对谢林把这种同一性设定为无差别的"绝对同一"，而是把这种同一性理解为一个充满矛盾的、辩证发展的过程，一个思维在存在中不断实现自己并使存在不断符合自己的过程。思维与存在的对立和统一构成了"绝对理念"这一客观思想自我运动、自我发展和自我实现的历史过程。因此，归根到底，"客观思想是世界的内在本质"，"理性是世界的灵魂，理性居住在世界中，理性构成世界的内在的、固有的、深邃的本性，或者说，理性是世界的共性"。④黑格尔的这一思想可以说构成了他的辩证的

① 谢林：《先验唯心论体系》，梁志学、石泉译，商务印书馆 1976 年版，第 243页。
② 谢林：《先验唯心论体系》，梁志学、石泉译，商务印书馆 1976 年版，第 235页。
③ 谢林：《先验唯心论体系》，梁志学、石泉译，商务印书馆 1976 年版，第 252页。
④ 黑格尔：《小逻辑》，贺麟译，商务印书馆 1981 年版，第 79—80 页。

历史决定论的总体纲领。

从这一思想出发，黑格尔在他的《精神现象学》和《法哲学原理》中肯定并论证了人类社会及其历史发展的客观性和规律性。在他看来，规律分为两类，即自然规律和法律，也就是说"法"或"法律"就是人类社会即他所谓"伦理世界"的规律，这种规律本身亦是客观思想、客观精神或客观理性的存在形式。他说："法和伦理以及法和伦理的现实世界是通过思想而被领会的，它们通过思想才取得合理性的形式，即取得普遍性和规定性，这一形式就是规律。"①对于法或规律的这一理解是黑格尔阐述人类社会及其历史发展过程中自由与必然的矛盾的逻辑基础。他首先指出："法的基地一般说来是精神的东西，它的确定的地位和出发点是意志。意志是自由的，所以自由就构成法的实体和规定性。"②这就是说，法作为规律，其本质就是自由意志，因此，自由不是外在于法的东西，而毋宁说就是法本身。因此，黑格尔反对卢梭和康德的那种把法看成对自由的限制的观念，认为法不过是自由的定在，如他所说："任何定在，只要是自由意志的定在，就叫作法。所以一般说来，法就是作为理念的自由。"③其意是说，法固然是自由意志，但这种自由意志并不是通常人们所理解的那种表现为各种自然冲动、情欲或任性的自然意志。这种自然意志不是以自由意志本身作为目的的，而是表现为由自然冲动、情欲所决定的对外在物的希求，即以特殊利益和特殊对象为其自身的内容和目的。这样，自然意志必然面临着一个外部世界，并且由于满足这种意志的东西并不是意志自身的规定，而是来自外部世界，因而必然受到外

---

① 黑格尔：《法哲学原理》，范扬、张企泰译，商务印书馆 1961 年版，第 7 页。
② 黑格尔：《法哲学原理》，范扬、张企泰译，商务印书馆 1961 年版，第 10 页。
③ 黑格尔：《法哲学原理》，范扬、张企泰译，商务印书馆 1961 年版，第 36 页。

部世界的制约和限制。因此，"被认为自由的那任性，的确可以叫作一种幻觉"①，因为这种"自由"在外部世界的制约下只具有否定的、虚无的性质，没有现实性。真正具有现实性的东西是具有必然性的东西，"真实的现实性就是必然性，凡是现实的东西，在其自身中是必然的。现实性在他的开展中表明它自己是必然性"②。法作为理念的自由在其发展中证明自己是具有必然性的东西，换言之，法作为理念的自由本身就是一个规律性的、必然性的发展过程，这种规律性和必然性就体现为自由理念自身的逻辑规定从抽象到具体的推演过程。

在黑格尔看来，尽管法在本质上是一种自由意志，但这种自由意志真正成为具体的、体现在人的活动即人的现实生活中的自由，则必然要经历从自在的自由到自在自为的自由这样一个历史的和逻辑的发展过程。在《法哲学原理》中，他用"抽象法""道德"和"伦理"三个逻辑环节来表述这个历史过程的基本内涵。在"抽象法"这个环节中，自由意志仅仅作为抽象的"人格"而存在，因而是客观的、自在的自由，也就是说在这个环节或这个阶段上，人们尚没有把法或自由意志作为自己的目的加以追求，没有意识到法就是人的自由意志本身。每个个人的意志，在其自为的方面仅仅是追求那些能够满足个人情欲或需要的特殊对象或特殊利益，因此法作为自由意志对于每个个人来说，仅仅具有客观的、抽象的、自在的意义。在"道德"这个环节或阶段上，人们在主观上超越了对象的特殊性而追求普遍物即最高的"善"，因此，道德在其形态上就是"主观意志的法"③。这表明，在这个环节或阶段上，作为自由意志

---

① 黑格尔：《法哲学原理》，范扬、张企泰译，商务印书馆1961年版，第26页。
② 黑格尔：《法哲学原理》，范扬、张企泰译，商务印书馆1961年版，第300页。
③ 黑格尔：《法哲学原理》，范扬、张企泰译，商务印书馆1961年版，第111页。

的法已经是人们自觉追求的对象或目的，从而具有了自为性。但是，这种自为又仅仅是个人的、主观的意志，而缺乏客观性，因为无论是个人对善的理解，还是对善的追求都属于个人内心世界中的东西，对个人的行为或活动来说不过是一种"要求"、一种"应当"，这样，在个人的活动中必然存在着"实然"与"应然"的矛盾。只有到了"伦理"这个阶段上，作为自由意志的法才扬弃了前两个阶段的片面性，达到了主观性与客观性的统一，也就是主观的、自为的善与客观的、自在的善（法）的统一。因此，黑格尔说："伦理是自由的理念。它是活的善……伦理就是成为现存世界和自我意识本性的那种自由的概念。"①在这里，黑格尔所说的"成为现存世界"的伦理，就是指包含家庭、市民社会和国家在内的活生生的、现实的社会生活本身。在黑格尔看来，只有在这个活生生的现实世界中，作为自由意志的法才是一种自在自为的自由，并在其必然性的运动中获得了现实的实体性的存在。"因此，伦理性的东西就是自由，或自在自为地存在的意志，并且表现为客观的东西，必然性的圆圈。这个必然性的圆圈的各个环节就是调整个人生活的那些伦理力量。"②在伦理阶段，自由的理念又经历了从伦理精神的自然的直接的统一（家庭）过渡到具有差别和特殊性的阶段（市民社会），进而又扬弃了这种差别而在国家中实现了普遍性与特殊性的统一，最后又在国与国之间的关系上，达到了最高的普遍性，即世界精神。这种世界精神"既不受限制，同时又创造着自己；正是这种精神，在作为世界法庭的世界历史中，对这些有限精神行使着它的权利，它的高于一切的权利"③。黑格尔的最后

①　黑格尔：《法哲学原理》，范扬、张企泰译，商务印书馆1961年版，第164页。
②　黑格尔：《法哲学原理》，范扬、张企泰译，商务印书馆1961年版，第165页。
③　黑格尔：《法哲学原理》，范扬、张企泰译，商务印书馆1961年版，第351页。

结论是:"世界历史是理性各环节从精神的自由概念中引出必然的发展,从而也是精神的自我意识和自由的必然发展。"①

　　总之,黑格尔认为精神的本质就是自由,自由是精神的唯一真理,精神的一切属性都由于自由而得以成立。但是这种精神的自由又是以必然性为根据的,"世界历史无非是'自由'意识的进展,这一种进展是我们必须在它的必然性中加以认识的"②。因为尽管"必然作为必然还不是自由;但是自由以必然为前提,包含必然性在自身内,作为扬弃了的东西"③。所以,人的自由并不是抽象的,而是受历史进程的必然性制约的。作为人的本质的自由,是要在许多世纪的全部历史时期中才能意识到,而且只有到人类意识到了自由之时,人才能成为自由的人。由此可见,黑格尔的辩证的历史决定论可以说是自古希腊以来"逻各斯中心主义"观念在理论上的完成,这个完成体现为一种历史与逻辑、理念与现实在一个概念或命题的演绎体系中的融合。黑格尔把人类历史发展过程理解为在一系列逻辑矛盾中自我展开的"绝对理念"。这样,人类历史的发展过程,在他那里,就成为一系列历史概念合乎逻辑的生成、推演、转化的过程,并最终消融在"绝对理念"的庞大的概念系统中。

# 四、马克思基于实践论的辩证的历史决定论

　　从上述德国思辨哲学的理论中不难看出,辩证的历史决定论一经产生就是一种关于人的自由的理论,尽管这一理论的最

---

① 黑格尔:《法哲学原理》,范扬、张企泰译,商务印书馆1961年版,第352页。
② 黑格尔:《历史哲学》,王时造译,三联书店1956年版,第57页。
③ 黑格尔:《小逻辑》,贺麟译,商务印书馆1981年版,第323页。

初形态采取了唯心主义哲学的形式。马克思批判地继承了这一思想传统，并把自由与必然的矛盾的解决建立在对人的感性活动即实践的理解上，由此创立了一种基于实践论的、辩证的历史决定论，即他的历史唯物主义学说。

在马克思看来，以往旧哲学的一个共同的、根本的缺陷就是忽视了或不知道现实的、感性的活动本身。他说："从前的一切唯物主义（包括费尔巴哈的唯物主义）的主要缺点是：对对象、现实、感性，只是从客体的或者直观的形式去理解，而不是把它们当作感性的人的活动，当作实践去理解，不是从主体方面去理解。因此，和唯物主义相反，能动的方面却被唯心主义抽象地发展了，当然唯心主义是不知道现实的、感性的活动本身的。"[①]显然，这段话也表明了马克思的哲学有别于旧唯物主义和唯心主义的基本立场，这就是要把对象、现实、感性当作感性的人的活动，当作实践去理解，要从主体方面去理解。从这个立场出发，马克思对人的存在以及社会历史发展过程中的自由与必然的矛盾做出了实践论的诠释。

1. 马克思对人的自由本质的论证

受德国思辨哲学的深刻影响，马克思同样明确地指出人的存在或人的本质的自由性，并将其作为他的历史哲学观念的出发点。但他并不是像黑格尔那样，把人的自由归结为人的自由意志，而是归结为人的感性的、物质的活动。马克思说："人直接地是自然存在物。……说人是肉体的、有自然力的、有生命的、现实的、感性的、对象性的存在物，这就等于说，人有现实的、感性的对象作为自己的本质即自己的生命表现的对象；或者说，人只有凭借现实的、感性的对象才能表现自己的生

---

① 马克思：《关于费尔巴哈的提纲》，《马克思恩格斯选集》第 1 卷，人民出版社 1995 年版，第 54 页。

命。"①人的存在或人的本质的自由性并不是一种虚幻的观念，而是首先存在于人的感性的、现实的活动即劳动之中的，"劳动这种生命活动、这种生产活动本身对人说来不过是满足他的需要即维持肉体生存的需要的手段。而生产活动本来就是类生活。这是产生生命的生活。一个种的全部特性、种的类特性就在于生命活动的性质，而人的类特性恰恰就是自由的自觉的活动"。②在这里，马克思并不是否认人的意志的自由，而是指出人的生命活动才是人的存在的根本，而人的意志不过是这种生命活动的自觉性特征，如果把自由意志同人的生命活动剥离开来，那就只能把自由意志设想为某种与人的生命活动无关的、自在的从而也是神秘的精神存在物,而这正是黑格尔哲学的出发点。因此，必须把人的自由回归到人的生命活动中。正是由于劳动这种属人的生命活动是人的"类"的生活，自由才是人的普遍的本质。马克思指出："人是类的存在物，不仅因为人在实践上和理论上都把类——自身的类以及其他物的类——当作自己的对象；而且因为——这只是同一件事情的另一种说法——人把自身当作现有的、有生命的类来对待，当作普遍的因而也是自由的存在物来对待。"③

在马克思看来，如果不从人的类的特性中把握人的存在，就不可能看到人的存在的自由性、自觉性和普遍性特征，甚至不能把人同动物区分开来。所以他说："有意识的生命活动把人同动物的生命活动直接区别开来。正是由于这一点，人才是类存在物。或者说，正因为人是类存在物，他才是有意识的存在

① 马克思：《1844 年经济学哲学手稿》，《马克思恩格斯全集》第 42 卷，人民出版社 1979 年版，第 167—168 页。
② 马克思：《1844 年经济学哲学手稿》，《马克思恩格斯全集》第 42 卷，人民出版社 1979 年版，第 96 页。
③ 马克思：《1844 年经济学哲学手稿》，《马克思恩格斯全集》第 42 卷，人民出版社 1979 年版，第 95 页。

物，也就是说，他自己的生活对他是对象。仅仅由于这一点，他的活动才是自由的活动。"①黑格尔把对人的自由本性的论证最后变成了理念的逻辑推演，而马克思则是把人的感性活动即实践作为人的自由本性的论证。他说："通过实践创造对象世界，即改造无机界，证明了人是有意识的类存在物，也就是这样一种存在物，它把类看作自己的本质，或者说把自身看作类存在物。诚然，动物也生产。……但是动物只生产它自己或它的幼仔所直接需要的东西；动物的生产是片面的，而人的生产是全面的；动物只是在直接的肉体需要的支配下生产，而人甚至不受肉体需要的支配也进行生产，并且只有不受这种需要的支配时才进行真正的生产；动物只生产自身，而人再生产整个自然界；动物的产品直接同它的肉体相联系，而人则自由地对待自己的产品。动物只是按照它所属的那个种的尺度和需要来建造，而人却懂得按照任何一个种的尺度来进行生产，并且懂得怎样处处都把内在的尺度运用到对象上去；因此，人也按照美的规律来建造。"②人的确需要通过自身的特殊化再返回自身确认自身自由的无限性、普遍性，但是这个特殊化和从特殊化中返回自身也不是单纯的逻辑环节，而是人的对象化的活动。"因此，正是在改造对象世界中，人才真正地证明自己是类存在物。这种生产是人的能动的类生活。通过这种生产，自然界才表现为他的作品和他的现实。因此，劳动的对象是人的类生活的对象化：人不仅像在意识中那样理智地复现自己，而且能动地、现实地复现自己，从而在他所创造的世界中直观自身。"③

---

① 马克思：《1844 年经济学哲学手稿》，《马克思恩格斯全集》第 42 卷，人民出版社 1979 年版，第 96 页。

② 马克思：《1844 年经济学哲学手稿》，《马克思恩格斯全集》第 42 卷，人民出版社 1979 年版，第 96—97 页。

③ 马克思：《1844 年经济学哲学手稿》，《马克思恩格斯全集》第 42 卷，人民出版社 1979 年版，第 97 页。

## 2. 马克思的辩证的历史决定论

立足于人的感性活动，从人作为类的存在物的意义上论证了人的自由本质，并不意味着人的活动自始至终就是直接的、现实的自由活动。从人的类存在的意义上界定人的自由，还仅仅是对这种自由的抽象把握，仅仅是指出了这种自由的可能性，而非现实性。如黑格尔所说，人的自由的现实化要经历从自在到自为再到自在自为的发展过程，或者说从抽象的、可能的自由到具体的、现实的自由的发展过程。但在马克思看来，由于人的自由最根本地体现在人的感性活动中，因此自由的现实化过程在归根结底的意义上不是自由理念的逻辑地自我展开的过程，而是人的感性活动本身的历史发展过程。

对人的自由的现实化过程的理解，取决于对人的感性活动即实践的现实化过程的理解。而人的最基本的实践活动是物质生产活动。"一当人开始生产自己的生活资料的时候，这一步是由他们的肉体组织所决定的，人本身就开始把自己和动物区别开来。"①当人们通过自己的物质生产活动来创造自己的社会生活所需要的一切时，他们也就把自己的意志和目的嵌入自然物的因果联系中，改变自然物的既定形态，赋予它新的存在形式，使它的变化具有人的目的性。因此，人们所进行的物质生产活动必然会在自然界引起单凭自然界本身的运动所不能发生的变化。这些变化表明，人的自觉活动在自然界引起的变化体现着人类改造自然的程度的不断深化和扩大，体现着人类智力和能力的历史性积累和扩展，体现着不同历史时代的人们的生活情趣、价值追求和信仰。这种变化不是自然界自在的变化，而是体现人类社会历史进步程度的变化，是内在于人类社会历史的

① 马克思和恩格斯：《德意志意识形态（节选）》,《马克思恩格斯选集》第 1 卷，人民出版社 1995 年版，第 67 页。

"历史的自然"。同时，人类社会的历史进程又是以人们改变自然的物质生产活动为基础，人们之间社会交往活动在历史上所采取的形式，人们生活于其中的社会制度以及人们选择生活方式的可能性空间等都是依照人们如何改变自然和在怎样的程度上改变自然而历史地形成的。因此，社会历史进程也不是外在于自然的，而是以改造自然的活动即物质生产活动的历史发展为中心线索的。马克思和恩格斯精辟地指出："这种活动，这种连续不断的感性劳动和创造，这种生产，正是整个现存的感性世界的基础。"[①]对于人的感性活动和感性世界的这一理解，构成了马克思辩证的历史决定论的基本立足点。马克思的唯物主义的辩证的历史决定论与以往旧哲学历史观的根本不同就在于，它从来不脱离人的现实的物质生产活动来讨论纯粹自在的自然，也不脱离自然而讨论纯粹的人类历史，而是以人的感性活动即实践为中介，强调自然与社会历史的统一，即"历史的自然"和"自然的历史"。

马克思指出："全部社会生活在本质上是实践的。凡是把理论引向神秘主义的神秘东西，都能在人的实践中以及对这个实践的理解中得到合理的解决。"[②]毫无疑问，历史过程中的自由与必然的矛盾——这个矛盾正是在宗教神学和以黑格尔为代表的思辨哲学中成为某种神秘的东西——也只有在人们现实的生活实践及其历史发展中得到合理的解决。"社会生活在本质上是实践的"这一最基本的论断成为马克思辩证的历史决定论的理论前提。

社会生活的实践本质深刻地体现出社会生活的物质性和客

① 马克思和恩格斯：《德意志意识形态（节选）》，《马克思恩格斯选集》第 1 卷，人民出版社 1995 年版，第 77 页。
② 马克思：《关于费尔巴哈的提纲》，《马克思恩格斯选集》第 1 卷，人民出版社 1995 年版，第 56 页。

观性。最基本的实践活动是表现人与自然相互作用的物质生产活动。这种活动作为人的自由自觉的活动虽然是服从人主观设定的目的，具有超越性和创造性，但这种活动并没有创造物质本身，而是依照物质运动变化的可能性改变物质的存在形式。存在于人与自然相互作用过程中的自然规律、自然属性始终保持着对人的活动的客观制约性。这意味着，如果人们对自然的属性和规律一无所知，在自然界面前便无能为力，其想象或理想就不能转变成现实，其活动也不能真正摆脱自然的必然性和偶然性的矛盾而表现为自由和必然的统一。

人们的物质生产活动一般地表现为生产主体运用一定的生产手段作用于生产对象的过程。生产手段即生产工具系统是人与自然界相互作用的中介系统。人类由于制造和使用生产工具而扩大了自己征服和改造自然的能力。然而，生产工具系统作为一种现实的手段，本身是对自然物质和能量的利用，亦被自然物质的属性和规律所限定。这种限定表明，对于物质性的界限只能用物质的力量来超越，人们在怎样的程度上超越了物质性的界限，不是取决于人们的想象，而是取决于人们在多大程度上掌握了超越界限的物质力量，而这又取决于人们把握自然物质的属性和规律的深度和广度。因此，人们运用生产工具改造自然的活动虽然是一种自主的自由的活动，但其现实形态必然表现为各种物质力量合乎规律的相互作用，即一种物质的活动。在这种活动中，人们改造自然的能力即生产力，本质上亦是一种具有不以人的意志为转移的客观属性和规律的物质力量。

物质生产活动是全部社会生活及其历史发展的现实基础。生产活动虽然直接地表现为人或社会与自然的关系，但这种关系又是以人们之间的社会交往活动为前提的，生产力则是通过人们之间的交往活动（通过活动的交换）而形成的社会力量。因此，生产活动一开始就包含着人们在交往活动中形成的关系，即人们在生产中必须采取的相互交换其活动的物质关系。这种物质的交往关系把众多个人的活动整合为共同活动，从而形成与自然进行抗争的社会性的物质力量，使人们能够在与自然的相互作用中，创造出满足人的物质生活需求和社会生活需求的各种物质成果。如果说，人们结成一定的生产关系是为了形成人类改造自然的物质力量并使这种力量得以充分的发挥，那么，生产关系在历史上所采取的形式就必须和生产力的发展水平和状况相适应，具体地说就是必须与生产活动中"物"的因素，特别是与以生产工具为主的劳动资料的技术性质和效率相适应。这样，人们之间的交往关系在整个历史发展过程中"构成一个有联系的交往形式的序列，交往形式的联系就在于：已经成为桎梏的旧的交往形式被适应于比较发达的生产力，因而也适应于进步的个人自主活动方式的新交往形式所代替；新的交往形式又会成为桎梏，然后又为别的交往形式所代替"①。由生产力及其发展状况决定的这种社会交往形式的变化，构成了人类社会历史发展过程的内在规律。也就是说，"一切形式的人类生产都具有某些不变的规律或关系"②，这种规律表现为一定生产方式的性质，从而也就是这种生产方式的自然规律，并且正是由于这种生产方式本身是历史的，它的性质和这种性质的自然规律也是历史的。因此，马克思确信"社会经济形态的发展是一种自然历史过程"。他在《〈资本论〉第一卷第一版序言》中明确指出："一个社会即使探索到了本身运动的

① 马克思和恩格斯：《德意志意识形态（节选）》，《马克思恩格斯选集》第1卷，人民出版社1995年版，第124页。
② 马克思：《1861—1863年经济学手稿》，《马克思恩格斯全集》第48卷，人民出版社1985年版，第64页。

自然规律，——本书的最终目的就是揭示现代社会的经济运动规律，——它还是既不能跳过也不能用法令取消自然的发展阶段。但是它能缩短和减轻分娩的痛苦。"①

　　肯定生产方式本身的发展具有客观性和规律性，并不是对人的自由的否定，而只是否定了对人的自由的抽象理解。人们的物质生产活动，从根本上说，就是人们的自由自觉的活动，物质生产方式历史发展的"自然规律"恰恰是以人的自由自觉的活动或人的活动的自由自觉性为前提的规律，这种规律不是对人的自由的限制，而正是人的自由得以现实性地展开的历史条件和形式，或者说是人的自由的具体的、历史的规定性。它意味着个人的现实的、具体的自由不是毫无规定性的只是作为想象在人的头脑中存在的抽象自由，而是在一定历史条件下并借助这种历史条件才能实现的自由，是随着人的物质生产活动的不断发展而不断深化和拓展的自由。在物质生产活动中，社会生产力是人们通过交往、通过分工合作而形成的社会性的整体力量，个人只有以某种方式占有现有生产力的总和，才能克服自身的有限性，使自己的活动成为真正意义上的自主活动，因此，社会生产力在其发展的一定历史阶段上所具有的水平和状况，制约着或规定着人的自主活动的范围、深度和形式。同时，这种占有又必然要受到一定形式的社会交往关系、交往方式的制约。这是因为，个人要占有生产力的总和，就必须以一定的方式或形式同他人进行广泛的社会交往，使他的个人活动成为社会共同活动的一部分。而个人与他人交往所采取的形式或方式并不是任意的，而是在共同生活的发展中历史地形成的。这样，"生产力与交往形式的关系，就是交往形式与个人的行动

---

① 马克思：《〈资本论〉第一卷第一版序言》，《马克思恩格斯选集》第 2 卷，人民出版社 1995 年版，第 101 页。

或活动的关系"①。当既定的社会交往形式在总体上同社会生产力的发展水平相适应的时候，个人之间进行交往的各种社会条件在一般性质上就是同他们的个性相适应的条件，这些条件"对于他们来说不是什么外部的东西；它们是这样一些条件，在这些条件下，生存于一定关系中的个人独立生产自己的物质生活以及与这种物质生活有关的东西，因而这些条件是个人的自主活动的条件，并且是由这种自主活动产生出来的"②。在这种情况下，人们之间社会交往所采取的形式，有利于他们对现实生产力总和的占有，因而是人们的自主活动所必需的社会形式。通过占有现实生产力而形成的人们的自主活动反过来又推动社会生产力的继续发展。当生产力的发展达到一个新的历史水平时，它就不可避免地同原有的社会交往形式发生矛盾。这时，既定的社会交往形式"起初是自主活动的条件，后来却变成了它的桎梏"③。在这种情况下，人的自由的、自主的活动就表现为冲破这种桎梏的努力，或者说为创造出适合于自身已经发展起来的自由自主的活动的社会形式而进行的努力。这种努力在人类历史发展过程中就呈现出为人的自由和解放而进行的艰苦卓绝的斗争。

　　马克思主义的辩证的历史决定论理论内容十分丰富，本书的全部内容就是对其做出尽可能详尽的阐述。在这里，我们只是择其要点进行了概要性的描述，以显示马克思的历史决定论在欧洲历史哲学思想发展脉络中的独特地位。

---

　　① 马克思和恩格斯：《德意志意识形态（节选）》，《马克思恩格斯选集》第 1 卷，人民出版社 1995 年版，第 123 页。

　　② 马克思和恩格斯：《德意志意识形态（节选）》，《马克思恩格斯选集》第 1 卷，人民出版社 1995 年版，第 123 页。

　　③ 马克思和恩格斯：《德意志意识形态（节选）》，《马克思恩格斯选集》第 1 卷，人民出版社 1995 年版，第 123—124 页。

# 五、现代非决定论的挑战

在近代科学和哲学的发展过程中，因果决定论观念尽管不时地受到来自怀疑论哲学的质疑，但一直是科学思维或理性思维的基本信念和原则，潜移默化地支撑着人们对生存世界的理解。然而，随着现代科学和哲学的发展，源自近代怀疑论的非决定论观念日益兴盛，渐渐形成了气势凶猛的哲学思潮，席卷自然科学和社会科学的所有领域，使决定论的观念和理论遇到前所未有的严峻挑战。

1. 来自自然科学的非决定论观念

因果决定论观念所遭遇的挑战首先来自自然科学领域。19世纪后半叶，概率论和统计物理学的产生，使统计规律开始进入物理学的基本定律。在由大量微观粒子（如气体分子、花粉微粒）构成的物理体系中，偶然性或随机性不仅不能在实验上和理论上加以排除，反而必须以此为描述物理客体基本状态的起点。这种物理系统从初始时刻到其后任一时刻的演变并不具有严格的确定性，只能用统计规律加以描述。如热力学第二定律所描述的热力系统由非平衡态向平衡态的演变，并不是必定如此的，而是"最可几"①的。这些结论实际上已经冲击了以牛顿力学为支柱的拉普拉斯机械决定论。但由于统计物理学仍假定系统中单个粒子的运动服从经典的质点运动规律，有确定的运动轨道，因此，严格的因果律仍被看作基本的、本质的。人们宁愿认为，热力学的统计性是由于人们实际上无法确知系统中每一个体的运动状态所致。

---

① 在概率论中，通常将概率（旧译几率）最大的情况称为"最可几"状况。

20 世纪前半期，量子力学的诞生使非决定论思潮异峰突起。按量子力学的基本理论，微观客体的量子状态随时间演变的规律即"薛定谔运动方程"[①]在表面上依然保持严格因果律的形式，但当量子力学哥本哈根学派把"波函数"的绝对值平方（$|\Psi|^2$）解释为微观粒子在空间各点出现的概率密度之后，这个定律实际上只相当于一个概率定律。微观客体的量子态具有一种奇怪的特性，它在实验中既可以显示出粒子性，又可显示出波动性，或者说，它既不允许我们把它归结为具有确切位置和动量的粒子，也不允许我们把它归结为在空间中连续传播或分布的波。从这一观测结果出发，哥本哈根物理学家海森堡推导出著名的"测不准关系"原理。按照这一原理，单个客体的行为在原则上是无法确定的。由于这些情况，量子力学被非决定论者宣布为客观上的或本质上的非决定论。他们认为，在物理世界中，统计性、或然性是本质的或更为基本的特性，严格的因果律只是这种统计性的近似或这种统计性的极限情况。需要注意的是，绝大多数物理学上的非决定论者并不否认因果关系的普遍性，而是力图否认因果关系的必然性。他们把对量子论的统计诠释理解为或然的、统计的或较弱类型的因果关系，并通过反对因果关系的必然性来反对一切形式的决定论。

除量子力学外，在自然科学的其他领域，同样的问题也以尖锐的形式被提出来。现代分子生物学肯定生物体内的基因突变是生物进化的主要原因，而基因突变的发生则具有偶然性。这就意味着新的物种的产生和演化的规律只能是以偶然性的大量存在为前提的统计性规律。从 20 世纪 40 年代发展起来的信息论、系统论和控制论也进一步提高了统计规律在研究物质系统演化过程中的地位。普里高津的耗散结构论和哈肯的协同论

① 参见本书第一章第五节。

提出，远离平衡态的物质系统，由于内部存在着随机涨落以及非线性相互作用机制，其演化状态不是唯一的，而是有多种可能性的。面对这些结论，机械决定论的宇宙观没有存在的余地。毫无疑问，人活动于其中的那个世界是一个庞大无比的、高度复杂的物质系统，其内部包含着极为复杂的非线性相互作用和大量的不确定因素，因此，宇宙的初始状态绝无可能严格地决定其后任一时刻的演化状态，或者我们绝无可能从客观对象演化的始端严格地推导出未来可能的演化状态。这不是因为我们缺少具有强大计算能力的拉普拉斯之"神"，而是因为现实的演化过程原本就包含着不确定性的因素并在充满不确定性的环境中进行的。

2. 对历史决定论的诘难

源自自然科学领域中的非决定论思潮也迅速地蔓延到社会科学的诸领域。人类社会这个有机系统比任何自然物质系统都要复杂得多，非决定论思潮在这个领域中更容易找到市场。以经济学研究为例，近代主流经济学的发展从亚当·斯密算起，已历经 200 多年，其间虽有李嘉图、穆勒、马歇尔、凯恩斯等数次革命，但在一定程度上都是牛顿经典科学思想在经济学上的移植和应用。他们对于经济现象都习惯地从单一的因果角度对复杂的世界做还原论和确定论的思考，以为经济本质上是一个以线性关系为基本特征的、经济的对象世界是一个满足线性叠加的世界，那里没有间断、混沌，更没有突变和分叉。他们用最优化、均衡、理性、稳定等概念来解释、分析、预测经济领域的各种现象。其相应的经济模型是线性（或对数线性）方程加上随机项。很明显，这种理论、方法是一定条件下经济系统的良好近似，也取得了不少成功。但在当代经济学发展中，这种决定论式的经济学研究方法暴露出明显的局限性。人类社会的经济生活本身是一个高度复杂的系统，其内在的动态过程是由大量的变量之间非线性相互作用所构成，其演化状态所包含的不确定性、随机涨落原则上不能从理论上加以排除。为此，当代经济学研究将复杂性科学的理论和方法应用于自身，由此产生了运用复杂性科学的理论和方法研究和揭示复杂经济系统规律的复杂性经济学。这种复杂性经济学已不再把经济现象仅仅简单地看成市场稳定和供求均衡的结果，而将经济现象看成由许多相互作用的个体在不稳定的状况下保持不断调整关系的结果。每个个体都会根据它对未来的预测及其他个体的反应来采取行动，并且在不断地学习和适应。由此会突现出新的经济结构和模式，而组成经济的结构、行为及技术等因素也会不断地形成和重组。与过去的传统经济学强调"稳定""均衡""合理性行为"不同，复杂性经济学强调的是"不稳定性""结构变化""时空尺度"，等等。当然，大多数从事复杂性经济学研究的经济学家并不否认传统经济学，主张对"稳定""均衡""合理性"等传统经济学概念给予适当考虑，正如相对论、量子力学对于经典力学一样，复杂性经济学是普适性更高的研究经济现象的理论和方法，它能揭示经济系统中复杂现象的产生、演化和发展规律。但是亦有不少经济学家，基于经济系统高度复杂这一事实，力图将决定论的原则和方法从经济学研究中彻底地排除出去。在他们看来，经济活动中的个体，是具有自由意志的个体，因而他们更像量子客体，不能对经济活动做出严格因果律的解释。

在社会历史领域，决定论历史观更是成为非决定论思潮重点攻击的对象。而且在这个领域中，非决定论的进攻几乎都把矛头指向了马克思的唯物史观。其中，最著名的代表人物就是英国哲学家卡尔·波普尔。波普尔在他的一本著名的小册子《历史决定论的贫困》中宣称，"历史决定论是一种拙劣的方法——不能产生任何结果的方法"[①]，并认为，"这种历史决定论的方法论学说从根本上应对（除经济学以外的）理论社会科学那种不令人满意的状况负责"。[②]在波普尔的心目中，这种历史决定论的主要代表，在古代有柏拉图和亚里士多德，在现代有黑格尔和马克思，而马克思的唯物史观则是他最重要的理论攻击目标，用他的话说，马克思主义是迄今理论最纯粹、影响最广泛，因而最为危险的历史决定论形式。他认为，这种历史决定论有两个最基本的观点，一是肯定社会历史发展的规律性，二是肯定在认识这种规律的基础上做出历史预见。但在他看来，历史现象没有任何规律性，只能用统计手段"计算"社会变化的"倾向性"。因此不可能存在着一种建立在历史预言基础上的关于历史发展的科学。[③]美国实用主义者杜威也把寻找必然性科学规律视为业已落后的历史陈迹，断言当今科学的特征是或然性或可几性。

特别应当指出的是，当代历史非决定论思潮还竭力把历史决定论指责为专制社会的理论基础，从而把反对历史决定论同反对极权专制勾连起来。波普尔在他的一部更为著名的著作《开放社会及其敌人》中试图论证，历史决定论的观念和理论是历史上极权社会或封闭社会的理论表达，是"有碍于民主改革的流行偏见"中最有力量的社会哲学，并认为："历史决定论者支持文明的反叛的这个倾向，可以归因于历史决定论基本上与我

---

① 卡尔·波普[尔]：《历史决定论的贫困》，杜汝楫、邱仁宗译，华夏出版社 1987 年版，第 1 页。

② 卡尔·波普[尔]：《历史决定论的贫困》，杜汝楫、邱仁宗译，华夏出版社 1987 年版，第 2 页。

③ 关于对波普尔非决定历史观的更为详尽的分析，请参见本书的"附三"：历史规律、历史趋势与历史预见。

们文明的压力及其对个人责任的要求背道而驰。"①他努力使人
们相信，柏拉图已经确立了历史决定论的主要论点，并将这些
论点成功地运用于对极权社会或封闭社会的辩护，而马克思不
过是以"历史唯物主义"的名称复活了柏拉图的学说。

当代后马克思主义者也力图在政治哲学方面"解构"马克
思主义历史哲学的决定论原则。如拉克劳、墨菲在《霸权与社
会主义策略》（2001）一书中就明确主张，必须消除本质主义的
束缚，必须去除"经济的最终决定性作用"。他们认为，经济决
定论是本质主义的"最后堡垒"，这种本质主义把社会看成一个
封闭的结构，强调社会发展有其自身的客观规律，并按照自身
的逻辑运行。在他们看来，政治与经济之间没有必然的联系，
政治独立于经济，它是自我建构的。同时，政治的主体身份也
是多元的，而不是唯一的、确定的和统一的。因此，必须彻底
否定必然性的一元逻辑，而代之以偶然性的多元逻辑。拉克劳、
墨菲的这一观点实际上已经从马克思对现代资本主义的批判立
场上脱离出去。正如我国学者付文中和孔安明所指出的那样：
"极端地反对经济决定论，极端地强调话语和链接等'偶然性逻
辑'的作用，就会走向反面，走向'什么都行'的逻辑，而这
就为现实存在的资本主义的合理性的变化奠定了基础。"②

3. 非决定论思潮对我国学界的影响

受西方科学和哲学中非决定论思潮的影响，早在 20 世纪
80 年代初，我国学界就有学者对决定论观念提出怀疑。1983
年第 6 期《读书》杂志上刊登了一篇题为"'决定论'质疑"的
文章。该文作者把决定论等同于机械决定论，认为"决定论是

①　卡尔·波普[尔]：《历史决定论的贫困》，杜汝楫、邱仁宗译，华夏出版社 1987
年版，第 5 页。
②　付文中、孔安明：《新霸权理论与后马克思主义的解构逻辑》，《哲学研究》2007
年第 2 期。

一种形而上学的反辩证法的观点"。按该文的理解，决定论与非决定论的区别不在于是否承认因果关系的客观普遍性和必然性，而仅仅在于是否承认偶然性的客观存在和客观作用。因此，马克思主义哲学是反决定论的。鉴于统计规律在现代科学中的广泛应用，作者强调："非决定论的规律已经进入极其广大的社会生活领域，承认偶然性在自然过程中的地位，把非决定论提高到哲学高度来研究分析，是必需的。"[①]有的学者虽然没有把决定论同机械决定论混为一谈，没有把马克思塞进非决定论阵营，但认为辩证法的决定论与机械决定论或"绝对决定论"的区别，只在于是否承认存在着"没有原因的'纯粹的'偶然性"[②]。持这种观点的学者不但没有把辩证决定论同机械决定论和非决定论区分开来，反而把它变成了这两个东西的混合物。

应当承认，至少从表面上看，在我国公开主张非决定论观点的人并不占多数，但绝大多数学者都把统计规律看成与必然的因果关系相并列的另一种因果关系，由此提出所谓"或然因果性""统计决定论"之类的概念，并认为或然因果律在宏观世界中部分地起作用，而在微观世界中唯一地起作用。统计性、或然性是微观世界的本质特征。这种观点表面上顾全了决定论的面子，但稍加推敲便可以看出，它与当代自然科学中的非决定论没有本质区别。当代非决定论的基本特征正在于不是否认因果联系的普遍性，而是否认因果联系的必然性。

更应指出的是，波普尔在《历史决定论的贫困》和《开放社会及其敌人》两本书中所阐述的观点对我国思想理论界已经默默地产生了相当显著的影响，其政治结论也在国内学界有了一定的响应。笔者曾在一个学术网站上，看到了一篇评述波普

---

① 刘明：《"决定论"质疑》，《读书》1983 年第 6 期。
② 孙礼：《决定论问题的再研究》，《社会科学研究》1983 年第 3 期。

尔观点的文章，该文对波普尔的观点做出了不少的发挥。作者写道："在一些封闭的社会当中，那些统治者总是声称，'我掌握了历史规律，你们没有掌握吧！你们要是不服，我有警察，所以你们必须跟紧我按我发现的历史规律走，否则，你们有吃不完的苦头。'……民主的必要性来自不存在所谓的'历史规律'。波普尔认为由少数人垄断的'历史规律'是不存在的。……但凡只要不承认有客观的、不容置疑的历史规律，放之四海而皆准的历史规律，那么，这个社会就要实行民主，因为没有人有天然的统治资格。"①这种观点的确令人感到惊讶：在历史上有着深刻经济、政治和思想文化根源的专制社会、极权社会或封闭社会竟然被归结为承认历史规律的存在，而民主社会则是以否认历史规律为前提的。如此推论下去，人类为民主和自由而进行的艰苦卓绝的斗争其实是没有必要的，因为我们无须去铲除衍生专制和极权的社会根源，所需要的只是彻底地放弃"放之四海而皆准的历史规律"。这种观点把民主和历史规律绝对对立起来，对此我们甚至有理由怀疑，这是在呼唤民主，还是以民主的名义去否认任何有关历史规律的学说呢？波普尔及其追随者不仅否认了历史决定论作为探讨社会及其历史发展的基本方法的必要性，而且不遗余力地使历史决定论的观念和理论，特别是马克思的唯物史观背负起反民主、反文明的沉重罪责，这不能不引起我们对其理论的高度关注。

　　回顾决定论哲学观念的发展历史，面对当代科学和哲学的发展趋势，不难看出，决定论哲学正在面临迄今最强有力的挑战。应当承认，非决定论思潮为反对决定论而动用的种种科学资源和学术资源，的确在很大程度上适用于对机械决定论的批

---

① 参见刘军宁：《开放社会与民主》，http://www.hrichina.org/educ/mis/opensociety.htm。

判，甚至可以说已经彻底地结束了机械决定论的历史。但是，非决定论思潮却没有真正地面对辩证的决定论，而是以为只要结束了机械决定论，一切决定论就可以宣告"寿终正寝"。非决定论思潮的这种"非此即彼"的僵化思维，恰恰证明了它无法面对辩证的决定论，而且这种理论上的偏执在其极端化的发展中也正在一反初衷地把自身引向新的"宿命论"。

　　毋庸讳言，正如非决定论者所认为的那样，马克思主义历史哲学正是一种决定论哲学，一种辩证的历史决定论哲学，一种真正的关于人的自由的理论。依据现代科学和哲学的发展成果，全面地、系统地阐发这一理论，回应各种形式的非决定论的挑战，便是本书所要达到的目的。

# 第一章　辩证的历史决定论的
## 实践论前提

　　马克思主义哲学是一种辩证的历史决定论。这不仅是说马克思主义哲学严谨地阐释了辩证的历史决定论的基本原则，并彻底地贯彻着这个原则，而且可以说，马克思主义哲学的全部理论构成了辩证的历史决定论的完整体系。这种辩证的历史决定论不仅同各种形式的历史非决定论相对立，而且在根本上不同于各种形式的机械决定论、宿命论，不同于各种形式的唯心主义的历史决定论和神学决定论。辩证的历史决定论的这种理论上的独特性，首先在于它与其他的各种决定论哲学有着完全不同的具有本体论意义的基本理论立足点。这个具有本体论意义的立足点或出发点，就是马克思的"感性世界"的理论。

## 一、"感性世界"是辩证的历史决定论的
## 基本立足点

　　马克思的"感性世界"理论之所以是辩证的历史决定论的基本立足点，就在于这一理论完整地包含着马克思主义哲学对人与自然之间的相互作用关系、人与人之间的社会交往关系的深刻理解，因而只有从这一理论出发，才能引申出辩证的历史决定论的全部原则、全部规定性和全部理论观念。哲学史上，

最先对"感性世界"（Sinnenwelt）做出哲学阐释的哲学家是康德。在《未来形而上学导论》一书中，康德反复使用这个概念来陈述由人类的表象、经验所构成的世界与自在之物的区别，并由此确认人类理性的界限。因此，这个概念在康德哲学中实际上起到了对传统形而上学进行本体论批判的重要作用。尽管马克思和恩格斯在《德意志意识形态》一书中有关"感性世界"的论述直接针对的不是康德的"批判理性"，而是费尔巴哈的"直观的唯物主义"，但我们依然可以通过比较马克思和康德关于"感性世界"理论的异同，从中窥见马克思主义哲学的本体论精神。

1. 康德"感性世界"理论的主要论点

在康德的哲学中，"感性世界"是与"自在之物"相对应的概念。首先，他认为，"感性世界无非是现象的总和"[①]。康德所说的"现象"，是指自在之物作用于我们的感官，在我们心灵中引起的知觉或表象，而非自在之物自身的东西。感性世界就是由这些知觉或表象构成的，因此感性世界的存在和联结"只发生在表象即经验里，因为感性世界不是自在的东西，而仅仅是一种表象样式"[②]。在这个意义上，"感性世界"相当于康德所说的"现象界"或"自然界"。其次，康德认为，我们关于感性世界或"自然界"的一切经验或知识，就其所具有的普遍性、必然性的形式而言，也不是来自自在之物，而是来自我们的纯粹理智。我们是运用我们的纯粹理智概念，如因果性概念，把各个知觉或表象结合到一般的意识中，使之成为我们的经验或知识。因此，感性世界或自然界的普遍法则就是现象或表象在我们的一般意识中相互联结的原则，即理智法则。"感性世界不

---

① 康德：《未来形而上学导论》，庞景仁译，商务印书馆 1978 年版，第 126 页。
② 康德：《未来形而上学导论》，庞景仁译，商务印书馆 1978 年版，第 126 页。

过是按照普遍法则把现象联结起来的一种连锁，因此它本身并没有自在性，它并不是自在之物本身。"①

康德确认感性世界没有自在性，它以自在之物为基础，但是对于这个基础我们却一无所知。正是由于这个观点，康德被称为欧洲近代哲学中"不可知论"的主要代表。需要指出的是，康德虽然否认了"自在世界"的可知性，但却没有否认"感性世界"的可知性。在他看来，这个"感性世界"固然不是自在之物，但却是自在之物表现给我们的样子。因此，"感性世界（即做成现象的总和的基础的一切）之与未知者之间的关系就好像一只钟表、一艘船、一团军队与钟表匠人、造船工程师、团长之间的关系一样。对于这个未知者，我固然并不认识它的'自在'的样子，然而我却认识它的'为我'的样子，也就是说，我认识它涉及世界的样子，而我是世界的一部分"②。这就是说，我们生存于感性世界之中，这个感性世界虽然以自在之物为其根源，但它的构成以及它的法则却来自人类主体的感性的和理智的形式，因而它是一个"为我"的世界，我们不仅能够把握这个世界，而且我们对这个世界的把握，即关于这个世界的知识也不终止于某一点上，"数学上知识的扩大和不断新发明的可能性，它们的前途都是无止境的；同样通过连续的经验和经验通过理性的统一，我们对自然界的新性质、新力量和法则将不断得到发现，这种前途也是无止境的"③。只不过，人类知识的任何扩展都不能超出感性世界的范围，因为人类的一切感性的和理智的形式都必然是以感性世界中的现象为经验的内容。

---

① 康德：《未来形而上学导论》，庞景仁译，商务印书馆 1978 年版，第 143 页。
② 康德：《未来形而上学导论》，庞景仁译，商务印书馆 1978 年版，第 148 页。
③ 康德：《未来形而上学导论》，庞景仁译，商务印书馆 1978 年版，第 141—142 页。

　　显然，康德在这里所要论证的并不是人类理性的"无能"，而是要论证人类理性的使用界限。他认为，对于我们的理性来说，重要的不是自在之物本身是怎样的，而是自在之物与我们的感性世界的关系是怎样的。通过把握这个界限或关系，我们可以意识到，我们的一切经验和知识都是关于感性世界的经验和知识，而不是关于自在之物本身的知识。同时，在感性世界中，一切经验和知识都是有条件的，永远必须以事物之依存于其他事物为前提，并不具有无条件的必然性和统一性，因此人类理性的使用又不能局限在感性世界以内，而是要将其"在有关全部可能经验上推向最高程度"，也就是推到感性世界与自在之物的关系中去思考，以便为我们一切可能的经验和知识确立最终的根据。在康德看来，做到这一点的唯一可能的办法，"就是设定一个至上理性，把它当作世界里一切联结的原因"，也就是，"我们把理性当作属性搬过来，不是加给自在的原始存在体本身上，而仅仅是加给原始存在体对感性世界的关系上"。①这样，康德就在认识论的意义上给了上帝一个位置。但他明确指出，我们这样做的目的不是用理性这一属性去思维上帝，而是用它去思维世界，"不是为了规定任何有关纯粹理智存在体，也就是说，有关感性世界之外的东西，而是为了按照尽可能广泛的（理论的实践的）统一性原则指导感性世界以内的理性使用"②。很明显，依照康德的理论，理性不可能告诉我们自在之物的自在情况，但正因为如此，我们可以依据自在之物与感性世界的关系，把自在之物设定为"至上理性"或"纯粹理智存在体"，使之为理性在感性世界中的使用提供统一性的原则。这也就是说，感性世界中一切经验或知识的统一性虽然与自在

---

① 康德：《未来形而上学导论》，庞景仁译，商务印书馆 1978 年版，第 150 页。
② 康德：《未来形而上学导论》，庞景仁译，商务印书馆 1978 年版，第 154 页。

之物有关，因为一切经验的根据不在经验本身，但也不是来自
自在之物，而是来自我们理性的设定。

　　康德进而认为，设定"至上理性"的目的不只是从经验中
把我们的概念解放出来，使我们看到一个感性绝对达不到的、
仅仅作为理智的对象的境界，更重要的是为了"实践的原则"，
因为，"如果面前没有像这样的一个境界来满足其必要的期待
和希望，就不能达到理性为了道德的目的所绝对需要的普遍
性"①。依照康德在《实践理性批判》中所陈述的观点，道德
的普遍性就在于它是一种无条件的绝对命令。这种普遍性显然
不可能来自感性世界，因为感性世界中的一切联结都是有条件
的，而只能来自我们理性的设定，因为这种理性的设定不是现
象，而是一切现象的根据。因此，"在纯粹理性源泉里，理性在
形而上学方面的思辨的使用必然同理性在道德方面的实践的使
用是统一的"②。也就是说，道德的普遍性不是以现象为根据，
而是以我们的纯粹理性为根据。这样，理性在道德方面的实践
的使用，就不是出于一种"自然的因果性"，而是出于"理性的
因果性"。在感性世界里，原因和结果之间的一切联结却都取决
于自然界的必然性，永远只能从被制约的对象向另一个被制约
的对象前进，而理性的因果性则是"自由的原因"，它本身不是
现象，而是感性世界中一切现象的根据，"只有对于并不是现象
（虽然是现象的根据）的那种原因可以加之以自由"③。因而，
"理性的因果性，对感性世界里的结果来说，必须是自由……因
为，理性的行动在这种情况下不会根据主观的条件，也就是说，
不会根据任何时间条件，也不会根据用以规定这些条件的自然

---

① 康德：《未来形而上学导论》，庞景仁译，商务印书馆 1978 年版，第 156 页。
② 康德：《未来形而上学导论》，庞景仁译，商务印书馆 1978 年版，第 157 页。
③ 康德：《未来形而上学导论》，庞景仁译，商务印书馆 1978 年版，第 129—130
页。

法则，因为理性的根据是普遍地、按照原则地给行动以规则，不受时间或地点情况的影响”①。我们的道德实践正是出于理性的因果性，因而是以自由为根据或前提的。

2. 马克思和恩格斯对"感性世界"的实践论诠释

马克思和恩格斯的感性世界理论直接源于对费尔巴哈直观唯物主义的批判。费尔巴哈是当时德国哲学中第一位对黑格尔的思辨哲学提出理论挑战的唯物主义哲学家，他对马克思完成与黑格尔哲学的决裂，起到了直接的推进作用。在费尔巴哈看来，黑格尔思辨哲学的要害在于割裂了思维与存在的真正统一，颠倒了思维和存在的关系，认为"思维就是存在，思维是主体，存在是宾词"。而思维和存在的真正关系是，"存在是主体，思维是宾词。思维是从存在而来的，然而存在并不来自思维"②。但是，费尔巴哈对存在的理解基本上是继承近代欧洲经验论的传统，视存在为通过感觉感受到的"感性的实体"，他说："具有现实性的现实事物或作为现实的东西的现实事物，乃是感性事物。真理性，现实性，感性的意义是相同的。只有一个感性的实体，才是一个真正的，现实的实体。只有通过感觉，一个对象才能在真实的意义之下存在——并不是通过思维本身。"③这样，费尔巴哈的观点尽管表现出推动德国哲学向唯物主义回归的努力，但是他对黑格尔哲学的批判，却没有在基本理论方面给唯物主义哲学带来实质性的进步。

我们知道，黑格尔在《精神现象学》一书中，已经扬弃了近代唯物主义的直观性，亦即不是把人当作自然发生的感性实

---

① 康德：《未来形而上学导论》，庞景仁译，商务印书馆1978年版，第130页。
② 参见费尔巴哈：《关于哲学改造的临时纲要》，《费尔巴哈哲学著作选集》上卷，荣震华、李金山译，商务印书馆1984年版，第114—115页。
③ 费尔巴哈：《未来哲学原理》，《费尔巴哈哲学著作选集》上卷，荣震华、李金山译，商务印书馆1984年版，第166页。

体，而是把人的"活动"或"劳动"作为人的自我发生的"中介"。马克思给黑格尔的这个见解以高度评价，他说："黑格尔的《现象学》及其最后成果——作为推动原则和创造原则的否定性的辩证法——的伟大之处首先在于，黑格尔把人的自我产生看作一个过程，把对象化看作失去对象，看作外化和这种外化的扬弃；因而，他抓住了劳动的本质，把对象性的人、现实的因而是真正的人理解为他自己的劳动的结果。"①费尔巴哈完全无视黑格尔的这个最基本的反思性见解，他只是把人理解为一个来自自然界的感性实体，它的存在以自然为根据，思维则是人的本质的一个必然的结果和属性。这使得他不能从人的活动或劳动出发去把握人与周围世界的对象性关系，而只能诉诸人的感性直观，并在感性直观的基础上确认人的主体性。如他所说："只有感觉，只有直观，才给我以一种作为主体的东西"。②对此，马克思批评说："费尔巴哈不满意抽象的思维而诉诸感性的直观；但是他把感性不是看作实践的、人的感性的活动。"③正是由于这一点，费尔巴哈虽然力图"恢复唯物主义的权威"，但在理论的深层上却表现为从黑格尔的倒退，这也正是马克思受费尔巴哈启发，但又很快超越费尔巴哈的关键之处。

马克思把包括费尔巴哈唯物主义在内的近代唯物主义称为"直观的唯物主义"，并指出了它们的共同缺陷："对对象、现实、感性，只是从客体的或者直观的形式去理解，而不是把它们当作人的感性活动，当作实践去理解，不是从主体方面去理解。"

① 马克思：《1844 年经济学哲学手稿》，《马克思恩格斯全集》第 42 卷，人民出版社 1979 年版，第 163 页。
② 费尔巴哈：《未来哲学原理》，《费尔巴哈哲学著作选集》上卷，荣震华、李金山译，商务印书馆 1984 年版，第 156 页。
③ 马克思：《关于费尔巴哈的提纲》，《马克思恩格斯选集》第 1 卷，人民出版社 1995 年版，第 59—60 页。

①这里的问题是，为什么马克思认为"直观的唯物主义"不能把事物、现实、感性当作人们的感性活动、当作实践去理解？或者说，马克思所说的这种直观的唯物主义的"直观性"到底是指什么？这个问题的答案只能来自马克思对"感性世界"这个概念的理解。

在《德意志意识形态》一书中，马克思指出：

> 费尔巴哈对感性世界的"理解"一方面仅仅局限于对这一世界的单纯的直观，另一方面仅仅局限于单纯的感觉……在前一种情况下，在对感性世界的直观中，他不可避免地碰到与他的意识和感觉相矛盾的东西，这些东西扰乱了他所假定的感性世界一切部分的和谐，特别是人与自然界的和谐。为了排除这些东西，他不得不求助于某种二重性的直观，这种直观介于仅仅看到"眼前"的东西的普通直观和看出事物的"真正本质"的高级的哲学直观之间。他没有看到，他周围的感性世界绝不是某种开天辟地以来就直接存在的、始终如一的东西，而是工业和社会状况的产物，是历史的产物，是世世代代活动的结果，其中每一代都立足于前一代所达到的基础上，继续发展前一代的工业和交往，并随着需要的改变而改变它的社会制度。②

很明显，马克思认为直观的唯物主义的直观性，就在于它把"感性世界"混同于"自在世界"，认为我们生活于其中的"感性世界"是以其自身为根据的自在的实体。关于这一点，费尔巴哈本人说得也很清楚："存在是从自身、通过自身而来的——存在只能为存在所产生。存在的根据在它自身中，因为只有存

---

① 马克思：《关于费尔巴哈的提纲》，《马克思恩格斯选集》第 1 卷，人民出版社 1995 年版，第 58 页。

② 马克思和恩格斯：《德意志意识形态（节选）》，《马克思恩格斯选集》第 1 卷，人民出版社 1995 年版，第 75—76 页。

在才是感性、理性、必然性、真理，简言之，存在是一切的一切。"①对于感性世界的这种理解，使以费尔巴哈为代表的旧唯物主义不能看到感性世界通过人的活动而对人的生成，不能看到人与感性世界之间的反思的对象性关系，即通过对象化的活动而在对象化的世界中确证自身的主体性，而只是把感性世界理解为一种自在的、直观的对象。

从马克思的上述观念可以看出，马克思与康德一样，没有把"感性世界"理解为"自在的世界"。但是，马克思对感性世界的理解既超越了费尔巴哈，也超越了康德。在康德那里，作为感性世界基础的不过是自在之物在人们的心灵中引起的知觉或表象，而在马克思那里，作为感性世界基础的是人的感性活动。这个感性世界不仅仅是以知觉和表象为基础而形成的可能经验的世界或现象界，而是由人的感性活动及其创造物所构成的生活世界。"打个比方说，费尔巴哈在曼彻斯特只看见一些工厂和机器，而在一百年以前在那里只能看见脚踏纺车和织布机；或者，他在罗马的坎帕尼亚只发现一些牧场和沼泽，而在奥古斯都时代在那里只能发现罗马资本家的葡萄园和别墅。"②因此，这个感性世界只能被理解为"工业和社会状况的产物"，"历史活动的结果"，"世世代代活动的结果"，它的存在的根据不在"自在世界"中，而在于人们的感性活动之中，"这种活动、这种连续不断的感性劳动和创造、这种生产，正是整个现存的感性世界的基础"③。

只有把感性世界的基础理解为人的感性活动，康德所谓"自

---

① 费尔巴哈：《未来哲学原理》，《费尔巴哈哲学著作选集》上卷，荣震华、李金山译，商务印书馆 1984 年版，第 115 页。
② 马克思和恩格斯：《德意志意识形态（节选）》，《马克思恩格斯选集》第 1 卷，人民出版社 1995 年版，第 77 页。
③ 马克思和恩格斯：《德意志意识形态（节选）》，《马克思恩格斯选集》第 1 卷，人民出版社 1995 年版，第 77 页。

在世界"的"为我"的样子才能真正得到合理的解释。因为，感性世界作为一个"为我"的世界，不只是因为它是那个未知者在我的心灵中引起的我的知觉和表象，而是"我"的活动，即人类的实践活动实际地创造出了一个体现"我"的本质、意志、理想，从而也体现"我"的历史的世界。在这个感性世界中，一切"在者"或者是在人的感性活动中为人的感性活动所观察、所诠释、所规定的在者，或者本身就是人的感性活动的创造物，也就是说，使这些"在者"在起来的那个"在"本身，不是别的，正是人的感性活动本身。因此我们必须把事物、现实、感性当作人的感性活动，当作实践去理解，从主体的方面去理解。这也正是马克思在《关于费尔巴哈的提纲》所说的"哲学家们只是用不同的方式解释世界，问题在于改变世界"这个命题所具有的本体论意义。

3. 马克思主义的"感性世界"理论是一种全新的哲学世界观

把人的感性活动理解为现存"感性世界"的深刻基础，这实质上是确立了一种全新的哲学世界观。马克思和恩格斯强调，只有把人的感性活动或实践活动，特别是其中最基本的感性活动，即物质生活的生产和再生产，理解为感性世界的深刻基础，理解为历史的现实基础，才能真正地"按照事物的本来面目及其产生情况来理解事物"，从而使任何深奥的哲学问题都可以被"简单地归结为某种经验的事实"。当然，马克思和恩格斯并没有否认"外部自然界"的"优先地位"，并且肯定这个具有"优先地位"的外部自然界是物质世界，强调："人并没有创造物质本身。甚至人创造物质的这种或那种生产能力，也只是在物质本身预先存在的条件下才能进行。"①在这一点上，马克思主义哲学与以往唯物主义自然观保持着基本的一致性。但马克思主义哲学与以往旧唯物主义哲学根本不同的地方，在于它的基本立足点不是那个外在于人的、先于人的、具有优先地位的自然界，而是以人的感性活动为基础的"感性世界"。在马克思看来，那个外部的、与人无关的自然界对人来说是没有意义的。在《1844 年经济学哲学手稿》中，他曾指出，外在于人的或脱离人而独立的自然界不过是一种"非对象性的存在物，是一种非现实性的、非感性的、只是思想上的即只是虚构出来的存在物，是抽象的东西"②。也就是说，现实的、感性的存在物，必然是人的对象性的存在物，而人（我）则构成了这种存在物的他物或它的对象，即另一个现实。如果设想脱离人独立而存在的自然界，那么这种自然界就既不是对象，也没有对象，因而不可能是现实的、感性的存在物，只能是思想上抽象出来的东西。可以设想这种自然界先于人而存在，"但是，被抽象地孤立地理解的、被固定为与人分离的自然界，对人来说也是无"，或者说，"它是无意义的，或者只具有应被扬弃的外在性的意义"。③在《德意志意识形态》一书中，马克思和恩格斯重申了《1844 年经济学哲学手稿》中的这一思想，指出，以人的感性活动为基础的感性世界，即由人的感性活动所创造的感性世界"当然不适用于原始的、通过自然发生的途径产生的人们。但是，这种区别只有在人被看作某种与自然界不同的东西时才有意义"④。

---

① 马克思：《1844 年经济学哲学手稿》，《马克思恩格斯全集》第 2 卷，人民出版社 1974 年版，第 58 页。
② 马克思：《1844 年经济学哲学手稿》，《马克思恩格斯全集》第 42 卷，人民出版社 1979 年版，第 169 页。
③ 马克思：《1844 年经济学哲学手稿》，《马克思恩格斯全集》第 42 卷，人民出版社 1979 年版，第 178 页。
④ 马克思和恩格斯：《德意志意识形态（节选）》，《马克思恩格斯选集》第 1 卷，人民出版社 1995 年版，第 77 页。

除此之外，那种先在的或外在的自然界对于人来说是没有意义的。这种自然界，作为某种史前的东西，也就是作为不是人生活于其中的自然界，对人来说"也是不存在的自然界"。这就是说，真正地作为人的生存环境的自然界不是那种自在的自然界，而是以人的感性活动为深刻基础的"感性世界"。因此，现代唯物主义，或者说"实践的唯物主义"，对任何哲学问题的解决都不是从这种先在的或自在的外部自然界出发，而是立足于人的感性活动以及以这种感性活动为基础的"感性世界"。例如，关于"人和自然的统一性"这个"产生了关于'实体'和'自我意识'的一切'高深莫测的创造物'的问题"，在马克思和恩格斯看来，就不是以自在的自然界为根据，而是以人的感性活动为根据的。"如果懂得在工业中向来就有那个很著名的'人和自然的统一'，而且这种统一在每一个时代都随着工业或慢或快的发展而不断改变，就像人与自然的'斗争'促进其生产力在相应基础上的发展一样，那么上述问题也就自行消失了。"①

应当进一步指出的是，强调马克思主义哲学的全部理论以"感性世界"为基础，这也就是说人们对物质世界的认识是在实践活动中通过不断地把自在世界转变为"感性世界"的过程发生的。正如恩格斯指出的那样："人的思维的最本质和最切近的基础，正是人所引起的自然界的变化，而不仅仅是自然界本身。"②我们关于事物、现实或感性对象的种种科学的或哲学的理论，都不是对自在世界的把握，而是对实践范围内的各种对象或客体以及它们之间的相互作用关系的把握。这些理论的真理性也不在于是否可以在自在世界中找到它们的原型，而在于

---

① 马克思和恩格斯：《德意志意识形态（节选）》，《马克思恩格斯选集》第 1 卷，人民出版社 1995 年版，第 76—77 页。
② 恩格斯：《自然辩证法（节选）》，《马克思恩格斯选集》第 4 卷，人民出版社 1995 年版，第 329 页。

它们是否真实地把握了实践范围内主客体之间以及客体之间相互作用过程所呈现出来的客观属性和关系。基于这一点，笔者认为，"自在世界"或物质世界的自在形态是否可知的问题是一个完全没有意义的问题，因为人类关于这个世界的任何可能的认识，都必然是以实践活动扬弃这个世界的自在性为前提。同时，实践活动对物质世界自在性的扬弃，也不仅仅在于只有扬弃这个世界的自在性才能认识这个世界，更在于人类的感性活动可以按照人类的需求和目的，改变自然物的自在形态，赋予它们新的存在形式，从而在自然界引起单凭自然界自身自在的演化不能发生的变化，亦即创造出体现人类意志、目的和价值追求的"感性世界"，或"为我"的世界。从这个意义上说，人类感性活动对世界的自在性的扬弃正是人类自由之所在。这也是马克思主义的辩证的历史决定论的最基础、最核心的论点。

正是立足于"感性世界"，马克思和恩格斯找到了扬弃以往一切旧哲学并创立新的唯物主义哲学的立足点，同时也为辩证的历史决定论奠定了非同以往的理论立足点。他们说："迄今为止的一切历史观不是完全忽视了历史的这一现实基础，就是把它仅仅看成与历史过程没有任何联系的附带因素。……这样，就把人对自然界的关系从历史中排除出去了，因而造成了自然界和历史之间的对立。"①这一点正是以往一切历史哲学的根本缺陷。以黑格尔为代表的哲学唯心主义，固然看到了这个世界的能动性，但它归根到底是把这个世界的能动性归结为自在世界的精神本质，或者说把能动性理解为世界自身的自在自为性，而人的活动或劳动不过是自在自为的精神的一个环节。它只是抽象地发展了能动的方面，"因为唯心主义当然是不知道现实

---

① 马克思和恩格斯：《德意志意识形态（节选）》，《马克思恩格斯选集》第 1 卷，人民出版社 1995 年版，第 93 页。

的、感性的活动本身的"①。因而，尽管黑格尔庞大的思辨哲学体系已经体现着一种辩证决定论的原则，包含着辩证决定论的丰富内容和深刻的哲学智慧，但这种辩证决定论归根到底只能贯彻到精神领域中，而不能指向对现实生活的改造。它的概念辩证法所蕴含的对自由的追求，最终也只能变成一种理论上对德国普鲁士君主政体的政治妥协。

以费尔巴哈为代表的唯物主义虽然想要研究跟思想客体确实不同的感性客体，但是它也没有把人的活动本身理解为客观的活动。因而，费尔巴哈虽然"承认人也是'感性对象'。但是，他把人只看作是'感性对象'，而不是'感性活动'，因为他在这里也仍然停留在理论的领域内，没有从人们现有的社会联系，从那些使人们成为现在这种样子的周围生活条件来观察人们；……他没有批判现在的爱的关系。可见，他从来没有把感性世界理解为构成这一世界的个人的全部活生生的感性活动，因而，比方说，当他看到的是大批患瘰疬病的、积劳成疾的和患肺痨的穷苦人而不是健康人的时候，他便不得不求助于'最高的直观'和观念上的'类的平等化'，这就是说，正是在共产主义的唯物主义者看到改造工业和社会制度的必要性和条件的地方，他却重新陷入唯心主义"②。这样，旧唯物主义由于把人的感性活动特别是其中的物质生产活动排除在对自然的理解之外，因而他们无法理解在自然界发生的历史的、能动的变化。这就使它们在自然观上不可避免地陷入机械决定论。而在历史观上，要么把机械决定论直接贯彻到对社会历史的解释中，形成机械的历史决定论（如霍尔巴赫、拉·美特利等），要么用人

① 马克思：《关于费尔巴哈的提纲》，《马克思恩格斯选集》第1卷，人民出版社1995年版，第58页。
② 马克思和恩格斯：《德意志意识形态（节选）》，《马克思恩格斯选集》第1卷，人民出版社1995年版，第77—78页。

的历史活动的主观动机，如情感、意志、理性、心等来解释历史，从而退出唯物主义立场，陷入唯心主义的历史非决定论（如费尔巴哈）。

# 二、对客观现象和客观规律的实践论理解

马克思主义的辩证的历史决定论是以"感性世界"为基本立足点，这个命题本身就意味着我们必须对构成决定论论域的那些涉及人和周围世界关系的基本概念重新进行考察。在这里，本书首先从人的"感性活动"的视角出发，重点考察一下"客观现象"和"客观规律"这两个对于阐发和论证辩证的历史决定论的全部理论来说具有重要意义的范畴。

1. 现象、规律来自"实践场域"

在我们的日常观念中，"现象"通常被理解为"客观事物的表面特征和外部联系"，即视"现象"为客观对象自身的东西或某种"自在"的东西。这种观点，作为常识也许是可以理解的，只要它不妨碍我们的生活。但是，作为一种理论观点，却不能不说是一种未经反思的直观观念。人的认识活动作为一种"感性活动"，无论是观察、实验还是生产劳动，都是主体借助于一定的手段（人体器官、实验仪器、生产工具等）与客体相互作用的过程。从这个意义上说，"现象"并不是什么"自在的"东西，而是这种相互作用的产物。也就是说，"现象"之为"现象"总是某种"呈现"在主体面前的东西。哪怕是在最简单的观察过程中，被称为"现象"的东西就一定是"呈显"在主体的感受能力和感受形式之中的东西，并且，"现象"如果能够被述说出来也一定是被纳入主体的思维规定和话语方式之中的东西。

离开了认识主体的感受形式、思维规定和话语方式，也就是离开了观察的主体，就无所谓客体的"显现"，也就不会有"现象"这种东西的发生。当然，我们也可以设想"自在事物"之间的"自在的"相互作用，但只要这种相互作用没有进入我们的观察、实验和生产活动的范围，那么这种自在的相互作用及其结果就不会作为"现象"而出现，我们对此也就一无所知。

现代物理学在认识论上的一个重要贡献，就在于突破了那种把"现象"归之于自在事物自身的东西的直观观念。如量子物理学的哥本哈根学派认为，我们不能直接观察到处在量子水平上的微观客体，只能看到客体在测量仪器干扰下显示出来的宏观效应，如云雾室中的水珠、盖革管中的闪光、照相底片或屏幕上的影像或痕迹，等等。在这些宏观效应中，很难区分出哪一部分属于客体自身的运动状态，哪一部分属于仪器的干扰，主体和客体之间没有泾渭分明的界线。为此，量子物理学家玻尔指出："我们不再有任何根据去谈论一个物理客体的独立行动，因为在客体和测量仪器之间有个不可避免的相互作用，这个相互作用在原则上是不能说明的，如果这些仪器按其目的是要允许毫不含糊地使用描写经验所必需的各个概念的话。"[①]因此，在物理实验中所看到的"现象"，并不是"自在的"东西，而是主客体相互作用的结果。事实上，即便是对宏观对象的观测和实验，我们也没有多少理由谈论客体的独立行动，因为任何观测都只有在观测者通过工具行为与观测对象发生相互作用的过程中才是可能的。不仅如此，从人类实践活动的一般过程上看，任何实践活动（观察、实验、生产等）都是实践主体使用工具（人体器官、实验仪器、生产工具等）与外在于主体的

---

①　转引自卢鹤绂：《哥本哈根学派量子论考释》，复旦大学出版社 1984 年版，第 57 页。

客观对象发生相互作用的过程，而作为我们一切认识活动的起点的"现象"都是在这个过程中发生的。

进一步的问题是，既然"现象"不是自在的东西，那么这种"现象"是如何在人们的实践过程中发生的呢？问题的答案就存在于我们对实践活动的"中介"即工具行为的考察中。首先可以肯定，运用工具作用于客观对象，这个过程至少在表现形态上也是一种客观事物之间的相互作用，因为工具也是由物质的材料和能量构成的东西，工具所包含的物质材料和能量对于主体来说同样具有客体的性质，因而工具与客观对象之间的相互作用亦可以被理解为"客体间相互作用"。但是这种"客体间相互作用"不同于自在事物之间自在的相互作用，因为工具不是自然生成的东西，而是人的活动的创造物，也就是说，工具是按照我们的经验或理论制备的，在工具的技术性能中包含着我们的操作方式、观测方式、思维方式乃至话语方式，是对物质材料和能量的有规则的使用。这样，在工具行为中，虽然工具本身所包含的物质和能量与客观对象之间的相互作用表现为"客体间相互作用"，但它改变了这种相互作用的自在形态，也就是让整个工具行为中的客体按照我们可以理解、可以观测、可以述说的方式发生相互作用。这样，我们可以把工具行为所构成的实验或实践的条件和场所，称为"实践场域"①，而把工具行为中所发生的相互作用过程称为"实践场域内客体间相互作用"。由于工具行为规定了实践场域内客体间相互作用的方

①"实践场域"一词是借助于法国社会哲学家皮艾尔·布迪厄提出的"场域"（field）概念而形成的。布迪厄的"场域"是指由一定的价值观和调控原则所界定的一个社会构建的空间（参见布迪厄、华康德：《实践与反思》，李猛、李康译，中央编译出版社 1998 年版）。本书中的"实践场域"的含义有所不同，它特指由与某种实践活动相关的各方面因素所构成的一个实践活动空间，其中工具行为是主要的，但也包括来自社会的其他种种因素，因此它也不是通常意义上的实践领域，而是支配和影响实践活动的各种因素的总和。

式和规则，在这种相互作用中呈现出来的"现象"就可以被纳入我们的概念系统或解释系统中，使我们能够按照一定的经验的或理论的规范语言对之进行规定和述说，也就是被我们所认识。由此可见，我们能够认识和把握的正是在实践场域内客体间相互作用中所发生的"事件"或所呈现出来的"现象"。

对"现象"的把握是如此，对"规律"的把握亦是如此。"规律"这个概念所表述的也不是什么自在客体的独立运动，而是在实践场域内客体间相互作用过程中各种客观的基本因素之间相互作用关系的一般形式，这个一般形式同样与我们的工具行为密切相关。因为，"实践场域"这个概念意味着人类的感性活动同时也构成了物质运动的特殊形态，即与实践主体相关并由此扬弃了"自在性"的物质运动形态，任何"规律"都是对这种运动形态的一般形式的把握，它意味着只要置于这个实践场域之内，构成该实践场域的各种基本因素就必然会发生如此这般的相互作用关系，并必然地导致某种"现象"或"事件"的发生。

现代物理学亦证明了对物理客体的描述不能离开观测过程的实验安排。如在有关量子客体的实验中，科学家们普遍认为，量子客体有什么样的物理属性，这并不单方面地取决于对象客体自身，而是同时也取决于实验过程的技术安排。如果我们把量子客体置于测量粒子的实验安排中，它就呈现"粒子性"，如果我们把它置于测量波动性的实验安排中，它就可以呈现出"波动性"。在实验过程中，用于测量的试验仪器是按照经典物理学的理论制备的，而且有关"粒子性"和"波动性"的一整套诠释也来自经典物理学的概念系统。这表明，所谓"粒子性"和"波动性"并不是量子客体自身的属性，而是在量子客体与实验仪器相互作用的过程中所呈现出来的特性，并且这些物理特性也只有在我们已有的物理学概念系统中才能得到解释。说量子客体"既是粒子又是波"与说量子客体"既不是粒子也不是波"完全是等价的,因为离开了特定的实验场合和我们的概念系统,谁也说不清楚量子客体自身是什么。为此,玻尔指出:"对原子物理学中所能观测到的事实,我们仍然能够使用经典物理学的客观化语言;但对原子本身我们不能讲什么。根据观测结果做出预言就要和提出如何观测,观测什么有关,而观测者对此就有其选择自由了。"①更为一般地说,客观事物只是在我们的实践场域中才是我们认识活动的客体,这种客体具有什么属性一方面取决于在实践场域内客体间相互作用中所呈现出来的可被感知的"现象"或"特征";另一方面取决于在实践场域的设置中所包含的我们用以把握这些现象或特性的观测方式、操作方式、思维方式以及作为理解和诠释的基础的理论形式和概念系统。也就是说,离开了实践场域,我们不可能认识任何事物,而在实践场域之内,对客体的认识就必然包含主体的在场。这也正是马克思所强调的对事物、现实、感性不能仅仅从客体的方面去理解,而必须从人的感性活动、从主体的方面去理解。

2. 如何理解现象和规律的客观性

"现象"能否被理解为客观事物自身的东西?这个问题曾经是困扰近代经验论哲学的一个主要问题。休谟从怀疑论立场出发,拒绝回答这个问题,他说:"除了对知觉而外,我们对任何事物都没有一个完善的观念。一个实体是和一个知觉完全差异的。因此,我们并没有一个实体观念。……当人们问:知觉还是寓存在于一个物质的实体中,还是寓存于一个非物质的(精神的)实体中时,我们甚至不懂得这个问题的含义,那么如何

---

① 转引自卢鹤绂:《哥本哈根学派量子论考释》,复旦大学出版社 1984 年版,第66 页。

还可能加以答复呢？"①康德肯定了那个作为我们知觉和表象的根源的"自在之物"的存在，但他认为"现象"不过是自在之物作用于我们的感官而在我们心灵中引起的"知觉"或"表象"，而不属于自在之物自身。依笔者在前面阐述的观点看，休谟和康德没有把现象归结为自在之物是正确的，但他们的共同缺陷是，没有把"现象"放到人的感性活动中加以理解，也就是没有看到"现象"在"实践场域内客体间相互作用"过程中的发生，因而他们就把"现象"仅仅归结为我们的"知觉"和"表象"，亦即仅仅从主观性的意义上确认"现象"的发生。这使他们无法对知识的客观性和普遍性做出可靠的论证。例如，当康德断言"经验判断"的客观有效性"只意味着经验判断的必然的普遍有效性"时，他是把所谓"普遍有效性"归结为我们的用于把握经验的理智概念。他说："这种普遍有效性……决不根据经验的条件，甚至一般说来，也决不根据感性这一条件，而是根据一个纯粹理智概念。自在的客体永远是不知道的；但是，客体既然给我们的感性提供表象，当这些表象的联结被理智概念规定成为普遍有效时，它就通过这个关系而被规定成为对象，而且判断就是客观的了。"②这就等于说，知识的客观有效性并不在于我们的经验，而在于我们是否把表象联结到我们普遍的意识即理智概念中。比方说，如果把"太阳晒"和"石头热"这两个表象联结到因果关系的理智概念中，我们就得到了"由于太阳晒，所以石头热"这样一个普遍必然性的判断或一个客观有效性的判断。然而，在康德的这个推论中却潜藏着"普遍必然性"与"客观有效性"之间的断裂。如果我们把上述

①　休谟：《人性论》，关文运译，商务印书馆 1980 年版，第 262 页。
②　康德：《未来形而上学导论》，庞景仁译，商务印书馆 1978 年版，第 64—65页。

两个表象以相反的方式联结到因果关系的概念中，形成"由于石头热，所以太阳晒"这样一个判断，那么这个判断会因其普遍必然的形式而具有客观有效性吗？当然，康德可以反驳说，这个判断是不成立的，因为我们可以在经验中找到它的否证。但这样一来，判断的客观有效性就不是取决于它的普遍必然的形式，而是取决于经验的可证实性。随之而来的问题就是，经验的可证实性又怎样达到判断的普遍必然性呢？

指出我们所能认识的只是在"实践场域内客体间相互作用"过程呈现出来的"现象""特征"和"规律"，并指出这些认识必然包含主体的在场，并不意味着我们可以怀疑乃至否认客体的客观实在性，怀疑乃至否认科学知识或理论的客观有效性。在这个问题上，如何理解在"实践场域"中所发生的"客体间相互作用"是非常关键的。量子力学哥本哈根学派的某些物理学家，仅仅把实验仪器看作主体的一部分，而没有看到实验仪器所包含的物质和能量也是一种客体，由此把实践场域内客体间相互作用简单地或抽象地归结为主客体间不可分割的相互作用，从而怀疑量子客体的客观实在性。如著名物理学家海森堡就认为："其最后结果是，在量子论中用数学表述的自然界定律不再和基本粒子打交道，而是和我们关于这些粒子的知识打交道。也不再有可能去追问这些粒子是否在空间和时间上客观存在着，因为我们所指的当作在发生的过程只是那些代表这些粒子和其他物理体系（即观测仪器）的相互作用的过程。这样一来，基本粒子的客观实在奇怪地消失了，不是消失在某种新的不明确或仍然不能解释的实在概念的迷雾中，而是消失在一种数学的透彻澄清之中，这种数学不再描述基本粒子的行动，而是描写我们关于这些行动的知识。"①海森堡的这个观点显然混淆了量子客体与测量仪器之间的相互作用过程和观测主体对这个过程的理论诠释（即知识）。我们固然没有理由谈论量子客体本身的独立运动或自在属性，但同样也没有理由认为在仪器与量子客体的相互作用中所呈现出来的"现象""特征"没有客观实在性。因为实践场域内客体间相互作用仅仅表示我们把客体间相互作用纳入我们可理解、可观测的方式中，而并不意味着我们可以任意地左右相互作用的结果。在相同的实践方式或实验安排（我们可以不断地重复这种实践方式或实验安排）下，客体间的相互作用就必然会呈现出这些"现象"或"特征"，它们作为客观事实也绝不取决于观测者个人的意志和主观情态。同样，这些现象和特征（如粒子性、波动性等），由于它们发生在实践场域内，因而可以被我们的理论语言所规定和理解，但它们绝不仅仅是我们理论知识的产物。在实践场域中，我们已经通过一系列实验安排预设了从观念上接收和诠释可能发生的现象的话语方式或概念系统，但是，当实践场域中呈现出的现象或特征与诠释它们的理论语言或概念系统发生冲突时，我们不能改变这些现象或特征使之适合于我们的理论，而只能改造或变革我们的理论以更好地诠释这些现象和特征。因此，理论的变革就在于形成一种能够成功地、统摄性地诠释全部新经验事实的新理论（如量子力学对经典物理学的改造）。如果这种理论能够用数学的、概念的和逻辑的方式对在实践场域内客体间相互作用中呈现出来的全部现象做出完备的解释，对可能发生的现象做出准确的预测，并使预测在进一步的实验中得到证实，那么，这种理论就是客观有效的理论。由此可见，科学理论的

---

① 转引自卢鹤绂：《哥本哈根学派量子论考释》，复旦大学出版社1984年版，第149页。

客观有效性既不在于它反映了客观对象的独立活动或自在属性，也不像康德所说的那样仅仅取决于表象在一般意识中的联结形式或先验的理智形式，而在于它能够为在实践场域内客体间相互作用中发生的客观事实提供具有统摄性的、合理的、经得起验证的理论诠释或数学模式。

同样，"规律"的客观普遍性或普遍必然性也只能在实践场域内得到理解和确证。所谓"规律"亦是对实践场域内客体间相互作用关系的理论把握，这种理论把握赋予客体间相互作用关系以普遍必然的形式（如因果形式）。然而，我们之所以能够将实践场域内客体间相互作用关系的一般形式表述为具有普遍必然性的"规律"，不是因为我们可以在自在的世界中到处找到这种相互作用的原型（这种相互作用只能在人的感性活动中发生），也不是因为它所固有的普遍必然性的形式。之所以将其表述为具有普遍必然性的"规律"是因为只要我们设置了相同的实践场域，该场域内客体间相互作用的关系就必然会导致某种客观现象和客观事实的反复发生。这表明，规律的可重复性或普遍性，或者说，我们之所以能够赋予这种相互作用关系以普遍的、必然的形式，就在于我们能够重复设置使这种规律发挥作用的实践场域。我们生活于其中的"感性世界"是以我们的感性活动为基础的，因而就是由各个领域、各个方面的"实践场域"构成的。任何科学规律来自我们的实践场域，又应用于实践场域的不断扩展。这样，规律的普遍性、必然性不只是在实验室中反复得到证明，更重要的是在生产实践中，也就是在感性世界的建构中得到证明，因为生产实践无非是科学实验所建构的实践场域在感性世界中的放大。从这个意义上说，规律同样不是"解释世界"的根据，而是"改变世界"的根据，因为只有在我们那些可以重复的"改变世界"的实践场域中，"实践场域内客体间相互作用"的关系在其一般形式上才可以作为规律而存在，并且也只有在实践场域中，规律才有可能真正地作为规律发挥作用。

# 三、社会生活的实践本质

人类的感性活动是现存感性世界的深刻基础，这一论点不仅是对人和自然关系的实践论诠释，更是对人类社会及其历史发展的实践论诠释。人类社会本身就是自然和历史的统一。人类感性活动或实践活动扬弃自在自然的过程，就是人类社会产生和发展的过程。只有从人的感性活动出发，才能真正理解人类社会及其历史发展的本质和规律。因此马克思指出："全部社会生活在本质上是实践的。凡是把理论引向神秘主义的神秘东西，都能在人的实践中以及对这个实践的理解中得到合理的解决。"①"环境的改变和人的活动的一致，只能被看作是并合理地理解为革命的实践。"②辩证的历史决定论对人类社会及其历史发展的理论把握，正是立足于对人的实践活动的理解而去除历史观中那些导致神秘主义的神秘东西，也就是从人的真正现实的、感性活动本身去阐明人类历史的本质。

1. 社会生活的客观性和物质性

社会生活的实践本质首先深刻地体现出社会生活的物质性和客观性。最基本的实践活动是表现人与自然相互作用的物质生产活动。这种活动作为人的自由自觉的活动虽然服从人主观

---

① 马克思：《关于费尔巴哈的提纲》，《马克思恩格斯选集》第 1 卷，人民出版社1995 年版，第 56 页。
② 马克思：《关于费尔巴哈的提纲》，《马克思恩格斯选集》第 1 卷，人民出版社1995 年版，第 59 页。

设定的目的，具有超越性和创造性，但这种活动并没有创造物质本身，而是在人与自然物质的相互作用中扬弃自然物质的自在形态，也就是说，在物质生产活动这个最基本的实践场域中，依照人的需求、目的、意愿或理想改变自然物质的存在形式。在这个实践场域中，客体间的相互作用过程所呈现出来的客观属性和客观规律规定了人们改造自在世界的可能性，同时也就构成了对人的活动的客观制约性。它意味着，尽管人们凭借自身的语言意识可以自由地想象可能的世界或理想的目标，但如果我们对这些客观属性和规律一无所知或没有科学地把握，我们的想象或理想就不能转变成现实，我们的活动就不能真正摆脱自然的必然性和偶然性的支配而实现自由和必然的统一。

人们的物质生产活动一般地表现为生产主体运用一定的生产手段作用于生产对象的过程。生产手段即生产工具系统是人与自然界相互作用的中介系统。生产工具的质料取之于自然的物质和能量，只不过这些物质和能量被扬弃了自在形态成为"人化的自然力"。因此，人们运用生产工具改造自然的活动虽然是一种自主的自由的活动，但其现实形态必然表现为各种物质力量合乎规律的相互作用，本质上亦是一种具有不以人的意志为转移的客观属性和规律的物质力量。

物质生产活动是全部社会生活及其历史发展的现实基础。生产活动虽然直接地表现为人与自然的关系，但这种关系又是以人们之间的社会交往活动为前提的。生产力是通过人们之间的交往活动（通过活动的交换）而形成的社会力量。因此，生产活动一开始就包含着人们在交往活动中形成的关系，即生产关系。生产关系存在于社会生产的各个环节之中，是人们之间的一种物质联系。首先，这种生产关系的物质性表现为，生产关系各个方面均是通过人与物的关系而建立起来的人和人的关系，即以物（主要是劳动对象、劳动资料和劳动产品）为中介的社会关系，包括由生产工具的技术性质及效率所决定的人们在生产中必须采取的相互交换其活动的关系，通过对生产要素占有和生产成果的分配而表现出来的经济利益关系，等等。这种物质的交往关系把众多个人的活动整合为共同活动，从而形成与自然进行抗争的社会性的物质力量，使人们能够在与自然的相互作用中，创造出满足人的物质生活需求和社会生活需求的各种物质成果。这就是说，人们在生产活动中，必然要结成一定的交往关系，并不取决于人的主观意愿，而是取决于人的活动的社会本性。当然，人类个体在物理和生理上是可以相互分离的，我们可以设想一个人像《鲁宾孙漂流记》这部小说中的主人公那样在孤岛中过着离群索居的生活，但即便如此，这个人也没有真正地脱离他与他人的交往关系，他的智力和生活技能已是社会的产物，并且他通过制造和使用生产工具而同人类社会已达到的文明、同社会中的他人保持着无形的联系。我们完全可以肯定，这个人如果与他人没有任何意义上的社会交往，他就不能作为"人"同自然相互作用。其次，生产关系虽然是人们在自觉的交往活动中所结成的社会关系，但这种社会关系在历史上所具有的形式亦不是人们任意选择的结果。就社会生活多方面因素之间非线性相互作用关系而言，人们之间社会交往可以有多种可能的形式，然而通向现实的道路却是相对狭窄的。人们只能在物质生产发展的一定历史阶段所提供的可能性空间中选择。毫无疑问，选择体现了人的活动的自主性、自由性、超越性，但选择权却被历史条件所限定，被物质生产所达到的客观状态所限定。如果说，人们的生产关系是以"物"为中介的社会关系，人们结成一定的生产关系是为了形成人类改造自然的物质力量并使这种力量得以充分地发挥，那么，生产关系在历史上所采取的形式就必须和生产力的发展水平和状况相适应，具体地说就是必须与生产活动"物"的因素，特别是与以生产工具为主的劳动资料的技术性质和效率相适应。而社会生产力作为一种客观的物质力量不是人们可以任意选择的，它的发展只能是一个"拾级而上"的过程，那么生产关系的形式及其历史变革就只能是生产力发展的结果。"由此可见，一开始就表明了人们之间是有物质联系的。这种联系是由需要和生产方式决定的，它和人本身有同样长久的历史；这种联系不断采取新的形式，因而就表现为'历史'，它不需要有专门把人们联合起来的任何政治的或宗教的呓语。"①

　　人类社会是人们之间所发生的各种社会关系的总和，而最基本的社会关系就是在生产活动中所发生的物质性的生产关系。尽管在人类社会初期，即在原始社会中，生产关系寄寓于人们的以血缘关系为基础的社会亲属结构中，并从属于社会亲属结构，但生产的发展最终使它取代亲属关系而成为支配社会生活的基础。随着物质生产活动的发展，社会生活日益多样化和复杂化。起先，物质生产活动还仅仅是满足生存需要的活动，而随着生产的发展，"已经得到满足的第一个需要本身、满足需要的活动和已经获得的为满足需要而用的工具又引起新的需要，而这种新的需要的产生是第一个历史活动"②。这就是说，生产的发展不仅满足人们的最基本的需要，而且还不断引起新的需要，从而引起满足新的需要的历史活动。需要的增长必然引起社会分工的产生和发展，并由此在社会生活中划分出越来越多的特殊的社会生活领域，促使社会结构分化，产生出不同

---

① 马克思和恩格斯：《德意志意识形态（节选）》，《马克思恩格斯选集》第 1 卷，人民出版社 1995 年版，第 81 页。

② 马克思和恩格斯：《德意志意识形态（节选）》，《马克思恩格斯选集》第 1 卷，人民出版社 1995 年版，第 79 页。

层次的、各有其独特性质并自成体系的社会结构，如经济结构、政治结构、思想文化结构，等等。在物质生产活动发展的推动下，社会生活的内容和形式不断更新，社会生活现象也日趋复杂，以至造就出现代社会这样高度复杂的社会生活体系。

当然，人们的生产活动并不像自然物质的运动那样是纯粹的物质性活动，而是内蕴着人类的语言意识的自觉活动。但语言意识本身同样有一个随着物质生产活动的发展而发展的过程。意识本质上是对物质的反映。人类的语言意识高于动物心理活动的地方，就在于它能够通过抽象思维把握事物及其运动变化的本质和规律。而语言意识的抽象思维能力不是仅凭着对事物的直观就能获得的，人类思维所具有的抽象、概括、分析、综合的能力是在人们实际地变革事物的活动中发展起来的。尽管人的语言意识借助抽象思维能力可以把握表征事物运动变化趋势的可能性空间，从而引导并推动人类实践活动向新的深度和广度进展，但人们所能把握的可能性空间以及人们能够使那一种可能性变成现实又是基于人类实践活动,特别是物质生产活动所达到的现实状态。例如，在原始社会，语言意识已经产生，但由于生产力水平的低下，自然界"是作为一种完全异己的、有无限威力的和不可制服的力量与人们对立的，人们同自然界的关系完全像动物同自然界的关系一样，人们就像牲畜一样慑服于自然界，因而，这是对自然界的一种纯粹动物式的意识（自然宗教）"[①]。这种动物式的意识突出体现在原始人的以图腾崇拜为特征的自然发生的宗教观念中。在原始人看来，自然界具有无穷的魔力，自己和自己所属的氏族、部落必然同某种自然物——动物、植物或无机物——有某种亲缘的或特殊的

---

① 马克思和恩格斯：《德意志意识形态（节选）》，《马克思恩格斯选集》第 1 卷，人民出版社 1995 年版，第 81—82 页。

关系，从而把这种自然物视为本氏族的祖先、庇护者或象征，即图腾，并用一套崇拜图腾的仪式和禁忌来维护它的神秘性，以便从中得到保护或获得超越自身的力量。对自然界的盲目崇拜使原始人的观念活动同我们现代人的观念活动具有完全不同的性质。法国人类学家列维-布留尔在《原始思维》一书中认为，原始人的智力活动遵循自己特有的规律而不同于我们的智力活动。布留尔把这个规律称为"互渗率"，即自然力与人的生命活动的互渗、融通、彼此相关、直接同一。显然，这种图腾意识是原始人对未经改造过的自然物的直接依赖关系在观念上的表达。此外，由于原始社会的生产活动尚不能提供足够的剩余产品使一部分人脱离生产活动从事专门的脑力劳动，因此，原始的观念活动是在人们共同劳动、共同生活的过程中自然地产生的，并同社会的生产和生活直接融合，直接地服务于生产和生活。原始人的各种仪式、舞蹈、巫术活动，既是宗教，又是艺术，同时也是生产和生活的必要条件。这表明，人们的观念活动在这时还不是一个独立的领域，还没有形成以思想材料的积累和传递为特征的独立的历史。只是随着社会生产力和社会分工的发展，脑力劳动才从体力劳动中逐渐分离出来，成为社会生活的一个相对独立的领域。马克思说："分工只是从物质劳动和精神劳动分离的时候起才真正成为分工。……从这时起，意识才能摆脱世界而去构造'纯粹的'理论、神学、哲学、道德等等。"① 也就是说，从这时起，语言意识才借助专门的精神劳动而成为有着自身发展规律的相对独立的历史过程。因此，归根到底，不是社会意识决定社会存在，而是社会存在决定社会意识。人们的实践活动，特别是物质生产活动在历史上所达到

---

① 马克思和恩格斯：《德意志意识形态（节选）》，《马克思恩格斯选集》第 1 卷，人民出版社 1995 年版，第 82 页。

的发展程度，是制约人们精神活动的内容、形式和范围的现实力量。不管人们的精神活动在构筑"理想世界"方面具有怎样的自由，构筑"理想世界"的材料却取决于人们在实践活动中把握现实世界的广度和深度，而且只要人们不想把理想仅仅停留在想象中，而是让它结出现实的果实，就不能不服从实践活动所创造或提供的现实可能性。

从上述分析可以看出，人类社会生活的本质，既不是纯粹的精神，也不是单纯的自然，而是人们每日每时都在进行着的有意识、有目的地改造自然并在这个基础上改造社会本身的客观物质活动。因此，"社会生活在本质上是实践的"。社会生活的物质性、客观性源于人的实践活动，特别是物质生产活动的物质性和客观性。也就是说，人们的生产活动是与自然物质相互作用的物质活动，人们在生产活动中通过交往而形成的社会生产力本身是客观的物质力量，人们在生产活动中必然要发生的社会交往关系亦是人们之间的物质联系。所有这一切构成了社会生活最基本的物质内容。我们当然不能把社会生活归结为物质生活，尤其不能把人们对社会生活的价值追求仅仅理解为满足生存需求的努力。但是人类任何价值追求，包括伟大的价值追求，要转变成现实，就必须实际地占有现实的物质力量，并通过发展这种力量来实现。因此，人类的物质生产活动的发展程度规定着人类社会生活发展的历史阶段，规定着人类在何种程度上实现自己的价值追求。把握了人类物质生产活动的发展史，也就把握了人类社会发展史的基本线索。当然，社会并没有，也不会脱离自然界而独立，社会生活对自然界的依赖依然保持着，而且没有自然界的客观实在性也就没有人类生产活动或实践活动的客观性和物质性，但自然界的客观属性和规律并不直接决定社会生活的历史发展阶段，自然界对社会生活的影响是通过人们物质生产活动而间接发生的。这正是人区别于物、社会有机系统区别于自然系统的本质特征。

2. 社会生活的精神特质和文化属性

社会生活在本质上是实践的，这不仅意味着人类社会生活的总体即社会系统具有物质性和客观性，同时也意味着不能把社会系统归结为类似自然系统那样的单纯的物质系统。任何意义的实践活动，包括物质生产活动，本身都是包含着人们主观设定的意义和目的的自觉活动。人类通过自身的这种自觉的活动改变着自然界的既定状态，并在这个基础上组织、调适、控制、变革和发展自己的社会生活，从而创造出一个以人的实践活动为深刻基础的体现着人的内在目的和价值追求的不断发展着的"感性世界"。这表明，社会生活或社会系统在一开始就具有源于人类实践活动本性的精神特质，这种精神特质充分地体现在人类的文化创造活动中。

"文化"一词，在以往主要被理解为人类的知识、信仰、道德、艺术等精神活动及其产物。自 19 世纪后半叶以来，随着社会学和人类学的发展，"文化"一词被赋予了社会学意义，被理解为人类社会生活的诸方面。1871 年，英国人类学家爱德华·泰勒在其《原始文化》一书中，第一次把文化概念作为描述人类社会生活的中心概念提出来，他说："文化是一种复杂体，它包括知识、信仰、艺术、道德、法律、风俗以及其余从社会上学得的能力与习惯。"[1] 这个定义远比对文化一词的传统理解宽泛得多，但它仍侧重于精神活动及其成果。对此，许多学者仍不满意。美国人类学家和文化社会学家威廉·费尔丁·奥格本认为："在这个文化定义中，没有特别强调物质的使用，而是倾向于认为文化是从物质中分离出来的东西，但是在任何民族的文

---

[1] 泰勒：《原始文化》第 1 卷，连树声译，上海文艺出版社 1992 年版，第 1 页。

化中，物质的使用都是一个主要部分。"①例如，在没有或很少有文字材料遗留下来的史前文化中，我们正是根据先人留下的各种器具、住所、墓穴等实物遗迹来推断史前社会的文化发展状况。因此，文化应当包括物质文化。此外，社会制度和社会组织也是文化的重要组成部分。对于文化的这种宽泛的理解已被大多数学者所肯定，并形成了广义的文化概念。

广义的"文化"概念是与"自然"相对应的，特别是与自在自然相对应的。自在自然是天然造就，非人类所为，而广义的文化则是指人类的活动及其成果，包括人类社会实践活动所创造出来的各种物质产品和精神产品，包括人们的行为方式、思维方式、习俗、道德、法律、制度和社会组织，等等。从这个意义上说，社会文化可以有物质的存在形态，也可以有精神的存在形态，它不是社会生活的某一个部分，而是涉及社会生活的各个层次、各个方面。因此，广义的文化概念，实际上是一个区分人类的自为活动与自然界自在运动的概念，社会生活的实践本质突出地体现为社会文化的生成。

文化作为人类活动的过程和结果具有物质的和精神的多种存在形态，但这是不是意味着可以用"文化"概念来涵盖社会生活的全部内容？是不是产生于人类活动之中的一切现象都可以称之为文化现象？对于这样的问题的解决，取决于我们对社会文化的实质即人类活动的产物与自然之物的本质区别的认识和界定。我国著名哲学家张岱年先生曾在《中国文化简论》一书中说："所谓文化，就是对自然的、原始的状态加以改变，使之有一些文采。"②这一定义赋予文化以改变自然之意，但过于

---

① 奥格本：《社会变迁》，王晓毅、陈育国译，浙江人民出版社 1989 年版，第 2 页。

② 张岱年、苏广辉：《中国文化简论》，浙江出版社 1989 年版，第 7 页。

简略。我国另一学者韩民青在《文化论》一书中，称人是"动物＋文化"，而文化则是"人－动物"，因此，"文化是人的非动物性（或非生理性）组成部分"。这个定义不仅空泛而且近乎同义反复。因为，一旦确定文化不同于自然，那么它与人的"非动物性"就是等价描述，而文化的实质却恰恰是要揭示文化或人的非动物性组成部分是什么。日本学者岩崎允胤力图从马克思的实践观点出发解决这一问题。他认为："文化是人作为主体作用于客体，将自己对象化于客体，从而将现实作为我的东西来占有的这种活动，同时也是活动的成果，而且包括这种活动和成果的过程。"①根据这个定义，岩崎认为，"文化活动在广义上覆盖了人类活动的全部领域的东西"，因此，考察文化与考察社会经济、政治的区别仅在于考察角度的不同，"从这个'人的'侧面来把握时，人类活动就被理解为文化活动"②。岩崎立足于社会实践的观点来揭示文化的实质，无疑是一个正确的思路。人类社会实践在一般性上确实具有岩崎所指出的那个意义，而且这个意义对于确定社会文化的实质也极为重要。然而，岩崎把社会文化与社会生活完全重合起来，却不能不说是一个很大的疑点。人类实践活动，特别是体现人与自然关系的物质生产活动，是以一定物质条件为前提的客观物质活动，虽然它作为实践主体的自觉活动体现着主体的意志和目的，但其过程本身又具有不以主体的意志和目的为转移的客观性和规律性。因此，尽管全部社会生活现象都与实践主体有关，都产生于人的实践活动之中，但是即便从"人"的这个侧面来把握，它们也并非都是主体的意志和目的的实现。例如，在经济生活中，人们到市场上购买商品，这无疑是一种有意识、有目的的活动，

---

① 岩崎允胤：《文化和人类活动的辩证法》，《哲学研究》1990 年第 2 期。
② 岩崎允胤：《文化和人类活动的辩证法》，《哲学研究》1990 年第 2 期。

但大家都购买一种商品，必然会使这种商品短缺和价格上涨，这个结果绝不是人们有意造成的，而是由一定的经济规律的客观本性决定的。除此之外，像通货膨胀、就业不足、财政赤字等社会问题也只有在人们的活动中才能产生，但绝非任何一个国家的政府和公民所期望的，这些问题的产生也是由社会经济发展的客观规律决定的。正因为如此，那些面临这些问题的政府首脑们才为没有有效的解决办法而大伤脑筋。这表明，在人类社会实践和社会生活中总可以区分出确实体现了人类的意志和目的社会现象或活动结果和虽然在人的活动中产生，但并不由人的意志和目的所决定，而是由社会发展的客观本性和客观规律所决定的社会现象。如果不加区别地把这两类现象笼而统之地称为"文化"，那并不能使我们对社会生活获得更深入的理解，反而会混淆社会客观过程和主观过程的区别，忽视社会生活的客观基础和蕴含于其中的客观规律。

从社会生活的实践本质出发揭示社会文化的实质，就是要从那些被我们称为"文化"的各种人类实践活动及其产物中，即文化的各种存在形态中，找到由人类实践活动的一般性质所决定的社会文化的普遍性、共同性特征。社会文化的各种存在形态一般都具有双重意义。一方面，任何文化形态都有其直接的实际效用。一把石斧、一台机床、一条法律、一种制度、一件艺术品、一种理论都是一定时代的人们根据自身物质生活和精神生活的直接需要而创造出来的。这种直接的实际效用通常是个别的、具体的，甚至是暂时的，它构成了每一种文化形态的个性特征和具体内容。很明显，我们不能根据文化形态的直接效用来确定文化的实质，因为它不能体现文化的普遍价值。文化形态的另一方面的意义，则是它作为人类实践活动的产物具有为实践活动的一般性质所决定的普遍性、共同性特征，这就是，无论文化形态的实际效用是什么，它们作为人们有意识、有目的活动的产物，都必然包含着人们对自然界和社会生活的观念上的把握，包含着内化到人类实践活动的过程和结果中的人类精神，也就是说，文化形态体现着人的存在的自为性、人的活动的自由性以及人与自身活动结果的自我相关性。例如，人们在物质生产活动中创造出来的各种物质产品，作为文化，就在于它们是人类精神的对象化、客观化。一把石斧被称为文化，不仅是因为它有实际效用，更重要的是因为它表明了人们在何种程度上把握和利用了自然物的属性和规律，表明人是怎样通过使自然物质发生形式变化，从而在自然物中实现了自己的目的，发展和发挥出自己的能力。马克思在谈到人类智力和知识在人类改造自然和社会的活动中的巨大作用时说道："自然界没有制造出任何机器，没有制造出机床、铁路、电报、走锭纺纱机等等。它是人类劳动的产物，是变成了人类意志驾驭自然的器官或人类在自然界活动的器官的自然物质。它们是人类的手创造出来的人类头脑的器官；是物化的知识力量。"[1]那些出于对神灵的崇拜和迷信所建造的神殿庙宇，为战争制造出来的武器，为美化社会生活而生产出来的服饰、化妆品，为艺术生活和娱乐事业提供的各种设施和装备，为科学研究而制造出来的各种仪器和设备，无一不是在实践活动中被物化或客观化的人类知识、智力、价值、信仰。人类实践活动所创造出来的物质成果，正是凝聚着人类精神，打上了人类意志的烙印而被称为有别于自然的文化。由社会习俗、道德、法律、制度、礼仪等诸多方面构成的社会规范文化，则更为直接地显示出社会文化的精神特征。规范是人们在共同生活中依据对周围世界和

---

① 马克思：《〈政治经济学批判〉（1857—1858 年草稿）》，《马克思恩格斯全集》第 46 卷下册，人民出版社 1980 年版，第 219 页。

自身社会生活的理解，依据人们的共同信仰、共享价值以及共同利益、目的而设定的。它们的产生表明人们摆脱了动物群体的那种凭自然本能来维系群体生活的状态，开始有意识、有目的地调适、控制、整合社会生活，维系人们之间的社会联系，制约人们的社会行为，维护社会共同体的存在和发展。至于像宗教、伦理、哲学、艺术、科学等社会精神文化的各种形式，甚至可以说是社会文化的精神实质的纯粹形态。它们使蕴含在物质文化和精神文化创造中的精神特质变成对精神生活的直接追求，使人类精神活动成为社会生活的一个相对独立的、有着自身发展过程的实践领域。总之，无论社会文化是以物质的形态存在，还是以非物质的形态存在，在实质上必然都是内蕴于人们的实践活动之中，并在实践结果中变成现实的人类意识、意志和目的，是凝聚在人类活动产物中的人类精神。

内蕴于文化创造活动中的人类精神不是纯粹个体意义上的精神。人类社会实践本身是社会性的，因此，内蕴于实践活动中的人类精神也必然是一定社会群体、一定社会共同体中的人们在共同的社会生活中运用同一种语言进行观念交往的过程中形成的共同意识。在观念的交往中，人们通过信息交流和心理倾向上的互动，彼此沟通、互相了解，从而意识到群体共同利益和需求的存在，并对生活实践所面临的问题达成共识。这样，在共同的生活实践中，每个个人的精神活动被社会化为共同意识，如对自然和社会生活的共同理解、共同信仰、共享的价值观念，以及共同的意志和目的。尽管打造一把石斧的活动可能是某一个个人的行为，但制造和使用工具的意识和目的却绝不会为某一个个人所独享。一旦工具的制造和使用在生产中发挥了巨大的效力，那么制造和使用工具的意识和目的就会借助经验的传递和积累，知识技能的交流互动而被社会化为群体的共同意识和目的。像神殿庙宇这样的物质产品，则更是集中地体现了人们对周围世界的共同理解和对超自然神灵的共同信仰。社会文化规范作为人们共同的行为准则更是以共同的信仰和共同的价值观念为前提。因此，作为社会文化实质的精神，必然是在实践活动中被社会化了的普遍精神。

精神活动的社会化同时也是它的客观化。内蕴于各种文化形态之中，并被社会化了的普遍精神对于社会群体中的每一个个人来说都是一种制约着他的观念和行为的客观力量。凝聚在物质文化中的各种知识、技能、经验、价值观念反过来又制约着人们对物质文化的制造、理解和使用；体现着人们共同信仰、共享价值的社会规范，制约着人们的社会行为和生活方式。那些由思想家、理论家、艺术家创造出来的思想理论、艺术作品一旦为社会成员所认同和接受，也会产生即便是创造者也无法左右的影响。所以，人们创造了文化，同时又被文化所创造。任何一个人一经出生就落脚到一个既定的文化体系或文化环境中。如果他不想脱离社会群体，就必须在其社会化过程中，接受既有文化的熏陶，适应这个文化体系，使凝聚在各种文化形态中的普遍精神内化到他的人格结构中。

总之，社会文化是社会实践的产物，但并不完全与社会实践中所发生的一切重合，它在实质上只能是内蕴于人类实践活动，并在实践的过程和结果中被社会化和客观化了的普遍精神。人类的自觉活动无论是物质层面上还是精神层面上的，无论是感性的还是理性的，无不因内在地包含着一种文化精神而有别于纯粹的自然的运动变化。因此，广义的文化不是社会生活的某一领域或某一方面，而是存在于社会生活的各个领域、各个方面，构成了社会生活的精神特质，是使社会生活之成为社会生活的基本属性，是人及社会的存在方式。当然，文化精神不是独立自存的"实体"，而是在人们的共同生活中，通过各种层面的交往活动以及这种交往活动的历史发展而形成的超出个体的主观世界的社会化、客观化的精神。因此，在人类实践活动或社会发展的一定历史阶段上必然存在着与这一历史阶段上的物质生活相适应的文化精神，它引导着人们物质文化和精神文化的创造，引导着人们对自然和社会的改造活动。这样，在一定历史阶段上人们所创造出来的各种物质的、规范的、组织的和精神的等文化形态所构成的文化体系，必然包含着人们通过精神的交往而形成的对自然和社会生活的共识和理解，包含着人们的共享价值和信仰，体现着人们的意志、目的和追求。这种通过社会文化体系而体现出来的普遍精神是在人们共同的物质生产活动和广泛的社会交往活动中被客观化了的精神。它源于人们的物质生活过程，而一经产生又引导着人们的社会实践，使以人们的感性活动为基础的"感性世界"，使社会发展过程和社会状态的演变具有文化精神"外化"的意义。这表明，社会这种特殊的物质体系因其主体的自觉活动而具有精神性，即与社会物质生产方式发展的一定历史阶段相适应的精神特质。人类社会这个有机系统应当被确切地表述为物质-文化体系。这就意味着我们不能把社会发展理解为一个纯粹的物质过程，不能完全地像考察自然过程那样去考察社会过程。纯粹的物质过程本身并不追求什么，只有饱含文化精神的社会运动才是合目的的发展过程。

综上所述，辩证的历史决定论以人的感性活动或实践为前提，以作为自然与历史的统一的"感性世界"为立足点，将人类社会确切地理解为"物质-文化"体系，因而一方面强调人类社会作为广义的实践场域有其物质基础和物质运动的规律，它决定社会发展的与一定的物质条件相联系的种种可能性；另一方面又强调社会是一个"文化集成体",有其精神特质和文化属性,它内蕴于人们的实践场域中,通过对客观可能性的价值选择规定着社会发展的基本趋向。辩证的历史决定论的全部理论都将在这个基本前提下予以展开。

# 第二章　辩证决定论的自然哲学根据

决定论的最原初的含义就是指因果决定论。这个因果决定论包含着两个相互联系的基本命题：其一，承认因果关系的普遍性，即认为任何事件的发生都有一定的原因，同时，任何事件已经发生就会作为"原因"而引起一定的结果；其二，承认因果关系的必然性，即认为只要作为原因的那个事件，不论是一个单一的事件，还是一组事件，一经发生，就一定会引起如此这般的结果。在人类的实际生活经验中，因果联系起初像一条不言自明的公设，在人们的认识和实践活动中起着大前提的作用。科学就是通过把握因果联系来解释和预见事物的运动、变化和发展。决定论作为一种哲学观念，则力求把人们在认识和实践活动中所形成的因果观念理论化、系统化，揭示它的普遍性和必然性。因此，肯定因果联系的客观普遍性，肯定原因对结果的合乎规律的决定作用，这正是一切决定论哲学的基本出发点。

## 一、自然的因果性、必然性和偶然性

"自然"这个概念本身具有两个含义：其一是指有别于人类社会生活的世界，即通常所谓"自然界"，这种自然界是从来就有的，并且是孕育一切存在形式的母体，人及人类社会是它长期演化的结果或产物；其二是指一切不体现某种自觉目的而生成、演变或消逝的现象和过程。看上去这两个含义的差别是十分细微的，但从人和自然的关系的角度来分析，这个差别又是十分重要的。因为在前一个含义上，自然可以被表述为与人类活动无关并先于人类社会而存在的自在世界；而在后一个含义上，自然就不仅仅是指自在的自然界，也并不一定与人类活动无关，甚至可以包含某些在人类活动中产生的现象和过程。也就是说，这个意义上的自然，既包括发生在自在自然中的现象和过程，也包括发生在人的感性世界中的现象和过程。例如，大工业的发展所带来的空气污染和温室效应等问题，显然是人类活动的结果，但这并不妨碍我们将其称为自然现象，因为，这些现象的发生并不体现某种主观设定的目的，而是依一定规律和条件自然而然发生的现象。

我们所要探讨的自然的因果性、必然性和偶然性，原则上是指一切不含有自觉目的的现象或过程的客观属性，而无论这些现象或过程是否与人类活动有关。不过，我们必须指出的是，这里有关自然因果性的一切问题的探讨，都是立足于在以人的感性活动为基础的"感性世界"中所发生的自然过程或因果过程。对于在自在自然中发生的事件，我们当然可以依据因果关系进行推断，但在这里，因果关系是作为普遍的思维形式起作用的。正如我们在第一章中所陈述的那样，我们对自然的一切认识只有通过感性活动扬弃自在世界的自在性才能发生，因此，有关因果关系的任何论断都只能产生于人们的感性活动之中，都是以对感性世界的考察为依据的。

1. 因果联系及其基本特征

普遍联系和运动发展是整个感性世界的基本特征。所谓普遍联系是指构成这个世界的纷繁复杂的事物或过程之间以及构成每一事物或过程的各种因素、特性或组成部分之间存在着的相互依赖、相互制约、相互作用的关系。同时这种相互依赖、相互制约和相互作用的关系又构成了事物运动变化的过程和条件。因果关系是相互作用关系的最基本的形式，"只有从这种普遍的相互作用出发，我们才能达到现实的因果关系"①。

人的感性活动本身就是一个实践场域内客体间相互作用的过程。在实践场域中，事物之间的相互作用必然会导致事物自身的存在状态或基本性质发生变化。例如，锤子敲击石块，一方面会使石块受到震动或破碎，另一方面石块的反作用也使锤子受到震动或变形。这表明，在事物间的相互作用与事物自身存在状态的变化之间存在着一种引起和被引起的依赖关系，因果关系概念就是对这种依赖关系的抽象和概括。如果我们把事物之间的相互作用称为一个"事件"，把事物自身的状态变化称为另一个"事件"，那么，"原因"就是引起某一事件的事件，"结果"就是被某种事件所引起的事件。

从因果关系的上述规定中，我们大体可以引申出因果关系本身所具有的三方面基本特征。

首先，因果之间具有相互依存性。既然因果关系是指事件间的相互作用和这种相互作用所导致的事物自身状态的变化之间的相互依赖关系，那么原因和结果都只有在这种依赖关系中才有各自的规定。黑格尔说："因果两者具有同一的内容，而因与果的区别主要只是设定与被设定的区别。而这种形式的区别也同样又扬弃其自身，因为原因不仅是一个他物的原因，而且又是它自己本身的原因；同时，效果也不仅是一个他物的效果，

---

① 恩格斯：《自然辩证法（节选）》，《马克思恩格斯选集》第 4 卷，人民出版社1995 年版，第 328 页。

而且又是它自己本身的效果。"①这就是说，某事件只有在引起另一事件的产生并消失在另一事件中时，该事件才获得"原因"的规定性，而另一事件才能被称为"结果"。因此，因果是相互设定的，没有离开"原因"的"结果"，也没有离开"结果"的"原因"。因果运动不是从一个基质到另一个基质的因果性的外部转移，而是原因和结果在形成对方的同时也设定了自身。

其次，因果具有先后相继性，即所谓"先因后果"。有不少人认为，"先因后果"说是极为可疑的，因为许多具有因果联系的自然现象是同时发生，同时结束的，如摩擦与生热、热力系统中的压力与温度等。实际上因果的先后相继性本质上不是一种时间上的先后关系，而是因果间引起和被引起的关系。"原因"作为"引起者"对于结果具有一种"原初性"，而"结果"作为"被引起者"之所以后于"原因"，是因为它相对于原因这个事件具有"派生性"。由此可见，否认因果的先后相继性，也就否认了因果间引起和被引起的关系，也就是否认因果关系本身。

最后，因果具有同一性。这是因果关系最为重要的特征。从表现形态上看，原因和结果是两个不同的事件，但二者却包含着同一性。黑格尔曾举出雨和湿的因果关系通俗地说明了这一点。作为原因的"下雨"和作为结果的"湿"，两者都是同一的实际存在的"水"，差别仅在于水的存在方式。这个例子生动地说明，所谓原因引起结果，不过是客观事物在相互作用过程中，构成原因那些因素或规定由一种存在方式转移到另一种存在方式即结果中来。因果关系的同一性标明因果关系并非是某物和他物的外在联系，而是事物存在形态的转化过程所具有的内在的自身关系。由于这种同一性，原因就决定了结果的具体内容。需要指出的是，因果的同一性并不同于机械论的"因果

---

① 黑格尔：《小逻辑》，贺麟译，商务印书馆 1980 年版，第 318 页。

相当论"（cause acquateffectum）。"因果相当论"是与把机械运动规律绝对化、普遍化分不开的。机械运动的特征是改变物体的位置（位移）而不改变物体的性质。如果我们把宇宙间一切物质形态的运动都归结为机械运动，那么按因果相当论，就不可能从低级的物质形态中产生出高级的物质形态，一切都只是力学量的转移，没有质变和发展。西方确有人这样认为，达尔文的进化论应当抛弃，因为组织非常低下的有机体绝不能发展为具有高级组织的高等有机体，这样的发展违背了因果相当的原理，只有神的干预才能说明这种变化。这种观点没有看到，在复杂的相互作用中，因果运动可以使物质的存在形态发生变化，可以使一种存在形态向另一种存在形态转化，甚至从简单的低级的存在形态向复杂的高级的存在形态转化。1953 年，美国芝加哥大学生物研究生唐来·米勒在实验室里模拟了生命物质从无生命物质中产生的过程。他在特制的容器中装入了甲烷、氨、水汽、氢等无生命物质，然后连续进行长时间火花放电，结果在他的容器中产生了构成生命物质的多种氨基酸。这个实验雄辩地证明，生命物质可以从无生命物质中产生，它并不需要"神"或其他什么神秘力量在自然界之外向自然界注入"生命素""活力"之类的东西。生命物质的建筑材料完全取自无生命世界，只不过复杂的因果运动改变了这些物质材料的存在方式，形成了具有更为复杂结构的物质系统，生命运动便是这种物质系统的结构和功能。

2. 因果运动的必然性和偶然性

因果联系是实践场域内客体间相互作用关系的基本形式。在实践场域中，无论客体间的相互作用表现出怎样的复杂性，人们也总是要通过把握因果关系来解释相互作用的实质内容，也就是把客体间相互作用及其结果作为因果关系加以表述。因此，进一步的问题是，现实的因果运动是表现某种必然性的过程，还是仅仅为一系列偶然事件的组合，抑或是必然性和偶然性的统一。这个问题是区分自然观中决定论和非决定论、机械决定论和辩证决定论的核心问题。

确定因果运动是否具有必然性，首先必须把发生在一定时空中的个别的"因果事件"同这个因果事件所包含的因果关系区分开来。任何个别的因果事件大都只发生一次，绝少有重复的可能，而因果事件所包含的因果关系则是一种恒常的、不变的联系。例如，"某某年的干旱使某地区的水稻减产"，这是一个关于因果事件的陈述，这个事件在历史上只出现一次。但在这个陈述中包含着一个更为一般的陈述："水量不足导致水稻减产"。这便是一个因果关系陈述，它对于这一类事件是普遍适用的，不论这类事件发生在何时何地。

个别因果事件不是必定要发生的事件，因果关系则表现为不变的必然联系。"铁在阴湿的空气中会生锈"，这句陈述并不意味着某块铁一定会同阴湿的空气接触因而一定会生锈，也许这块铁永远不会和阴湿的空气接触从而不发生这个因果事件，但我们仍然可以断定：这块铁一旦被置于阴湿的空气中就一定会生锈。由此可见，不管个别的因果事件是否一定要发生，因果关系总是必然的、稳定的。正因为如此，人们才有把握因果关系的必要，才有可能对事物的运动变化做出起码的预见。

因果关系所具有的必然性归根到底是来自它本身所蕴含的规律性。我们之所以会说"给容器内的气体加热，必定会使气体压力增加"，是因为我们知道一定体积的气体的压强与温度成正比的规律，即

$$P = \frac{T}{V} \qquad （P——压强，T——温度，V——体积）$$

　　当然，并非所有客观规律都可以体现因果必然性。开普勒的行星运动规律虽然具有严格的确定性，但不具有因果性，它只是确定了行星的位置（$X$）与时间（$t$）的函数关系，即 $X=F_n(t)$。统计规律揭示了大量现象随机发生的频率和分布状态的稳定性，但也不涉及随机现象本身的因果性。因果关系所蕴含的规律主要是一定的运动形式规律，如质点运动规律、波动力学规律、化学反应规律、生物进化规律，等等。这些规律通常也被称为因果规律。

　　因果规律之所以使因果关系具有必然性，首先是因为人们所能把握到的任何因果规律都是发生在实践场域内客体间相互作用过程之中，是构成这种相互作用过程的那些基本因素之间的固定不变的关系，因此只要实践场域可以重复设置，这种规律就必然如此这般地发挥作用。例如，在物理实验中，物理学把进行机械运动的物体抽象为只有质量（$m$）、速度（$v$）并占有一定时间（$t$）和空间（$r$）的质点，因为对于机械运动形式来说，这些因素是最基本的，也是最充分的，物体的颜色、形状等属性则是无关紧要的。表现在实验过程中就是，通过一定的实验安排尽可能突出运动中那些最基本的因素，而尽可能排除无关紧要的因素，使那些基本因素之间的关系呈现出来。例如，物体受外力（$F$）作用时，所获得的加速度（$a$）的大小与合外力的大小成正比，与物体的质量成反比，这就是机械运动的基本规律：

$$F = ma = m\frac{\mathrm{d}^2 r}{\mathrm{d}t^2}$$

　　这就是比较典型的机械运动的因果规律。只要实验安排是相同的，物理客体在实验中的表现就必然是相同的，而且这种物理表现与实验者的主观目的、情感、意愿毫无关系，是客观的物理表现。正因为如此，我们才能对这个物理表现做出准确的预言。也就是说，在实践场域内，构成某种运动形式的那些基本因素之间的不变关系就是因果运动的必然性趋向。在这里，还需要指出的是，通常人们认为自然规律的必然性与它的可重复性有关。这个说法在一般意义上是正确的。

其次，因果规律显示了因果的相互依存性和因果关系的同一性，从而在更深刻、更普遍的层次上揭示了因果关系的必然性。著名物理学家玻恩在谈到牛顿运动方程所暗含的因果关系时指出，在机械运动中，一个物体作用于另一个物体，使另一个物体在时间内改变了位置。由于只考虑机械运动，我们不考虑施加作用的物体为何物，而把它抽象为一个"力"（$F$），这样，在另一物体的运动中就因"$F$"的存在而出现了加速度"$a$"。反之，加速度的存在就表明一物体运动依赖于另一物体所施加的力，或者说这另一物体施加的力是这一物体运动的原因。[①]实际上，客观事物任何形式的运动变化都是在相互作用中实现的，因此，任何运动形式规律都可以显示出这种因果依赖性。此外，在牛顿运动方程中，之所以可以把起原因作用的物体抽象为一个"力"，是因为在机械运动中，物体间相互作用的全部内容就是这个力的传递和转移，这实际上也就是物体运动所产生的"能量"的传递和转移。"原因"不是运动的物体本身而是物体在运动中产生的"能量"，"结果"不过是能量在另一物体的运动中的表现。这样，原因不仅决定了结果的必然发生，也规定了结果的具体内容。由此可见，因果规律是使因果关系具有必然性的内在根据。揭示因果必然性，就是要揭示它所蕴含的客观规律。

---

① 参见玻恩：《关于因果和机遇的自然哲学》，侯德彭译，商务印书馆 1964 年版，第 15—17 页。

　　肯定因果关系的客观必然性是否意味着现实的因果过程不包含任何意义上的偶然性？或者用一种古老的问法，一切都是有原因的，能不能说一切都是必然的？要回答这个问题，首先必须弄清，这个"必然性"是指因果事件所包含的因果关系的必然性，还是指这个独特的因果事件必然要发生。如前所述，因果关系是合乎规律的关系，只要发生了"原因"那个事件，就必然会按一定规律导致出"结果"那个事件。例如，"铁在阴湿的空气中会生锈"，这句话所陈述的便是一个因果关系，它是必然的，它的必然性可以用铁在空气中的氧化规律加以说明。一个因果事件一旦发生，就一定包含着某种因果必然性，亦即它是一个合乎规律的现象。但是要问某个独特的因果事件是否一定要发生，例如，如果我们问"由于这间仓库的空气湿度太高，这些铁管都生锈了"这句话所表述的因果事件是否一定要发生，需要解释的实际上并不是"铁与阴湿的空气接触"和"铁生锈"这两个事件的因果关系，而是这些铁管是不是一定要同阴湿的空气接触，从而造成"生锈"的结果。这就要求我们寻找铁管为什么恰好被放进这间仓库以及这间仓库中空气湿度为什么太高等一系列其他原因。可以肯定，如果采取了有效措施避免了铁管与阴湿空气的接触，这个因果事件就不会发生，至少不会如此这般地发生。这个例子说明，独特的因果事件产生于多种"原因"的"汇合"，因此，它不是必定要发生的。在这种情况下，我们就称这个因果事件为一偶然事件，或一个包含偶然性的事件。关于这一点，许多哲学家和科学家都有比较明确的认识。普列汉诺夫在《论个人在历史上的作用问题》这本小册子中提到："偶然性是一种相对东西。它只会在各个必然过程的交叉点上出现。"法国著名生物学家兼哲学家雅克·莫诺也认为，偶然性是"完全独立的两条事物因果链所固有的，而在它们的交叉点上造成了意外事故"。[1]

然而仅仅指出偶然性是多种原因的"汇合",或多种因果链、多种必然过程的"交叉",还不等于说明了"偶然性"本身。关键的问题是,为什么我们可以把"汇合"了多种因果链或多种原因的因果事件称为具有偶然性的事件?这里的"偶然性"是什么意思?

一种观点认为,我们不可能把汇合在一个因果事件中的全部原因都搞清楚,因此我们不能预知,至少不能精确地预知这个事件。的确,要详尽无遗地弄清一个独特因果事件的全部原因通常是十分困难的。恩格斯也曾指出:"这一个豌豆荚所要探索的因果联系,已经多得连全世界的全体植物学家都解决不了。"[2]但是,如果我们用能否弄清一个事件的全部原因来判断因果事件是否具有偶然性,就等于把偶然性从客观推向主观。恩格斯有一句话颇使人误解,他说:"只要我们不能证明豌豆荚中的粒数是以什么为根据,豌豆的粒数就依旧是偶然的。"[3]有人由此认为,豌豆的粒数之所以是偶然的,是由于我们不能证明豌豆粒数的原因。而问题恰恰在于,如果我们能够证明豌豆粒数的原因,那么豌豆粒数还是不是偶然的呢?认为凡是弄清了原因的就是必然的,凡是没有弄清原因的就是偶然的,这实际上就是认为偶然性并非客观存在,而是出于我们的知识不足。

事实上,偶然性与必然性一样是现实因果运动的客观特征。任何已发生的因果事件,对于促使它发生的全部原因来说,就是一个必定如此的确定事件。只要促使其发生的那些因果过程

---

① 莫诺:《必然性与偶然性》,上海人民出版社 1977 年版,第 8 页。
② 恩格斯:《自然辩证法(节选)》,《马克思恩格斯选集》第 4 卷,人民出版社 1995 年版,第 325 页。
③ 恩格斯:《自然辩证法(节选)》,《马克思恩格斯选集》第 4 卷,人民出版社 1995 年版,第 325 页。

如此这般地"汇合""交叉"在一起，它们之间的相互作用，就必然要合乎规律地导致出这个独特的结果，我们原则上能够找到充分的原因来说明它只能如此，不会有别的样子。但也正是由于因果事件产生于多种因果过程的"汇合"或"交叉"，它又是一个并不必然要发生的，或并不必然要如此这般发生的偶然性事件。促使它发生的那些因果过程都是相互独立的，尽管每一过程都有自身的规律和因果必然性，但每一过程的自身规律中都不包含它们必然汇合在一起的根据。如小麦的生长过程和雹灾的形成过程便是两个相互独立的因果过程，它们汇合在一起必然会造成一个确定的因果事件。但雹灾形成的原因和规律并不包含在小麦的生长规律中，因此对于小麦的生长过程来说，它就不具有诸如开花结穗之类的必然性，而是可以发生，也可以不发生，可以这样发生，也可以那样发生的偶然事件。它是否发生及怎样发生均不由小麦的生长规律决定。正如黑格尔所说："偶然性一般讲来，是指一事物存在的根据不在自身，而在他物而言。"[①] 由人类活动所构成的实践场域本身就是一个具体的现实的过程，它既包括了发现因果规律的过程（如科学实验），也包括了运用因果律的过程（如生产过程）。尽管我们可以通过人为的安排，"净化"实验条件，使规律性的东西能够以更纯粹的形式表现出来，但所谓"净化"只是相对的，我们很难在试验过程中完全排除外界因素的随机干扰，因而实验结果总会出现误差；同样，在生产过程中，尽管生产设备是按照我们所把握的规律制造出来的，但我们也很难在生产过程中完全排除来自环境、操作者等各种不确定性因素的影响，因而生产过程总会有一定的废品率。误差也好，废品也好，都是有原因的，而且原则上我们也可以弄清这些原因，从而把误差率和废品率降

---

① 黑格尔：《小逻辑》，贺麟译，商务印书馆1980年版，第301页。

低到最低限度，但这不能改变它们出现的偶然性。而且可以说，正是由于它们的出现是偶然的，因而我们才有可能减少或消除它们。

从上述分析中可以引申出下述结论：首先，偶然性是一种客观现象，并非出自我们的知识不足，即便我们弄清了偶然事件产生的全部原因，也不能因此消除该事件的偶然性。黑格尔认为，偶然性既是有根据的，又是没有根据的。说它是有根据的，是因为它是在多种因果过程的汇合或交叉中产生的，因而有充分的原因可以说明它；说它是没有根据的，是因为这种"汇合"或"交叉"本身并不受必然的因果律支配，每一个因果过程对偶然事件的产生都起一份作用，但都不能单独决定这个事件，我们不能从任何一个过程中推导出这个事件的必然发生。其次，偶然性并不是局部的、个别的现象，而是普遍存在于一切现实因果过程中。任何事物的运动变化都有其可以用因果规律加以描述的内在根据，同时又必然依赖于一定的内外部条件，因而不可避免地要同众多其他事物的运动变化过程汇合、交叉。没有水植物就不能生长，但一株植物能否得到水，以什么方式、在什么程度上得到水，都不取决于植物自身的生长规律，而需要其他过程（如雨水的形成、人工灌溉等）来补充，因而，水之于植物就是一种偶然的不确定的因素。

# 二、现实的因果运动是必然和偶然的统一

具体事物的运动变化是在普遍的相互作用中实现的，就其全部现实内容而言，表现为必然性和偶然性的统一。这种统一体现出现实因果运动的复杂性。

1. 线性相互作用与非线性相互作用

因果运动的复杂性首先来自事物之间以及事物内部诸要素之间相互作用关系的复杂性。现代科学一般地把复杂的相互作用关系区分为线性的和非线性的两种情况。

线性相互作用是指可以用数学上线性方程（零次幂和一次幂关系）和线性微分方程（其解可以线性叠加）加以刻画的相互作用关系，如简单的机械系统。线性相互作用有两个明显的特征：第一，事物系统内部各种变量之间的关系具有严格的对称性，成对输出的变量（如输入和输出）可以对易，这表明一个变量可以严格地决定另一个变量；第二，在事物系统的动态过程中，时空可以被假定为均匀的、连续的、仅起背景作用的因素。整个过程是可逆的，亦即系统的初始状态不仅严格地决定了其后任一时刻的演化状态，而且可以设想其后任一时刻的演化状态能够随时间的倒流退回到初始状态中。由于线性相互作用的这些特点，人们普遍认为线性相互作用是因果必然性的直接体现。

在过去很长一段时间里，人们比较注重线性相互作用，认为无论多么复杂的相互作用都可以还原为线性过程或线性过程的简单叠加。而随着科学的发展，当人们力图从总体上把握由多种因素、多种过程构成的事物系统的演化规律时，相互作用的复杂性便日益暴露出来。人们发现，绝大多数存在着多变量的物质系统其内部的相互作用很难用线性方程加以描述，而是表现为非线性。所谓非线性相互作用是指描述这种相互作用关系的数学方程至少包含一个非线性项（即多次项），如哈肯在研究激光问题时建立的电场演化方程：

$$E = (-K + G)\dot{E} - \beta^3 \dot{E} + F$$

其中就包含了一个非线性项（$\beta^3$）。由于包含非线性项，该方程的解就不是唯一的。这表明，非线性相互作用具有与线性相互作用完全不同的特征。首先，非线性相互作用是多因素、多变量之间不对称、不可倒易的关系。如现代控制论指出，闭环系统中的反馈调节机制可以使系统实现某种趋向"目的"的行为，系统的输入与输出之间不存在一一对应的线性关系。高度复杂的自组织系统正是由于反馈调节机制的存在，才使自身较少受外界因素变化的影响而保持自身时空结构的稳定性。其次，存在着非线性相互作用的系统，其演化状态不能由系统在某时刻的初始状态严格决定，演化过程是不可逆的。普里高津的耗散论和哈肯的协同论在研究远离平衡态系统的演化状态时都指出，由于系统中存在着非线性相互作用关系，在不同时间、地点和条件下，系统内部诸要素之间的相互作用关系并非像简单的机械系统那样始终如一，而是可以完全不同。例如，一个激光发生器，当抽运功率较低时，不过像一只普通的灯，当抽运功率达到一定阈值时，便会发出激光，继续增加抽运功率且达到新的阈值，则会出现新的时空结构，即有规律的脉冲。这个不稳定的序列恰与非线性方程的多重解相吻合。这表明，非线性系统从初始状态出发的演化状态并不是唯一的，而是蕴含着多种可能性。

根据非线性相互作用的这些特征，有人认为，在非线性相互作用中不存在必然的因果联系。这种观点实际上是缺乏根据的。存在着非线性相互作用的系统往往是多种性质、多种层次因果性环节的综合。它并不排斥因果必然性，反而以因果必然性的存在为前提。例如，闭环系统的反馈调节机制一般都属于非线性相互作用，但它却是多种性质因果性环节或过程的相互制约和转化。人体内血糖的浓度是一定的，血糖过高会促使胰腺分泌胰岛素增加，胰岛素的增加则起到降低血糖浓度的作用，血糖浓度降低又减少了胰岛素的分泌，从而又使血糖浓度增加，如此循环往复，使血糖浓度自动控制在一定水平。在类似这样的系统中，每一局部的环节或过程都包含着必然的因果联系，而且正因为如此才使系统的功能保持稳定。

非线性系统的初始状态不能严格决定其后时刻的演化状态，也并不意味着系统的演化过程缺乏确定性和因果必然性。关键问题是不能把系统演化过程的因果联系单纯地归结为不同时刻的演化状态之间的联系，不能把系统的初始状态看成决定其后演化状态的唯一原因。仅仅从初始状态来看，存在着非线性相互作用的系统的未来演化状态可以有多种可能的演化状态，但系统的演化过程只能把一种可能变成现实，而最终把哪一种可能的状态变成现实，不仅取决于系统的初始状态，而且取决于系统内的随机涨落和系统在演化过程中对外部条件的吸收，就是说，系统的演化状态是由系统内外部多种原因共同确定的。相对于初始状态而言，系统的演化状态是不确定的，因为它只是多种可能性中的一个；而相对于演化过程的全部原因来说，它又具有严格的确定性，因为当所有内外部条件都确定时，它就排除了其他的可能性。系统演化的确定性和不确定性的统一为我们控制系统的演化提供了可能。因其不确定性，我们才能对系统的演化状态进行选择；因其确定，我们才能通过把握演化状态的条件，使有利的演化状态出现。例如，只要我们知道了激光发生的条件，就可以造出激光发生器，让激光按我们的要求反复出现。

2. 内部原因和外部原因

事物系统的运动变化一方面是在其内部诸要素之间的相互作用中实现，另一方面又是在它与外界环境多种因素（条件）的相互作用中实现。因此，一个现实的因果运动所包含的众多复杂的因果联系可以相应地区分为内部原因和外部原因两大类。

内部原因是指事物系统内部诸要素之间的相互作用关系，它是事物运动变化的根据，决定了事物的基本性质和属性及其运动变化的基本形式和趋势，它是事物的因果运动具有必然性的一面。在同样的外部条件下，不同植物的生长之所以显示出不同的性质和趋势，皆因为它们的生长过程受不同的内部原因的支配。现代系统论也证明，任何系统的整体性质和功能直接取决于系统内部诸要素的相互作用关系或结构，而不是由外界环境因素直接决定。特别像动植物之类的高度复杂的自组织系统在其长期的演化过程中内部已形成了相对稳定的时-空结构。在这种结构中，系统内部诸要素间的相互作用关系起到了调节外界因素的影响与系统功能之间的关系的作用，使系统具有功能自主性。外界因素的作用在一定范围内不能直接改变系统的功能和行为。为此，普里高津把系统的时-空结构与功能之间的关系称为"决定论"的关系。

外部原因是事物运动变化的条件。外部条件的作用是相当重要的。没有水、肥、土壤、阳光、空气等外部条件，任何植物的生长都是不可能的。现代系统科学证明，孤立、封闭的系统，由于不同外界进行物质、能量和信息的交换，按热力学第二定律，总是朝向无序化方向运动变化，即系统内部的熵自发地增大，并最终达到一种"死寂"的平衡状态。而开放系统，由于不断同外界进行物质、能量和信息的交换，从外界吸收负熵流，从而不仅可以维持有序的结构，而且有可能向更新、更高级的有序结构演变。由此可见，外部原因或外部条件对于具体事物的运动变化并不是无关紧要的因素。当然，肯定外因的重要作用，并不是认为外因可以对事物的性质、功能及其发展过程和趋势起直接的决定作用，相反，外部原因的重要性只有通过事物内部原因才能说明。例如，水对于植物的生长是必需的，但这种"必需"不能由水本身来说明，而必须由植物自身的结构和功能以及发展规律来说明。

外部原因对某一具体事物的运动变化过程的影响一般具有偶然性或随机性。因为，外部原因都是与该事物发展过程不同的另外一些相对独立的因果过程，它们并不必然地同这个事物的运动变化过程"汇合""交叉"。换言之，一个具体事物在其运动变化过程中，到底受到哪些外部因素的影响以及在何种程度上受外部因素的影响都不具有严格的确定性。当然，这不是说外部因素对该事物的运动变化过程的影响不具备因果必然性，而是说它们不必然地对这个具体过程发生作用。由于外部原因的偶然性，同样的事物在不同的环境中就可能经历完全不同的因果序列，尽管在基本性质和功能以及基本过程和趋势上具有同一性，但其全部内容又不可避免地各具特色。

3. 本质的原因和非本质的原因

所谓本质的原因是指存在于事物系统内部诸要素之间的相互作用关系之中，并通过这种相互作用关系而表现出来的基本矛盾以及由这个基本矛盾所决定的系统的基本性质和基本规律。非本质原因则是指对系统演化过程产生不确定影响的，发生于系统内部和外部的那些不同性质、不同层次的因果过程。本质的原因是系统演化的根本动因，决定了系统演化的基本趋向；非本质原因构成了系统演化状态的具体内容和表现形式，决定了系统的个性特征。

正确把握事物系统运动变化的本质原因，关键在于不能用"还原分析"的方式把本质的原因归结为系统中某一要素或某一因果环节。构成系统的多种要素性质各异，彼此间相互作用的方式及其所因循的规律也不尽相同。因此，一事物系统本身就是多种性质、多种层次的因果过程的汇合，只不过这种汇合在系统内部形成了一定的结构，因而有相对固定的形式和相对稳定的规则。基本矛盾和基本规律就是多种要素、多种层次的因果过程在系统内部相互作用的结构关系，并通过这种相互作用表现出来。如果忽视系统中多因素、多过程之间的复杂的相互作用关系，我们就不能真正把握系统演化的基本性质和基本规律，亦即不能真正揭示系统运动变化的本质原因。

相对于本质原因，每一局部的因果过程对系统演化过程和状态的影响都可以看作非本质原因。因为，系统中每个要素各按自身的性质同其他要素相互作用，其局部过程虽然一般地受本质原因的制约，但亦遵循自身的因果规律。这样，每个局部的过程对系统的演化都起一份特定的作用，但都不能单独决定系统的性质和演化趋向，只有当这些过程彼此按一定的结构形式结合起来的时候，才能产生决定系统基本性质和演化趋向的基本矛盾和基本规律。如生物系统中的同化和异化的矛盾就是产生于多种因果过程（机械运动过程、多种性质的物理、化学反应过程等）互相关联、互相转化的关系之中，每一个别的过程都有自身特定的因果必然性或因果规律，但都不能单独地执行同化和异化的功能。

既然系统是由多层次、多性质因果过程的汇合构成，那么，受系统内部（如某个要素自身性质变化）和外部难以确定的因素的影响，就不可避免地会使个别环节、局部过程发生偏离系统演化总趋势的不规则变化，亦即在系统内部产生反常的非线性随机涨落。这种随机涨落通过要素间密切的相互作用关系也会程度不同地波及整个系统，使系统的演化过程和状态呈现出各种不确定的趋向。例如，在生物进化过程中，生物体内遗传机制（主要指 DNA 分子结构）具有强烈的保守性，亲代可以把自身的性状遗传给子代，使物种可以在几百年、几十年甚至几亿年内没有多大改变地繁殖。但是，物种在进化中又不可避免地受到来自系统内部（如量子扰动）和外部（如化学药物、宇宙射线等）多种因素的影响，使系统内部产生随机涨落，如基因突变，致使物种在演化中，子代有可能产生不同于亲代的新性状，甚至形成新物种。

在本质原因和非本质原因问题上，国内外不少学者片面强调系统的多元性和系统中多变量之间非线性相互作用关系以及演化状态的非唯一性，而否认系统中存在着决定系统基本性质和演化趋势的基本矛盾和基本规律，否认本质原因的存在。这种观点是站不住脚的。普里高津和哈肯在研究非平衡态的非线性系统的演化规律时，实际上是把正熵和负熵的矛盾看成决定系统能否维持有序结构或能否向新的有序结构演化的基本矛盾。普里高津用

$$d_s = d_{es} + d_{is}$$

来表示系统内部熵变情况，其中 $d_{is}$ 表示系统内部的正熵值，$d_{es}$ 表示系统与外界交换而吸收的熵流，其值可正可负。当系统处于孤立、封闭状态时，按热力学第二定律，其内部的熵自发地单调增加，系统的演化总体上趋向于无序的平衡态；开放系统则通过同外界进行交换而吸收了熵流,如果该熵流的值为负数，则会使系统的总熵值 $d_s$ 减少、抵消，甚至小于 0，这样系统就可以维持有序结构。如果负熵流达到一定的阈值，就会使系统演化远离平衡态，在一定的临界点上形成新的有序结构。这样看来，正熵和负熵的矛盾就决定了系统演化的基本趋势。当然，系统内部非线性的反常的随机涨落在系统演化过程中也起着非常重要的作用，但这些作用受到了系统演化基本趋势的制约。

当系统趋向于平衡态时，平衡态附近的随机涨落都趋于衰减并随着平衡态的形成而消失；而当系统远离平衡态时，在不稳点附近的随机涨落就可能被放大，最后产生一个新的有序的时空结构——耗散结构。由此可见，系统内部正熵和负熵的矛盾对系统的性质和演化趋势起着基本的决定作用，系统中每一局部过程的运动变化都受到这个基本矛盾和规律的制约。

基本矛盾和基本规律决定了系统演化的性质和趋势，但不能严格地决定系统的演化状态。系统的演化状态是指由多种要素彼此按一定关系而结合起来的时-空结构，它是表现系统基本性质和演化趋势的具体样式和外观形态。同样性质的系统可以有不同的时-空结构，一种演化趋势可以有多种表现形态。到底一个系统演化为何种状态，除受系统基本矛盾和规律的决定作用外，还直接、间接地取决于系统内部各个局部过程的变化、随机涨落的发生以及外部条件的输入。因此，系统的具体的演化状态是由系统内部外部多种原因共同确定的。

4. 必然和偶然的统一

通过分析因果运动的复杂性，我们大体可以从三个方面来理解必然性和偶然性的统一。

首先，必然性和偶然性统一于事物可能向现实的转化过程中。如前所述，由于事物系统内部诸要素之间存在着复杂的相互作用关系，其未来的演化状态大都不是唯一的，而是有多种可能性。每种可能性都以事物的本质和规律为内在根据，同时又必须借助一定条件才能转化为现实。这里所谓的"条件"通常是指事物系统在其运动变化过程中与其他因果过程的交叉或汇合，因而对这个过程来说具有偶然性。从这个意义上说，事物的某种演化状态是不确定的，它只是多种可能性中的一种。事物并不必定经历这些条件，因此也并不必然地演化为此种状态。但从另一个意义上说，事物的演化状态又是十分确定的。因为，当实现某种可能性的条件具备时，事物自身的本质和规律与这些条件一起决定了它的演化状态只能如此，或者说，把某一种可能性变成唯一可以实现的可能性。

其次，必然性和偶然性的统一又是事物运动变化过程的内在本质与它的外部表现的统一。必然性是指由事物的内在本质和规律以及由这个本质和规律所决定的运动变化的基本趋势，偶然性则是事物的本质和基本趋势得以表现和实现的具体形式。因此，必然性是通过偶然性表现出来的。例如，机械运动的规律并没有直接地呈现出来，而是通过这个或那个物体的运动间接地表现出来。我们只能从必然性的表现形式即偶然性中分析、揭示必然性，也只有在揭示了必然性的情况下，才能真正理解偶然性，并说明偶然性。从偶然到必然的认识过程就是从形式到内容、从现象到本质的认识过程。

最后，必然性和偶然性的统一也是共性和个性的统一。必然性的规律是构成某种运动形式的那些基本因素之间的不变的关系，它决定了运动的个体的基本特征和趋势。但每一个体在各自的运动变化过程中又与其他因果过程汇合或交叉，从而会因这些偶然因素的作用具有不同于其他个体的个性特征。必然的规律决定了一类事物运动变化的基本特征和趋势，但不能严格决定这些基本特征和趋势在每一个体身上借以表现的具体形式或状态，甚至不能保证一个个体能否顺利地走完自己应当经历的那些阶段，这一切都需要由偶然因素加以"补充"，使之成为血肉丰满的感性对象。

恩格斯在分析必然性和偶然性的关系时曾提出偶然性是必然性的补充和表现形式，必然性通过偶然性表现出来的著名论断。我国学术界一些学者根据恩格斯的这一思想提出要区分两种不同的偶然性：一是"表现"必然性的偶然性，二是"补充"必然性的偶然性。所谓"表现"必然性的偶然性是受必然性制约的偶然性，其作用不能超出必然性所容纳的范围；所谓"补充"必然性的偶然性"是两条以上的因果链恰巧碰到一起，这种偶然性背后没有必然性，只有因果性"①。我们认为，这种机械的划分必然导致把必然性和偶然性形而上学地割裂开来的错误。因为如果认为"表现"必然性的偶然性并非是两个以上的因果过程的巧合，而是由某一过程的必然性单独决定，那么这种偶然性就成了必然性的产物，也就不是什么偶然性了。同样，如果我们认为"补充"必然性的偶然性仅仅是"巧合"而不表现任何必然性的话，那么这种偶然性就是一种没有必然性的纯粹偶然性。

# 三、自然哲学中的机械决定论与非决定论

## 1. 机械决定论的基本特征

应当说，自然哲学中的决定论的观念由来已久。古希腊哲学家赫拉克利特就曾断言，宇宙中的一切都遵照"命运"而来，命运就是必然性，也就是贯穿于宇宙实体的"逻各斯"，而自然哲学家最高的智慧就是揭示这个无所不在的"逻各斯"。德谟克利特把万物的生成和毁灭理解为原子在虚空中的聚合与分解，从而认为一切现象的发生和变化均处在必然的因果链条中，科学的任务在于发现现象间的因果联系。他否认偶然性，把偶然性看成人们为了掩盖自己的无知和轻率而捏造出来的偶像。这些朴素的决定论观点肯定客观规律的存在，肯定因果联系的普

---

① 冉曙光：《偶然性的两种形式》，《社会科学（上海）》1983 年第 3 期。

遍性和必然性，道出了决定论哲学的基本原则，但是这种朴素的决定论又片面强调因果必然性，否认偶然性的客观存在，因而又成为后世机械决定论的思想渊源。

随着近代自然科学的发展，机械决定论应运而生。特别是产生于 17—18 世纪的经典力学似乎使朴素的机械决定论观念获得了超越常识的坚实武器。牛顿的经典力学把千差万别的物体抽象为只有质量、速度和位置的质点，把物体间复杂的相互作用抽象为单一的"力"，物体的机械运动状态可由一组彼此按一定关系结合起来的量值加以规定。如牛顿运动方程：

$$F = ma = m\frac{\mathrm{d}^2 r}{\mathrm{d}t^2}$$

在这里，时间被设想为一种连续的、均匀流逝的量，在运动中只起背景作用，它是可逆的，也就是说，如果我们把方程中的时间变量"$t$"改写成"$-t$"，方程形式没有任何变化，运动状态则显示为随时间倒流而退回到初始状态中。运动状态的可逆性表明，物体在不同时刻的运动状态是完全对称的，任何一个给定的初始状态都严格地规定了其他任一时刻的状态。当然，经典力学规律本身并不是机械决定论，在其适用的范围内，它是无可非议的科学定律。但是，如果把它看成整个宇宙唯一的或最根本的规律，就不可避免地形成这样一种看法：宇宙在某个时刻的运动状态是由在此之前的一个初始状态严格规定的。这就是机械决定论的著名代表人物拉普拉斯用下述言论所表达的观点："让我们设想一个神灵，他知道在一个给定时刻作用于自然界的所有力以及构成世界万物的位置；让我们进一步假定这个神灵会有能力对所有这些数据进行数学分析，那么它能导出一个结果，它会在同一个公式里包括宇宙最大天体和最小原子的运动。对于这个神灵，任何事物都是确定的。过去与未来都在它的眼前。"①

机械决定论作为一种哲学思想是与把机械运动视为自然界唯一的运动形式，把经典力学规律视为宇宙间普遍规律的观念分不开的。17 世纪英国经验论哲学家霍布斯就是用机械运动解释因果联系的。他宣称，世界本身是一个必然的因果链条，"一切已经发生或将要发生的结果，都在其先行的事物中有其必然性"。②他把因果关系的必然性与因果事件的发生等同起来，认为一切事物都是有原因的，因此一切都是必然的，根本不存在偶然性。18 世纪法国唯物主义者霍尔巴赫认为："宇宙本身不过是一条由生生不息的原因和结果构成的链条。只要稍加思索，我们就不得不承认，我们所看见的一切事物，以及各种不为我们所见的事物，都是按一定的法则而活动的。"③他举例说："一阵狂风刮得飞沙走石，在我们的眼睛里看起来好像乱七八糟，一些方向相反的风吹得白浪滔天，引起一场更加吓人的暴风雨，其实在这当中没有一个灰尘或水滴的分子是偶然放在那里的，每一个分子都有充分的原因占据它所在的那个位置，都是严格地以它应有的活动方式在活动的。"④据此，他否认偶然性的客观存在，认为"我们是把一切看不出与原因有联系的结果归之于偶然性。因此，我们使用偶然性一词，乃是为了掩盖自己的无知"⑤。对于这种机械决定论的自然观，恩格斯讽刺道："按照这种观点，在自然界中占统治地位的，只是简单的直接的必

---

① Laplace. A Philosophical Essay on Probabilities. Manufactured in the United States of America in 1951.p.4

② 霍布斯：《论物价》，转引自冒从虎等主编：《欧洲哲学通史》（上卷），南开大学出版社 1986 年版，第 351 页。

③ 霍尔巴赫：《自然体系》，《十八世纪法国唯物主义》，商务印书馆 1979 年版，第 595 页。

④ 霍尔巴赫：《自然体系》，《十八世纪法国唯物主义》，商务印书馆 1979 年版，第 595 页。

⑤ 霍尔巴赫：《自然体系》，《十八世纪法国唯物主义》，商务印书馆 1979 年版，第 605 页。

然性。这个豌豆荚中有五粒豌豆，而不是四粒或六粒；这条狗尾巴是五英寸长，一丝一毫不长，也一丝一毫不短……这一切都是由一连串不可更改的因果链条，由一种不可动摇的必然性所引起的事实，而且产生太阳系的气团早就被安排得使这些事情只能这样发生，而不能以另外的方式发生。承认这样一种必然性，我们也还是没有从神学的自然观中摆脱出来。无论我们是同奥古斯丁和加尔文一道把这叫作上帝的永恒意旨，或者同土耳其人一道把这称作天数，还是把这就叫作必然性，这对科学来说差不多是一样的。"① 如果确认宇宙中所发生的一切皆在宇宙的原始构造中预先安排妥当，那么，人们完全没有必要去研究这种必然性，没有必要去探索这个因果链条，这样做并不能使我们变得更聪明一些。对于宇宙的这种僵死的、直接的必然性，我们的活动绝谈不上增添一丝一毫积极的东西，既没有什么创造，也不会有什么失误。这正是机械决定论的宿命论特征。

2. 非决定论的基本观点

自古以来，因果必然性一直被人们当作一个"公设"默默地接受下来，很少有人对此提出疑问。公元 3 世纪，晚期怀疑论者塞克斯都·恩披里柯算是最早对因果观念提出怀疑的哲学家。他把因果观念当作一种未经思考便被到处滥用的独断论加以批判。他认为，如果某物是另外一个东西的原因，那么或者同时的东西是同时的东西的原因，或者在先的东西为在后的东西的原因，而这两种情况都不能证明原因和结果的存在。首先，同时的东西是并存的，谁也不能产生谁；其次，在先的东西也不是在后的东西的原因，因为当原因存在时，结果还不存在，

---

① 恩格斯：《自然辩证法（节选）》，《马克思恩格斯选集》第 4 卷，人民出版社1995 年版，第 324—325 页。

同时，在后的东西也不是结果，因为产生这个结果的东西已经不存在了。由此，他断言原因和结果都是不存在的。恩披里柯对因果观念的怀疑，实际上只是提出了这样一个问题：原因只是相对于结果才存在的，结果也只是相对于原因才存在的，而在作为原因的东西和作为结果的东西事实上不能同时存在的情况下，怎能分别获得因果的规定性？可以看出，恩披里柯的怀疑只是针对人们的因果观念，并没有真正怀疑现象间引起和被引起的关系。因此，他的怀疑也不会真正动摇人们头脑中关于因果必然性的信念。

对因果联系和因果必然性的真正怀疑肇端于 16—18 世纪的英国经验论哲学。当欧洲哲学从中世纪漫长冬夜中逐渐苏醒过来后，研究的目光就由抽象的世界本体转向了人类观念活动本身。与近代自然科学同时起步的英国经验论哲学，立足于实验科学的长足进步，把感觉经验视为人类一切知识或观念的源泉，认为人的一切知识原则上不能超出感性经验的范围。从经验论的这一原则出发，必然会带来的一个问题是，人们头脑中有关因果联系和因果必然性的观念能否在感觉经验中得到证实。18 世纪后半叶，英国经验论哲学家大卫·休谟在他的《人类理智研究》一书中，把这个问题明确地提了出来，从此这个问题就一直困扰着许多哲学家和科学家。

休谟对因果观念的质疑主要有两点：第一，在经验中，人们头脑中的因果观念是在事件的"恒常集合"中形成的，但感性经验绝不向我们显示事件间的"必然联系"；第二，"每个结果都是一件与它的原因不同的事件。因此，结果是不能从原因中发现出来的"。[1]休谟认为，经验并没有向我们提供事件间因

---

① 北京大学哲学系外国哲学史教研室编译：《十六—十八世纪西欧各国哲学》，商务印书馆 1975 年版，第 636 页。

果联系的知识，因果观念不过是由于人们把自己行为和活动所具有的"习惯原则"外推到经验事实中，"必然性"则是这种习惯给人们带来的某种"信念"。

休谟的质疑至今仍在西方非决定论思潮中延续。需要指出的是，现代非决定论的主要特点是不否认因果联系的存在，而是否认因果关系的必然性。逻辑经验主义的代表人物卡尔纳普明确说道："你观察不到必然性，就不要断定必然性。必然性对于描述你的观察不会添加任何有价值的东西。"[①]在他看来，因果定律只是说，当 $P$ 类（$P$ 是一组事件）的一个事件出现，则 $Q$ 类的一个事件就会随之而来，其符号形式是：

$$(X)(P_x \vee Q_x)$$

他说，如果你在这一逻辑陈述中加上"必然性联系"的字样，或在"$(X)(P_x \vee Q_x)$"后面加上一句"这一条必然成立"，这实际上并没有给原有的逻辑陈述增添任何实际内容。因此，把"必然性"引入因果定律中是形而上学的无谓之举。逻辑经验主义的另一代表人物赖辛巴哈则从另一角度否认因果关系的必然性。赖辛巴哈不否认因果关系背后有某种规律，但他认为规律也不是必然的，因而它不能使因果关系具有必然性。他声称，随着统计规律在科学中的广泛应用，严格的因果律就应放弃，因为统计规律是有例外的规律，即便在经典物理学中，因果律也只是一种理想化，它的实际应用不可避免地包含这样或那样的例外。

应当肯定，休谟及其后继者们的分析有一点是正确的，即在感性经验范围内不能确证因果间的"必然性联系"。正像恩格斯所说的那样，"单是某些自然现象的有规则的前后相继，就能

---

① 卡尔纳普：《因果性和决定论》，载洪谦主编：《逻辑经验主义》，商务印书馆1982 年版，第 356 页。

造成因果观念，热和光随太阳而来；但是这里不存在任何证明，而且就这个意义来看休谟的怀疑论说得很对，有规则的 *post hoc*（此后）决不能为 *propter hoc*（由此）提供证据"[①]，"单凭观察所得的经验，是决不能充分证明必然性的"[②]。经验的证明，实质上是归纳证明，它只能提供或然的推断，而不能证明普遍的必然的命题。但这是不是意味着因果之间本无必然性或这种必然性无法证明？这个问题是经验论哲学家无法解决的，因为经验论者只从感性经验的范围内讨论人的认识活动，完全忽视了人类认识活动的现实基础，即人类感性的物质活动或实践活动。人对周围世界的认识不是出于单纯的直观，而是在改造世界的实践活动中产生和发展的，因此，不是别的，正是"人类的活动对因果性做出验证"。在实践中，"我们不仅发现一个运动后面跟随着另一个运动，而且我们也发现：只要我们造成某个运动在自然界中发生时所必需的那些条件，我们就能引起这个运动，甚至我们还能引起自然界中根本不发生的运动（工业），至少不是以这种方式发生的运动，并且我们能赋予这些运动以预先规定的方向和范围。因此，由于人的活动，就建立了因果观念，即一个运动是另一个运动的原因这样一种观念"[③]。我们可以更进一步说，人类的活动之所以能对因果性做出验证，就在于我们有关因果联系的一切知识都发源于人类活动的实践场域。正是由于在实践场域内客体间的相互作用是按照我们可以理解、可以把握、可以述说的方式发生的，因而我们能够确定这种相互作用与其结果的必然联系，也就是能够用因果观念

---

① 恩格斯：《自然辩证法（节选）》，《马克思恩格斯选集》第 4 卷，人民出版社 1995 年版，第 328—329 页。

② 恩格斯：《自然辩证法（节选）》，《马克思恩格斯选集》第 4 卷，人民出版社 1995 年版，第 330 页。

③ 恩格斯：《自然辩证法（节选）》，《马克思恩格斯选集》第 4 卷，人民出版社 1995 年版，第 328 页。

来描述这个过程，甚至能够把因果联系作为普遍的思维形式去描述自在自然中所发生的自在的变化。人类实践活动可以验证因果必然性，并不是因为我们通过实践活动可以把确认为有因果联系的两个事件单纯地重演一遍，这样做不过是个别事实再重复一次；我们也不是造成某个运动在自然界中发生的条件，而是通过人的活动引起自然界根本不发生的运动或至少不以这种方式发生的运动。几千年来，人类实践活动，特别是工业和科学，所获得的巨大成功，已经为论证因果必然性提供了可靠的证据。

此外，在人类认识过程中，经验归纳也不能被视为科学发现的唯一的或占统治地位的形式。恩格斯在《自然辩证法》一书中，曾举出萨迪·卡诺对蒸汽机工作原理的分析说明了这一点。卡诺没有使用归纳法，他只对一部蒸汽机进行了研究，略去了次要的情况，揭示了蒸汽机运行的基本过程和工作原理，即著名的"卡诺循环"。事实上，"卡诺循环"可以被视为实践场域的典型例证。卡诺循环恰恰是在实验安排下发生的实践场域内客体间相互作用的过程，其中的规律性的认识揭示的是构成这种相互作用的基本形式的那些基本因素之间的不变关系。卡诺循环之所以是一个普遍规律，就在于产生这个卡诺循环的实践场域可以被无限地复制，生产蒸汽机的设备乃至蒸汽机本身都可以被理解为这个实践场域的复制和放大，因此卡诺循环的普遍必然性就在于它可以遍及所有个体。不是因为个别事实的重复才有规律，而是规律的存在使个别事实能够在经验中重复。

至于规律有没有"例外"以及"例外"的出现能否表明规律缺乏必然性这个问题，我们不妨先分析一下"例外"的几种情况。

第一种情况：实践场域内客体间相互作用尽管是按照我们可以理解、可以把握的方式发生的，但它依然是一个客观的过程，在这个过程中呈现出来的"规律"同样也是客观的、不以人的意志为转移的。这就意味着，受某种主客观条件的影响，我们依然有可能对这个过程及其规律产生错误的或不准确的认识。而当我们对某种规律的认识发生错误的时候，尽管用这种错误的认识也可以解释某些个别现象的因果联系，但终究不能解释所有实例。如用"燃素说"解释燃烧现象，用"以太说"解释电磁现象，等等。在这种情况下，"例外"会大量出现。但这种"例外"并非违反规律，它所违反的所谓"规律"原本就不存在。它本身恰恰是合乎规律的现象，只是我们对其遵从的规律尚无正确的认识罢了。

第二种情况：实践场域是具体的、历史的。我们在这个实践场域内所获得的有关某种规律的知识，只是在这个实践场域内具有普遍性、必然性的价值。而当我们把在一定范围内、一定条件下适用的规律看成在任何范围内、任何条件下都普适的规律，并用它来解释一切现象时，也会出现"例外"。例如，在牛顿运动方程中，物体的质量被看作不因运动速度而变化的恒量，这在宏观低速的机械运动中，可以说是近似正确的。但当考夫曼在测定电子的质量时，发现电子的质量随速度的不同而有不同的量值，这对牛顿运动方程的原有形式来说，无疑也是一种"例外"。但这种"例外"也不是背离规律的现象，而是说电子的运动过程服从比牛顿运动方程更为精确的规律。爱因斯坦相对论力学把这个规律揭示出来，从而也证明牛顿运动方程只是在特定范围内适用的规律。①

第三种情况：尽管某个规律在其适用的范围内，但由于现实过程的复杂性，由于其他过程的干扰，使某个合乎规律的因果效应没有发生。在这种情况下，"例外"的出现不但没有取消因果的必然性，反而从反面证实了因果必然性。关于这一点，恩格斯曾举出一个生动的例子："如果我们把引信、炸药和弹丸放进枪膛里面，然后发射，那么我们可以期待事先从经验已经知道的效果……确实有时候并不发生同样的情形，引信或炸药失效，枪筒破裂等等。但是这正好证明了因果性，而不是推翻了因果性，因为我们对偏离常规的每一件事情加以适当的研究之后，都可以找出它的原因，如引信发生化学分解，火药受潮等等，枪筒损坏等等，因此在这里可以说是对因果性做了双重的验证。"②

或许还可以举出"例外"的其他几种情况。但有一点必须说明：只有当某个规律在其适用的范围内，并且在没有任何其他过程或因素干扰的情况下，出现了不合乎该规律的现象时，"规律的例外"才能说明因果规律缺乏必然性。如果真的存在这样的"例外"，我们不仅可以取消因果规律的必然性，而且可以取消研究"例外"的必要性。因为这种"例外"是没有原因的。

---

① 按爱因斯坦狭义相对论，当物体运动速度接近光速时，其质量将相应发生变化，变化程度符合下述关系：$m = \dfrac{m'}{\sqrt{1 - \dfrac{v}{c}}}$（$m$——物体的运动质量，$m'$——物体的静止质量，$v$——物体的运动速度，$c$——光速）；相应地，牛顿运动方程可改写为：

$$F = \frac{\mathrm{d}^2 r}{\mathrm{d}t^2} \cdot \frac{m'}{\sqrt{1 - \dfrac{v}{c}}} v。$$

② 恩格斯：《自然辩证法（节选）》，《马克思恩格斯选集》第 4 卷，人民出版社 1995 年版，第 329 页。

由上述分析可以看出，"例外"的出现一方面同人们对因果规律的认识程度有关，一方面同现实过程的复杂性有关。因此，科学从来没有在"例外"面前停顿下来，相反，通过研究"例外"，不断修正、完善对因果规律的认识，不断发现新的规律，倒是科学史中屡见不鲜的事实。

# 四、统计规律与因果决定论

19 世纪中叶以来，随着统计规律在各门科学中的广泛应用，哲学中的非决定论思潮似乎找到了否定决定论的有力武器。这个思潮以统计规律的广泛应用这一事实为依据，宣称人类活动于其中的那个世界在本质上只服从于统计规律，必然的因果律是不存在的，或者只适用于理想客体，是现象间概率性联系的极限情况，偶然性才是这个世界的本质特征。毫无疑问，这种非决定论思潮使决定论哲学面临有史以来最严峻的挑战。迎接这个挑战，就必须深入新的科学材料中，对所有引起争端的问题做出充分的分析。

1. 统计规律的基本性质

概率或统计规律是研究随机现象（偶然现象）的规律的数学理论，它的广泛应用是以偶然现象的大量存在为前提的。实验证明，在同等实验条件（通常为一组因素组合成的综合条件）任意多次地重复下，与这种实验条件相关的随机事件发生次数或大量随机变量的分布状态并不完全是随机的。设实验条件的重复次数为 $n$，随机事件 $A$ 出现的次数为 $m$，并设 $n$ 和 $m$ 的比率为随机事件 $A$ 出现的频率，记作 $m/n = W(A)$。当实验次数无限增加，即 $n \to \infty$ 时，随机现象 $A$ 出现的频率将无限趋近一个稳定的比率，这个比率被称为概率，记作 $P(A)$。例如，无限多次地掷一只质地均匀的骰子，这个骰子六面中的每一面出现的频率将无限趋近于它的概率 $P(A)=1/6$。概率的存在表明随机现象发生频率具有一种稳定的趋势。概率论用数学方法揭示了这种稳定性的规律，如"大数定律"（伯努利定律、中心极限定律等），这也就是我们通常所说的"统计规律"。

运用统计规律，我们可以在一定程度上揭示大量随机现象在整体上表现出来的必然性特征。例如，现代分子生物学证明，在生物体的细胞中，一个基因产生一个能明显改变相应蛋白质的功能的突变的概率大约为百万分之一到一亿分之一，但是在由几十亿个细胞构成的群体中，所有突变的总数估计为十万个到一百万个。这样看来，基因突变对于一个群体或一个高等生物体来说，就成了一种必然发生的事情。正如雅克·莫诺所说："在这么大的群体中，突变不是一种例外的现象，而是一种规律。"[①]再如，分子物理学也运用统计规律较好地论证了由大量无规则运动的气体分子所构成的热力系统的整体特征。如一定体积的气体的压强被理解为大量气体分子平均动能的统计平均，该体积气体的温度被理解为分子平均动能的量度。气体的压强和温度与系统中每一分子的个别运动无关，而是大量气体分子相互作用所构成的统计系综的必然特征。

但是，统计规律归根到底仅仅表明大量随机事件发生频率和分布状态的稳定性，而不能揭示现象间因果联系的必然性。因为统计规律是以众多随机变量的算术平均为基础的，它并不涉及个别随机现象的个性特征。就个别事件的因果联系来说，统计规律不能提供任何确切的知识。例如，在进行某种观测时，不可避免地会有许多随机因素引起观测误差，如仪器的状况、

---

① 莫诺：《必然性与偶然性》，上海人民出版社 1977 年版，第 88 页。

外界温度和气压的变化以及观测者个人的心理状态，等等。这些误差共同影响观测结果。按中心极限定律，这些误差服从正态分布，于是我们得到一个"总的误差"，但却不能说明其中某一误差产生的原因，也不能说明某一误差在观测中引起的个别结果。要说明这些，就必须超出单纯的统计描述，揭示个别事件发生的因果规律。

从上述分析我们可以看出，概率或统计规律本质上属于归纳概括。按统计规律，我们只能从随机现象发生的频率或分布状态上来估计所发生的事件与其条件之间的密切程度，而不能确定二者间是否存在着因果联系。换句话说，概率或统计规律至多只能对现象间的因果联系提供外在的描述，而不能揭示因果运动本身所蕴含的因果规律。因此就确认现象间的因果联系而言，统计规律只能做出或然性的推断。

有人认为，概率是对必然性和偶然性的概括，它比这两个概念更具有量的精确性。必然性不过是概率等于1的概率，偶然性不过是概率近于0的概率。这种观点实际上是把概率上关于必然事件和偶然事件的形式规定同哲学上讲的必然性和偶然性的统一混同起来，从而把必然性和偶然性的区别理解为概率的大小。我们并不否认必然性和偶然性可以用概率的形式加以表述，并且只要我们肯定任何现实的因果运动都是必然性和偶然性统一，那么任何过程都不可避免地带有统计特征。但是，概率或统计规律本身既不能说明必然性，也不能说明偶然性。所谓概率为1的事件是指，每当某种条件出现一次，与此条件相关的事件就发生一次，如给铁棒加热一万次，铁棒就膨胀一万次。但概率并没有告诉我们，这个条件为什么一定会导致这个事件发生。要解决这个问题，就必须确知条件与事件间因果联系所蕴含的规律，否则就不能断定这类事件发生的必然性。

假如我们不知道金属受热膨胀的规律，我们就不能断定，铁棒加热到一万零一次，它还会不会膨胀。同样，对于不可能的事件，即概率为 0 的事件，我们也不能单凭统计规律来说明其不可能。宣布制造永动机是不可能的，并不仅仅是因为此举的成功率为 0，而是以热力学定律为最终判据。

概率为 1 或 0 的事件不能真正昭示必然性的存在，同样，概率小于 1 大于 0 的事件，亦即或然的随机的事件，也不意味着缺乏必然性。如果我们下功夫观察一块麦田中每一粒麦种的生长情况，就会看到并非所有麦种都能顺利地结出麦穗来，成活率不会是 100%。但这并不意味着小麦的生长规律缺乏必然性，只要认真分析，总可以发现有其他原因阻碍了某些麦种的正常发育。任何偶然事件，无论其发生的频率多么小，总是有原因的，因而总是包含着一定的因果必然性，亦即它是一个合乎规律的事件。

综上分析，我们不能把现实因果运动的必然性归结为随机现象发生频率或分布状态的稳定性。这样做，势必会把必然性归结为偶然性，或者认为偶然性比必然性更根本，从而满足于对过程的统计描述。我们更不能把必然性和偶然性的区分归结为概率的大小，这样做，势必将必然性和偶然性看成两类彼此孤立的现象，而忽视二者间的辩证统一。

2. 统计规律与因果规律

统计规律和因果规律是两类不同的规律。石里克认为："统计规律正是由于包含偶然因素而与因果规律相区别。"[1] 这个说法很有道理。因果规律是构成某种运动形式的那些基本因素之间的必然的联系。要揭示这种规律，就必须在实验中和理论上尽可能排除那些无关紧要的、不确定的因素。为此，我们总要

---

[1] 石里克：《自然哲学》，陈维杭译，商务印书馆 1984 年版，第 51 页。

"净化"实验条件，并在理论上设想"理想客体"的"理想运动"，如"质点""刚体""弹性碰撞"，等等。只有排除了偶然性才能使必然性以"纯粹"的形式显示出来。因果规律是现实因果运动的具有内在必然性的根据，把握了因果规律方能对事物的运动变化做出可靠的解释和预见。

但因果规律的"优点"也是它的"缺点"。任何客体都是一个由大量因素构成的物质系统，其内部存在着复杂的相互作用，同时任何客体又是在复杂、易变的环境中运动，偶然的、不确定的因素总是大量存在，这些因素或者分别地或者综合地作用于客体，影响客体总体的运动状况。单纯的因果规律不能全面地刻画运动过程的实际情况。当偶然因素对客体的干扰十分微小，并有可能尽量降低时，出于实用的目的，我们可以忽略偶然性引起的误差，或者通过人为的安排使运动的精确性不断提高。而当偶然性的因素的干扰十分显著，并且完全不可能排除时，因果规律就显得不足而必须借助统计规律来描述运动的实际情况（如统计热力学）。利用统计规律可以对包含大量偶然因素的客体运动状态做出概率性质的估计。

因果规律和统计规律虽然是两种不同的规律，但并不分属于两种不同的过程，而是从两个不同的方面揭示同一过程的现实内容。前者揭示了过程的内在必然性，但它不考虑偶然因素对过程的影响；统计规律把偶然性作为前提，但它只说明偶然因素发生的频率而不追究偶然因素产生的原因。由此可见，这两种规律不能相互取代，但可以相互补充。实际的因果运动总是必然和偶然的统一，因此，在绝大多数情况下，只有把这两种规律结合起来才能比较全面地刻画实际的运动过程。例如，现代生物学确认基因突变的偶然性，但这绝不意味着生物学家仅满足于用统计规律来说明突变发生的频率和分布状态。他们至今仍在不遗余力地探究引起基因突变的种种原因。个别的基因突变是偶然的，但对于引起它发生的原因来说，却具有因果必然性，亦即它的发生作为一个因果过程本身也蕴含着某种规律，揭示其中的规律有助于人类操纵、控制生物的演化。

3. 关于统计规律的机械决定论观点和非决定论观点

当统计规律尚在初创之时，人们还没有意识到它会在哲学上给机械决定论带来什么样的威胁。机械决定论的著名代表人物拉普拉斯本人就是古典概率论的奠基者。这一事实表明，机械决定论者并非绝对排斥统计规律的运用。在他们看来，尽管物理学的运动规律是一种纯粹的必然性，但由于外界因素或其他过程的干扰，难免会使某一物理客体的运动偏离我们根据它的初始条件所做的预计，即产生误差。如一枚炮弹，或一枚火箭并不是一经发射就可以在规定时间内到达指定目标。统计规律起初就是为了分析、限定误差的程度和范围而应用于经典物理学的误差理论。但机械决定论根本否认偶然性的客观存在，因而也就否认统计规律的客观性，把统计规律的应用视为权宜之计。在机械决定论者看来，复杂的运动不过是简单运动的组合，宇宙间一切物体的运动状态的变化皆由宇宙某个初始状态的全部条件严格规定，只要我们能够确知这些条件就能把宇宙在其后的任一时刻的状态准确无误地计算出来。拉普拉斯设想出"神灵"的计算本领就是企图说明这一点。机械决定论者往往举出下述事实来证明自己的观点：尽管物理实验中总是不可避免地产生误差，但通过人为的干预，精确性可以不断提高，误差可以不断减小，并可以最终在理论上抵消掉。

机械决定论观点的错误是比较明显的。复杂的因果运动是多种因果过程的汇合或交叉，尽管原则上我们可以把每一个个别的因果过程的规律都搞清楚，但它并不因此而失去偶然性。

我们可以根据规律预计,当这些过程汇合起来将产生什么结果,但不能从其中任何一个过程的规律中推导出这些过程汇合的必然性。精确性可以不断提高这一事实,既是对必然性的证明,也是对偶然性的证明。没有必然性,精确性可以提高就是一句空话;没有偶然性,提高精确性就毫无意义。统计规律同因果规律一样是客观的普遍的科学规律。它是由偶然性的客观存在所决定的。现代科学的发展使人们的视野越来越宽阔、越来越深入,但统计规律却没有因此逐渐远离科学舞台,反而越来越广泛地成为现代科学的基础,这个事实本身就是对机械决定论的有力驳斥。

与机械决定论相反,非决定论者则把统计规律的运用看成否认因果必然性的依据。赖辛巴哈根据热力学第二定律的统计特征断言,对这一定律的统计解释的"理论后果却具有极大的意义,以前本是一种严格的自然规律的东西,现在被发现只是一种统计规律;自然规律的确定性被一个高的概率所代替"。[1] 他宣称,严格的因果律是不存在的,"自然的事件与其说像运动着的天体,不如说像滚动着的骰子,这些事件为概率所控制,而不是为因果所控制,科学家与其说像先知,不如说像是赌徒。"[2] 可见,在统计规律上,非决定论者走向了另一极端:肯定偶然性,否认因果必然性,用统计规律取代一切自然规律。

对非决定论的反驳,最重要的在于指出统计规律与因果规律的内在联系。以热力学理论为例:一定体积的气体是由大量气体分子随机运动、相互碰撞而构成的一个热力学系统,由于系统内部和外部多种因素的干扰,每个分子在相互碰撞中的运动完全是不规则的,它的速度、能量以及自由运动的路程都是

① 赖辛巴哈:《科学哲学的兴起》,伯尼译,商务印书馆1983年版,第126页。
② 赖辛巴哈:《科学哲学的兴起》,伯尼译,商务印书馆1983年版,第192页。

偶然的量值。这就意味着，单凭质点运动规律是不可能描述热力学系统的运动状态的。偶然性的大量存在以及在理论上的不可排除，使统计规律的运用成为必需。玻尔兹曼、克劳修斯和麦克斯韦运用统计规律成功地解释了热力学系统不依赖于个别分子运动状况的整体特征。热力学第二定律就是以热力学的统计假设为基础的。这个定律指出，热量自动地由高温物体流向低温物体，而不能自动地由低温物体流向高温物体。但这个不可逆的过程不是必然的，而仅仅是最可几的。按统计规律，逆转的可能性不是没有，而是小到微不足道。

然而，热力学的统计特征并不像赖辛巴哈所断言的那样，意味着统计规律代替了一切自然规律，自然事件只为概率所控制，而不为因果律所控制。热力学理论一开始就把气体分子理解为经典的质点，确认每个分子的运动都遵从质点运动规律。例如，热力学理论把气体的压强看作大量分子对器壁不断碰撞的综合结果，其公式为：

$$P = \frac{1}{3}\bar{n}mv$$

其中 $P = mv$ 是经典的动量公式。这表明个别气体分子对器壁的碰撞所产生的冲量遵循经典的动量定律。由此可见，热力学理论的统计性并没有"代替"、更没有"取消"严格的因果规律，反而以它为前提。假如分子的运动不遵循任何运动规律，是一种纯粹的偶然性，热力学的任何统计假设都不能成立。因此，热力学统计特征并不表明热力学系统的演化过程缺少必然性，而仅仅表明这种演化过程是必然性和偶然性的统一。

4. "或然因果性"或"统计决定论"质疑

随着统计规律的广泛应用，越来越多的科学家和哲学家开始怀疑因果必然性的普遍存在。当然，要彻底地否认因果必然性是比较困难的。像经典物理学那样的科学理论依然具有广阔的适用范围，依然是科学的基本理论。多数人的观点是将因果关系区分为较强类型和较弱类型两种。前者可以用类如经典物理学那样的运动规律描述，是一种决定论性的因果关系，牛顿力学和爱因斯坦的相对论力学属于这一类；后者遵循的是统计规律，因果之间只有或然的概率性的联系，这是一种非决定论性的因果关系，热力学和量子力学的运动规律是这种因果关系的典型。我国亦有不少学者提出"必然的因果联系"和"或然的因果联系"的区分。虽然很少有人把"或然的因果联系"称为非决定论，而是相应地提出"统计因果律"和"统计决定论"这样的概念，但很容易看出，这种做法只是在字面上"维护"决定论，它与非决定论的区别，不是实质上的，而仅仅是话语上的。

我们认为，辩证的决定论和现代非决定论的主要分歧恰恰在于是否承认"或然因果性"的存在。为弄清这一点，我们不妨先为"或然因果性"找到一个比较准确的判据，也就是弄清"或然因果性"的含义是什么。在我们看来，或然的因果关系只能是指，一种原因并非必然地导致某种结果 $A$，而是有可能导致相反的结果非 $A$，每种结果与原因之间只有概率上的联系。毫无疑问，如果存在着这种"或然的因果关系"，那就必须合乎逻辑地肯定非决定论的正确性。因为，$A$ 和非 $A$ 之间是有差别的，倘若这些结果只同这一种原因有关，那就意味着它们之间的差别是没有原因的。或然的因果关系中必然存在着非因果性，对于这样的因果过程，我们很难断定它将出现 $A$ 还是非 $A$，只能"走着瞧"。

有人举出"维特自杀的原因是失恋"这个例子来说明某种原因并不必然导致某种结果，因为"失恋"并不必然导致"自杀"。但稍加分析就可以看出，这个例子并不表明"原因并不必然地导致它的结果"，而是说"失恋"不是"自杀"的唯一原因。维特自杀固然直接与"失恋"相关，但同时也与他的品质、性格、他对婚姻的理解、他的爱情价值观、他对绿蒂的爱恋程度以及他的社会地位、他那个时代的特点和习俗等多方面原因有关。"失恋"只是这众多原因之一。失恋只能使失恋者在心理上产生"失望"，但却不能对"自杀"负全部责任。一个独特的因果事件的发生总是由多种原因共同起作用的结果，某个直接的或主要的原因只有在与不同的原因或条件"汇合"时，才会引出不同的结果，但这实质上是不同原因产生不同结果，因而恰恰是对因果必然性的双重证明。有人认为掷骰子的游戏可以证明或然因果性的存在。我们每掷一次骰子，都很难断定这个骰子的滚动将在哪一面上停下来。但骰子滚动的不确定性恰恰是因为掷骰子动作本身的不确定性。"掷骰子动作"并非始终如一的单一因素，而是由多种因素，如投掷的力量、高度、骰子离手时的角度、速度以及投掷者的心理状态等汇合而成的一组条件。投掷者不能保证这些因素原封不动地重演，也就不能准确地断定每掷一次将产生何种结果。我们完全可以设想，人们能够精确地计算出这些量值，并制造出一架掷骰子的机器，使投出的骰子固定地出现某一面，就像自动化的生产线可以把同样的产品成批地生产出来一样。

现代科学，特别是现代物理学倾向于把因果关系设想为某个系统在不同时刻的不同状态之间的关系。按照这种理解，因果之间是否具有必然性仅仅取决于系统在某个时刻的状态能否严格地决定其后任一时刻的状态。这种观点实际上混淆了"一种原因是否严格地决定它的结果"与"客体初始状态是否严格地决定其未来的演化状态"这两个不同的问题。"客体初始状态

是否严格地决定其未来的演化状态"是指客体原则上是否只有
唯一的演化方向。毫无疑问，存在着非线性相互作用的系统的
演化方向不能由初始状态唯一地决定。但这并不意味着系统演
化过程缺乏因果必然性。耗散结构论指出，非平衡态系统的演
化在一定条件下只是把一种可能性变成现实，在较长时间的演
化过程中，系统将在哪一种可能的状态上稳定下来，一方面取
决于系统内部多种因素的非线性相互作用关系，另一方面取决
于系统从外部吸收的物质、能量和信息的性质。以著名的"贝
纳德花纹"为例，给容器内静止的液体加热，受热液体会产生
一个温度梯度。当温度梯度差小于某一特征值时，液体的定态
失稳，突然出现许多规则的六角形花纹，而在较高的温度梯度
上，六角形结构又会被滚动的卷筒状结构所代替。这表明，系
统从某时刻初始状态开始演化，其未来演化状态不是唯一的，
但每种可能的演化状态的实现又都有充分的内部和外部条件。
换句话说，当所有这些条件原封不动地重演时，我们原则上可
以指望同样的结果再度出现。必然性不是别的，正是事物在其
演化过程中实质和条件的结合，这种结合使某一种可能性变成
唯一可以实现的可能性。

# 五、量子力学的统计特征与因果必然性

　　量子力学的创立被人们视为物理学领域中的革命。自 1900
年德国物理学家普朗克为解释黑体辐射能量按波长分布的规律
而首次提出"能量子"概念开始，到 20 世纪 30 年代前后，经
爱因斯坦、玻尔、德布罗意、玻恩、海森堡、薛定谔等一大批
物理学家相继不懈的努力，量子力学这个宏伟的物理学大厦就

已宣告落成。但是，量子力学在更高的思维层次上所引起的哲学争论，直至今日，仍可说是方兴未艾。其中，围绕对量子力学统计诠释所展开的决定论和非决定论之争，便是这场哲学论战的主要内容。

量子力学的统计诠释起因于对薛定谔"波动方程"中所含的状态函数（波函数）"$\Psi$"的概率说明。按量子理论，微观客体的量子态随时间的演进可由"薛定谔方程"

$$i\hbar\frac{\partial\Psi}{\partial t}=-\frac{\hbar^{2}}{2m}\nabla^{2}\Psi+V\Psi$$

完全描述。其中"$\Psi$"是代表微观客体波动性的状态函数。根据这个方程，同一客体（如电子）在 $t_1$ 和 $t_2$ 两时刻的状态 $\Psi_1$ 和 $\Psi_2$ 之间符合下述关系：

$$\Psi_2=U\Psi_1$$

（其中，$U=\mathrm{e}^{-i/hH(t_2-t_1)}$　由此可知，客体在 $t_2$ 时刻的状态 $\Psi_2$
由 $t_1$ 时刻的状态 $\Psi_1$ 唯一地决定了）

从方程的形式上看，微观客体所在不同时刻的状态之间保持着类似经典物理学规律那样的严格确定性。但需注意的是，在观测实验中，波函数 $\Psi$ 所反映的过程并不是经典波动学意义上的在三维空间中连续传播的一列波。如反映客体波动性的电子衍射图样可以被理解为是由相当数量的点状粒子构成。当入射电子流强度很大（即入射电子数目很多）时，衍射图样可尽快形成；当入射电子流强度较小时，在屏幕上或照相底片上先是出现一系列不规则分布的点，随时间延长，逐渐显示出衍射图样。这同经典波动理论对波的传播的解释完全不同。对此，哥本哈根学派的代表人物玻恩运用统计规律首先把"$\Psi$"解释为"几［概］率波"。他认为，实验所显示的电子的波动性是许多电子在同一实验中的统计结果，或者是一个电子在许多相同的

实验中的统计结果。波函数在空间某一点的强度（即振幅绝对值平方 $|\varPsi|^2$）与在该点找到粒子的概率成正比。相当数量的粒子被衍射到空间后，概率较大（振幅较强）的地方聚集较多的粒子，概率较小的地方，只可以找到较少的粒子。"几[概]率波"的大小由波函数的振幅绝对值平方确定，这样就形成了由一系列大小值构成的衍射图样。按照这种"几[概]率波"的解释，薛定谔方程不能确切地预言单个粒子在 $t_2$ 时刻将必然落在空间的哪一点上，只能预言它在空间各点上出现的概率，或者说，单个粒子在 $t_2$ 时刻的状态同它在 $t_1$ 时刻的状态之间只有概率的联系。

哥本哈根学派物理学家们进一步指出，量子论的统计诠释是不可避免的。因为，要确切地描述物理客体的状态变化，就必须能够测出该客体的全部状态参量，亦即掌握物理客体的全部初始条件。但对于量子水平上的微观客体，我们原则上不可能获得有关初始条件的确切信息。海森堡对此做出了理论上的证明，即著名的"测不准关系"原理：在描述量子状态的数学方程中，成对出现的正则共扼量 $A$ 与 $B$（这两个量分别代表两个可观测的量）服从不对易关系，即：

$$AB - BA = i\hbar$$

$A$ 与 $B$ 两个量在测量上不能同时有确定的值，不确定程度，满足下列关系式：

$$\Delta A \Delta B \geqslant \frac{\hbar}{2\pi} \qquad （\hbar \text{为普朗克常数}）$$

"测不准关系"意味着我们原则上不可能精确地测定量子状态在 $t_1$ 时刻的全部初始条件。

基于上述理论，哥本哈根物理学家们一致认为，统计性是量子力学的本质特征，在量子力学中不存在经典力学那样的严格的因果律，传统的力学决定论观念应当从根本上废弃。海森堡明确表示："量子论实际上迫使我们正是作为统计定律来表示这些定律，并且从根本上离开决定论。……量子理论的数学表示出现后，纯粹的决定论就得放弃。"[1]玻恩把因果性和决定论原则区分开来，认为量子力学所牺牲的是决定论，而不是放弃对自然的因果论证。他说："新的量子力学不允许一个决定论的解释。因为经典物理学把因果律看成等同于决定论，自然界因果解释的末日宣判似乎来到了。我很反对这种看法。……我认为因果关系有个合理的定义：某个场合和另一场合有关系，这个关系（不管时间）在某种意义上可用定量定律来描写。"[2]哥本哈根学派的另一物理学家魏扎克进一步指出，"量子论本质上是个新的几[概]率理论"，它比经典力学更概括，"经典力学作为一个极限情况被包括在内"[3]，因此，量子论与经典力学本质上没有矛盾。这就意味着，非决定论不仅是量子论的本质特征，而且也是经典物理学的本质特征。

哥本哈根学派量子论的非决定论观点受到了薛定谔、爱因斯坦、德布罗意、普朗克等许多物理学家的怀疑和批评。他们从不同的角度试图论证，在微观世界中依然存在着严格的因果性定律。统计特征不是量子状态的本质特征，以继续坚持其决定论立场。薛定谔从经典波动力学角度出发，把绕核运动的电子看成由带电物质构成的驻波（一种实体波），从而力图取消对波函数"$\Psi$"的概率解释，保持量子状态运动方程的严格确定性。哥本哈根学派接受了薛定谔方程的数学形式，但反对他放

---

① 转引自卢鹤绂：《哥本哈根学派量子论考释》，复旦大学出版社 1984 年版，第 60 页。

② 转引自卢鹤绂：《哥本哈根学派量子论考释》，复旦大学出版社 1984 年版，第 53 页。

③ 转引自卢鹤绂：《哥本哈根学派量子论考释》，复旦大学出版社 1984 年版，第 92 页。

弃粒子图景的企图。他们论证道，放弃粒子图景甚至连普朗克的辐射定律都无法解释，因为爱因斯坦对普朗克定律推导不可避免地要求原子能量采取分立数值，并随时做不连续突变。20世纪50年代初，伦敦大学著名物理学家玻姆率先提出"隐变量"理论，以改变量子力学的概率解释。他认为，量子力学测量过程的随机性不是决定论失败的结果，而是起因于存在着某些能确定原子客体行动的隐变量，其数值我们还不知道，因而我们就不能预言量子力学测量的确切结果。但到目前为止，已产生的隐变量理论，都没有在实验中得到充分证实。20世纪60年代中期，贝尔提出一个定理：一个局域性隐变量量子理论不能导出量子力学的全部统计预言。到20世纪70年代末，大部分实验都证实了贝尔定理的正确性。贝尔定理表明，在保持量子力学原有结论的基础上，寻找隐变量的理论不会是合理的。

在反驳哥本哈根学派的所有科学和哲学的争论中，爱因斯坦与玻尔的论战影响最为深远。爱因斯坦确信任何物理现象都应服从统一的因果定律，用他的话说：上帝不会掷骰子。1935年，他与波多尔斯基和罗森合写了《能认为量子力学对物理实在的描述是完备的吗？》这篇论文，提出一个测量由两个粒子组成的物理体系的位置和动量的思想实验，以证明量子力学的不完备性，通称"EPR佯谬"。该佯谬假定，当两个客体在某时刻发生已知的相互作用时，其联合态的演变可由薛定谔方程计算，而当两客体在次一时刻彼此分离并且不存在物理相互作用时，运用态叠加原理，通过分别测定其中某一客体的位置和动量，就可以在不干扰另一客体的情况下，精确地预言另一客体的位置和动量，但按"测不准关系"原理，客体的两个不对易的物理量不能同时有确定值，因此，量子力学是不完备的。玻尔立即提出反驳。他指出，物理量的确定是同测量过程、条件、方法密切相关的，不干扰客体并能确定客体的物理量是不可能的。此外，爱因斯坦等人的论证所依据的是场论中的"近距作用原理"，认定在空间上分离的客体有相对独立性，亦即具有局域性。而原子客体与测量仪器之间相互作用的特性已表明，量子论本质上是非局域性的。玻尔的反驳似乎也被贝尔定理和半个世纪以来的大量物理实验所证实。

上述理论没有彻底驳倒哥本哈根学派对量子论的解释，致使关于量子论的非决定论观念有所加强。比利时物理学家罗森菲在 1951 年发表论文断言："没有逻辑上一致的形式工具能够产生一个决定论的底层基础，而不违背量子论所包括的巨量经验。"① 狄拉克则认为，用隐变量的办法重新引进决定论是办不到的，"我们只能计算几[概]率，我们不能从已给定的初始条件计算出准会发生什么。这就意味着，解释只能是个统计解释，我们没有经典力学的决定论"。②

我国学术界，很少有人直接用非决定论观点来解释量子论的统计特征，但把统计特征视为微观客体运动状态的本质特征的却大有人在。如有的学者认为，波粒二象性是微观客体的本质特征，他导致了海森堡的"测不准关系"，这个关系又反映了微观客体的独特的运动规律——统计规律性。这样，微观客体的运动不再有拉普拉斯式的决定论，而是为统计决定论所取代。③ 这种观点似乎仍在维护决定论的尊严，但是只要把统计特征看成微观运动的本质特征，只要肯定微观世界不存在严格的因果律，那么"统计决定论"与非决定论就没有实质的区别。

---

① 转引自卢鹤绂：《哥本哈根学派量子论考释》，复旦大学出版社 1984 年版，第 35 页。
② 转引自卢鹤绂：《哥本哈根学派量子论考释》，复旦大学出版社 1984 年版，第 64 页。
③ 参见颜泽贤：《"微观认识论"初探》，《现代哲学》1985 年第 1 期。

即便是鼓吹非决定论的哥本哈根学派也没有否认"统计因果性"的存在。

对于哥本哈根学派和非哥本哈根学派各自的科学论证，无须本书做出评价。我们仅从哲学的角度对量子论的统计特征做一点儿粗浅的分析。首先应当指出，量子论的统计特征及对它的解释表明了以经典力学为基础的机械决定论已彻底破产。哥本哈根学派反决定论的大部分论据原则上都适用于对机械决定论的批判。但这是否意味着决定论的原则受到末日的宣判呢？要回答这些问题，我们不妨先找一下导致量子力学统计特征的原因是什么。

值得注意的是，量子力学的统计特征并非描述微观客体在不受干扰的情况下自身的运动状态，而是应用于解释测量过程和结果。普林斯顿大学教授维格纳指出："量子力学理论有两部分：运动方程和观察理论。运动方程决定一个体系的量子力学状态——状态矢量——随时间的改变。观察理论用状态矢量给出对体系观察所得各种结果出现的几[概]率。……当我们试图用运动方程描写观察过程时，我们立刻碰到一个矛盾：运动方程是决定论的，而观察结果则服从机遇定律。"[①]观测过程和结果的统计特性之所以不可避免，主要原因之一是，在观测过程中，主体（包括测量仪器）与客体之间存在着不可分割、不可控制的相互作用。玻尔指出："放弃因果性这个理想观念的逻辑基础仅在于：我们不再有任何根据去谈论一个物理客体的独立行动，因为在客体和测量仪器之间有个不可避免的相互作用，这个相互作用在原则上是不能说明的，如果这些仪器按其目的

① 转引自卢鹤绂：《哥本哈根学派量子论考释》，复旦大学出版社1984年版，第164页。

是要允许毫不含糊地使用描写经验所必需的各个概念的话。"[①]

　　哥本哈根学派物理学家们认为，关于自然过程中存在严格因果律的观念是与有可能不给对象施加明显影响地进行观察这一假设为前提的。我们不能直接观察到处在量子水平上的微观客体，只能看到客体在测量仪器干扰下显示出来的宏观效应，如云雾室中的水珠、盖革管中的放电、照相底片或屏幕上的闪光，等等。在这些宏观效应中，很难区分哪一部分属于客体自身的运动状态，哪一部分属于仪器的干扰，主体和客体之间没有泾渭分明的界线。主客体之间的这种不可分割的相互作用必然会带来测量上的不确定性，亦即无法在实验中确切地把握客体的全部初始条件。初始条件的不确定性使同一仪器安排上对同一方式制备出来的原子客体所做的测量可以发生各种不同的单个量子过程，每次结果各以一定的概率出现，这就迫使人们不得不用统计规律来解释观测结果。海森堡说："从量子论的观点来看，关于'实在的'知识就其本质来说永远是个不完备的知识，同理，微观物理学定律的统计本性是不可避免的。"[②]玻尔也指出：在测量的最后关键步骤上，"本质上仍然存在着关于体系未来行动的各种可能性预言的条件受到影响的问题"。[③]

　　从表面上看，对量子论统计特征的这种解释似乎算不上对机械决定论的有力反驳。拉普拉斯决定论的原则是，如果确切地把握运动的全部初始条件，就可以精确地预言其后任一时刻的运动状态。而量子论的统计性恰好是因为不能确切地把握运动的全部初始条件。正如苏联科学院院士、物理学家马尔科夫

---

　　① 转引自卢鹤绂：《哥本哈根学派量子论考释》，复旦大学出版社1984年版，第57页。

　　② 转引自卢鹤绂：《哥本哈根学派量子论考释》，复旦大学出版社1984年版，第147页。

　　③ 转引自卢鹤绂：《哥本哈根学派量子论考释》，复旦大学出版社1984年版，第144页。

指出的那样，虽然海森堡的不等式构成了反对拉普拉斯决定论的基本依据，但是在量子论中，这些不等式本身却消除了量子论与经典物理学的矛盾，在有关原子客体的实验中，破坏了使用拉普拉斯原理的条件，因为一开始就排除了准确指出初始时刻的坐标和动量值的可能性。[1]按此理，统计特征仍可归之于知识的不完备。

但问题并非如此简单。"测不准关系"在理论上表明的知识的不完备，并不仅仅是因为我们受到实验的技术条件的限制，更重要的是原子客体本身具有不同于宏观客体的特殊性质，这种特殊性质在原则上是不能用经典理论置备出来和加以解释的仪器确知的。说原子客体是"粒子"或"波"，或者说原子客体"既是粒子又是波"，都是不精确的。"粒子"和"波"是经典物理学所能提供的关于物理实在的两大类图景。在描述原子客体的量子状态时，这两类图景按德布罗意关系联系起来，即：

$$P = mv = \frac{\hbar}{\lambda} \qquad E = mc = \hbar v$$

这就意味着，其中任一图景都不能单独对量子状态做出完善的描述。如果我们把原子客体看成同时可以具有确切位置和动量的经典粒子，那么在实验中马上可以看到，量子状态不完全服从质点运动的规律，即成对出现的力学量不能同时有确定的值，不确定程度恰好可以用波动特征来说明。此外，可以把波函数"$\Psi$"看成由大量粒子构成的统计系综，但这个统计系综又不同于热力学统计系综，它不是大量粒子互相碰撞最终按自由度均匀分布，而是构成具有大小值的衍射图样，即一列波。同样，如果我们用单纯的波动图景来描述量子状态，也会遇到

---

[1]　参见迪什列维：《唯物主义哲学和自然科学的发展》，柳树滋、赵宏志译，社会科学出版社 1980 年版，第 157 页。

明显的矛盾。首先，电子的衍射图样不是经典意义上的连续的波，而是表现为一系列分立的点；其次，波函数在空间各点的强度与振幅大小无关，而对经典的波来说，体系的状态将按振幅的大小而变化。总之，在描述量子状态时，经典物理学语言具有极大的局限性，这被看作量子论统计特征的根源。海森堡说："量子论哥本哈根解释开始于一个佯谬。出发点是我们用经典物理学词汇描述实验。同时我们知道这些概念不准确地和自然界吻合。这两个出发点的紧张局面是量子论统计特征的根源所在。"①为解决这一矛盾，玻尔提出并协性（互补性）原理。他认为，在描述量子状态时，这两类图景互相排斥、互相限制，同时又必须互相联系、互相补充才能解释原子客体在仪器上显示出来的全部宏观信息。这两类图景的互斥互补，使我们不能对微观客体做出确定的因果描述，而必须把量子论的因果性定律（波动方程）同对观察结果的概率解释互斥互补地联系起来。

　　但玻尔的并协性原理只是显示了矛盾，并没有真正解决矛盾。正如统计规律仅仅适用于观察过程和结果一样，"原子客体的波粒二象性"这一描述也只是对观测事实的描述，而不是对客体自身特殊性质的描述。观测仪器是按经典理论制备和解释的，原子客体在一类仪器中可以显示出波动性，在另一类仪器中又可以显示出粒子性，仅这一点而言，"原子客体既是粒子又是波"与"原子客体既不是粒子又不是波"这两种论断完全是等价的。海森堡的"测不准关系"原理，在本质上并不仅仅意味着，由于仪器的干扰，我们不能同时测准客体的所有力学量，而且也表明，用动量、位置以及频率、波长等经典语言描述客体的性质及其运动是不够精确的。原子客体既非经典意义上的

---

① 转引自卢鹤绂：《哥本哈根学派量子论考释》，复旦大学出版社1984年版，第55页。

"粒子"，也非经典意义上的"波"，而是我们至今尚未确知的"第三者"。原子客体的性质尚未确定，因此也就不能确定客体的运动状态到底是怎样的。尽管在多次重复的实验中测量仪器和实验安排在宏观上是一致的，但在微观上也是不确定的。这就意味着，测量过程中，客体运动状态的变化是在缺乏严格控制的条件下的随机行为，必然性并没有真正显示出来。但另一方面，客体通过仪器所显示出来的宏观效应的概率却可以由波函数的平方严格规定，这就暗示着，客体运动状态的演进仍然受某种必然的因果律制约。在这种情况下，我们有什么根据断言微观世界不存在必然的因果联系？有什么理由可以宣称，客体的运动只服从统计规律？

哥本哈根学派把概率的作用看成本质的东西，这实际上是把粒子性当作原子客体的根本属性。正如波普尔所说："玻恩把波幅平方诠释为找到粒子的几[概]率，并且得到公认，这时玻尔的包括'波粒二元论'在内的'互补原理'链条就中断了。实际上这就承认粒子诠释是基本的。从这一时刻起，哥本哈根阵营就全乱了。"① 十分明显的矛盾是，如果我们把衍射屏上的闪光看成一个粒子通过狭缝落到屏幕的某一位置上，那就意味着该粒子在通过狭缝之前应当同时有确定的位置和动量，也意味着不可能形成确定的衍射图样。实际上，按照哥本哈根学派的一贯立场，衍射屏上的闪光并不代表一个粒子，而是客体同仪器相互作用而产生的一个综合结果。在这里，客体本身的性质不清楚，因此，客体通过仪器的行为也是不清楚的。

综上所述，量子论的统计特征仅仅表明我们对微观客体自身的性质和行为的认识并不十分确切，而不表明微观客体的运

① 波普[尔]：《论量子论的实在论诠释和常识诠释》，《自然科学与哲学问题丛刊》1982 年第 3 期。

动只服从统计规律。试图断言微观领域只存在统计规律或或然的因果律与试图在微观领域寻找机械决定论的根据同样是错误的。量子力学不是物理学的"终极真理"，"测不准关系"也不是认识的极限。量子力学既是完备的，又是不完备的。它的完备性在于它已尽经典物理学语言之所能，创造性地概括了迄今所有实验观测所提供的关于客体的宏观信息，它的结论在逻辑上和实验上都是一致的。这就是说，在维护量子论现有形式基本不变的情况下，不可能有实质性的突破。同时，量子力学又是不完备的，它不是物理学的终点。关于这一点，就是哥本哈根学派大多数严肃的科学家们也有清醒的认识。海森堡相信，物理学有一天会放弃测不准原理。狄拉克甚至认为："可能未来的发展中，我们将能回到决定论，但这只能在抛弃别的什么东西，抛弃我们目前牢牢坚持着的某种其他偏见之后才能做到。"[①]新的理论将不是量子力学原有结论的继续，而是对它的"扬弃"，是物理学理论的新革命。

　　所要抛弃的是机械决定论和非决定论，而不是辩证的决定论。如美国科普作家阿西莫夫所说的那样，测不准原理只不过表明，宇宙比我们所想象的复杂一些，但它并不表明宇宙是毫无条理的。决定论的原则并没有失效，它像灵魂一样支配着科学家的头脑。科学家们坚持不懈的艰苦探索就是最好的明证。

---

　　① 转引自卢鹤绂：《哥本哈根学派量子论考释》，复旦大学出版社 1984 年版，第165 页。

# 第三章　辩证决定论的社会历史哲学根据

　　辩证决定论的自然哲学是从必然性与偶然性的辩证统一中把握现实的因果运动。这一基本立场和观点对于理解和把握历史决定论的理论原则亦是十分重要的。所谓人和自然的关系是发生在人与自然的相互作用中，也就是发生在扬弃自然的自在性的"实践场域"中，而对于人类社会及其历史发展起着最终的决定作用的实践场域，就正是由人们改造自然界、扬弃自然界自在性的物质生产活动构成的物质生产领域，这个实践场域正是人类社会历史过程何以具有客观性或物质性的前提。但是，我们不能据此认为，辩证的历史决定论是从自然哲学的决定论的诸种观念中直接演绎出来的。作为人类社会生活及其历史发展的现实基础的不是纯粹的自然界本身，而是人与自然的相互作用关系。因此，如果说自然哲学决定论的核心问题是必然和偶然的关系问题，那么，对于历史决定论来说，核心的问题则是必然与自由的关系问题。

## 一、人与自然关系的根本特征

　　自然界先于人和人类社会而存在是为科学所确认的事实。自然界的先在性意味着人所面临的是一个不是由他创造的，也

不是他的意志所能左右的生存环境。人同动物一样必须与外部
自然界进行物质、能量和信息的交换使自然界成为自己的无机
的身体。从这个意义上说，人与自然的相互作用，不外是宇宙
间万事万物相互作用的一种形态，它表明人及其活动无论具有
怎样的特殊性，都不能脱离人与自然相互作用的宏大舞台。人
与自然的关系之所以被理解为是人的历史活动的真正起点，首
先在于人及其活动对于自然界的这种依赖性。然而，人与自然
的相互作用关系在本质上又不同于自然界中物与物的相互作用
关系，这个不同从根本上说是由于人的存在与自然物的存在是
两种在本体意义上完全不同的存在。最早对这个论点有着清醒
认识和明确表述的是近代德国哲学家谢林。谢林在他的《先验
唯心论体系》一书中指出："历史的主要特点在于它表现了自由
和必然的统一，并且只有这种统一才使历史成为可能。"①因而
他宣称：在人类历史中，存在着一种以自由为目的的自然规律。
当然，谢林是从他的先验唯心主义立场上阐发和论证这个论点
的，要从马克思主义的辩证的历史决定论立场上澄明这个论点，
还必须从人与自然关系的特殊性论起。

1. 人及其存在的自为性

在人与自然相互作用的实践场域中，自然物的自在性被扬
弃了，但它作为实践场域中的客体，依然是自然客体，即一种
没有自觉意识的存在。它的存在就是它自身，它在客体间相互
作用中表现出来的性质并不是它"想"要具有的，而是在它与
他物的相互作用中形成的，因而它是完整的、实然的、充实的
存在。在相互作用过程中，自然客体的存在形式或性质也发生
着各种各样的变化，但它在这种质态的转化中并不保持"自我"
的同一性，而只是转化为他物，转化为具有另外一种性质的自

① 谢林：《先验唯心论体系》，石泉译，商务印书馆 1976 年版，第 243 页。

然物。正如黑格尔所认为的那样，事物因其质的规定性而是一种"定在"，而自然的事物只是局限于"定在"的阶段，永远只是为别物而存在；它转化为他物，不过是由一种"定在"转变为另一种"定在"，而不能扬弃差别，返回自身，造成自身联系。①

我们在第二章中已谈到，在自然物的因果运动中，自然物作为一个系统，因其内部诸因素之间非线性相互作用关系和外部条件的复杂性，其未来的演化状态往往具有多种可能性，但自然物本身并不能意识到自身演化的可能性空间，它的演化过程使哪一种可能性变成现实，不是取决于它的选择，而是取决于它恰巧与哪些相对独立的因果过程的"汇合"或"交叉"。因此，这种演变只是必然性与偶然性的统一，如果没有人的目的参与其间，它自身并不实现什么内在的目的。当然，在动物，特别是高等动物的活动中，我们可以看到某种"合目的"的控制行为或某种类似于"选择"的东西，如趋利避害、自我保护，等等。这表现出具有较为发达的中枢神经系统的生命存在物与非生命存在物的区别。但是，动物的活动同样不具有自觉意识，它所具有的神经系统和感受器官只能使它的感觉和心理表现为对环境中当下事物的直接映射，而不足以把握事物种类的共同性或一般性，因而也就不能在头脑中形成可以发现"自我"存在的"不完满性"的"理念世界"。这样，如果去除对动物活动的拟人化描述，动物的合目的的控制行为和选择行为，从总体上说，不过是漫长的自然选择过程所造就出来的能够成功地适应环境的本能活动，这种活动的根据不是"自我"，而是动物物种的生理机制和属性，一种自然的必然性。因此，动物的活动依然是"是其所是"的自在行为，是自足的、实然的。

---

① 参见黑格尔：《小逻辑》，贺麟译，商务印书馆 1980 年版，第 212 页。

人类源于自然界，是自然界长期演化的结果，并且从人所具有的生物属性或生理机制上看，人不过是在漫长的生物进化过程中产生出来的一个特殊的物种。从这个意义上说，人的存在亦有其"是其所是"的自在性的一面，即他首先是一个自然存在物，与其他任何自然的存在物一样，他不能脱离自然界，天马行空似地独往独来，而是必须与自己赖以生存的自然界相互作用，以保持自身生命的存在。因此，人与自然的相互作用关系，在归根结底的意义上属于物质世界普遍联系的一个组成部分，人的存在和自然物的存在具有物质的统一性。

认识人与自然的物质统一性是十分重要的。这种统一性表明，只有从人与自然的物质性的联系出发才能正确地把握人的存在以及人的活动的现实本质，并排除唯心主义和宗教神学在人与自然的关系问题上的种种谬见。但是，仅仅认识人与自然的物质统一性，对于把握人的存在以及人与自然的关系的实质，又是不充分的。即便我们立足于物质世界的统一性和多样性的关系，揭示人和物相比所具有的种种特征，如人有理性，人能制造和使用工具等，亦不能真正把握"人的存在"这一事实的根本。因为，仅仅通过外在的比较而指出人与物的同一和差别，所获得的也依然是对人的自在性的描述。在这个意义上，人不同于动物，就如同动物不同于植物，植物不同于无机物一样，不过是多样化世界中的一个种类，人与自然的相互作用关系与自然物之间的相互作用关系相比，也只是样态上的差异，而并无实质上的不同。人的存在、人与自然的关系的特殊性被消融在统一性中，这就难免像以往许多自然哲学家那样，自觉或不自觉地把人的活动纳入自然必然性的轨道中加以理解。把握"人的存在"这一事实的根本，并不仅仅在于指出"人"和"物"在表现形态上的种种差异，而在于揭示"人的存在"与"物的存在"、人与自然的相互作用关系和自然物之间相互作用关系的差异。这个差异是实质上的，而不是表现形态上的。由于这个差异，我们不能从自然物之间相互作用的客观本性直接推导出人与自然之间相互作用关系的本质特征。

人源于动物，这是一个被当代科学所认定的基本事实，然而，更重要的事实是，人的产生并不仅仅意味着在生物进化的树形图上增加了一个新的分支，而是产生了一种源于"自在的存在"又扬弃了"自在性"的新的存在物。在漫长的生物进化过程中，人猿相揖别，经历了从动物的感觉和心理向人的语言意识的转变和相应地从动物的本能活动向人的自觉活动的转变，这种转变固然没有使人变成非物质的或非生物的实体，但却使人的活动成为能够摆脱自然必然性的外在强制的、自觉的、自由的和富于超越性、创造性的活动。人因其活动的自觉性而扬弃了自身的自在性，成为"自为的"存在物。

人的存在的"自为性"首先在于，人不仅"存在着"，而且他意识到自己的存在，并在自己的观念中把统一的世界划分成"自我"和"外部世界"两个部分。人像动物一样有着由自身生物属性所决定的种种欲求，满足这些欲求是他生命存在的前提，但是他能意识到自我的这些欲求，并在观念中把这些欲求转化为自觉的目的，使满足欲求的活动成为追求目的的行为。人和动物一样运用自然力（自身的自然力或外部的自然力）同生存环境进行物质、能量和信息的交换，这种交换在表面上依然呈现为各种物质力量的相互作用，但人始终力图使这种相互作用的过程和结果符合自我设定的目的。因此，人的活动不像自然物的演化那样只是基于单纯的自然必然性和偶然性的统一，而是以"自我"为根据，也就是说，人的存在在本体意义上不像自然物那样只是一个为他物的存在，而是一个自主的存在，他的一切活动出于"自我"的决定，"在我、自我之内，有一个绝对决定者，它不是外来的，只是在自身内做决定的"①。人是作为一个有着明确的自我意识的主体同外部自然进行相互作用的。

人的自我意识同时也是一种对象意识。"自我"只能相对于"非我"才能形成。相对于人的自主活动，原本是唯一存在着的自在的自然界成为人的观念和活动所指向的对象，成为与"自我"相对立的"非我"。一方面，在人与对象世界的相互作用中，客体间相互作用过程所呈现出来的性质和运动规律制约着人的自主活动，使"自我决定"的活动不可能是一种随心所欲的行为，而且人们越是对它茫然无知，它就越像某种异己的神秘力量处处与人作对；另一方面，正因为对象世界是与"自我"相对立的"非我"，即一种非自觉的力量，因而它并非有意地与人对抗，一旦人们了解了客体间相互作用的规律和条件，这种相互作用过程所蕴含的种种可能性，就能成为"自我"实现其目的的依据或手段。

总之，人虽然有其自然的存在，但人的以"自我"为根据的活动，使人与自然的关系不再是自然物之间的那种无意识的自在关系。语言意识的形成和不断完善，使人类获得了在头脑中构建主观世界的能力。不管这个主观世界在一开始是如何幼稚、粗浅和虚幻，但它切切实实地在人与自然的相互作用的关系中嵌入了主观化的环节，从而人和自然的关系中出现了主观和客观的对立。这个对立特别突出地表现为"理想"与"现实"的矛盾。与动物的感觉和心理不同，人类的语言意识总是不同程度地从"一般"和"共性"上抽象地把握对象世界。从这个

---

① 黑格尔：《哲学史讲演录》第4卷，贺麟、王太庆译，商务印书馆1959年版，第10页。

意义上说，人的头脑中的"主观世界"就是由反映事物共相或一般的意识所构成的"理念世界"。这个世界既是对当前的、实然的外部世界的反映，又是人们自由想象的王国。关于对象世界的符号影像，在这个世界中可以被任意地肢解、重组、转换，而不受事物既定形态和时空的局限。尽管这种"虚构"的能力在人们缺乏对现实世界的科学把握的情况下，往往制造出荒诞不经的观念图景，但它却是使人类活动具有创造性的主观前提。因为通过这种"虚构"而创造出来的观念世界，无论其是否有实现的可能性，都体现着人的追求和目的，体现着人类冲破现实界限的努力，因而是与实然的世界相对立的"应然的世界"或"理想的世界"。相对于这个理想世界，人们"发现了"或"感受到了"现实世界的"不完满性"，从而产生了用世界的理想形态重新构造现实世界的努力，或者说把理想变成现实的努力。

　　人与自然的关系存在着主观和客观、理想和现实的对立，而人的自觉的感性活动又不断地扬弃这个对立。现存感性世界的不完满性促使人们在自己的感性活动中去改变它的既定形态，使之符合人的理想要求，而且只要人们所设定的理想形态对于既定的事物来说具有实现的潜在可能，人的感性活动就迟早会使之成为现实。因此，人的感性活动，本质上是使自在的存在物依照人的目的或理想发生变化的活动，是赋予自然物以新的存在形式的活动。在自然物之间自在的相互作用也可以改变事物的性质和存在形态，但这种改变不过是使事物由一种"定在"转变为另一种"定在"，并不体现任何自觉的目的。而自然物通过人的感性活动所发生的变化，则是一种趋向人的理想和目的的过程，是人的观念或目的对象化为感性的存在，因而是必须用人的"目的因"加以解释的变化。由人的感性活动所引起的自然物的变化虽然表面上亦表现为一种"定在"向另一种

"定在"的转化，但人在这种变化中扬弃了主观和客观、自我和非我、理想和现实的对立，保持着"自我"的同一性，或者说，对象化正是作为"我"的活动的结果，而和自我保持自身的联系。黑格尔认为："作为否定的东西的自身联系就是自为存在着的东西。……自为存在作为存在，只是一种单纯的自身联系；自为存在作为定在是有规定性的。但是这种规定性不再是有限的规定性，有如某物与别物有区别那样的规定性，而是包含区别并扬弃区别的无限的规定性。"①人的存在，之所以是自为的存在，就是因为，"自我"虽然有别于"非我"，但同时能够扬弃这个差别而使"非我"与"自我"达到统一。

2. 自由与必然

人作为自为的存在物，同时亦是自由的存在物，或者说，自由是人的存在的本性。人的自由首先在于，人的感性活动总是要改变事物的既定形态而指向主观设定的目标，因此，这种活动是以"自我"为根据的，是出自自我的决定和自我的选择的。当然，在人的感性活动中，对象世界本身所具有的客观必然性和规律性并没有消失，而且，只有当人的目的和趋向目的的活动符合对象世界的客观本性时，才能真正扬弃"自我"与"非我"的对立，引起对象世界发生"合目的"的变化。然而，尽管在人的现实的感性活动中，对象世界的客观属性和规律有可能迫使人们修改自己的不切实际的目的或改变自己的行动计划，但它却不能绕过人的"自我"，直接决定人的活动。饥饿是人生理活动所导致的必然的状态，这是一种自在的变化，但人在这种状态下，是不是要吃，怎样去吃，则出自自我的决定。没有什么铁的必然性可以直接决定人是否要吃或怎样去吃。正如古代哲学家伊壁鸠鲁曾经说过的那样："我们拥有决定事变的

---

① 黑格尔：《小逻辑》，贺麟译，商务印书馆1980年版，第212页。

主要力量。"[1]

人之所以能够自我决定、自我选择，在于由人的语言意识所构成的主观世界能够自觉地把握客观的因果运动所包含的种种潜在的可能性。我们在第一章中已经指出，在自然的因果运动中，自然物作为一个系统，其内部多种因素之间复杂的、非线性的相互作用关系，往往使它具有多种可能的演化状态，构成一个可能性的空间，其中每种可能的演化状态转变成现实，均需要一定的条件。我们可以用下面这个简图来简要地描述这个特点：

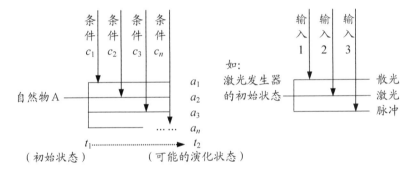

（初始状态）　　　（可能的演化状态）

"$a_1$，$a_2$，$a_3$，…，$a_n$"构成了自然物"$A$"演化的可能性空间。虽然这个可能性空间是根源于客体间相互作用的本质和规律，但是，对于没有意识的相互作用的客体来说，这个可能性空间实际上是关闭着的。因为没有自觉意识的客体，包括没有语言能力的动物在内，不能"意识到"这个空间的存在，也不能"选择"其中某一种可能性作为自身演化的目标。条件 $c_1$ 至 $c_n$ 表现为其他相对独立的因果过程与该事物演化过程的"汇合"或"交叉"，因而是随机的、不确定的。在这样一些条件下，该事物就发生如此这般的变化，在那样一些条件下，它就发生如

---

[1] 北京大学哲学系外国哲学史教研室编译：《古希腊罗马哲学》，商务印书馆 1961 年版，第 369 页。

此那般的变化，每种演化状态都是自然发生的，对于该事物都具有唯一性。这就是说，如果没有人的自觉活动参与其间，客体间相互作用的演化状态就只是一种自在的变化，其因果过程就只能表现为单纯的必然性和偶然性的统一。而在人的自觉的感性活动中，客体间相互作用过程的自在性便被以"自我"为根据的自主活动扬弃了。人的语言意识作为符号系统，由"能指"和"所指"这两极构成。语言的"所指"是人类活动所经验着的事物；而语言的"能指"作为一种能力系统则拥有一种潜在的大于所指的完整性，"因而，语言的能指不仅仅能够反映现实的事物或事物的现实性，而且还拥有足够多的剩余量去表现或'反映'非现实的事物或事物的非现实性"①。这样，由语言意识构筑而成的人的"主观世界"就不仅仅是对当下实然世界的反映，而是可以通过分解、重组、转换关于事物的语言"影像"而从非现实性的方面构想出体现人的目的和追求的"应然的"世界。虽然这个世界并不总是真实地把握了现实事物演化的客观的可能性空间，但它能够真实地把握这个空间。"正是语言，才为人类打开了这样一个可能性的世界，开放了事物存在的可能性空间。由于人类拥有打开事物的可能性空间的语言，在其面前的世界便不像呈现于动物面前的那样，仅仅是一个纯粹实然的世界，而是一个现实性与可能性相互交错的世界；现实的事物或现实的世界也不再是唯一的事物或世界，而不过是多种可能性之中在特定条件下实现了的一种可能性，是无限广阔的可能性空间中突现出来了的一点而已，他种可能性在其条件具备时也是能够成为现实的存在的。"②只要人们真实地把握

---

　①　陈晏清、王南湜、李淑梅：《现代唯物主义导引》，南开大学出版社1996年版，第19页。
　②　陈晏清、王南湜、李淑梅：《现代唯物主义导引》，南开大学出版社1996年版，第19页。

了事物演化状态的多种可能性以及各种可能性实现的必要条件，人们就能在可能性空间中进行选择，并通过自己的活动促使符合自己目的的可能性转变为现实。这样，人类就不仅在观念上，而且也能在实际上把自己从现实世界的既定形态中解放出来，或者说能够超越或打破事物既定形态的限制，按照自己主观设定的目的重新塑造世界。这也就是人类自由的真实含义。美国著名经济学家威斯考夫说："借助人的意识对某种情景的超越，人才能从这种情景的必然性的一定局限中得到自由。这就为人们提供了各种可能的选择：于是，人得以冲破'定在'（actuality）的樊篱而驰骋于'潜在'（potentiality）的王国，于是出现了选择的可能性，出现了根据价值做出决定的必要性。人们借助意识而实现超越的全过程即构成人的自由。这一过程包括把握潜在的可能性，包括基于价值之上的选择活动。"①人意识到自己既立足于现实世界，同时又面临着一个可能性空间，因而他指向未来的活动必然地要出自自我的决定，出自自我的选择，从而他必然是自由的。在这个意义上，"自由"对于人，与其说是为之奋斗的目标，不如说是无法逃避的"命运"，因为他不能不进行选择。不做选择也是一种选择，即选择了不做选择。

　　人的存在的自由性，并不意味着人的活动可以脱离自然的必然性而独立，相反，它是以自然因果运动中必然性和偶然性的客观存在为前提的。语言意识虽然使人能够把握对象世界演化趋向的可能性空间，可以通过自由的想象构筑"应然的"或"理想的"的观念世界，从而使人具有自我决定、自我选择的自由，但是如果人们只是游荡在观念的世界中，这个自由就仅仅

---

① 参见马斯洛主编：《人类价值新论》，胡万福等译，河北人民出版社 1988 年版，第 200 页。

是主观的、抽象的自由，仅仅是一种可能的自由，而不是具体的、现实的自由。因为，单纯的自我决定或自我选择，只能说明人是自由的，并不能说明人的自由是如何实现的；只能表明主观和客观、自我和非我的对立，而不能实际地扬弃这个对立。因此，人不会满足于这个抽象的、主观的自由，而必然要力图通过自己的感性实践活动，同外部自然发生实际的相互作用，依照自己的理想改变自在存在的既定形态，以实现自己的目的。这就是说，人的现实的自由或人要使自己的自由具有现实性，就注定要同自然的因果运动的必然性和规律性打交道。在客观事物演化的可能性空间中，每种可能性的实现，既基于事物自身的客观本质，又依赖于一定的条件，因而是合乎规律的演化结果。实践场域内客体间相互作用过程所蕴含的必然性和规律性，既是对人的自由自觉活动的制约，又是人的活动的自由得以实现的前提。一方面，如果人们没有真实地把握因果运动的必然性和规律性，没有科学地认识到每种可能性得以实现的种种条件，人的自由或理想目标，就只能是想象，而不能成为现实。从这个意义上说，人的自觉的感性活动必然具有受动性的一面。另一方面，也正是由于客观的因果运动具有必然性和规律性，人才有可能通过自己的实践活动，使符合自己理想目标的可能性确定不移地转变成现实。这样，在人的实践活动中，事物的演化状态和条件之间合乎规律的因果关系，就变成目的和手段之间的关系。"目的"是人们在事物演化的可能性空间中选择出来的最有利于人的需求，最符合人的理想的可能性，"手段"则是人们在活动中创造出来的使理想的可能性转变为现实的条件。因此，由人的自我决定、自我选择的自觉活动所引起的对象世界的演化过程，在一开始就存在着预示未来结果的"目的因"，在过程的终了则出现"合目的"的状态，由此，自在自然成为"为我"的世界，成为体现人的选择并且必须用人的目的因加以解释的"人化自然"，成为人的自由本性的确证。只有在这个"人化"的自然中，人才真实地感受到自由的现实性，感受到自身本质力量所具有的伟大创造力。总之，人在客观因果运动所蕴含的必然性和规律性面前不是无所作为的，人们可以把握客观的必然性和规律性，并把它内化到自己的实践活动中，使之成为实现人的目的的手段。因此，人的现实的自由是对必然的认识和利用，这种自由"不在于幻想中摆脱自然规律而独立，而在于认识这些规律，从而能够有计划地使自然规律为一定的目的服务"①。

不少主张非决定论观点的人把自由和必然绝对对立起来，认为如果承认了客观必然性，也就取消了人的自我决定和自我选择。在他们看来，自由只是同偶然性相联系，事物运动变化的不规则性、不确定性，是人的自由活动得以施展的空间。这种观点是缺乏分析的。试想，如果事物的运动变化没有任何规律性和必然性，而只是纯粹的偶然性，那么人如何能够把握事物的运动变化，如何能够有对事物的确切的知识，他又如何做出任何决定或选择？在纯粹的偶然性面前，他无法保证他的决定和选择能够确切地产生合目的的结果，他只能听凭偶然性的摆布。可见，把自由归之于纯粹的偶然性其结果是与否认自由的机械决定论观点殊途同归，非但没有证明自由，反而把人推向无法把握的"命运"。

当然，否认把自由归之于偶然性的观点，并不意味着自由仅仅同必然性相联系而与偶然性无关。事实上，偶然性的客观存在同必然性一样，也是人的自由得以成为现实的客观前提。

---

① 恩格斯：《反杜林论》，《马克思恩格斯选集》第 3 卷，人民出版社 1995 年版，第 455 页。

正如我们在第一章所提到的，对于某个事物演化过程的可能性空间来说，每种可能的演化状态均需要一定的条件，而所谓"条件"，在事物自在的演化过程中，就表现为它与其他因果过程的"汇合"或"交叉"。现实因果运动的客观必然性是指当某个事物的演化过程同其他相对独立的事物或过程"汇合"或"交叉"时，它们之间的相互作用必然会合乎规律地使某种可能的演化状态转化为现实。然而，各种相对独立的因果过程之间的汇合或交叉本身则是偶然的，或具有偶然性的，因而自在的现实的因果运动就表现出必须用统计规律加以描述的不确定性。这种偶然性的客观存在，使人的自由活动成为可能。正是由于各种因果过程的汇合或交叉是偶然的，而不是必定如此的，人们才能通过自己有目的的自觉活动，避免某些过程的汇合，从而消除不利于人类的后果，同时又可以"制造"或促使某些过程的汇合，使符合人的追求和理想目标的可能性合乎规律地转化为现实。人类活动的自由正是以对必然性和规律性的科学把握为前提，同时又是以偶然性的客观存在为实现条件的。

3. 对康德自由观的分析

康德曾通过对纯粹理性的批判性研究指出人类自由的理性根据。他说："自由这一理念仅仅发生在理智的东西（作为原因）对现象（作为结果）之间的关系上。"[1]即自由仅仅是指以理性为根据的活动与这种活动在感性世界中引起的结果之间的关系。为此，康德区分了原因的因果性和理性的因果性。他认为，原因的因果性作为现象间的联系受自然界必然性法则的支配，但"理性的因果性，对感性世界里的结果来说，必须是自由，就客观的根据之被视为结果的规定者而言"[2]。为此他指出："理

---

① 康德：《未来形而上学导论》，庞景仁译，商务印书馆1978年版，第129页。
② 康德：《未来形而上学导论》，庞景仁译，商务印书馆1978年版，第130页。

性的存在体的一切行动，由于它们是（发生在任何一种经验里边的）现象的缘故，都受自然界必然性支配；然而，同是这些行动，如果仅就有关理性主体以及这个主体完全按照理性而行动的能力来说，它们是自由的。"①也就是说，理性的存在体不以现象间原因的因果性为根据，而只以自身为根据，因而必定是自由的。不难看出，康德正是在对纯粹理性的分析中确定了人这种理性存在体的自由本质，并为他在实践理性批判中论证人的自由奠定了一种认识论的基础。但是，康德的自由观仅仅肯定了人的理性的自由，确定了这种自由只同人的以理性为根据的行动相关，却没有使这种自由超越人的内在意识而落脚到人们的感性世界或现象世界中。这主要是因为，在康德的哲学中，"现象世界"或"感性世界"仅仅是一个认识论范畴，是由自在之物刺激人的感官所引起的知觉和表象所构成的世界，并且这个世界中一切规律无非都由人的先验的知性形式所赋予的普遍的必然的法则所支配。因此，在康德的感性世界中，一切现象都可以被纳入先天的知性形式中，因而都是必然的，在这种知性法则中完全没有偶然性的位置。这就使康德只能在实践理性即道德哲学和政治哲学中谈论人的自由，而不能在感性世界或现象世界的自然因果运动中找到人的自由的踪迹。

与此相反，马克思的自由观则是要确证人在"感性世界"中的现实的、实在的自由。在这里，"感性世界"实际上就是由人们的感性活动所构成的"实践场域"。发生在这个实践场域内的因果运动，无非是客体间相互作用过程与这个过程的结果之间的关系，尽管这种相互作用过程是按照实践主体可以感知、理解、把握和述说的方式而发生的，对这个过程的把握也离不开包括因果关系在内的那些思维形式，但它绝不仅仅是由我们

---

① 康德：《未来形而上学导论》，庞景仁译，商务印书馆 1978 年版，第 131 页。

的知觉和表象所构成，因而对于我们的主观意识来说，依然是一个外部的、客观的世界。在这个实践场域内，主体的作用就在于能够把那些原本并不必然相关的客体，也就是把各自相对独立的因果过程"汇合"在一起，使之发生相互作用，由此创造出属于这个实践场域的新的运动形式，并从中发现这种运动的规律。毫无疑问，主体之所以能够这样做，就在于原本并不必然相关的客体或各自相对独立的因果过程相互"汇合"的根据不在客体自身，而在于感性活动的主体。在这个意义上，实践场域正是康德所说的那个"理性因果性"最切实的证明。

## 二、物质生产活动是人的自由活动的现实形态

人和自然的关系所包含的基本矛盾是自由与必然的矛盾，人与自然相互作用的历史过程从根本上说就是这一矛盾历史地产生和历史地解决的过程。因此，尽管人的存在对于自然界有着不可摆脱的依赖性，但人的自觉的历史活动的真正起点，不是单纯的自然界本身，而是人与自然的关系，是人所引起的自然界的变化。自然界的先在性只有相对于人的存在的"自为性"和人的活动的自由性而言才是有意义的规定性。因为只有当人的活动力图超越自然界的既定形态，使其符合人的主观设定的目的时，自然界才对人的活动显示出一种客观制约性。人的存在是自然界进化的结果，而人有别于自然界的特殊本质则是在扬弃自然界的自在性的能动活动中获得的。人的这种扬弃自然界的自在性的活动的最基本形态就是人们每日每时都在进行着的与外部自然界交换物质和能量的物质生产活动或劳动。

1. 物质生产活动是人的存在方式

马克思指出："可以根据意识、宗教和随便别的什么来区别人和动物。一当人开始生产自己的生活资料的时候，这一步是由他们的肉体组织所决定的，人本身就开始把自己和动物区别开来。人们生产自己的生活资料，同时间接地生产着自己的物质生活本身。"①

就物质生产活动是人类与自然界进行物质、能量和信息的交换过程而言，人们之所以必须从事物质生产活动，首先是为了满足自己生命存在的需要。"人们为了能够'创造历史'，必须能够生活。但是为了生活，首先就需要吃喝住穿以及其他一些东西。因此第一个历史活动就是生产满足这些需要的资料，即生产物质生活本身，而且这是这样的历史活动，一切历史的一种基本条件，人们单是为了能够生活就必须每日每时去完成它，现在和几千年前都是这样。"②在这个意义上，生产活动的必要性必须从人具有生物属性而对自然界产生的依赖性中得到说明，它体现出人及其社会历史对自然界的最原始的联系，没有这个联系，或者说没有人的生命存在对自然界的依赖性，我们就无法理解物质生产活动为什么会成为全部人类社会历史的现实基础。

但是，仅仅从满足需要的角度来理解生产活动的作用，并不能使我们真正认识生产活动对于人和人类社会历史发展的全部意义。马克思和恩格斯创立的唯物史观之所以把物质生活的生产和再生产理解为全部历史的现实基础，甚至在一定意义上把社会历史的发展理解为物质生产方式的发展，就在于这种历

---

① 马克思和恩格斯：《德意志意识形态（节选）》，《马克思恩格斯选集》第 1 卷，人民出版社 1995 年版，第 67 页。
② 马克思和恩格斯：《德意志意识形态（节选）》，《马克思恩格斯选集》第 1 卷，人民出版社 1995 年版，第 79 页。

史观不是单纯地把生产活动看成满足需要的活动，更重要的是认识到人们的生产活动及其在历史上所采取的方式是人的存在方式，是人所特有的体现人自身本质的活动方式。马克思和恩格斯说："这种生产方式不应当只从它是个人肉体保存的再生产这方面来加以考察。它在更大程度上是这些个人的一定的活动方式，是他们表现自己生活的一定方式、他们的一定的生活方式。个人怎样表现自己的生活，他们自己就是怎样。因此，他们是什么样的，这同他们的生产是一致的——既和他们生产什么一致，又和他们怎样生产一致。"①

物种的本质即物种的生命特征体现在物种的活动方式中。人的本质体现在人的活动方式中。人因其具有自我意识而成为一种"自为的存在"，但人的自我意识和人的存在的自为性，并不仅仅是抽象的思维规定，而是体现在人与自然相互作用的活动方式中。动物也必须同自身的生存环境进行物质和能量的交换，但动物的活动归根到底是凭着自己物种的自然属性所决定的本能的活动方式与环境中的其他自然物相互作用，它对自己的生存方式、对自己的生物需求没有自觉的意识，从而它的存在也不会与他的生存环境有什么对立，它只是消极地适应这个环境，而不会超越这个生存环境的既定形态。马克思说："凡是有某种关系存在的地方，这种关系都是为我而存在的；动物不对什么东西发生'关系'，而且根本没有'关系'；对于动物说来，它对他物的关系不是作为关系存在的。"②这就是说，动物与其生存环境的关系不是"自我"与"非我"的关系，而不过是一种自然物与另一种自然物之间的自在的关系。人的物质生

---

① 马克思和恩格斯：《德意志意识形态（节选）》，《马克思恩格斯选集》第 1 卷，人民出版社 1995 年版，第 67—68 页。

② 马克思和恩格斯：《德意志意识形态（节选）》，《马克思恩格斯选集》第 1 卷，人民出版社 1995 年版，第 81 页。

产活动则是一种以"自我"为根据的，有着自觉意识和主观意向的活动。更为重要的是，在人类物质生产活动这个庞大的实践场域中，语言意识的形成和发展，使人与自然的相互作用逐渐成为能够获得话语的存在形式，这种话语或者是在实践的历史过程中形成的"前识""共见"，或者是"理想""意义"，或者是二者兼而有之。总之，这种话语的存在形式，使人不仅存在着而且意识到自己的存在；不仅有需求而且意识到自己的需求；不仅意识到自己的存在，而且意识到自身存在的意义、意识到生存环境相对于自身生存意义来说所具有的不完满性。因此，人与自身生存环境的相互作用即生产活动，本质上是人通过自觉的感性活动改变生存环境的既定形态使之适应自身的活动。这样，在人与自然之间就形成了一种否定性的能动关系，即人不是单纯地适应自然的既定形态，而是否定或超越它的既定形态，扬弃自然的自在性，使之成为"为我"的存在，这正是人的活动的自觉性和自由性之所在，是"自为存在"的本质特征。

物质生产活动作为人的存在方式，作为体现人的自为性、自由性的能动活动，包含着人及其社会历史发展的全部奥秘。如果说，自由与必然的矛盾是人与自然关系的最基本的矛盾，那么，这个矛盾恰恰现实地存在于人的物质生产活动中。以往的历史观中，否认人的自由的机械决定论观点和否认历史发展的客观性和规律性的非决定论观点的共同错误，就在于没有看到人们的物质生产活动本身是人的最基本的存在方式，是必然与自由的统一，从而把人与自然的关系，把物质生产活动当作历史以外的东西从历史考察中排除出去。历史的辩证决定论观点，则是立足于人们的物质生产活动，从物质生产活动所蕴含的自由与必然的矛盾出发，解释社会历史发展的本质特征。

2. 工具和理性——自为存在的超越和限定

从最抽象的意义上说，生产活动是生产主体运用一定的生产手段按照自己的需求和目的来改造生产对象的过程。其中作为生产手段的生产工具（劳动资料）是连接劳动主体和劳动对象的中介体，因而人与自然的关系是"中介性"的相互作用关系。生产工具本质上是人类依据自身对自然物质和能量的属性和规律的把握、按照自己的需求和目的调用自然界物质和能量的方式。在自然物自在的演化过程中，促使某种潜在的可能性转变为现实的"条件"表现为各种自然物质和能量的汇合或交叉，因而是偶然的、不确定的，而人在自身的生产活动中，则通过对事物演化的可能性及其实现条件的把握，使自然物质和能量的汇合或交叉具有稳定的形态或固定的形式，这就是生产工具的制造和使用。有着锋利、坚硬边刃的石块有利于完成切割动作，但这样的石块在自然界中是偶然形成的，人则可以根据对这一自然属性的认识，打造出更为锋利的"石刀"，使自然界中偶然的产物在人的活动中成批地产生出来。越是复杂的生产工具，就越是聚合了较多的物质和能量。因此，生产工具的制造和使用就是以理性主体为根据的自由的最实在的体现。在工具的制造和使用中，自然的物质和能量按人的意志和目的发生相互作用，成为被人驯服的力量，转化为属人的力量。这就意味着，人与自然的中介性关系原则上没有自然的限度，因为改造自然的生产活动依然表现为自然物质和能量之间的相互作用，不过这种相互作用不是盲目的，而是在实现着理性的"狡计"。人一旦获得使自然力转变为属人力量的能力，也就意味着人的能力具有了潜在的无限性，尽管这种无限扩展的能力是历史地展开和实现的，在其扩展过程的每一历史阶段上都有特定的历史界限，但没有什么界限是不能突破的。

　　生产工具的使用不仅使自然的物质和能量按照人的意志和目的发挥作用，从而人在与自然的相互作用中成为自主的主体，不再受自然对象的既定形态的局限，而是可以按自己的目的赋予自然物以新的存在形式，成为必须用人的"目的因"加以解释的"人化自然"，也使人的存在方式成为具体的、历史的，不断更新和发展的过程。法国存在主义哲学家萨特认为，人作为"自为的存在"是"是其所不是或不是其所是"，其意是说，人的存在方式或人的本质不是既定的固定不变的东西。然而，自为存在并不是一个抽象的思维规定，而是有其现实内容的。人的本质体现在人的自由自觉的活动中，而且这种活动所采取的方式不是固定不变的，而是随着活动手段的不断发展而不断更新的。因此，正是生产工具的使用使人不再像动物那样只是通过基因突变和自然选择来改变其适应外部环境的存在方式和活动方式，把自身的命运维系在自然必然性上，而是通过不断深化对自然的认识、通过改变或创新自己的生产工具系统来自觉地改变自己的存在方式或活动方式。固然人本身的自然形态被相对地稳定在自然进化的一定阶段上，但人的活动方式却显现出无限多样的可能性，人类社会的历史由此成为有别于自然进化的自主活动的历史。

　　人的自由作为现实的自由，而不是在想象中摆脱客观规律的抽象自由，之所以包含自由与必然的矛盾，正是由于生产工具的使用并没有取消人与自然相互作用过程所具有的客观属性和规律，而只是改变了它们起作用的方式。这意味着人的理性、意志和目的只有采取物化的形式才是一种现实的力量。生产工具作为自然物质和能量的运用，一经产生便是一种客观实在。人可以任意地想象生活，但不能任意地按想象生活。他的活动所能采取的方式在现实性上取决于他的活动借以开展的手段的性质。从这个意义上说，生产工具是人的一种"定在"。使用某种生产工具就意味着人的活动被相对地固定在由生产工具的技术性质所规定的方式中。当然，生产工具是可以改变的，但这种改变一方面依赖于人对自然认识的深度和广度，一方面依赖于前一代人所创造的既定的物质条件，因而是在前人理论和实践的终点上起步的"拾级而上"的过程。每一代人的创造活动都包含着前人创造活动的结果。但在人与自然的关系中，人的活动方式或生产方式是为人自己创造的生产工具所制约，而不是被自然对象直接限定。活动手段或生产工具对人的活动方式的限定，本身就辩证地包含着对限定的超越。生产工具就其实在的形态而言是有限的，而就其是人的能力系统而言又是无限的。人的活动借助于生产工具这个中介系统而获得自由性，他掌握生产工具，也就意味着获得了超越现实界限的能力，因此，生产工具对人的活动的限定，同时也是对生产工具本身有限性质的否定。对有限物的超越或否定，正是人的活动的自由所具有的含义。

生产工具作为人的有意识、有目的的创造物，本质上又是一种"物化"的精神力量。当生产活动在历史上所具有的性质和形式不是取决于生产的自然前提而是取决于人制造和使用的生产工具时，人类理智，无论是粗浅的经验形式，还是精妙的理论形式，都是生产发展和社会进步的精神动力。在人与自然的相互作用的关系中，人之所以是能动的自主的主体，就在于人作用于自然对象的过程不是一种盲目的、随机的自然过程，而是努力实现自己目的的自觉过程。正如我们在前面提到的，人是万物中唯一具有"自我意识"从而能够把"我"作为对象加以思考的物种。人能够意识到自己的需求，并把这种需求设定为"我的目的"。然而，"目的"作为观念本身只是一种"虚无"，只有"外化"于自然对象中才能成为现实。因此，人只有把握自然对象的属性和规律才能实现自己的目的。这样，人的目的的外在化过程同时又包含着自然对象的内在化、主观化过程，人与自然界的相互作用是为人的目标所引导的"理智的"活动。

人的主观世界是丰富的，想象的空间没有界限。外部世界之所以与"我"相对立，是因为"我"力图打破外部世界既定形态对"我"的限制。这是人的"自由意志"。人与自然相互作用过程的客观属性和规律可以使那些虚妄的、任意的想象无法结出现实的果实，但不能取消人的自由意志，亦即不能取消人超越界限的能力和努力，只能促使人们在成功与失败的起伏中努力探求客观过程的本性。科学理性由此产生。科学理性是人的主观世界中最为现实的部分，它力图通过对对象世界的科学把握，排除那些虚妄的、不切实际的观念，使人们的观念尽可能同对象世界的客观本性相符合。人与自然相互作用的中介系统，即工具系统，是科学理性的物化形态。通过这种物化形态，科学理性由一种观念的力量转化为一种现实的力量。在这种现实的力量面前，自然力似乎威风扫地，成为人类理性所役使的对象。特别是近代科学产生以来，人类挥舞着由理性精神熔铸出的科学技术这根魔杖开始了向自然界的胜利进军，使自然界发生着单凭其自身的运动所不能发生的变化，从而扬弃了自身的自在状态，成为人类理智的外化。

在人的精神世界中，科学理性既是"自由意志"的产物，同时又是对意志自由的限定。一方面，这种限定是积极的，它之所以要排除不符合自然本性的虚妄观念，是因为要打破物质对象既定形态的制约，必须运用物质的力量，而这些观念不能使人真正掌握物质力量，因而也就不能使人真正超越物质的界限，在这个意义上，人类自由的实现取决于科学理性的进展；另一方面，这种限定亦有消极的一面。当科学技术以科学理性的姿态把一整套概念系统注入人的思维活动中，人的思维和想象也就被限定在科学概念系统所提供的思维形式和逻辑结构中。然而，人类的理性思维在深度和广度上也是一个随着人类实践活动的深入和扩展而不断发展的过程，如果把一种历史地形成的理性思维方式神圣化，就有可能排斥其他可能的理解周围世界的思维方式，在极端的情况下甚至窒息人的思维的自由创造。量子理论的创始人普朗克之所以踌躇多年才敢让他的"量子"概念发布于物理学界，正是因为经典物理学理论的规范和理论原则使他迟迟不敢相信自己的实验结果。他完成了物理学中的"哥白尼"式的革命，但同时多少也经历了"哥白尼"式的悲剧，只不过制约他的思维和想象的不是上帝，而是几乎被神化了的"经典理论"。

尽管如此，科学理性依然是人类理智进步的中轴线，因为只要人们力图实际地而不只是想象地超越现实的界限，就必须对现实采取理性的态度。用于改造现实的一切手段，无论是工具系统还是管理方式，都必须具有理性思维的逻辑。当然，在人类认识的发展中，不能低估诸如直觉、情感等非理性因素在突破传统思维方式推进科学进步中的作用，但这些非理性因素最终也只有被纳入科学理性的轨道才能真正成为推动人类进步的精神力量，否则就只能是一些不确定的，稍纵即逝的东西。

# 三、人在本质上是社会的存在物

人作为"自为的存在"，作为自由自觉活动的主体，无疑是现实的、具体的、有个性的个人。每个人都是作为一个独立的"自我"同外部世界相互作用的。然而,在人与外部世界的关系中,个人又不是孤立地存在着的,而是必须同他人相互交往,使自己的生活或活动同他人的生活或活动结合成社会性的共同生活或共同活动。个人只有在这种共同生活或共同活动中才能真正成为自主的主体。人的自我意识,人的活动的自主性和自由性,不是自然地生成,而是社会地生成。这样,任何个人作为自为的主体,不仅同自然界发生为我的关系,而且与他和他人的共同生活即社会发生为我的关系。人的活动所具有的能动和受动、自由和必然的统一不仅体现在人与自然的关系中,而且也体现在个人与社会的关系中。

1. 人的自然属性和社会本质

从人源于自然界而言,人有其自然的存在,即人是一个有着自己的肉体组织和生物需要,必须通过与外部世界进行物质和能量的交换来维持自身生命存在的个体。"因此,第一个需要确认的事实就是这些个人的肉体组织以及由此产生的个人对其他自然的关系。"[①]

人因其有意识、有目的的自觉活动代替了动物的本能活动而脱离了动物界,但并没有因此而成为非生物体,也没有失去作为生物体所必须具有的生物属性。人的个体性同人的自然属性密切相关。受遗传因素的制约,受精卵所携带的基因,在生殖细胞发展为个体时,就决定了人的肤色、性别和体貌特征。仅此而言,就像没有两片完全相同的树叶一样,人类个体也各具特色、各有不同。和任何生物一样,人的生命的存在和发展有赖于同外部自然界进行物质和能量的交换。通过呼吸、摄取

---

① 马克思和恩格斯:《德意志意识形态(节选)》,《马克思恩格斯选集》第 1 卷,人民出版社 1995 年版,第 67 页。

食物等活动，人把外部自然界中的各种能量通过一定生理机制的同化和异化作用转化为支持机体内部和外部活动的各种能量，并在活动中把这些能量消耗掉。在能量的摄取和消耗过程中，形成了由人体的自然属性和生理过程所决定的各种先天的本能。关于人的本能，固然目前科学界尚未提供一个十分令人满意的说明。由于人的本能是被意识到的本能，明确区分人的行为中哪些是本能的，哪些是非本能的，有时是非常困难的。但可以肯定，至少人类行为中的相当一部分必须由人体的生理过程或生物属性来说明，如饥渴、性冲动、攻击、防卫等。精神分析学理论的创始人，奥地利心理学家弗洛伊德认为，本能的主要根源是人体的需要和冲动，它可以由人体内的某个组织或器官的兴奋过程来解释。这就是说，人的本能源于人的生理构造，是人的自然属性的表现。

了解人的自然属性和生物本能对于全面地把握人和自然、个人与社会的关系有着重要的理论意义。首先，人的自然属性体现着人与自然界的最原始的联系。它表明人是自然界的一部分，并依赖于自然界。由人的自然属性所决定的人的各种本能的欲望以及满足这些欲望的活动，是作为一种客观必然性，一种规律支配着人和自然的关系。物质生产活动是人类社会生活的基础，而人类进行物质生产活动的最初的也是最基本的动机却正是根源于这种客观必然性之中。其次，人们的社会生活的发展，特别是物质文化和精神文化的创造、社会规范的建立、社会制度的变迁，当然不能由人的生物属性或本能来解释，但也绝不能无视人的生物属性或本能。事实上，社会文化、社会制度，从其社会功能上看，在一定意义上依然是一整套使人类适应环境并繁衍后代的措施。人的生物属性或本能本身并不能产生文化和制度，但却为文化或制度的创造建立了一定的条件或参数。例如，人们能够创造出乱伦禁忌等文化规范来规定人们可以和哪些人结婚，和多少人结婚，但却不能创造一种杜绝两性结合的文化，否则人的种类的繁衍就会大成问题。同样，一定的法律和道德可以严厉地禁止人们某些获取食物的方式（如偷盗、抢劫等），但不能禁绝人们获取食物的所有方式。因此，社会进步在任何意义上都不可能取消人的本能，而只能为人的本能的满足构设合理的途径或方式。

人的自然属性和生物本能是我们理解人的社会行为、理解人与自然、个人与社会关系的一个基本的参照点。但这并不等于可以把人的本质归结为人的自然属性。现代生物学已经用大量的事实证明，人的生理构造和生物本能同动物特别是人类的近祖——灵长类动物没有实质的区别。人体所具有的器官，类人猿无不具有，其结构也基本相同。在人脑中也没有发现人所特有的特种脑细胞或脑细胞的特殊连接方式。因此，从人的自然属性或生物本能上，我们不能看到人同动物的实质区别。前面所述的人的存在的自为性、人的活动的自主性、自由性也不可能基于一种生理构造。

人的本质体现在人所特有的活动方式中，而人的活动在一开始就是一种社会性的活动。孤立的个体只是"自然的存在物"，他本身的自然力是有限的，他的活动在时空上是狭小的，在强大的自然力面前，他完全是被动的，只能被自然力所支配而不会有任何意义上的自主性和自由性。只有通过一定方式的社会交往，通过直接或间接的活动的交换，将个体的活动整合为整体的活动，将众多个体的力量结合成整体的力量，个人才能在同他人的交往中占有这种整体的力量，才能超越自身的有限性，作为自主的"主体"同自然界发生关系。正如马克思所说的那样："人不仅是一种合群的动物，而且是只有在社会中才能独立的动物。"①因此，社会交往是人类个体生成的前提，是人的以自由自觉为本性的活动形成的前提。

生产工具是人与自然相互作用的中介，而制造和使用生产工具的行为本身亦是社会行为。高等动物如类人猿，在特殊条件下也能产生运用工具的行为，但它们的工具行为是外部的、不连续的、偶然的，并不构成动物的存在方式。而人的工具行为则是把产生于社会交往的语言符号引入工具过程，形成工具-经验结构，使工具行为不局限于工具本身的直接现实性而成为普遍的、连续的、可积累、可传递、可进步的活动方式。同时，生产工具也是人们社会交往的中介，通过制造和使用生产工具，每个个人的活动融合了他人的活动，并占有了他人的活动。

人的活动的自主性和自觉性离不开语言意识的形成和发展，而语言意识与生产工具一样，是社会的产物。马克思说："语言是一种实践的、既为别人存在因而也为我自己存在的、现实的意识。语言也和意识一样，只是由于需要，由于和他人交往的迫切需要才产生的。……因而，意识一开始就是社会的产物，而且只要人们存在着，它就仍然是这种产物。"②尽管语言意识作为观念系统，构成了个人的内部世界，但语言符号所代表的意义却必然包含着人们在相互交往中形成的共识。没有这种共识，就不会有真正的语言，就如同外国语言对于不懂外语的人来说，不过是各种声调或各种线条的奇怪组合而不是语言一样。

人和动物一样有着自身的自然属性和生物本能，但人满足自身本能需求的方式与动物根本不同。动物满足自身本能需求

---

① 马克思：《〈政治经济学批判〉（1857—1858 年草稿）》，《马克思恩格斯全集》第 46 卷上册，人民出版社 1979 年版，第 21 页。

② 马克思和恩格斯：《德意志意识形态（节选）》，《马克思恩格斯选集》第 1 卷，人民出版社 1995 年版，第 81 页。

的方式是在进化过程中自然形成的，它与外界事物进行的能量和物质的交换，本质上不过是一种自然物与另一种自然物自在的相互作用而已，而人满足自身需求的活动则是一种自觉的活动。语言意识的形成和发展使人能够在其活动中把握事物存在和演化的可能性空间，工具的制造和使用使人与外部世界的相互作用的手段具有可选择性。这就是说，人满足自身需求的自觉活动本身具有多种可能的方式，人们可以从中进行选择。而人在选择中，必须考虑个人与他人、个人的生活与共同生活的关系，这就使人满足本能需求的活动方式具有了可以用美丑、善恶等价值标准进行评判的社会属性。我们指责某些人行为不端，并不是指责他的本能，而是指责他为满足本能需求所采取的方式。

　　人的活动的社会性表明人在本质上是社会的存在物。在社会发展的历史过程中，每一代人在投入社会生活中时，就已经处在不是由他们创造，而是由他们的前人所创造的社会环境中。任何个体只有经过一系列的社会化过程，适应这个环境，并在同他人的交往中落脚到社会关系体系的一个特定位置上，才能由一个生物个体转变为一个社会个体。人本身的人性规定是社会赋予的，人的本质是由他与他人的社会关系，由他在关系体系中的特定地位以及他在一定社会组织体系中所扮演的角色来规定的。因此，马克思说："人的本质不是单个人所固有的抽象物，在其现实性上，它是一切社会关系的总和。"①人是有个性的，而人的个性也不是形成于社会关系之外，而是形成于社会关系之中。德国哲学家哈贝马斯指出：人的自我同一性"乃是通过社会化产生出来的，既是通过这一事实——成长中的儿童

———————

①　马克思：《关于费尔巴哈的提纲》，《马克思恩格斯选集》第1卷，人民出版社1995年版，第60页。

借助于符号化普遍性的汲取，把自己结合到特定的社会系统之中；然后，又通过个性化、通过增长中的、相对于社会系统的独立性使自身得到维护和发展——而产生出来的"。①社会关系的复杂性和社会结构的多层次性，为人的存在和发展提供了多方面的可能。每个人在其独特的生活经历中都会因出身于不同的家庭、受不同的教育、与不同的人交往、从事不同的工作等多方面因素的综合影响而形成自己与众不同的个性，即由他的性格、能力、知识系统、世界观等多方面品质的综合而构成的特有的人格特征，它是各种社会关系通过个人的实践活动而在个人身上的特殊集合。如果抛开凝聚在一个人身上的种种社会关系，那么所剩下来的就只是他作为生物个体所具有的那些自然属性。当然，人的自然属性也是真正的人的机能，但是，如果离开人的社会存在来考察人的自然属性，这些属性也就仅仅具有动物的性质。"只有在社会中，人的自然存在才成为人的属人存在。"②人们在社会实践活动中，在社会交往中，不仅改变了外部自然，而且也改变了人本身的自然，从而有了感受音乐的耳朵、感受形式美的眼睛、巧夺天工的双手和善于思考的大脑。可见，属人的自然属性也是被社会化了的自然属性。

2. 社会交往与社会关系

人们在其广泛的社会交往活动中结成了各种类型的交往关系或社会关系。马克思指出："社会关系的含义在这里是指许多个人的合作，至于这种活动在什么条件下、用什么方式和为了什么目的而进行，则是无关紧要的。"③从这个抽象意义上说，

---

① 哈贝马斯：《交往与社会进化》，张博树译，重庆出版社1989年版，第77页。
② 马克思：《1844年经济学哲学手稿》，《马克思恩格斯全集》第42卷，人民出版社1979年版，第122页。
③ 马克思和恩格斯：《德意志意识形态（节选）》，《马克思恩格斯选集》第1卷，人民出版社1995年版，第80页。

社会关系的基本特征就是众多个人在生活实践中直接或间接的相互合作、相互依赖、相互制约。人们之间的交往活动和交往关系发生在不同的生活领域，出于不同的目的，并采取不同的形式或方式，因而人们之间的社会交往关系也是多方面、多层次的，并且是不断变化的。概括起来说，可以把人们之间的社会交往活动和交往关系大致区分为四个基本类型：生产活动中的交往活动和交往关系（生产关系或经济的交往关系）；建立和维护共同生活的秩序的交往活动和交往关系（一般意义上的政治关系）；精神的或思想文化的交往活动和交往关系；与血缘关系相联系的亲属关系。这四种类型的交往活动和交往关系可以说是交往关系的"原生形态"。交往关系的原生形态如同胚胎，复杂的交往关系是这个"胚胎"发育的结果。

生产活动是人与自然之间的相互作用，而这种相互作用又是以人与人之间的社会交往为前提的。马克思说："为了进行生产，人们相互之间便发生一定的联系或关系；只有在这些社会联系和社会关系的范围内，才会有他们对自然界的影响，才会有生产。"①这就是说，生产本身是以个人之间的交往为前提的。生产活动在最抽象的意义上，是生产主体运用一定的生产手段（主要是生产工具）作用于劳动对象并产生生产成果的活动，因此人们在生产过程中进行的交往活动和所结成的交往关系的根本特征是以物（生产对象、生产工具、生产结果等）为中介的。这种交往关系的基本功能是把个人的力量整合为可以与自然力进行抗争，并最终征服自然的社会性的物质力量，即社会生产力。因此，这种交往本身并不是目的，而是服从交往以外的目的，即使人与自然的相互作用能够最大限度地产生合目的的效

---

① 马克思：《雇佣劳动与资本》，《马克思恩格斯选集》第 1 卷，人民出版社 1995 年版，第 344 页。

果。人与自然的关系表现为这种交往的直接结果，是交往的实在内容。这种交往满足人们直接的物质需求，因而交往的目的是现实的、具体的。这种交往关系以"物"为中介，因而也被"物"所限定，是一种物质性的交往关系。

建立和维护共同生活的秩序的交往活动在某种意义上说是以交往本身为目的的交往活动。社会生活是社会成员在一定的社会共同体中有组织的共同生活。这种共同生活是人类个体和人类自主活动形成的前提。但人类个体的活动在时间上和空间上是可以相互分离的，并没有物理上和生理上的相互结合的必然性。社会交往是人的自主活动的必然的存在方式，这不是说离开了社会交往就没有个体的生物学意义上的存在，而是说个体至多只有生物学意义上的存在，而不是人类学意义上的存在。因此，人的存在和人的活动的社会性并不是一种自然的必然性，而是一种社会的必然性，即人类个体之间的社会结合既然没有物理上和生理上的保证，就必须有社会的保证，也就是必然存在着制约个体活动，协调个体与个体、个体与群体之间关系的社会交往活动。这种交往活动的目的是建立和维护人们共同生活所必需的秩序，其主要表现是在群体的共同生活中形成实际上或名义上代表群体共同利益或普遍利益来统一地组织、协调和控制社会共同生活的社会权力，并在共同生活中确立个体对社会权力的服从关系。这是为了交往而进行的交往，是人类生活的社会性的集中体现。

精神交往是指个体之间的信息交流和传递关系以及各种心理倾向的互动关系。人不仅生活在社会中，而且意识到自己生活在社会中。精神交往并不独立于前两种交往，而是内在于前两种交往之中，并赋予任何交往活动以主观意义。首先，任何意义上的交往，必然以信息的交流传递为前提。而人类的信息交流是以具有抽象性、共享性、共义性的语言为载体，因此在人类的交往活动中没有纯粹的物质交往，而必然采取精神交往的形式。其次，要建立和维护共同生活的秩序，保证共同生活的整体性、协调性，要使个体自觉地约束自己的行为，服从社会权力的控制，就必须使交往本身具有共享的主观意义。这种主观意义包括人们在精神交往中达到的对周围世界的共同理解以及在这种共同理解的基础上形成的共同信念和共享的价值观念（如原始群体的集体意向）。不管这种共同信念和共享价值是基于对周围世界的虚幻理解，还是基于科学把握，它都要赋予人们之间的交往活动和交往关系以"合理性"的意义，从而使交往成为自觉的和有序的行为。没有精神交往就不会有真正意义上的人类物质交往。

除了上述三种基本类型的社会关系外，还有以人们之间的血缘关系为纽带而建立起来的社会亲属关系。根据瑞士人类学家巴霍芬和美国人类学家摩尔根的考察和推测，在人类社会的形成时期，可能存在过杂乱的两性关系。这种两性关系并不是社会关系，而是纯自然状态的血缘关系，只是由于乱伦禁忌的发展，原始的毫无检束的血缘关系才逐步转变为具有伦理精神的社会关系。家庭成员依照相互间的亲缘关系确定自己的身份、名分和在家庭组织中的地位和角色，从而形成社会的亲属关系。在人类社会的最初形态，即原始社会中，家庭曾经是最初的也是唯一的社会组织，因而亲属关系也曾是全部社会关系和社会结构的基础和基本框架，人们在生产活动和维护共同生活的活动中形成的交往关系均从属于亲属关系。随着物质生产活动的发展，经济关系和政治关系逐渐摆脱了亲属关系的框架，获得了相对独立性，并对社会制度起着直接的决定作用，亲属关系便日益退居次要地位。当然，即使在现代社会中，亲属关系依然是一种社会关系，社会伦理中的相当大的一部分仍是对亲属关系的调节，并且亲属关系对社会生活持续、稳定的发展仍然具有一定的作用。只不过在现代社会中，家庭已不再是基本的经济单位和政治单位，亲属关系从属于社会经济、政治关系，并借助于法律制度发挥作用。

在社会生活中，上述三种基本类型的社会关系交织在一起构成社会交往关系网络的主要线索，其中每一类型的社会关系都不可能以纯粹的形式单独存在。这是因为，任何一种社会交往活动都必然受到多方面社会生活因素的制约，因而它本身也必然要综合地包含多种类型的社会关系。但从交往活动对社会生活的作用而言，生产活动中的交往活动和交往关系是其他交往活动的基础。这种交往活动是人与自然界相互作用的社会前提，关涉社会生活的物质条件和手段，其他一切交往活动只有凭借物质条件和手段才能成为现实。此外，这种交往活动以"物"为中介，其交往形式被物的属性所决定，具有客观性和物质性。维护共同生活的交往活动和精神的交往活动在历史上所采取的形式只有符合物质交往的客观本性才有存在的根据。

# 四、个人与社会的矛盾

社会交往活动中最基本的矛盾是个人与社会的矛盾。社会交往活动把众多个体结合成整体，这个整体作为社会成员的共同生活有着自身的秩序和结构关系，对于每一个存在于共同生活中的个人来说同样是一个不以他个人的意志为转移的客观现实。从人的自然属性和社会本质上看，个人与社会的关系必然包含着相互联系的两方面过程：其一，任何个人只有经过一系列社会化过程才能获得属于他的种种社会规定性，亦即获得有别于动物的社会本质，在这个意义上，人是社会历史的产物；其二，个人的社会化过程，不仅使他成为一社会的个体，更重要的是使他成为新的历史阶段上的社会实践的主体。从这个意义上说，人又是社会历史的主体和创造者。这两方面过程表明，无论是个人的发展还是社会的发展都必然包含着个人与社会的矛盾。对应于这两方面过程，这个矛盾也大致表现在下面两个基本层次上。

1. 人的自然属性与人的生活的社会性的矛盾

人作为自然存在物具有种种与生俱来的自然属性或生物本能，它们在人与周围环境的关系中通过各种需求和情欲表现出来，满足这些需求和情欲对维持人的生命存在和种族延续是必需的。但人作为社会存在物，又不是毫无限制地、随时随地地使这些本能的需求或情欲得到直接的满足。人之初，不过是一个只有自然本能的生物个体，他只有经过一系列的社会化过程才能生成为人类个体或社会个体。任何人必须在这个过程中学会同他人交往，学会遵从和适应在历史上形成的，对于维护人类共同生活所必需的社会规范、价值观念和信仰，以便使个人真正成为社会共同体的一员。这就是说，个人必须按照社会生活的客观要求，控制自己本能的释放过程，选择满足本能的方式，使满足个人的本能情欲和需求的活动与人们的社会生活达到一致。这样，在人的自然属性和人的生活的社会性之间就不可避免地存在着矛盾。这个矛盾深深地潜伏在人的心理过程和人格结构中。

奥地利心理学家弗洛伊德创立的精神分析学对于揭示这个矛盾做出了许多有价值的贡献。弗洛伊德认为，人的人格由"本我""自我"和"超我"三个层次的因素构成。"本我"代表人的原始本能和情欲，它服从的"快乐原则"，即随时随地要求消除由某个生理过程的兴奋所带来的心理上的紧张，以达到愉快和满足。"自我"服从"现实原则"，即用生活常识和社会要求抑制"本我"，直到找到真正可以满足需要的对象和方式为止。"超我"则是内化到人格结构中的社会伦理原则、价值观、信仰等，是"自我"的"理想"。"超我"通过压抑、控制和引导人的本能冲动，使个人的行为符合社会的是非观念和善恶标准，并培养人为"至善至美"而奋斗的"自我理想"。在弗洛伊德看来，人格的三重化结构深刻地反映着个人与社会的冲突。而且，一般说来，社会文明的进步是以社会共同生活的准则对人的原始情欲的压抑和升华为代价才能实现的。从这个意义上说，社会共同生活的准则对人的生物本能的压抑和升华并不是消极的。没有压抑和升华，人类也许永远滞留在动物状态，而不会有经济、政治、科学和文化艺术的巨大进步。但是，如果社会文化对人的本能产生不正当的压抑，那就不仅会使"个人生活的健康和活动可能受损"，而且在极端的情况下，会使社会本身成为一种异己的和不可理解的力量同个人相对立。这样，即便有了技术和文化的巨大成就，人们仍然不会感到幸福，而是产生普遍的焦虑和不安，甚至产生同社会进行对抗的情绪。

精神分析学的上述观点，不乏有价值的见解。在人的社会化过程中，人的自然属性和人的生活的社会性之间始终存在着矛盾，人的存在的自为性、自主性、自由性，人的社会本质，不是自然地生成，而是社会地生成，这个生成首先就包含着这一矛盾的解决。因此，任何意义上的社会进步都不能回避这个矛盾，更不能无视这个矛盾所引发的社会问题。人的自然属性对于人来说是一种自然必然性，而社会共同生活的规则对人来说则是一种社会必然性，人的社会化过程就是要塑造出一个健全的"自我"，这个自我能够自觉地把握这两种必然性，并通过能动的活动为自己本能欲求的释放或满足选择出有利于社会共同生活进步的方式。但健全自我的形成，本身也要求历史地形成的社会共同生活的规则和条件能够为自我自主地选择本能释放的方式提供多种可能性，一种社会制度只是片面地压抑人的本能，而不能为人的原始情欲的宣泄提供适当的方式，那就必然会扭曲人的人格，或者使个人成为屈从社会压力，没有任何自主意识的"奴隶"，或者造成个人与社会的对抗。

但是，弗洛伊德的精神分析学理论亦有明显的弱点。它把人的生物本能称为"本我"，也就意味着把人的本质归结为人的自然属性，并确认"本能是人的一切行为的终极根源"。这实际上是离了人的活动方式来考察人的本质。人不同于动物，不在于他的本能，而首先在于他的活动方式——包括满足本能的活动方式——有别于动物，其次在于他不把满足本能需求作为他个人存在的终极目的。而且人的活动方式和自我理想均是在共同生活中形成的。因此，一个人压抑和控制自己的本能欲求，把社会规范内化到自己的人格结构中，正是使他的自然属性成为被社会化的属人的机能。从这个意义上说，人的生活的社会性如同他的自然属性一样是作为客观必然性包含在他的人性的规定中的。

2. 人的自主活动与社会条件之间的矛盾

人的社会化并非仅仅使人由生物个体转变为社会个体，更重要的是造就新一代社会实践的主体。个人对社会共同生活的适应，同时也是个人对通过交往形成的社会整体力量的占有。前人所创造的各种物质的和精神的成果是新一代人进行新的社会实践的前提、基础和条件。每个个人只有在社会化过程中通过与他人的交往融入社会的共同生活，从而占有这些成果，才能培养和发展出他们个人的智慧和才能，形成他们的追求、目的、意志和理想。因此，正是经过社会化过程，个人才能成为社会实践的能动的主体，其活动才是一种现实的自主活动。然而，一旦个人成为实践的主体，他的自主活动就会同那些既成的社会条件之间发生矛盾。一方面，前人所创造的物质的和精神的成果是使个人成为实践主体的条件，也是他的自主活动得以形成的条件，离开了这些条件，自主活动只能是"想象"，而不是现实；另一方面，这些条件又制约着个人的自主活动，使自主活动具有特定的历史内容和形式。显然，这个矛盾不像弗洛伊德主义所宣称的那样，发生在个人的原始情欲与社会现实之间，而恰恰是发生在人的自我理想与社会现实之间，在人的自主活动的发展与现实生活条件对这种发展的制约和限制之间。

　　人的自主活动与现实社会条件之间的矛盾深深地根植于人们的社会物质生产活动的辩证本性中。马克思指出："历史的每一阶段都遇到一定的物质结果，一定的生产力总和，人对自然以及个人之间历史地形成的关系，都遇到前一代传给后一代的大量生产力、资金和环境，尽管一方面这些生产力、资金和环境为新的一代所改变，但另一方面，它们也预先规定新的一代本身的生活条件，使它得到一定的发展和具有特殊的性质。"①在物质生产活动中，社会生产力是人们通过交往、通过分工合作而形成的社会性的整体力量，个人只有以某种方式占有现有生产力的总和，才能克服自身的有限性，使自己的活动成为真正意义上的自主活动，同时，这种占有又必然要受到一定形式的社会交往关系、交往方式的制约。个人要占有生产力的总和，

---

① 马克思和恩格斯：《德意志意识形态（节选）》，《马克思恩格斯选集》第1卷，人民出版社1995年版，第92页。

就必须以一定的方式或形式同他人进行广泛的社会交往，使他个人的活动成为社会共同活动的一部分。但他与他人交往所采取的形式或方式并不是任意的，而是在共同生活的发展中历史地形成的。这样，"生产力与交往形式的关系就是交往形式与个人的行动或活动的关系"①。当既定的社会交往形式在总体上同社会生产力的发展水平相适应的时候，个人之间进行交往的各种社会条件在一般性质上就是同他们的个性相适应的条件，"对于他们来说不是什么外部的东西；它们是这样一些条件，在这些条件下，生存于一定关系中的一定的个人独立生产自己的物质生活以及与这种物质生活有关的东西，因而这些条件是个人的自主活动的条件，并且是由这种自主活动产生出来的"②。在这种情况下，人们之间社会交往所采取的形式，有利于他们对现实生产力总和的占有，因而是人们的自主活动所必需的社会形式。当生产力的发展达到一个新的历史水平时，它就不可避免地同原有的社会交往形式发生矛盾。这时，既定的社会交往形式"起初是自主活动的条件，后来却变成了它的桎梏"③。

人的自主活动与社会生活条件之间的矛盾源于人们的物质生活，同时也必然会延伸到社会生活的其他领域。人们的自主活动不仅是指人们的物质生产活动，而且也包括其他领域的社会实践活动，如政治活动、宗教活动、艺术活动，等等。相应地，制约人们自主活动的社会条件不仅包括一定形式的经济交往关系，而且还包括社会的政治关系、思想关系以及同这些经济的、政治的和思想的社会关系相适应的、在历史上形成的各

①  马克思和恩格斯：《德意志意识形态（节选）》，《马克思恩格斯选集》第 1 卷，人民出版社 1995 年版，第 123 页。
②  马克思和恩格斯：《德意志意识形态（节选）》，《马克思恩格斯选集》第 1 卷，人民出版社 1995 年版，第 123 页。
③  马克思和恩格斯：《德意志意识形态（节选）》，《马克思恩格斯选集》第 1 卷，人民出版社 1995 年版，第 123 页。

种习俗、道德、法律、制度、宗教、哲学等社会文化的各个层面。当社会经济交往形式不再适合生产力的发展状况时，与之相适应的社会条件的各个方面也会程度不同地由人们自主活动的条件转变为自主活动的桎梏，成为某种异己的力量同个人相对立。

个人与社会在这个层次上的矛盾，是弗洛伊德主义所没有看到的，也是它不能解释的。在这个矛盾中，人的原始情欲几乎没有什么地位。这个矛盾的解决也不是为人的原始情欲的宣泄寻找适当的途径，而是用革命的方式引起社会的根本变革，用新的、更加适合生产力发展状况的社会交往形式取代旧的交往形式，为每个个人的自主活动的发展创造新的社会条件。

个人与社会的矛盾表明，人的活动的自主性、自由性和超越性不仅受自然界的客观属性和规律的制约，而且受人的历史活动的结果即在人的历史性的共同生活所创作出来的各种既定的社会条件的制约。而当社会历史的发展不是取决于纯粹的自然前提，而是取决于人的历史活动的结果时，自然的制约实际上已被扬弃，被内化于作为人的活动结果的历史前提中。正如人的自主活动所面临的不是由他所创造的而是自然生成的自然界一样，在历史的发展中，每一代人所面临的既定的社会条件，也不是由他所创造的，而是由他的前人所创造的。历史活动的前提因其内在地包含着自然必然性而对人是一种不依人的意志为转移的客观力量。同时，历史活动的前提作为人的历史活动的结果又是对人的创造性和超越性的肯定，或者说把人的创造性和超越性作为历史前提的本性包含在历史的前提中。

# 五、辩证的历史决定论的基本立足点

以上，我们分别从人与自然的关系和个人与社会的关系两个方面考察了人类活动的一般特征。人与包括动物在内的所有自然物根本不同的地方在于人的存在的自为性和人的活动的自由性，即在世界万物中，人是唯一具有"自我意识"的存在物，人是作为自主的、能动的主体同周围世界相互作用，因而人的活动是以"自我"为根据的自由的活动。自由对于人来说不只是一个抽象的思维规定，而是人的现实的活动，是人超越一切既定界限的自觉活动。所谓活动的超越性，必然包含两方面规定：其一，通过人的活动使事物打破自身存在的界限而由一种存在形态转变为另一种存在形态；其二，活动的主体在事物存在形态的转变过程中仍保持"自我"的同一性。显然，这只是对人的活动才是可能的。在自在的自然中，自然物之间的相互作用固然也可以造成事物的性质或存在形态的变化，但事物在这种变化中并不保持"自我"的同一性，而是由一种"定在"转变为另一种"定在"。在人和自然的相互作用中，人通过对客观对象及其变化的可能性的自觉把握，通过有意识有目的的自觉活动，使事物性质或存在形态的转化符合人的目的和需求。这样，由人的活动所引起的事物存在形态的变化，是出自人的"自我决定""自我选择"，并使变化符合人自我设定的目的。人的活动的超越性不仅体现在人改造自然的活动中，也体现为人对自身存在方式的超越。动物的存在方式是由动物物种的自然属性直接决定的，因此，动物在与其生存环境的关系中是不能超越自身的存在方式的。而人与自然的关系是以生产工具的制造和使用为中介的能动关系，人的存在方式不仅取决于人生产什么，更重要的是取决于怎样生产，或者说用什么样的生产工具进行生产，随着生产工具的不断创新和发展，人也就超越了既定存在方式的制约向新的存在方式转变，在这种转变中，人并没有失去"自我"，而是使自我获得新的存在形式。人的活动的超越性也体现在个人与社会的关系中。人在本质上是社会的存在物，人们之间通过广泛的社会交往而形成的共同生活以及交往关系，对于每一个个人来说，也是一种客观现实，也是个人的存在方式。但这种共同生活和交往关系在历史上采取何种形式，归根到底亦取决于人们自己创造的生存手段。生产工具的发明和创造，不仅改变着人与自然相互作用的方式，而且必然改变人们之间相互交往的形式，从而使人们社会生活的形态不断发生历史性的变化。

人的活动是自由的、富于超越性的，但这并不意味着人的活动不受客观必然性的制约。相反，肯定人的活动具有超越一切界限的能力，也就是确认了制约人的活动的客观界限的存在。自在的自然界有着自身的不以人的意志为转移的客观规律，人要扬弃自然的自在性，使之依照人的目的和理想发生变化，就必须科学地把握和利用自然界的客观属性和规律，否则人的活动的超越性或自由性，就只是想象，而不是现实。人们的社会性的共同生活固然是由人们自身的活动构成的，然而一旦通过社会交往，个人的生活或活动被整合为共同生活或共同活动，这种共同生活本身作为整体就具有了不可还原到个人的客观属性，其运动发展就具有了不依任何个人意志为转移的客观规律（关于这一点，我们将在后面详细论述）。因此，社会生活存在形态的改变同样不是通过任意的想象就能实现的事情，合目的的变化只有在合规律的情况下才能发生。

总之，人的活动的自主性、自由性和超越性是在人们改造自然和改造社会的实践中实现的。辩证的历史决定论就是立足于人的存在的自为性和人的活动的自主性、自由性来考察人与自然的关系以及个人与社会的关系。如果说，偶然与必然的关系是自然哲学决定论的核心问题，那么，对于辩证的历史决定论来说，核心的问题就是自由与必然的关系。在辩证的历史决定论看来，在自然的运动变化和社会的历史发展中存在着的客观规律性或者说通过无穷无尽的偶然性为自己开辟道路的客观必然性并不是对人的自由的否定，而恰恰是人的自由得以实现的前提。如果人们所面对的世界，无论自然界或社会生活本身，是纯粹偶然的、不确定的世界，那么人就无从把握对象世界，也无从把握自身的命运，当然也就谈不上任何意义上的自由。从这个意义上说，辩证的历史决定论是真正的关于人的自由的理论，只不过它不像那些非决定论者那样，撇开或否认社会历史发展的客观性和规律性，仅从思维的抽象规定中奢谈人的自由从而实际上把人的自由在现实中化为乌有，而是指出人是如何通过把握和利用客观规律超越现存世界的既定形态而获得现实的自由，也就是指出人的自主性、自由性和超越性是通过怎样的现实途径不断深化和扩大，归根到底一句话，就是说明人怎样才能真正地把握自身的命运。

# 第四章　辩证的历史决定论的实践原则

把人的实践活动理解为现存世界的深刻基础，并在这个基础上阐明人与自然、社会与自然或历史与自然的统一性，是形成科学的唯物主义历史观的关键，也是历史的辩证决定论的基本出发点。

人的存在的自为性，人的活动的自主性、自由性和超越性，既体现在人与自然的相互作用中，也体现在人与人的社会交往活动中。从最一般意义上说，人们有意识、有目的地改造自然的活动和创造、变革社会交往形式即社会形态的活动，构成了人类社会生活的实在内容。这两方面的活动总和起来就是人类能动的实践活动。因此，社会生活在本质上是实践的。社会生活的这种实践本质决定了社会生活既具有客观性物质性，同时又具有文化精神特质，体现着这两个方面的特征及其相互关系的，即是辩证的历史决定论的实践原则。

## 一、人类感性的物质活动决定人类自身的社会历史

可以简要地将这一原则概括为辩证的历史决定论的"物质决定性原则"，这里所讲的"物质"不是被动的自然物或同样被

动的人工制作物，而是人们的物质活动，即创造人们的社会生活赖以存在的生活条件和手段的物质生产活动。

1. 物质决定性原则及其与非决定论和机械决定论的区别

从社会生活的实践本质出发，辩证的历史决定论首先确认人类社会是一个具有客观性和物质性的有机系统。人类最基本的实践活动是人们每日都在进行着的创造人类生存和社会生活所需要的一切物质条件和手段的物质生产活动。尽管这种活动本质上是人们的自主活动或自由自觉的活动，包含着人们主观设定的目的，但它的实在内容则必然是各种物质力量的相互作用。人类的精神世界是在人们开发和利用这些物质力量的活动中形成和发展起来的，如果人们对这些物质力量的客观本性和物质运动的客观规律一无所知，就不可能实现任何目的；人们可以凭借自己的语言意识自由地想象生活，自由地设想"理想的"世界，但理想世界作为"应然"只有落脚于"实然"世界的可能性空间中时，才有可能转变为现实，而且体现人类理想目标的"可能世界"向现实世界的转变也必须依赖于物质生产活动的发展所创造出来的物质手段和条件，否则它就仍然只能是"想象"而不是"现实"。

人是社会的存在物，物质生产活动亦是社会性的活动，因此人类社会作为人们之间交往关系的总和，其中最基本的交往关系就是人们在生产活动中建立起来的物质联系，即生产关系。全部社会生活对于物质条件和手段的依赖性，使这种生产关系在历史上所具有的性质和所采取的形式必须同一定历史阶段上社会物质生产力发展的水平和状况相适应，否则人们创造物质财富的能力就不能得到充分的发挥。生产关系作为全部社会关系的基础又决定着人们之间政治的和精神的交往活动和交往关系，这不是说人们的政治的和精神的交往活动仅仅服从于人们的物质利益而没有自身相对独立的目标，而是说政治的和精神的交往活动以及在这些交往活动中所形成的政治的和法律的社会制度只有在直接或间接地反映人们现实的物质生活并与生产关系的基本性质相适应的情况下，才会有存在的现实根据，而且归根到底只有在有利于物质生产力发展的情况下，才具有存在的合理性。因此，不是人们的社会意识决定人们的社会存在，而是人们的社会存在决定人们的社会意识。物质生产活动在历史上所达到的发展状况制约着人们对生活的"想象"，并决定了人们的"想象"能否变成现实。唯物史观的基本原则亦即是辩证的历史决定论的基本原则，就是"从直接生活的物质生产出发来阐述现实的生产过程，把同这种生产方式相联系的。它所产生的交往形式即各个不同阶段上的市民社会理解为整个历史的基础，从市民社会作为国家的活动描述市民社会，同时从市民社会出发阐明意识的所有各种不同理论的产物和形式，如宗教、哲学、道德等等，而且追溯它们产生的过程"①。

上述原则体现出唯物史观与唯心史观、历史的辩证决定论与历史的非决定论的根本对立。物质生产活动既是人类社会生活的现实基础，那么物质生产方式随着生产力发展而不断更新的过程便构成了人类社会历史发展的基本线索。一切形式的唯心史观最基本的缺陷就在于"不是完全忽视了历史的这一现实基础，就是把它仅仅看成与历史过程没有任何联系的附带因素。因此历史总是遵照在它之外的某种尺度来编写的；现实的生活生产被看成某种非历史的东西，而历史的东西则被看成某种脱离日常生活的东西，某种处于世界之外和超乎世界之上的东西。这样就把人对自然界的关系从历史中排除出去了，因而造成了

---

① 马克思和恩格斯：《德意志意识形态（节选）》，《马克思恩格斯选集》第 1 卷，人民出版社 1995 年版，第 92 页。

自然界和历史之间的对立"①。现代唯心主义的非决定论历史观依然是这个缺陷的产物。例如,当代英国著名哲学家卡尔·波普尔指责历史决定论是"一种拙劣的方法——不能产生任何结果的方法"。②他的理由是:(1)人类历史进程受人类知识增长的强烈影响;(2)我们不能用合理的或科学的方法来预测我们的科学知识的增长;(3)所以,我们不能预测人类历史的未来进程;(4)这就是说,没有一种科学的历史理论能作为预测历史的根据;(5)所以历史决定论的基本目的是错误的,历史决定论不能成立。他说:"如果有不断增长的人类知识这回事,那么我们今天就不可能知道我们明天才会知道的事情。"③很明显,波普尔只看到了人类知识增长对人类历史进程的影响,而没有看到决定人类知识增长的力量又是什么,即没有看到人类的物质生产活动以及其他社会实践活动对于知识增长的基础性作用。知识增长的动力来自人类实践活动,特别是物质生产活动中主体和客体的矛盾,源于实践主体超越现实界限的努力,因此人类实践活动在历史上所达到的水平和所面临的问题,物质生产所创造出来的条件和手段以及人们的社会交往关系在历史上所采取的形式等可观察、可确定的因素就预先规定了知识增长的方向和所能达到的水平。退一步说,即便人类知识的增长具有不确定性的一面,但人类知识如果能够对历史进程产生影响的话,也必须同社会生活实践的现实过程和条件相结合,也就是说,现实的过程和条件决定了哪些知识可以转变为对历史进程产生影响的现实力量。从这个意义上说,知识增长虽然

①　马克思和恩格斯:《德意志意识形态(节选)》,《马克思恩格斯选集》第1卷,人民出版社1995年版,第93页。
②　波普[尔]:《历史决定论的贫困》,杜汝楫、邱仁宗译,华夏出版社1987年版,第1页。
③　波普[尔]:《历史决定论的贫困》,杜汝楫、邱仁宗译,华夏出版社1987年版,第2页。

是不确定的，但知识增长对历史进程产生何种影响是可以确定的，这种确定性不能单从知识增长本身来说明，而必须从人类生活实践、物质生产活动对知识的要求和运用来说明。我们完全可以根据人类实践活动，特别是物质生产活动的现实状况来预见"明天"的事情。当然，如果抛开了人类实践活动对知识增长和知识运用的促进和制约作用，这种预见就断然是不可能的了。

唯物史观的上述原则也充分地体现出辩证决定论与机械决定论的根本区别。"社会生活在本质上是实践的"，这就意味着社会历史发展的一切规律和法则都不是存在于自然界之中，而是内在于人们的物质性的实践活动之中，是这种活动的规律。当然，人类社会并没有，也不会脱离自然界而独立。但是人类是通过能动地改造自然的自觉活动同自然发生关系的，因此，人不像动物那样仅仅以自身的活动来适应自然，而是改变自然的既定形态使之适应人自身。这样，在人的自觉活动中，自然的自在性日益被扬弃，成为以人的感性活动为基础的"人化自然"。为此，马克思指出，对于事物、现实、感性不能只是从客体的或直观的形式去理解，而应当把它们当作人的感性活动，当作实践去理解，应当从主体的方面去理解。马克思主义以前的旧物主义完全没有看到人的实践活动赋予自然界以历史性的变化，而是把自然界仅仅直观地看成从来就有的并且是始终如一的自在的自然。在自然的变化中，他们只看到自然的因果性、规律性和必然性。对自然界的这种片面的直观，使旧唯物主义者要么不能对人类社会历史做出唯物主义的解释，当他们用自然的原因解释人类历史遇到的无法克服的矛盾时，就不得不求助于人的理性、意志或普遍化的道德情感，从而堕入唯心主义的窠臼；要么就是用自然界中自在的因果运动的法则来界说人类社会的历史变化，这实际上就是机械决定论的自然观在历史观中的延伸。机械决定论的历史观把人与自然之间的相互作用关系完全等同于自然事物之间的因果联系，他们否认自然因果运动中包含着的偶然与必然的矛盾，也就会否认人类活动中包含着的自由与必然的矛盾，把自然中和人类历史中所发生的一切都归结为单调的自然必然性。

2. 物质的决定性亦是历史的决定性

人类的感性物质活动对人类社会历史发展的决定作用本身亦具有历史性。这主要表现为，决定人类历史发展的前提不是自然物质前提，而是历史形成的前提。这种历史形成的前提当然包括自然物质在内，但这种自然物质的自在性却被历史性地扬弃了。

如前所述，人类社会生活的实践本质亦是历史地形成的。在人类社会之初，即原始社会中，最初以采集和渔猎为主要内容的生产活动还是以自然为前提的活动，即"生产的原始条件最初本身不可能是生产出来的，不可能是生产的结果"，而是"表现为自然前提，即生产者生存的自然条件"①。工具的制造和使用虽已是事实，但工具行为尚不是生产的前提和必要手段。自在的自然是作为外在的强制性力量直接决定着人的生产活动的内容和形式。人的活动还只是自然因果过程中的一个被动的环节。然而，人类最初的工具行为毕竟标志着人对自在自然的超越，包含着对自然的自在性的扬弃。随着生产工具的进步，原始的采集-狩猎经济过渡到以农牧业为基础的自然经济，从而人类的物质生产活动开始以控制改变自然过程为主要特征。生产工具的制造和使用业已成为生产活动的前提，从而生产活动

---

① 马克思：《〈政治经济学批判〉（1857—1858 年草稿）》，《马克思恩格斯全集》第 46 卷上册，人民出版社 1979 年版，第 488 页。

的方式日益取决于生产工具的技术性质而不是单纯的生产对象的自然属性。社会分工的发展使生产活动不再仅限于生产直接的生活消费资料，而且也生产生产的手段和条件，从而生产活动就不再是以纯粹的自然条件为前提，而是以以往的生产创造的生产条件和手段为前提。"生产力是人们应用能力的结果，但是这种能力本身决定于人们所处的条件，决定于先前已经获得的生产力，决定于在他们以前已经存在、不是由他们创立而是由前一代人创立的社会形式。"①这就是说，随着人类物质生产活动的发展，人类的生存方式、生活方式、生产方式，或人类社会的存在方式及其历史发展不再取决于自然的前提，而是取决于人类自身的物质生产力发展的历史状况，取决于由生产力的历史状况所决定的人们之间社会交往关系的历史形式。前一代人的物质生产活动和其他方面的社会实践活动所具有的历史形式以及这些活动所创造出来的种种成果作为既定的物质力量和历史条件决定着或制约着新一代人历史创造活动的基本内容和可能的发展方向。因此，历史的辩证决定论的基本含义之一就是，决定人类社会历史发展的终极原因只能是人类自身的历史活动，特别是物质生产活动及其结果。"后来的每一代人都得到前一代人已经取得的生产力并当作原料来为自己新的生产服务，由于这一简单的事实，就形成人们的历史中的联系，就形成人类的历史，这个历史随着人们的生产力以及人们的社会关系的越益发展而越益成为人类的历史。"②人类自身历史活动的结果对社会历史发展的决定作用本身亦是"历史性"的，因为人类历史活动的结果在历史进步的阶梯中是不断扩大和深化

---

① 马克思：《致帕·瓦·安年科夫（1846 年 12 月 28 日）》，《马克思恩格斯选集》第 4 卷，人民出版社 1995 年版，第 532 页。
② 马克思：《致帕·瓦·安年科夫（1846 年 12 月 28 日）》，《马克思恩格斯选集》第 4 卷，人民出版社 1995 年版，第 532 页。

的，在社会实践发展的每一个新的历史阶段上都为人们自身的生活方式打开了一个新的可能性空间，并为人们自主地选择或重新构建理想的生活方式准备了必要的条件，这就一方面使人类的社会生活方式在总体上呈现为不可逆转、不可重复的质变序列，另一方面使社会生活在一系列质变过程中保持着社会历史主体的自我同一性，也就是说社会生活方式的质变不是转变为非社会的"他物"，而是表现为社会生活本身的不断完善，表现为人类理想的不断实现。从这个意义上说，这个决定作用正是人类历史所特有的"自我决定"或"自为决定"。

## 二、文化价值观对社会历史发展的引导作用

可以简要地将这一原则表述为"文化精神的引导性原则"。在第一章，我们已经对"文化"这个概念进行了分析，指出社会文化是社会实践的产物，在实质上它是内蕴于人类实践活动，并在实践的过程和结果中被社会化和客观化了的普遍精神。在这里，我们需要进一步指出，从发生学的意义上说，文化精神与人们的感性的物质活动，是一种共生的社会现象或过程，不存在二者孰先孰后的问题。也就是说人类社会一经产生，就必然地具有属于自身的文化精神，不管这种精神在最初是以什么方式存在和显现。并且这种文化精神也必然地与人们的物质的感性活动相融合，从而使人们的感性活动真正成为属人的活动。离开了人的感性活动的文化精神和离开了文化精神的感性活动都是不可想象的。

文化精神作为人类社会的精神特质，最基本的社会功能就在于蕴含在文化精神中的社会文化价值观念融合在人们的感性

活动中，引导着人们的感性活动，使人们的物质文化和精神文化的创造表现为文化精神的"外化"。

1. 社会文化的核心——价值观念

人类实践活动是有意识有目的地改造周围世界的活动，在这种活动中，人们不仅要认识或把握实践场域内客体间相互作用过程的客观规律，而且还要自觉地意识到自身的需求和目的，即确定这个客观过程能否和怎样满足自己的需要和目的。因此，人们在实践中必然会同周围世界形成一种价值关系。所谓"价值"，在最一般意义上，就是以人的感性活动为中心的，反映主体和客体相统一的范畴，是主体根据自身的需求和目的而赋予客体的意义和被改造的客体对主体需要和目的的满足。这种价值关系反映在人们头脑中，就形成了价值观念。在实践活动中，价值观念引导实践主体确定自己的行为取向，并理解实践结果的意义。社会文化的各种存在形态无不因包含着这种价值关系、包含着人们的价值取向而具有一定的意义。如果说，社会文化实质上是在实践的过程和结果中被社会化和客观化了的普遍精神，那么，一定社会群体或社会共同体所共享的价值观念就是社会文化的核心。

社会文化价值观念是以人们对客观世界的认知为前提和基础的。人们要改变客观事物的既有形态，实现自己的目的，就必须认识和把握实践场域内客体间相互作用过程的规律，没有这种认识，人们也就不能确知客观对象对人有什么意义，不能确知用何种方式改变客体间相互作用的过程使之按人的需求和目的发生变化。在最高的认知层次上，人们社会实践的目的性设置必然以对周围世界、对社会生活的普遍本质的理解，即以人们的世界观、历史观和人生观为前提。这种世界观、历史观、人生观既是人们解释世界万物的最终依据，也是人们确定自己各种社会行为的最终根据。例如，相信神灵支配世界的人们，会不惜人力去修圣像，建庙堂，去创造各种敬神的文化，因为他们认为只有乞求神灵的保佑，才能消除厄运，获得幸福。无神论者则会鼓励人们劈山引水，改造自然，去创造各种体现人的智慧和能力的文化，因为他们坚信，人类的命运掌握在人类手中，而不是被神灵操纵。当然，对客观事物的属性和规律的认识，以及人们的世界观本身并不是价值观念，但却是价值观念得以形成的认知基础。没有这个基础，人们就不能在观念上把握主体和客体的关系，也不能形成任何意志和目的。

社会实践活动是多领域、多层次的，人们的需求和目的也是多方面的，因此在一定认知基础上形成的社会文化价值观念也是多层次、多方面的。如以满足人们不断增长着的物质生活需要为基准的各种物质生活的价值观念；使各种习俗、礼仪、法律、制度等规范文化具有"合理性"的各种伦理的和政治的价值观念；体现人们对至真、至善、至美的追求的各种精神生活的价值观念，等等。这些价值观念相互结合、相互渗透，综合成为复杂的社会文化价值观念体系构成了社会系统的精神特质或文化属性的最基本的内容。随着人类实践活动的发展以及人们对周围世界的认识的不断深化和扩大，人们的价值观念，乃至社会的文化价值观念体系也会发生历史性的变化，这种变化使社会系统的精神特质或文化属性在社会发展的不同历史时期具有不同的历史内容和表现形式。

然而，尽管社会文化价值观念是多层次、多方面的，并且具有历史性，但由于社会的文化精神及其核心——文化价值观念根源于社会生活的实践本质，因而在多层面的文化价值体系中必然存在着与人类实践活动的一般性或普遍性品格相吻合的最基本的同时也是永恒的价值追求，这就是体现人的存在的自为性，追求人的活动的自主性和自由性的价值观念。首先，受价值观念的引导，人们在实践活动中总是按照自己的目的来改变客观世界，因而人们的实践活动完全是自主的。当然，这种自主性并非是摆脱客观过程的规律而独立，人的目的只有在符合客观规律时才能实现。但是，人的活动是否有目的与人的目的能否实现是两个不同的问题。客观规律总是不断地修正、改变人们的目的，但不会取消人们的目的，因而也不会绕过人的目的去直接支配人的活动。人类实践活动无论成功与否都受自身目的的支配。正如马克思说的那样，人的实践活动的目的是"作为规律决定着它的活动方式和方法的"①。其次，受价值观念的引导，人类实践活动本质上又是自由的。所谓自由，也不是说人类实践活动可以免受客观规律、客观必然性的制约，而是说，一旦人们把握了客观规律和客观必然性，就可以利用它们来实现自己的目的。在这种情况下，客观规律和客观必然性不再是一种迫使人们服从它的外在的强制力量，而是作为手段和条件服务于人们的实践目的。因此，尽管自然规律没有也不会在人的实践活动中失去它的客观必然性，但人们却可以通过自身的实践活动引起自然界本身的运动所不能发生的变化。

人的实践活动的这种自主性和自由性使人类的物质生产活动本身具有经济学的和人本学的双重意义。从经济学意义上说，物质生产活动是全部社会生活的基础、前提和条件，人们进行生产活动首先是为了满足自身生存的物质需求和社会生活对物质手段和条件的需求。只不过人不仅有需求，而且意识到自身的需求。这种被意识到的需求构成了生产的基本目的，使人的生产活动表现为追求目的的活动。并且，由于生存对于人不像自然物的存在那样是一种自然必然性，而必然是以自我的需求

---

① 马克思：《资本论》，人民出版社 1975 年版，第 202 页。

的满足为前提的存在状态。对生存与死亡的清醒的意识，使生存本身成为最基本的价值，使满足生存的生产活动成为有"意义"的活动。被意识到的需求作为一种文化价值引导着人们的物质生活的生产和再生产，驱动着人们不断从深度和广度上开发自然的潜力。从生产活动的人本学意义上说，生产活动作为人类最基本的实践活动又是一种自由自主的活动。物质生产活动的发展同时也是人的自主性和自由性的增强和扩大。关于这一点，马克思在《1844 年经济学哲学手稿》中就反对那种仅仅从表面的有用性的角度来看待物质生产活动的观念，他指出："工业的历史和工业的已经生成的对象性的存在，是一本打开了的关于人的本质力量的书，是感性地摆在我们面前的人的心理学。"他还指出："如果把工业看成人的本质力量的公开的展示，那么，自然界的人的本质，或者人的自然的本质，也就可以理解了。"①以物质生产活动为基础的其他的社会实践领域同样是人们自主自由活动的各种方式。总之，人类的一切实践活动本质上都是自主自由的活动，作为实践活动结果的各种文化形态，是人的本质的体现和确证，文化的发展更集中地表现着人的自主性和自由性的扩大。一旦人们意识到这一点，在实践活动中就不仅会创造出具有实际效用的文化产品以满足自己的直接需要，而且还会超出这种有限的实际需要，去追求自己的自主性和自由性的全面发展，并为自己的本质、能力、智慧能够在自己创造的文化产品中得到显示和确证而获得极大的满足和喜悦。在这个意义上，人本身就成了最高的价值，成为社会文化创造活动的终极目的。任何一个实践的领域都可以说是人们追求自我完善、自我实现和全面发展的场所，任何一种有益的文化产品都具有实现这种终极目的的意义。这就不难理解千百年

---

① 马克思：《1844 年经济学哲学手稿》，人民出版社 2000 年版，第 88—89 页。

来，那些仁人志士为科学真理、为艺术、为社会公德、为政治民主、为物质财富的创造不惜劳其筋骨、饿其体肤、抛头颅洒热血的壮举了。

当然，说人的活动本质上是自主的和自由的，并不是说人们总是自觉地意识到自己活动的这一本性，并总是自觉地把追求自主性、自由性的扩大作为自己活动的唯一目标。生产活动直接地表现为满足需求的活动，对物质利益的追求始终是生产活动的内在动力，但在私有制产生以后，对生产力总和的占有直接地表现为对私有财产的追逐，而且正如我们在现代社会中所看到的那样，这种追逐造成了人与人之间、阶级与阶级之间、国家与国家之间的对立和斗争，并且经常严重地扭曲人类活动的自由本质。然而，这种情况不能遮蔽或否定人类满足需求的活动根源于并体现着人的自主性和自由性这个一般性质。首先，人们的生产活动总是在满足既定的需求的同时又创造出新的需求，使需求的满足成为没有止境的历史过程。正因为如此，私有制社会产生以来，贪婪的物欲才不自觉地充当了历史进步的杠杆。其次，各个时代的人们都没有也不会把满足物质生活需求当作自己的终极目的，而是要追求高于物质生活的，能够真正体现自己的本质、能力和创造性的价值目标。对于这种价值目标，物质生活的满足只具有手段和条件的意义。当追求这种价值目标的活动遇到来自自然和社会的阻力时，人们就会感受到痛苦和烦恼，就会产生消除这些阻力的动机和努力。因此，人们自古以来就设想创造出一个能够使自己充分地驾驭自然力并使自己的潜能得到自由发挥和发展的社会状态。这种基本的价值取向引导着人们创造历史的活动，每当人们的物质生产和社会生活跨入一个新的历史阶段，都是这种基本价值的历史性的实现。社会本身的客观关系和客观规律内在于人的活动之中，社会主体的理性精神、价值取向和理想目标就必然会嵌入客观的因果联系中，使自然界的改造、社会关系的改变、社会历史的演进成为一种合目的的过程。实践活动的目的是作为规律决定着人们的活动方式和方法。从这个意义上说，文化精神是社会进步的灵魂，体现着社会进步发展的价值和意义。社会存在的发展不是自然生成的，而是体现文化价值的自觉过程。如果说，物质生活是凭借物质条件，运用物质力量而展开的现实过程，那么，内蕴于物质生活中的文化精神即文化价值观、人的智力和目的等则在现实发展的种种可能性中确定发展的方向，使人类的社会生活能够不断超越现实的局限，由低级形态向高级形态跃迁。因此，离开了人的目的和价值选择，离开了产生于人们共同社会生活实践的"文化精神"，不从主体的角度来考察社会及其历史发展，就不能理解社会进步的实质。

2. 文化价值观念在社会发展中的作用

从社会生活的实践本质出发阐明人类历史活动的结果对社会历史发展的决定作用，必然要求我们重新认识社会有机系统的文化属性或精神特质，特别是要重新认识社会的文化价值在社会历史发展中的重要作用。人们的物质生产活动以及其他的一切社会实践活动本质上都是人们自主的、自由自觉的活动，体现着人们对理想目标的追求，因而无论是人类实践活动所创造出来的物质的和精神的成果，还是在人类实践活动中所形成的社会组织、社会制度等都可以被称为有别于"自然"的"文化"。在前面我们已指出，社会文化在实质上是一种在实践的过程和结果中被社会化和客观化了的普遍精神。这种普遍精神的核心则是反映社会主客体价值关系的文化价值观念。在实践活动中，价值观念引导实践主体确定自己的行为取向，并赋予实践的客体和实践的结果以一定的意义。受价值观念的引导，人们在实践活动中按照自己目的来改变客观世界，这是人的活动的自主性。这种自主性并非摆脱客观世界的属性和客观规律的制约而独立，人的价值追求和理想目标只有在符合客观世界的本性时才能实现。但人的活动是否有目的与人的目的能否实现是两个不同的问题。客体间相互作用的过程和规律总是不断地修正、改变人的目的，但绝不取消人的目的，更不会代替人的目的去直接支配人的社会行为。

从更为广阔的社会历史发展角度来看，一个民族或国家在其历史发展中所形成的、为其社会成员所共享的社会文化价值观念总是社会文化的核心。一个发展目标的确立、一种规范体系的建构、一种发展模式或社会体制的形成，在深层结构上都是基于一种价值取向。这种价值取向赋予目标、规范体系和发展模式以"合理性"的意义。当然，从社会历史发展的客观性、物质性来看，社会的物质生产方式，特别是物质生产力的状况起着归根到底的决定作用。但社会的客观物质力量内在于社会主体的自觉活动中，它所决定的社会发展趋势只有转化为主体的价值取向才能实际地发挥作用。

关于文化价值观念在社会发展过程中，在一个民族或国家的现代化建设中的重要作用，是当代各种社会发展学说普遍关注的问题。20世纪60年代，国际上曾经流行"经济增长至上论"，把发展等同于经济增长。然而到了20世纪70年代，发展理论家们很快就发现，以经济增长为核心内容的发展策略并没有取得成功。其中一个主要原因就是，发展中国家的社会成员普遍缺乏与现代化过程相适应的文化价值观念，因而一方面向往现代化所带来的物质进步；另一方面又对现代化过程所必须经历的结构变迁缺乏必要的思想准备、智力支持和心理承受力，自觉或不自觉地抵制现代化过程所引发的社会结构变迁。这个事实表明，社会体制所包含的组织体系、规范体系、目标体系和权力体系（政治体系）均须以一定的文化价值观为基底。追求经济增长易于成为一个民族国家所倾心的目标，而一旦要从根本上变革社会结构，确立新的发展模式，那么在需要变革的任何一个地方，都会遇到人们久已习惯了的传统价值观念的抗拒。鉴于上述事实，现代发展理论强调，现代化过程首先是一个文化过程，这一过程包括接受企业家的雄心、创业精神、竞争意识、风险意识、合理性和追求业绩的取向，并以此去改变传统社会的价值观和生活方式，为现代化建设创造一种相宜的文化环境。美国发展经济学家吉利斯、帕金斯指出："无论价值观念或社会结构会导致怎样的社会制度，是促进经济发展，还是阻碍经济发展，不言而喻，这种社会价值观念必然与经济增长有关。"[1]法国社会学家 F. 佩鲁在其《新发展观》一书中也说道："更重要的是，各种文化价值在经济发展中起着根本性的作用，经济增长不过是手段而已。各种文化价值是抑制和加速增长的动机的基础，并且决定着增长作为一种目标的合理性。"[2]

# 三、历史决定论与历史选择论

如前所述，社会生活的实践本质决定了人类社会及其历史发展过程必然具有两个方面的规定性：其一是人类社会源于人的感性活动的物质性和客观性，其发展具有客观规律性；其二是人类社会源于人的感性活动的精神特质和文化属性，其存在

---

① 吉利斯、帕金斯：《发展经济学》，经济出版社 1989 年版，第 40 页。
② 佩鲁：《新发展观》，张宁、丰子义译，华夏出版社 1987 年版，第 15 页。

形态是一个文化集成体。从这两个基本规定的辩证统一中考察人类社会及其历史发展过程所涉及的一个重要的哲学问题，就是历史决定论与历史选择论的关系问题。目前，国内外学界普遍流行的一个观点，就是把决定论和选择论截然对立起来，似乎承认了决定论就必然会否认选择论，而承认了选择论就必然会反对决定论，在这种非此即彼的思维中，一旦确认作为自由主体的人具有选择的能力和权利，就要将决定论打入乌有之乡。

辩证的历史决定论有别于机械决定论和宿命论的地方就在于，一方面，它确认人类社会及其历史发展有着自身的客观规律性，认识和把握社会发展的客观规律是社会主体自觉推动社会进步的基本前提；另一方面，它也明确地确认社会生活的实践本质内在地包含着人类文化价值的选择作用，正是这种价值选择才使得社会的发展呈现出合规律性与合目的性的统一。

在社会历史发展过程中，历史主体的价值选择作用主要表现在如下两个方面。首先，物质生产活动本身具有经济学的和人本学的双重意义。从经济学意义上说，物质生产活动创造人类生存和社会生活所需要的一切物质手段和条件，物质生产力的发展直接表现为劳动生产率的提高、物质财富的增长、人类物质生活的改善和社会生活条件的不断完善。从这点上说，物质生产活动对社会发展的决定作用主要表现为人类生存和社会生活对物质条件和手段的依赖性。但是，人类社会不断进步发展的历史趋势不能简单地归结为物质生产的经济学意义。就物质生产创造的物质条件和手段而言，本身并不能直接说明人们将把这些手段和条件用于何种目的。目的的设定不取决于生产过程的技术要求和生产效率，而是取决于人们在文化价值上的选择，也就是说人们的文化价值观念决定着或引导着人们对物质条件和手段的使用，决定着或引导着人们在物质生产活动中赋予物质的质料以何种新的存在形式。其次，人类社会发展的总体历史过程同样包含着人类最基本的文化价值的引导。人类社会本身是一个由多种因素、多种过程所构成的有机系统，其间充满了极为复杂的、可以导致多种演化结果的非线性相互作用关系，因此蕴含在人们物质生产活动中以及以物质生产活动为基础的其他社会实践活动中的客观规律本身并不决定社会的演化过程必然朝向哪个方向，而只是决定演化的可能性空间。在这种情况下，所谓社会发展的历史趋势就必然包含着人们在可能性空间中做出的价值选择。世界上许多物质生产力发展水平大致相同的民族或国家之所以在各自的发展过程中产生出各具特色、丰富多样的社会生活模式，部分地源于不同民族或国家所处的地理环境上的不同，更主要的则是取决于这些民族或国家历史地形成的文化精神，取决于价值选择上的文化差异。当然，尽管不同的民族或国家在其社会生活模式上有着巨大的差异，但人类社会发展的总体历史过程却有着共同的、必然的趋势。这种共同的、必然的趋势不仅是因为各个民族或国家的社会发展过程中存在着共同的基本规律，而且也因为存在着由社会生活实践的一般本质所决定的最基本的文化价值取向。这一共同的文化价值深深地根植于物质生产活动的人本学意义中。这就是物质生产活动本身所体现出来的人的自主性和自由性。人们不断地扩大自己的生产力并在此基础上改造社会的经济、政治和思想文化关系，归根到底是为了打破束缚人的自主活动的自然障碍和社会障碍。

社会发展规律的决定作用和历史主体的价值选择作用体现着社会历史主客体之间的深刻矛盾。这个矛盾表明，一方面，在社会发展过程中，人们能够做出选择，而且也必须做出选择。社会发展的多种可能趋向、社会资源的多种可能的配置方式，意味着社会系统的演化过程并不自发地趋向人们的目标，只有通过社会主体的价值选择，把人们的目的嵌入社会系统演化的客观过程中，才能使社会系统的演化与人们的价值目标达到一致。另一方面，人们有时在具体的历史条件中，在社会发展规律所提供的可能性空间中选择，能否实现人们的发展目标，首先取决于人们能否准确地把握使可能性转化为现实性的条件和规律。一项改革的措施或方案、一步行动的纲领或计划，往往会在变动不居的社会生活中引起一系列后果，这些后果并不一定都有利于人们目标的实现；一个局部的变化往往会牵动整体的各个部分发生变化，而这些变化并非是人们都能预料到的。人们难免要在成功与失败的起伏中进行艰苦的摸索，但要避免摸索的盲目性，减少因摸索而付出的代价，就必须尽可能全面地、准确地把握社会发展的客观规律，把握社会系统内部各种社会生活因素之间相互作用的中介、机制和形式，从而使社会生活内部各种因素之间的相互作用导致合目的的结果。

有人认为，只有否认了决定论，也就是否认了社会历史发展的客观规律性，才能谈得上社会主体的自由选择。这种观念是完全缺乏反思和批判的抽象观念。我们之所以能够选择，人们的选择之所以能够发挥重要的历史作用，就在于这种选择恰恰是以社会发展客观规律的存在为前提的。因为，只有当人们确信任何一种可能性只要具备了一定的条件就必然会合乎规律地转化为现实，才能确信通过改变或创造条件就能最大限度地避免不利于人类生存的可能性变成现实，而促使符合人类价值目标的可能性得以实现。在由人的感性活动所构成的实践场域中，人们往往能够依据价值选择创造条件把概率极小的可能性变成现实，只要这种可能性有利于人的生存和发展。而之所以能够做到这一点，恰恰是因为可能性转化为现实性的过程是具有客观规律性或客观必然性的过程。如果没有任何客观规律性或客观必然性，人在可能性面前就是无能为力的，因为他无法确知他的努力是否能够产生预期效果，他只能"听天由命"。在这个意义上，否认了决定论的选择论，归根到底依然是一种宿命论。

总之，辩证的历史决定论，是一种包含着历史选择论的历史决定论，同时它也是以决定论为前提的历史选择论。离开了选择论的历史决定论是机械决定论，离开了决定论的选择论是历史非决定论。如果把历史决定论与历史选择论绝对对立起来，那么无论其表现为机械决定论还是非决定论，都必然会陷入历史宿命论。

# 四、对唯心主义文化决定论观点的批判

确认社会生活的文化属性，确认社会文化价值观念对社会发展趋势的引导作用，并不意味着社会生活是精神或"理念"的自由创造物。在这一点上，辩证的历史决定论与各种形式的唯心主义的文化决定论观点也是根本对立的。

文化决定论是泛指那些把社会发展过程归结为社会文化发展过程的理论、观点或思潮。18 世纪初，意大利著名法学家维科就力图从社会文化的角度建立关于人类社会的科学，并试图从人类创造的文化中找寻社会发展的规律。他在 1725 年出版的《新科学》一书中指出人有分属于三个不同时代的三种自然本性，即神性的、英雄的和理智的本性。这三种自然本性在不同的历史时代创造出三种不同的习俗、自然法、政府、语言、文学、法学、权威、理性，历史的发展就是这三种自然本性所创造的三种文化的依次产生。19世纪中期，法国社会学家孔德则认为人类知识、智能的发展经历了三个不同阶段：神学阶段，又名虚构阶段；形而上学阶段，又名抽象阶段；科学阶段，又名实证阶段。在这三个阶段上，不仅产生出三种不同的文化，而且还形成了分别与这三种文化相适应的三个不同的历史时期，即军事时期、过渡时期和工业时期。孔德以后，许多社会学家、文化学家都以社会文化为中心线索，去揭示社会发展的原因和规律。美籍俄国社会学家索罗金主张社会发展是神性、感性和理性三种文化无休止的交替循环；施宾格乐和汤因比则认为，社会发展表现为多种文化模式的兴衰、替代、碰撞、冲击、融合的过程。文化决定论的诸种理论，尽管在内容上不尽相同，但它们有一个共同点，这就是把社会文化看成社会发展的终极性因素，并且它们一般地都是从人的精神活动中寻找文化发展的动因。如维科所讲的"人的自然本性"就是指人的"富于创造力的心灵"；孔德则认为社会进步的根源在于人的本能、情感和智力，认为人类进步实质上就是人类固有的道德和理智品质的进化。这样看来，文化决定论不过是唯心史观的别样形式。

辩证的历史决定论当然不会否认社会的发展可以通过社会文化的进步表现出来，而且确认社会文化在实质上是一种社会化、客观化了的普遍精神，因此，在社会发展的一定历史阶段上必然会产生反映该社会历史阶段的基本性质并通过各种文化形态表现出来的精神特质。历史的辩证决定论也不否认社会文化是人有意识有目的的创造物，因而必然要借助人的精神活动才能产生，并对社会发展起着强有力的引导作用。但问题在于，如果说社会文化的发展源于人的心灵，那么为什么人的心灵不能任意地创造某种文化？比如，为什么在远古时代，各民族的人无一例外地创造出那种"神性"的文化，而不是创造出科学得多、进步得多的所谓"理智"的或"实证"的文化？如果说这取决于人类智力的发展程度，那么智力的发展又是怎样实现的？文化决定论的基本错误正在于，它们没有看到人的心灵、理智、智力等精神活动的发展是人类实践活动，特别是物质生产活动发展的结果，并在物质生产活动的发展中实现。"发展着自己的物质生产和物质交往的人们，在改变自己的这个现实的同时也改变着自己的思维和思维的产物。"①人们确实要通过自己有意识的活动来创造文化，但是他们能创造哪种文化却不是他们可以任意选择、任意设计的。他们的文化连同他们创造文化的意识、目的归根到底取决于物质生产活动的发展水平，取决于由物质生产活动一定发展阶段所决定的社会经济、政治体系的基本性质。文化选择同样只能在人类社会实践活动所开辟的可能性空间中进行。

就文化的发展来看，由于社会文化模式一经形成就有相当的稳定性和保守性，新的文化因素、文化精神一般很难从旧的模式中自动产生。因此，文化的变迁，新文化因素的产生，其动力不是存在于既定的文化模式中，而是存在于随着物质生产活动的发展而增强了的人的自主能力与旧的文化模式对人的自主活动制约之间的矛盾。例如，欧洲文艺复兴时期，由加尔文教创设的新教伦理所倡导的文化价值观绝不可能从中世纪占统治地位的文化模式中自发产生，只有当资本主义生产方式的发展迫切需要从封建文化的禁锢中解放出来时，也就是当社会物质生产的进步同原有的文化价值观发生尖锐矛盾时，新教伦理才通过宗教改革运动确立起来，并成为资本主义经济和社会的

---

① 马克思和恩格斯：《德意志意识形态（节选）》，《马克思恩格斯选集》第 1 卷，人民出版社 1995 年版，第 73 页。

精神特质。总之，存在决定意识。文化精神虽然同人的物质生活是共生的，但它在历史发展的每一阶段上所具有的内容和形式归根到底是对人们的现实生活的反映，并随着现实生活的发展而发展。人们的主观世界可以无限丰富，但物质生活却始终遵从现实原则。现实的物质生活条件、物质生产方式以及人们改造自然的深度和广度制约着文化精神的发展，并赋予文化精神以特定的历史性质。

　　历史的辩证决定论的上述观点同在西方盛行的"经济"与"文化""物质与精神"二元决定论的观点也是有原则区别的。德国社会学家马克斯·韦伯在考察新教伦理产生的根源和作用时，曾说过这样一段话："本文仅仅试图在一个非常重要的问题上，就新教伦理禁欲主义发生影响的事实和方向，追溯它们的起因，然而也还有必要反过来进一步考察社会状况，尤其是经济状况的总体是如何影响新教禁欲主义的发展和特征的。……当然我们的目的不是要用片面的唯心论代替同样片面的唯物论，对文化和历史做出因果解释。两种解释都同样能够做出，但如果这种解释不是作为一项研究的准备工作，而是作为结论，则对于寻求历史真理而言，两者同样没有多少作用。"[①]韦伯的这一观点，似乎既反对了"片面的唯心论"，又反对了"片面的唯物论"，而是要用物质的和精神的交互作用来说明社会的进步。这种表面上的"公允"和"全面"，使他的历史观点和方法被西方许多社会学家所接受。例如，美国社会学家查尔莫斯·约翰逊在他的著作《革命性变革》中就认为："一个社会制度的平衡依存于该社会的价值观与该社会的劳动分工之间协调程度。既然这两个变量还决定一个制度的结构，社会结构就会随着它

----

　　① 韦伯：《新教伦理与资本主义精神》，彭强、黄晓京译，陕西师范大学出版社2002年版，第177—178页。

们的变化而变化。"①然而，这种"全面"的观点却未必不会偏向"片面的唯心主义"。只要把社会的文化价值看成独立于社会物质生产活动而起作用的东西，就必然会得出价值观念高于经济力量的结论。如美国社会学家罗伯特·N. 贝拉就这样说："社会行动并非仅仅由经济、政治或社会诸关系的结构来决定，而且还由当然是与纯粹意义上的文化体系有关的社会价值观结构来决定，但是这种结构并不是马克思主义意义上的上层建筑；毋宁说这些结构是社会制度的实际构成部分。……我并不认为这种价值体系是经济力量或阶级力量的直接反映；或者说，我并不认为，这种价值体系当经济力量或阶级力量变化的时候一定发生变化。事实上，我认为这种价值体系比经济力量或阶级力量具有更大的稳定性的抵抗力。"②

应当说，从经济的和文化的交互作用中来阐明社会发展和社会结构、社会制度的变迁，阐明社会文化价值观体系对社会发展的引导作用，还是言之成理的。因为，随着社会向更高的文明阶段进化，随着社会分化程度和文化的复杂性在社会发展过程中日益增大，社会文化体系就获得了相对独立的存在，而且人类对文化价值的追求，往往使文化价值成为批判旧的社会制度和确立新的社会制度的尺度。既然人类创造的物质的或精神的产品、社会制度、社会组织等都可以被理解为广义上的文化创造，那就不能忽视文化价值在人类活动的过程和结果中的存在。我们的确不能把思想范畴的价值观文化体系简单地同物质生产所创造的经济条件对应起来，从而把社会变革和发展还原为物质条件的进步。仅仅用物质条件的进步，并不足以说明

---

① 约翰逊：《革命性变革》，波士顿，李图尔、布朗出版社 1966 年版，第 56 页。
② 罗伯特·贝拉：《超越信仰》，纽约，哈尔伯与罗氏公司 1970 年版，第 114—115 页。

社会的变化，任何历史地形成的社会制度包括各种非制度化的社会规范，既是社会物质生产活动发展的结果，同时也以一定的社会文化价值观念为基底，正因为如此，在社会制度的变革中，文化价值观更新才显得至关重要。上述"二元决定"的观点的错误不在于它们强调文化价值观对社会发展过程的引导作用，不在于强调应当从经济的和文化的、物质的和精神的交互作用中说明社会的进步发展，而在于这种观点没有看到，社会的文化价值观体系并不是某种脱离物质生产活动而独立的东西，而恰恰是深深地根植于物质生产活动一般本性之中的东西。它至多只是理解人类物质生产活动的经济学意义，而并没有真正理解马克思所揭示的物质生产活动的人本学意义，因而也就不能从人类的物质生产活动抑或人类实践活动的历史发展中发现社会文化价值体系本身发生发展的根源。马克思主义关于物质生产活动对于社会生活及其历史发展的基础作用和决定作用的观点并不排斥社会精神生活或文化价值观对社会发展的引导作用，只不过这种观点不把文化观念看成社会历史发展的独立的"本原"，而是力图从物质生产活动出发揭示一定历史时代文化精神的现实内容及其得以产生和发挥作用的物质动因和社会条件。正如美国一位冷静的政治学家所指出的那样："马克思并没有认为宗教、形而上学、艺术流派、伦理思想和政治意志都或者是可以还原于经济的动机或者是毫无重要性的。他只是试图揭示那些影响它们并且造成它们兴衰的经济诸条件。"[1]

---

① Joseph A. Schumpeter, *Capitalism, Socialism and Democracy*, New York: Harper Perennial, 2006, p. 23.

# 第五章 辩证的历史决定论与社会有机系统的二重结构

　　人及其生活的社会性集中地表现为，人们在其物质生产活动和其他社会实践活动中必然要发生一定的交往关系，这种交往关系一方面使众多的个人彼此结合成一定的社会群体、组织和共同体，从而使个人的活动社会化为共同活动；另一方面，则在不同层次、不同类别的共同活动中产生出社会生活的各种基本因素。各种社会群体、组织、共同体之间的关系以及各种社会生活基本因素之间的关系总和起来便构成了人类社会这个活的有机体的复杂结构。社会结构既是社会的存在方式，也是个人的存在方式，既是人与自然关系的存在样态，也是个人与社会的关系的存在形态。社会生活的实践本质，人的自主自觉活动与社会发展的客观规律的关系，比较集中地体现在社会结构的生成和演化的过程中。从哲学的角度考察社会结构，就是要考察人的自觉活动和社会发展的客观机制和规律的关系。

　　就考察社会结构而言，现代系统科学的发展的确使我们获得了新的方法。现代系统科学揭示了系统与环境的一般关系，揭示了系统的一般本质和动态原则。这种系统理论和方法正在日益被用于考察人类社会这个极为复杂的系统，因而，像系统、组织、结构、功能、控制、反馈、整体性、自组织性等系统科学的概念早已成为当今社会科学普遍应用的思维形式。应当肯定，系统科学的理论和方法对于研究人类社会的确具有不可低估的重要作用。人类社会无疑是比任何其他事物系统都更为复杂的系统，用系统的观点和方法考察社会，比那种只重分析不重综合，只见元素不见整体的"还原论"思维方式，更易于揭示社会系统的动态结构和人类社会存在和演化的特征和规律。但是迄今有关人类社会的系统理论普遍存在着一个根本缺陷，那就是忽视了人与自然相互作用关系的能动性特征，忽视了人的活动的自觉性在社会系统演化发展中的重要作用。诚然，国内外不少学者提到了社会系统有别于自然事物系统的地方，如人的活动的目的性、价值取向、文化创造、符号系统等，但这些因素至多被理解为社会系统与其他事物系统（如生物系统）在表现形式或存在形式上的不同，而没有看到这些因素的存在实际上已经表示，社会系统与自然环境的关系在本质上不同于生物系统与自然环境的关系；没有看到人的活动的自觉性以及内蕴于人与自然的关系和个人与社会的关系中的自由与必然的矛盾从根本上改变了系统动态规律起作用的方式。在社会系统与自然环境的关系中，自然的人化意味着在人类实践活动所及的范围内，自然界已改变其自在的状态，成为人的历史活动的结果，同时也意味着，人的自觉活动使社会系统不像动物那样仅仅依照由物种的自然属性所决定的活动方式被动地适应生存环境，而是一方面能动地改变自身的活动方式以适应环境的客观特征，一方面能动地改变生存环境，使之适合人的需要。也就是说，社会系统在其演化中是以变革自身的存在方式和把自然环境"人化"或"社会化"的方式与自然环境相互协调，这就使社会与自然的能动的协调统一原则上可以扬弃一切自然的界限。而这一点正是社会生活实践本质的基本表现。正如马克思所说那样："环境的改变和人的活动的一致，只能被看作是并合理地理解为革命的实践。"[1]

# 一、交往与社会结构的生成

"结构"一词在一般意义上是指一个系统内部各种因素或组成部分之间的相对稳定的相互作用关系或相对固定的相互结合方式。"社会结构"一词的运用，则意味着把人类社会理解为一个由多种因素或组成部分相互结合、相互作用而构成的有机的整体系统。

研究社会结构首先应当确定什么是社会结构的组成要素或组成部分。关于这个问题，西方社会学界主张"个人原子主义"的诸学派坚持认为社会结构的最基本因素是个人。如马克斯·韦伯认为个人是社会的原子或基本单位，表面上的集体只是个人的结合，并可还原为个人。在谈到国家或公司这样的社会组织时，他说："对于社会学著作中对活动的主观解释来说，这些集体必须被仅仅当作个人的特殊活动的组合和组织方式来对待，因为只有这些才能被当作在一个主观上可理解的活动过程中的活动者来对待。"[2]美国人类学家拉尔夫·林顿更直截了当地说："个人是所有社会和文化现象的基础。社会是个人的集合体，文化归根结底无非是社会成员有组织的、重复的反应。由于这一理由，个人是任何较大整体结构的逻辑出发点。"[3]美国另一位社会学家，行为主义者霍曼斯也提出："如果认真地努力以构

---

[1] 马克思：《关于费尔巴哈的提纲》，《马克思恩格斯选集》第1卷，人民出版社1995年版，第59页。

[2] 韦伯：《社会和经济组织的理论》，纽约，1964年版，第88页。

[3] 转引自怀特：《文化科学——人和文明的研究》，曹锦清等译，浙江人民出版社1988年版，第153页。

造理论，这就是解释社会现象的开端，而最终的结果是关于人的行为而不是关于社会均衡的一般性命题。"[1]他认为，对个人的理解将导致对所有群体行为的解释，社会学所研究的制度、组织和社会完全可以分解为人的行动，所以，成为社会学分析单位的是个人的行为而不是抽象的群体。这些主张"个人原子主义"的思想家视个人为社会的原子或社会生活的基本单位，把社会制度、社会组织乃至社会本身还原为个人或分解为个人的行动，因而倾向于从个人的心理意向、动机、目的等主观因素出发解释社会现象以及社会组织、社会结构的发生、发展和演变过程。

社会生活总是人的生活，而人都是以个体的方式存在。从这个表面事实上看，个人原子主义的观点似乎是顺理成章的。但是稍加深入的分析，就可以发现，把社会结构还原为个人的方法，只具有虚假的合理性，因为个人就是需要解释的。在奴隶社会我们可以发现作为奴隶和奴隶主的个人，在资本主义社会我们又可以找到作为工人和资本家的个人。这些个人在其自然属性上几乎都是一样的，但凝聚在他们身上的社会规定或他们的社会本质却存在着巨大的差异。不仅不同历史阶段上的个人，其社会本质有着非常不同的历史差别，就是在同一历史阶段上的个人，其社会本质的差别也可以大到足以相互对立的程度。显然，凝聚在个人身上的社会规定是不能由个人来解释的，只有把个人放到特定的社会关系中，放到一定历史时期的社会经济、政治和思想文化结构中才能得到说明。马克思说过："黑人就是黑人。只有在一定的关系下，他才成为奴隶。"[2]这就是

① 霍曼斯：《恢复人的地位》，转引自玛格丽特·波格玛：《当代社会学理论》，孙立平译，华夏出版社1989年版，第39页。
② 马克思：《雇佣劳动与资本》，《马克思恩格斯选集》第1卷，人民出版社1995年版，第344页。

说，个人按其社会本质，就是社会关系的产物。当然，人作为个体在物理上、生理上，在时间上和空间上可以相互分离。但是这个意义上的个体，只是一个生物个体，而不是一个人类个体，他的由生物属性所决定的各种欲望或需求以及欲望和需求的满足方式不会超出动物本能活动的范围。人类个体之为人类个体，则是通过社会化过程成为社会存在物。社会交往是人类个体的必然存在方式。人本身的一切具有社会历史意义的特征都是在人们之间的交往活动以及这种交往活动的历史发展中获得的。个体只有在共同生活中，在与他人的物质的和精神的交往中，才能获得属于他的那些社会规定，才能具有他的心理、观念、目的和活动方式。因此，个人的社会本质以及个人的任何心理倾向都是在与他人的社会交往中形成的，并只能在社会系统的结构关系中得到解释。

指出不能从个人的活动出发来说明社会的结构关系，或者说不能把社会结构关系的历史性质归结为或还原为个人活动的心理倾向，这并不是说，社会系统的结构关系是某种可以脱离个人的活动而独立自存的东西。恰恰相反，社会生活是众多个人的生活，社会系统的结构关系归根到底是在众多个人的活动中形成的。正如马克思所指出的那样："以一定的方式进行生产活动的一定的个人，发生一定的社会关系和政治关系。……社会结构和国家总是从一定的个人的生活过程中产生的。"①这就是说，社会结构的形成与演变根源于人的实践活动或社会生活的实践本质。但是，肯定社会结构从个人的生活过程中发生，并不意味着可以把对社会结构的分析还原为对个人活动的分析。在这里，阐明唯物史观与个人原子主义的根本区别的关键

① 马克思和恩格斯：《德意志意识形态（节选）》，《马克思恩格斯选集》第1卷，人民出版社1995年版，第71页。

问题是，社会结构是如何从个人的生活过程中产生的。尽管人总是个体的人，并且离开了个人及其活动也无所谓社会本身。但是，人从来不是孤立地存在着的，社会也不是众多个人及其生活的机械拼凑。一旦人们之间的社会交往活动和交往关系把个人的活动或个人的生活整合为社会性的共同活动、共同生活，那么，这种共同活动和共同生活就会产生出对于构成这种共同生活过程来说是必不可少的那些社会生活基本因素。所谓社会结构就是指这些社会生活基本因素之间的相对稳定的相互联系、相互制约的关系或相互结合、相互作用的方式。例如，社会经济的总体过程是由生产、分配、交换、消费四个方面的基本因素或基本环节相互制约、相互作用而构成的有机整体，而社会生活的总体过程则是由经济的、政治的和思想文化的诸方面因素相互制约、相互作用而构成的有机整体。这些社会生活因素以及它们之间的结构关系仅仅同共同生活相联系而存在，并使共同生活或社会系统具有在质态上不可还原为个人的整体性质。这就意味着，尽管社会结构是从个人的活动中产生的，但对社会结构的考察却不能还原为对个人活动的分析。正如美国社会心理学家库利所言："在任何一个社会整体中，总有一个组织，一个生活的程序，你不能分别地在个体中看见它。逐个地研究它们，然后把它们堆起来理解社会，会把你引向歧途。这就是'个人主义'这个词的不好的意义。你必须把你们的群体、你们的社会程序视为它们本来就是的活生生的整体。"①整体所具有的性质和功能是个体在单独存在的情况下所不具备的，正如拆散了的钟表没有任何一个零件能计时一样。因此，在社会性的共同生活的层面上，社会结构是一种客观的社会现

---

① 库利：《人类本性与社会秩序》，包凡一等译，华夏出版社 1999 年版，第 30 页。

实，它产生于个人的生活过程，但一经形成，又反过来制约个人的行为、观念或心理。这就意味着社会结构既是社会的存在方式，又是个人的存在方式，同时也是个人与社会的关系的存在形态。只有在这个意义上，社会系统及其历史发展才表现为不以个人的意志为转移的客观过程，从而成为科学考察的客体。

## 二、社会隐结构和社会显结构

具体地把握社会系统的性质、特征及其动态规律，深入地分析人的自觉活动与社会客观规律的关系，总是基于对社会结构的考察。

荷兰社会控制论专家汉肯认为，系统的结构按其元素的性质可以有两种含义："元素可以是子系统，比如在汽车中，它们可以是发动机、悬置弹簧、电器设备，等等。这些子系统按照机械连接彼此相关而形成一定结构。结构的另一个意义则是各种变量之间的联系，这些关系可以用逻辑的、数学的或一般语言的描述来表达。"[①]汉肯的这一区分，对于把握"结构"这一概念，具有重要意义。任何一个事物系统，从外部形态上看，总是表现为一系列可见实体按照一定的结合关系在时空上的组合，即构成可感知的表观结构。同时系统本身又包含着一系列只有通过科学分析或思维抽象才能把握到的基本因素或变量。这些基本因素或变量之间的关系构成了事物系统的内在联系或动态规律，亦即构成了不可感知的内在结构。我们可以把前者称为"显结构"，把后者称为"隐结构"。

对于"结构"的这种二重划分，同样适用于对社会结构的

---

① 汉肯：《控制论与社会》，黎鸣译，商务印书馆 1984 年版，第 14 页。

分析。人类社会是一个有机的"物质-文化系统",其结构亦可区分为"隐结构"和"显结构"两个方面,并用"隐结构"这个概念来表达社会结构的客观形态,用"显结构"这个概念来表达社会结构的文化形态。

1. 社会隐结构及其基本特征

社会隐结构是社会系统中各种社会生活基本因素之间的内在的相互作用关系。人们在广泛的社会生活实践中所发生的一定的社会交往活动和关系把众多个人的活动或个人的生活整合为社会性的共同活动、共同生活。随着社会分工的发展,这种共同生活被划分为不同的领域,如经济生活、政治生活和精神文化生活等,从而形成了各自相对独立的社会生活过程。社会生活基本因素就是指构成相对完整、相对独立的社会生活过程的那些必不可少的基本因素,这些因素可以被理解为某一生活领域或社会生活整体的不同方面,也可以被理解为构成某一生活过程或整个社会历史过程的不同环节。如在经济生活中,任何生产过程都必然包含劳动者、劳动资料和劳动对象三个方面的基本因素;生产、分配、交换、消费则是社会经济总体过程中缺一不可的四个基本环节。同样,对于商品经济来说,离开了商品与货币、价值与价格、资本与劳动、投入与产出、供应与需求等各方面因素,就无所谓商品经济的存在。此外,像政治生活中的各种政治权力、统治与服从、阶级与阶层、民族与国家、立法、行政与司法以及精神生活中的各种世界观文化、科学文化、艺术文化和规范文化等对于构成社会政治生活和精神生活的完整过程来说都是不可缺少的基本因素。社会生活基本因素不是指具体存在着的个别实体或社会生活现象,而是指通过理论思维从大量的、纷繁复杂的社会生活现象中概括抽象出来的对于某个过程来说是最基本的那些因素的种类。就像力学从大量的机械运动中抽象出外力、物体质量、时间、空间等基本因素加以考察一样。因此，社会生活基本因素必然是贯穿社会生活过程始终的因素。社会生活基本因素作为社会共同生活的产物，彼此不能孤立，而是互为中介的，每一因素都是在与其他因素的相互关系中获得自己的规定性。马克思在论述生产、分配、交换、消费的内在联系时说："它们构成一个总体的各个环节、一个统一体内部的差别。……不同要素之间存在着相互作用。每一个有机整体都是这样。"①这些基本因素之间的相对固定的相互作用关系或相互结合方式，就构成了某一社会生活过程或社会生活系统的内在的隐结构关系。不仅社会生活的某一领域或某一过程是如此，社会生活的总体过程亦如此。依据马克思关于经济基础和上层建筑以及政治上层建筑和思想上层建筑的划分，在更高的抽象层次上，我们可以进一步把社会生活基本因素分为三类，即经济因素、政治因素和精神文化因素。这三类基本因素之间的相互作用关系构成了社会生活总体过程或整体系统的内在的隐结构关系。

社会隐结构作为社会生活基本因素之间的内在的相互作用关系，具有如下三个方面的基本特征。

第一，内在性。构成隐结构的各种社会生活因素不是具体的、个别的实体或现象，而是对大量的社会生活现象在其种类上的共同特征和一般本质的理论抽象。隐结构关系不是通过感官直接感受到或观察到的社会现象之间充满偶然性和个别性的外部联系，而是隐藏在社会生活现象背后，并支配社会生活现象的稳定的、一般的和必然的内在联系。社会隐结构不是感官可以直接把握的事实，只有通过理论思维才能把握。因此，对

① 马克思：《〈政治经济学批判〉导言》，《马克思恩格斯选集》第 2 卷，人民出版社 1995 年版，第 17 页。

于社会隐结构，要用逻辑的、数学的或体现为科学概念和范畴的一般语言来描述。

第二，客观性。由于社会隐结构的各种构成因素及其结构关系不是直接地产生于个人的活动之中，而是产生于人们通过交往活动而形成的共同活动或共同生活之中，也就是说，隐结构是人们的共同生活的内在结构，只是对于共同生活而存在的，因而隐结构关系具有不以任何个人的意志为转移的客观实在性，或者用法国社会学家迪尔凯姆的话说是"普遍存在于该社会各处并有其固有存在的"[①]。例如，在社会经济结构中，作为社会经济生活前提、基础和条件的那些自然的、技术的和经济的各方面因素以及它们之间的结构关系，只是对于人们的共同的或社会性的物质生产活动才存在，是历史地形成的，它制约着、决定着人们的活动方式，而不是个人可以自由选择的。以现实的经济结构为基础的社会政治结构和思想文化结构亦是共同生活的产物，对于任何个人来说，也是他的意志所不能左右的社会现实。尽管政治结构和精神文化结构在其发展中有很强的独立性，但它们对物质条件和手段的依赖性也决定了其整体性质和功能必须同社会经济结构的客观性质相吻合，而不是取决于人们的主观意志。

第三，历时性。随着社会生活的发展，特别是随着人们物质生产活动的发展，社会系统有一个从原始形态不断向高级形态的发育过程。人们之间的经济、政治和精神的交往活动和交往关系所采取的形式或共同生活的方式不断发生着变化。一方面是内涵的变化，即一种共同的社会生活方式随着历史的进程，在内容和性质上发生根本性转变，如随着社会生产力的发展，

---

① 迪尔筑姆：《社会学方法的准则》，狄玉明译，商务印书馆 1995 年版，第 34 页。

个体的、分散的、自给自足的自然经济向市场经济的转变；另一方面则是外延的扩张，即随着生产力和社会分工的发展，社会生活不断分化出不同的、具有相对独立性的社会生活领域，形成许多新的共同生活的方式。社会生活在内涵和外延上的变化，必然会在新的社会生活条件和新的共同生活方式中产生新的社会生活基本因素。这些因素彼此之间相互作用构成新的社会生活过程，从而使社会隐结构经历历时性的变化。这正是社会有机系统的"活性"。

社会生活基本因素之间的这种内在的、客观的隐结构关系，使社会生活具有不以任何个人的意志为转移的客观实在性，成为与社会主体相对立的社会客体，成为必须通过科学研究才能把握的对象。

2. 隐结构关系与社会系统的动态规律

社会系统的隐结构关系是作为社会生活内部的客观必然性或客观规律，以"隐秘"的方式决定着社会生活现象各种可能的变化趋势。当人们有意识有目的的活动引起某一方面因素发生变化时，这个因素就会按照它与其他方面因素的相互作用关系，引起其他因素产生相应的变化，而不管这些相应的变化是否符合人们的目的。例如，欧洲 16 世纪以后，在手工业行会组织中逐渐产生出以分工合作的方式把资金、劳动力集中起来的工场手工业组织，并由此促进了机器工业的产生。当初这样做的工场主，只是考虑到这种生产方式可以大大提高劳动生产率，从而加速财富的增殖，并没有想到，这种生产方式的改变竟然引起了他们与封建制度的矛盾，更不会想到，此举成为引起欧洲数个世纪社会经济、政治制度发生革命性变革和社会文化更新的深刻根源。由此可见，从动态角度考察，社会隐结构关系其实就是社会系统运动变化的客观规律。反过来说，考察社会的客观规律也就是考察社会系统的隐结构关系，因为所谓"规律"不外是事物内部各种基本因素之间稳定的、必然的相互作用关系。

人类社会本身是一个整体性的系统，随着物质生产力和社会分工的发展，社会生活划分出若干相对独立的领域，如经济领域、政治领域、精神文化领域。按照当代系统理论的等级性原理分析，每个领域都是社会整体系统的一个子系统，而每个子系统又包含若干更小的子系统。每个领域或每个子系统都是一个相对独立的社会生活过程，分别地考察每个领域或子系统的隐结构，从而发现其有别于其他领域或子系统的特殊本质及其动态规律，是各门社会科学的基本任务。对社会隐结构的哲学考察则是从人与自然的相互作用关系和人与人的社会交往关系出发，把人类社会理解为一个由社会生活的各个领域或子系统相互结合、相互作用而构成的共同生活的整体，通过揭示这个整体的各个方面的因素和过程之间的相互关系，把握社会生活的一般本质及其历史发展的基本动力、机制、条件、过程和规律。

马克思指出："人们在自己生活的社会生产中发生一定的、必然的、不以他们的意志为转移的关系，即同他们的物质生产力的一定发展阶段相适合的生产关系，这些生产关系的总和构成社会的经济结构，即有法律的和政治的上层建筑竖立其上并有一定的社会意识形式与之相适应的现实基础。"①唯物史观的这一基本观点亦是我们考察社会隐结构关系或社会发展的客观规律的基本方法和出发点。物质生产活动是人类社会生活及其历史发展的现实基础，社会历史发展的最基本的规律，蕴含在

--------

① 马克思：《〈政治经济学批判〉序言》，《马克思恩格斯选集》第 2 卷，人民出版社 1995 年版，第 32 页。

以物质生产活动为基本内容的社会经济结构中。因此只有首先分析经济生活领域内部的隐结构关系，才能找到解开历史之谜的钥匙。

现实的社会生产"总是指在一定社会发展阶段上的生产——社会个人的生产"①因而是具体的、历史的。但是，从理论上考察社会的生产活动和经济结构及其内部的一般规律，就不能不对一切时代的社会生产的基本因素和共同特征进行抽象和概括。正如马克思所说的那样："生产的一切时代有某些共同标志、共同规定。生产一般是一个抽象，但是只要它真正地把共同点提出来，定下来，免得我们重复，它就是一个合理的抽象。"②马克思认为，"劳动过程的简单要素是：有目的的活动或劳动本身、劳动对象和劳动资料。"③"有目的的活动或劳动本身"是由生产劳动的主体即劳动者来进行的，如果我们暂时不考虑生产劳动的动态过程，而仅仅指明生产的一般结构由哪些要素构成，就可以把劳动者看成与劳动对象和劳动资料相并列的基本因素之一。由此，生产的一般结构的构成要素即为劳动者、劳动对象和劳动资料。劳动的一般过程就表现为劳动者运用一定的劳动资料（其中主要是生产工具）作用于劳动对象的过程。这个过程直接表现出来的是人和自然的关系，毫无疑问，在生产过程中，劳动者是生产活动的能动的主体，没有劳动者的使用和操纵，劳动资料和劳动对象不会自动地相互作用，没有人的发明和创造，劳动资料也不会自行改造和更新。但是，标志生产力现实水平和状况的则不是劳动者本身，而是劳动者所运

---

　　① 马克思：《〈政治经济学批判〉（1857—1858 年草稿）》，《马克思恩格斯全集》第 46 卷上册，人民出版社 1979 年版，第 22 页。

　　② 马克思：《〈政治经济学批判〉导言》，《马克思恩格斯选集》第 2 卷，人民出版社 1995 年版，第 3 页。

　　③ 马克思：《资本论》，人民出版社 1975 年版，第 202 页。

用的劳动资料，特别是其中的劳动工具。劳动资料尽管可以说是劳动者身体劳动器官的延长，但它本身又来自自然物，它的技术性质和效率表现为对自然物质和能量的利用，这样，无论劳动主体在劳动中有什么样的目的、愿望，处在何种心理状态中，只要他使用某种劳动资料，他的活动方式就必须符合劳动资料的技术性质，而不是取决于他的主观状态。也就是说，劳动资料的技术性质决定了劳动主体的劳动方式，决定了劳动者"怎样生产"，因而也就决定了社会生产力的现实水平和状况。劳动者只有在改进了劳动资料的技术性质，或者创造出新的劳动资料的情况下，才能真正推进生产力的发展。在生产过程中，正是由于劳动资料对劳动主体具有这种客观制约性，生产力才是一种不是人们能够任意选择的客观物质力量。

人们的生产活动是社会性的共同活动。为了生产，人们便发生一定的联系或关系；只有在这些社会联系和社会关系的范围内，才会有他们对自然界的关系，才会有生产。考察社会的经济结构，主要的就是要考察人们在生产中所发生的各种社会关系。首先应当指出，任何形式的社会生产，都是以人们对生产资料的占有和使用为前提的，因此生产过程中人与人之间的社会关系必然要通过人与物的关系表现出来。这些社会关系大致可以区分为两个基本层次：其一是由生产过程中劳动资料的技术性质和劳动对象的客观属性直接决定的生产者之间技术上的交往关系，即生产的技术关系；其二是以人们对生产资料的占有为前提的人们之间的经济利益关系，即生产的经济关系。

生产的技术关系是同制造使用价值的生产过程相联系的，它直接构成了生产过程中生产者之间的社会结合方式，构成了生产劳动的组织方式和生产管理方式，从而决定了社会经济结构的技术性质。由于这种技术关系所采取的具体形式直接取决于劳动资料的技术性质和劳动对象的客观属性，因而它不以任何个人或社会集团的经济利益、经济目的为转移，而是同社会生产力的现实水平和状况密切相关。也就是说，不管人们的经济利益怎样，也不管生产的目的是什么，生产活动的社会结合方式、劳动的组织方式和管理方式都只有在符合劳动资料的技术性质和劳动对象的客观属性的情况下，才能使既得的生产力充分发挥出来。例如，在自然经济中，以手工工具为主的劳动资料就决定了农业劳动的个体方式，而在大机器工业中，生产活动则必须采取直接的集体组织形式。

生产的经济关系是以人们的物质利益或经济利益为核心的交往关系。经济利益的实现是生产活动的直接动机和目的，正如恩格斯所说的那样："每一既定社会的经济关系首先表现为利益。"①这种经济关系存在于由生产、分配、交换和消费四个基本环节所构成的物质生产和再生产的总体过程中。具体地说，包括人们对生产条件、劳动产品的占有关系、分配关系、交换关系和消费关系。经济关系表现为人们在生产中创造出来的经济利益的实现方式，其中起决定作用的是人们对生产资料的占有关系。对生产资料的占有，也就是对各种生产要素的获得，从而也就是在直接的生产过程中成为生产者即成为生产主体的先决条件。对生产资料的占有关系一般地决定了人们在生产活动中的经济地位和他们之间的经济利益的分配关系。如在原始社会中，生产资料为全体氏族成员共同占有，这就决定了氏族成员在生产中具有平等的经济地位和社会地位，决定了他们平等的利益分配关系。而在私有制社会中，生产资料归个人占有，使个体成为生产的直接主体，但私有经济的发展不可避免地带

①恩格斯：《论住宅问题》，《马克思恩格斯选集》第 3 卷，人民出版社 1995 年版，第 209 页。

来社会成员的两极分化，使财富日益聚敛在少数人手中，而使大多数社会成员丧失生产资料，其结果必然导致生产主体的分裂和生产资料与生产者的分离，并在经济结构中产生出经济利益根本对立的两大社会集团，即剥削阶级和被剥削阶级，在这两大阶级之间出现不平等的奴役和被奴役、剥削和被剥削的关系。总之，对生产资料的占有关系不同，人们的经济利益的实现方式就根本不同。

人们在生产活动中所发生的技术交往关系和经济交往关系，总合起来构成了社会经济生活内部的隐结构关系。从动态角度来看，社会生产力的发展主要表现为以生产工具为主的劳动资料的创新，而当生产活动采用新的生产工具时，就有可能要求按照新的生产工具的技术性质形成新的劳动组织形式和管理方式。显然，一定的适合于生产对象的自然属性和生产工具的技术性质的劳动组织形式决定了生产的效率能否达到工具效率的极限，从而也就决定了人们业已获得的改造自然的物质力量能否得到充分发挥。也就是说，没有与新生产手段的技术性质相适应的劳动组织形式，新的生产工具所代表的新的生产力就可能处在潜在状态。然而人们能否按一定的组织形式结合起来则不仅取决于生产手段的技术性质，而且还取决于人们能否"合理地"占有劳动的条件和成果，取决于劳动条件的占有方式和劳动成果的分配方式，或经济利益的实现方式。这意味着，生产活动或生产力所达到的技术水平，经济结构的技术性质要转变为现实，必然要求一定的经济形式与其相适应。在这种情况下，如果人们之间的经济关系所采取的形式有利于或至少不妨碍新的劳动组织形式或技术交往形式的形成时，那么新的劳动组织形式或技术交往形式就会比较顺利地产生，从而使既得的生产力充分发挥出来，有效地扩大人们的物质利益；如果经济关系所采取的形式不利于新的劳动组织形式的形成时，它就会妨碍新的生产工具的使用或者使之不能充分发挥其技术效率。总之，在人们的生产活动中，人与自然相互作用的中介系统-生产工具作为物化的生产力，它的技术性质客观上要求形成与之相适应的劳动组织形式，而这种组织形式又必然要求与之相适应的经济形式。社会经济生活内部的这种隐结构关系构成了经济结构演变的基本规律，即生产力与生产关系矛盾运动的规律。从阐述社会隐结构关系的意义这一角度，我们可以把这个规律简要地表述为：

　　当标志社会生产力水平的生产手段（以生产工具为主的劳动资料）的创新要求形成新的劳动组织形式时，如果一定形式的经济关系有利于或至少不妨碍新的劳动组织形式的形成，生产力就会因获得了与自身相适应的经济形式而进一步地发展；如果一定形式的经济关系不利于新的劳动组织的形成，那么新的生产力就会因不能获得与自身相适应的经济形式而处于潜在状态，不能转化为现实的生产力。

　　由于物质生产活动或社会的经济结构是对全部社会生活起决定作用的现实基础，这个规律也可以说是人类社会系统演化发展的第一层次的基本规律。

　　当一定形式的经济关系不利于形成新的劳动组织形式，或者说不利于产生与生产力的发展要求相适应的社会经济形式时，能否通过变革既定的经济关系来解决经济结构内部的这一矛盾？这个问题的答案就不能从经济结构本身去寻找，而必须从经济基础与上层建筑特别是社会的政治上层建筑之间的关系去寻找。因为，如果新的劳动组织的形成不需要改变既定的经济形式或经济利益的实现方式，这种劳动组织形式就可能比较顺利地产生，如欧洲社会早期的具有资本主义性质的简单协作手工业和工场手工业之所以能够在封建社会经济关系中发展起来，就是因为它们在一开始并不与封建的经济关系直接冲突。然而，当新的劳动组织形式要求从根本上改变既定的经济关系时，问题就变得复杂得多。我们在本书的第二章已经指出，社会生活是社会成员在一定的社会共同体中有组织的共同生活。但人的存在和人的活动的社会性并不是一种自然的必然性，而是一种社会的必然性，也就是必然存在着制约个体活动，协调个体与个体、个体与群体之间关系的社会交往活动。这种交往活动的特征是在群体的共同生活中形成实际上或名义上代表群体共同利益或普遍利益来统一地组织、协调和控制社会共同生活的社会权力，并在共同生活中确立个体对社会权力的服从关系。这是为了交往而进行的交往，是人类生活的社会性的集中体现。一定形式的经济关系如果要避免被社会成员或社会集团的任意行为所破坏，就必须通过社会的权力机构使之规范化、制度化。这就是说，要变革既定形式的经济关系，就必须相应地变革社会上层建筑的既定性质，必须通过一定的社会权力废除旧的经济制度和维护旧经济关系的政治制度，并把与生产力发展要求相适应的新的经济形式规范化、制度化。但这个过程在历史上就不那么顺利了。在私有制社会产生以后，社会成员就分裂为在经济利益上根本对立的社会集团，即社会阶级。其中最主要的就是占有生产资料的剥削阶级和丧失生产资料的被剥削阶级。一定形式的经济关系实际上成为剥削阶级占统治地位和主导地位的经济形式，相应地，社会权力也演变为政治权力，产生了国家这种政治暴力机构。在经济上占统治地位的阶级通过对社会物质资源的控制获得在政治上的统治地位。国家的权力机构代表这个阶级的利益，把这个阶级占统治地位的经济关系形式法律化、制度化，并运用全部国家机器来维护这种经济关系。这就意味着，在阶级社会中，一定形式的经济关系是统治阶级全部经济利益和政治利益之所在，改变这种经济关系就等于使这个阶级丧失全部利益。在这种情况下，生产力的发展要从根本上变革既定的社会经济形式，就必然要同占统治地位的阶级发生利益冲突，除非社会的政治权力转移到代表生产力发展要求的社会阶级手中，否则变革是不可能成为现实的。当然，政治权力的转移，可以通过"和平"的方式或"暴力"的方式实现，但从历史上看，和平的方式几乎没有发生过，任何这样伟大的社会变革通常都伴随着血与火的历程。在现代文明高度发展的今天，我们可以说采用和平方式的可能性较之以往要大得多了，但断言和平方式能够最终取代暴力方式还为时过早。

从上述分析中，我们可以看出，在社会经济与政治之间存在的隐结构关系构成了社会有机系统演化发展的第二层次的基本规律，即经济基础与上层建筑矛盾运动的规律。从阐述社会隐结构关系的意义这一角度，我们可以把这个规律简要地表述为：

> 当社会生产力的发展要求彻底变革既定的社会经济形式时，也必须从根本上改变维护既定经济形式的上层建筑，形成有利于新的经济形式得以产生的社会权力体系。

总之，社会系统的隐结构关系构成了社会系统演化的动态过程或社会发展的历史过程的客观规律。从社会有机系统的整体过程上看，生产力与生产关系矛盾运动的规律和经济基础与上层建筑矛盾运动的规律是社会历史发展的最基本的规律。尽管世界上不同的民族或国家，或者同一民族或国家在不同的历史发展时期，其社会生活有着十分不同的具体内容和历史形式，但只要不否认人们的社会生活以物质生产活动为基础，那么就不能否认上述支配人们社会生活的共同规律。当然，对于社会发展的客观规律包括基本规律的认识远没有完结，但是只要我们不是浮于社会生活的表皮上，而是持续不懈地透过社会生活现象去研究社会系统的隐结构关系，我们对社会发展的客观规律的认识，就会日益深入，日益完善。

3. 社会交往关系的规范化、制度化与社会显结构

隐结构作为社会生活基本因素之间的客观关系决定着社会生活发展的种种可能的趋势。但社会生活毕竟是有意识、有目的的人的生活。人们不仅生活在社会中，而且意识到自己生活在社会中。对生活的社会性的这种意识是使由隐结构关系所决定的可能趋势转化为现实的基本前提，而社会系统由可能向现实的演化发展过程便是社会显结构的形成过程。

社会显结构是指社会系统的表观结构，或者说是社会系统的外显的、现实的结构。社会显结构是在人们之间社会交往关系的规范化和制度化过程中形成的。

人们所进行的社会交往活动必然要采取一定的交往方式。当某种内容的社会交往活动是社会生活中普遍存在的、经常重复的，并且对社会生活的整体来说是最基本的、最重要的交往活动时，就会逐渐形成与其内容相适应的普遍化、一般化的交往方式，从而也就使人们在这种交往活动中所结成的社会交往关系形式化，或者说，形成这种类型的社会关系的基本形式。例如，在原始社会中，社会成员对于生产资料的共同占有、相互合作、彼此平等的劳动方式以及劳动产品的平均分配方式就是原始先民们在长期的采集-狩猎活动中结成的与极为低下的生产力状况相适应的生产关系的基本形式。任何社会成员在生产活动和分配活动中都必须采取这个形式同他人交往，否则他的行为就会被看成一种反社会行为，就会遭到其他社会成员的

排斥甚至会受到惩罚。社会关系的形式化对于维护社会交往的正常进行和持续发展，对于维护社会成员的共同生活秩序是十分必要的。没有这种形式化，人们在交往活动中就难以协调彼此间的行为，从而使交往活动陷于混乱或中断。当然，社会交往关系的一般化形式并非是一成不变的。交往关系的形式是由交往活动的内容决定的，并随着内容的变化而或迟或早地发生变化，但这种变化不会是交往关系的非形式化，而是新的形式取代旧的形式的过程。

社会交往关系的形式化过程也就是它的规范化过程。人们"意识到必须和周围的个人来往，也就是开始意识到人总是生活在社会中的"①。对于生活的社会性的意识，突出地表现在社会规范的形成过程中。当某种普遍化、一般化的社会交往关系的基本形式被绝大部分社会成员接受或认可时，人们就会在观念的交往中，借助自身的语言意识创造出一整套言语的或象征的语义符号系统，把这种交往关系的基本形式肯定下来，形成引导、约束人们社会行为和调节人们之间关系的各种社会规范。确认某种一般化、普遍化的交往关系形式，在这里就意味着遵从社会规范。

社会规范或者是自发形成的，或者是自觉形成的。像社会习俗、习惯这样的规范通常是在人们长期的共同生活中自发形成的。这些规范通过口头训导和以身作则的示范得以代代相传，遵从这些规范也被人们认为是理所当然的事情，很少有人会记得起或追寻这些规范的成因和最初意义。道德规范就其大部分内容的形成过程而言大致同社会习俗、习惯一样，也是自发形成的。事实上，道德规范的大部分内容都源自社会习俗，或者

---

① 马克思和恩格斯：《德意志意识形态（节选）》，《马克思恩格斯选集》第 1 卷，人民出版社 1995 年版，第 82 页。

本身就是社会习俗中那些与社会的整体利益、社会共同生活的最普遍的模式、共享价值和信仰息息相关的习俗规则。所不同的是，道德规范是社会习俗在观念中的升华，是社会习俗中最精致的部分，它不仅要求人们遵守，而且要内化到人的人格结构中，成为人的社会品质的主要内容。因此，人们不是仅仅从服从的意义上接受道德规范的约束，而且还要把道德修养作为自我完善化的精神追求。这表明道德规范比一般的社会习俗更具有内在的约束力。

各种社会制度，特别是各种成文的法律制度，则是自觉形成的社会规范。这些规范是在有组织的社会生活中，通过一定的权力或权威机构正式制定出来的。制度性社会规范与社会习俗和道德规范密切相关。许多对社会整体利益、对社会生活的总体秩序至关重要的习俗或道德规范都可以经过权力或权威机构的正式认定而成为社会制度的一部分。但总起来说，社会习俗和道德是以社会成员对共同的交往方式、行为方式或生活方式的共同理解和认同为基础，直接产生于人们长期的共同生活中，因而具有较强的民意性，是人们共同利益的体现。而制度化的社会规范虽然也必须考虑到社会成员的共同意识，但由于它是由社会权力或权威机构正式制定出来的，却不一定总是体现社会成员的共同利益。如在私有制社会产生以后，社会公共权力演变为被在经济上占统治地位的社会阶级所把持的政治权力，经由这样的权力和权威机构制定出来的各种制度和法律，在本质上只是统治阶级特殊利益的体现，具有明显的阶级性。社会习俗、道德只有在对统治阶级有利，至少同统治阶级的特殊利益不矛盾的情况下，才有可能成为制度规范的内容。

社会交往关系的规范化和制度化过程实际上也就是以人们对社会生活的意识为中介的社会文化的创造过程。任何社会规范都包含着人们对社会生活的理解，并且都必须内化到人们的主观世界中才能切实地发挥作用。没有精神的交往活动，人们就不能互相沟通，不能形成对社会生活的共识，不能形成共意的语言符号系统，从而就不能产生任何社会规范。因此，在人类社会中，正是由于人类的语言意识的产生，才使本能的活动让位于自觉的活动，才能创造出任何动物群体都不可能具有的规范文化。通过规范文化的创造，人们用一整套语义符号系统来引导自身的社会行为，协调和维系人们之间的社会关系，维护社会生活的整体性，同时，随着物质生活的发展，人们也可以通过调整和改变社会文化规范来改变自身的行为方式和生活方式以适应外部环境的变化和社会生活的发展。与生物进化相比，生物进化只能依靠生物个体的生理属性的变化来实现，因而也只能是一个漫长的自然进化过程。而人类则可以通过形成和改变社会规范，也就是通过调整或变革人们所创造的语义符号系统来改变自己的生存方式，这就使人类社会的发展彻底摆脱了自然进化的方式而采取了"文化进化"的方式，因而虽然人的生理属性事实上已经基本稳定在生物进化的现有阶段上，但人们的生存方式数千年来却发生了数次沧桑之变。这表明，社会关系的规范化和制度化大大增强了人类社会系统的自组织性和自我调适的能力。

在社会交往关系的规范化和制度化的过程中，居于核心地位的是社会文化价值观念。社会文化价值观念是以人们对周围世界和社会生活的共同认识和理解为前提的，它包含着人们对社会生活的需求、目的和意义的确认。社会规范之所以能够被人们所接受，就是因为共同的价值观念赋予它们以普遍的合理性。例如，当人们意识到个人必须依赖于群体才能存在和发展时，就会形成维护群体的共同生活和共同利益的集体主义的伦理价值观念。相应地，那些约束个人私利，倡导人与人之间互相爱护、互相帮助，提倡个人服从集体的种种道德和制度就会被人们认为是合理的，从而自觉地去遵从。同样，在阶级社会中，尽管反映统治阶级特殊利益的各种制度和法律在很大程度上是依靠国家的暴力机器来强制推行的，但同时必须与人们普遍认同的文化价值观相吻合。如中国封建社会中那些维护封建王权的专制统治制度和法律正是以普遍存在的"王权至上""官为民主"的政治价值观念为精神支柱的。而这种政治价值观并非仅仅是少数统治者个人的意志，它同时也深深地根植于大多数社会成员的心理意识中。因为个体的、分散的小农经济或自然经济条件下的农民对地主、臣仆对君主的普遍的人身依附关系，使广大社会成员无法掌握自身的命运，而是寄希望于贤明的君主、清官，这无疑是对封建专制的无形支持。

需要指出的是，社会规范的"合理性"并不是指它们的科学性，即人们不一定是根据对自然和社会的正确认识来创造社会规范。在原始社会中，在那些至今尚处在野蛮时期的部落社会中，人们所遵循的许多社会规范都没有什么科学根据，它们通常表现出原始人类对于自然和社会生活的那种虚幻的或歪曲的理解，这在处于文明时代的许多民族的传统生活方式中也不乏其例。但从另一方面看，这些规范照样可以得到人们普遍的认同，照样可以把人们有效地组织起来，形成群体的力量。这表明，社会规范的合理性来自人们对自然和社会生活的理解的共同性，来自以此为基础的价值共识。所以，对于交往关系的规范化制度化来说，最重要的不是它是否科学，而是它能否对社会生活起整合作用，也就是说它的形成是否以社会成员的共同意识为基础。

社会规范对社会生活的整合作用突出表现为，人们往往并不关注规范形成的原因以及规范是否科学，而是把自觉地遵守规范看成维护社会共同体的存在、维护社会共同利益、维护社会集体的自尊、自信的行为。许多民族的人们都把固守本民族的信条、禁忌和生活方式看成加强民族团结、维护民族自尊、避免外民族同化的必要方式。当然，随着物质生产活动的发展和科学文化的进步，人们也必然会逐渐摆脱对周围世界的虚幻的或歪曲的理解，学会依照对自然和社会的科学认识来审视旧有的规范，创造新的规范，从而使一些原始的、落后的社会规范渐渐地失去意义或销声匿迹，使更为科学的规范不断产生。这无疑是社会文化发展的必然趋势。但是，在社会规范的新陈代谢过程中，物质生活的进步和科学的发展也只有在改变了人们对周围世界的共同理解，更新了人们的共享价值观念的情况下，才能对社会规范起到实际的改造作用。这就意味着，社会规范的改造不是少数"先知先觉"者的一厢情愿。如果不从整体上提高社会成员的科学文化素质，或者社会经济、政治和科学文化的发展尚未达到足以改变人们传统的价值观念的程度时，陈旧落后的、不科学的社会习俗、道德、制度、法律就不可能退出社会生活的舞台。反之，当社会生活的进步实际上已经悄然无声地改变了人们的世界观和价值观时，社会规范的改造也就势在必行，如果有人抱残守缺、故步自封，甚至企图用权力的力量来维护失去存在的合理性的社会规范，就不可避免地会被社会变革的大潮所淹没。

4. 社会显结构的构成和基本特征

人们对于生活的社会性的意识，不仅使人们之间的社会交往关系规范化、制度化，从而形成制约人们社会行为的社会规范体系，而且使人们在普遍的社会交往中自发地或自觉地结成一定的社会群体、组织或共同体，以便通过有组织的社会共同生活来实现自己的目的。这样，社会有机系统的内在的、客观的隐结构关系就借助精神交往活动这个中介转化成由社会文化规范体系来调节和确定的可观察的显结构。

社会显结构的基本构成和特征主要表现在如下几个方面。

第一，组织性。社会显结构主要是以现实存在着的各种社会群体和组织等可见的社会实体为最基本的构成要素或组成部分，因而它首先是一个组织体系。社会群体和组织既是个人生活的基本单位，也是社会生活的基本单位。社会生活的群体化和组织化是把个人的利益、动机，把个人的活动整合为一个整体，从而克服个人的有限性以扩大人类适应环境能力的必然方式。对于社会组织体系，可以做不同层面的分析。每一群体或组织都是一个有着内部分工和内部结构的社会系统，同时它又是更高一级社会的一个组成部分，或者说是更大规模的社会系统中的一个承担某种特殊职能的子系统。一般说来，按地域来划分国民的国家本身就是一个包容大量组织子系统的规模庞大的社会组织。社会性的共同生活，从其直接的和外显的意义上就是这种群体化、组织化的生活。

第二，规范性。社会显结构的结构关系是由社会规范来确定和调节的。社会生活的群体化、组织化与社会交往关系的规范化、制度化是同一过程的不可分割的两个方面。从一个群体或组织的内部结构上看，如果没有一定的群体规范或组织规范来规定其成员在群体或组织中的地位，确定并协调他们之间的关系，制约或限定他们的活动方式和范围，那么任何群体或组织就会因为其成员的各种偶然的、任意的、各行其是的行为而解体，甚至根本不能成立。从社会整体上看，各种社会群体、社会组织之间的关系也必须由一定的而且是更为严格的社会规范来确定，以制约群体和组织的行为，协调它们之间的关系，否则就无法维持社会生活的基本秩序。马克思在谈到工厂的规则和秩序在工业生产管理中的作用时说道："这种规则和秩序，正好是一种生产方式的社会固定的形式，因而是它相对地摆脱了单纯偶然性和单纯任意性的形式。"①

第三，目的性。社会显结构具有明显的目的性。人们在其社会生活中形成自己的需求和目的。群体化和组织化的社会生活是人们实现其需求和目的的社会方式，因此，任何群体、组织或者社会的组织体系都有明确的、相对固定的目标。相对稳定的组织目标，一方面代表着组织成员的共同利益，即只有实现组织的目标，每个成员的基本利益才能得以满足；另一方面，明确的组织目标是该组织在社会分工体系中所具有的特定功能的表达。一定的目标标志着社会组织在社会结构中的特定地位和作用。从社会显结构的整体上看，不同社会组织追求各自目标的活动，在功能上满足社会生活不同方面的需要，因此，各种群体、组织在功能上的整合就表现为各种目标的综合统一，即社会显结构的目标体系。这个目标体系又在总体上服从于社会发展的基本价值倾向。

第四，权威性。社会显结构以一定的公共权力或权威体系为核心和主导。群体化、组织化的社会生活没有一定的权力或权威机构进行统一管理，或者交往关系的规范化、制度化没有一定的权力或权威机构来制定和实施，都是完全不可想象的。应当指出，不管社会的权力或权威体系在实际上是代表社会成员的共同利益还是代表少数统治阶级的特殊利益，它们都是有组织的社会生活的保证，都必须以维护共同体的共同利益、普遍利益的姿态出现，并履行各种公共职能，实施对社会组织化

---

① 马克思：《〈政治经济学批判〉（1857—1858 年草稿）》，《马克思恩格斯全集》第 46 卷，人民出版社 2003 年版，第 897 页。

生活的引导和控制。因此，权力或权威机构在社会经济、政治和思想文化生活中必然起着主导作用，处在社会显结构的核心地位。恩格斯在《论权威》一文中指出：在现代社会中"联合活动、互相依赖的工作过程的错综复杂化，正在到处取代各个人的独立活动。但是，联合活动就是组织起来，而没有权威能够组织起来吗？"他还说："一方面是一定的权威，不管它是怎样形成的，另一方面是一定的服从，这两者都是我们所必需，而不管社会组织以及生产和产品流通赖以进行的物质条件是怎样的。"①没有权力或权威机构，或者权力机构失去权威性，都会使社会陷入混乱的无政府状态。无论是在一个小规模的社会组织中，还是在一个社会的组织体系中，权力或权威机构都是通过组织成员对权力机构的服从——不管这个服从是自愿的还是被迫的——实现对组织化社会生活的统一管理。显结构的规范体系事实上也必须以公共权力的强制性为后盾，才能真正起到对社会生活的制约、协调作用。

显结构的组织性、规范性、目的性和权威性表明，社会显结构是一个文化集成体。各种社会组织相互结合构成的体系和用于这个体系的一整套社会规范分别是显结构的"体"和"制"两个方面，因而可以在一定意义上把显结构称为"社会体制"，社会经济、政治和精神文化生活领域内的隐结构关系都可以通过交往关系的规范化、制度化和社会生活的组织化而转化为显结构，形成"经济体制""政治体制"和"思想文化体制"，等等。目标是反映社会体制动态过程的主观取向；权力或权威机构则是社会体制的管理和控制中心。显结构作为文化集成体是以一个社会共同体的成员所共同分享并且是历史地形成的文化

---

① 恩格斯：《论权威》，《马克思恩格斯选集》第 3 卷，人民出版社 1995 年版，第 224 页，第 226 页。

价值观为基底的，因而在总体上显现出该共同体在一定历史发展阶段上所形成的文化精神。社会隐结构关系决定社会共同体发展的各种可能的趋势，而社会显结构则是社会有机系统在人们的自觉活动中所达到的现实状态。

显结构的形成意味着现实的社会生活方式、社会存在方式及其历史发展不仅是一个客观的物质过程，而且是一个文化进化过程，意味着任何一个历史阶段上的社会有机系统在其结构和功能上都可以表现为文化发展的产物，因而有可能置于人的自觉调控之下。人们可以在现实物质生活条件所提供的可能性空间中通过文化选择来改变自身的行为方式、生活方式乃至社会系统的存在方式，能动地适应不断变化的环境条件。从这个意义上说，显结构是社会主体的自觉活动在社会结构的生成和演化中的表现。

# 三、社会结构演变发展的客观性和主体选择性

## 1. 社会隐结构与社会显结构的矛盾

社会隐结构和社会显结构并不是社会有机系统的相互分离、各自独立的两种结构。社会隐结构体现着社会有机系统的客观实在性。隐结构中各种社会生活因素之间的客观关系是作为规律决定着社会生活各个方面在其运动变化中所具有的种种可能的趋势。就隐结构而言，当人们的社会活动引起某个或某些社会生活因素发生变化，社会生活的其他因素就会依照它们之间的结构关系相应地发生变化。这些变化或者符合人们的预期目的，或者与人们的预期目的相违，但都是合乎规律的，因而都是不以人们的主观意志为转移的。隐结构对社会生活的客

观的决定作用是通过人们在显结构中的活动结果表现出来的。人们的组织化、群体化的社会行为或社会活动是直接地受着显结构的目标体系、规范体系的引导和制约的。尽管目标体系是社会群体或组织的客观功能的体现，尽管规范体系是社会客观关系的规范化制度化，但它们毕竟是通过主观化这个中介才能形成的。这样，隐结构和显结构之间就必然存在着主观和客观、社会的物质构成与文化构成的矛盾，或者说是社会主客体之间的矛盾在社会结构中的表现。这个矛盾主要表现在如下两个方面。

　　首先，从社会显结构的目的性和规范性上来看，任何目标和规范的确立都是以人们对各方面社会生活的客观性质以及它们之间的客观关系的认识为前提的。但是，由于社会生活过程和社会系统内部客观关系的复杂性，社会主体完全有可能依据对社会生活的客观本质或社会隐结构的不准确乃至虚幻的、歪曲的认识来设定目标和制定规范。即便是在科学昌盛的今天，人们对社会系统客观关系的把握也还远未达到完全科学的程度。这样，社会显结构或社会体制就会因人们对客观过程的主观反映所产生的误差而使自身的目标和规范同社会隐结构关系发生矛盾。在这种情况下，人们受虚假目标或不正确规范引导和制约的社会活动就有可能使隐结构中各种社会生活因素按其客观的结构关系在运动变化过程中产生与预期目标或基本价值追求不相吻合的结果，导致社会生活的迟缓、停滞甚至混乱、倒退。例如，在社会经济生活中，人们的行为直接地是由各种经济制度和法规来约束和引导的。如果这些制度和法规不能正确地反映经济隐结构中各种经济的、技术的关系的客观性质和客观规律，受这种制度或法规所引导的经济行为就势必使社会经济运行过程产生出与人们的经济目标不相吻合的、甚至相反的经济后果。我国以往所实行的权力高度集中的计划经济体制所产生的经济后果，应当说为这一论断提供了典型的例证。因此，在社会显结构中，目标的设置和规范的制定能否推动社会生活的进步，取决于社会主体特别是处在核心和主导地位上的社会权力或权威机构能否科学地把握社会隐结构的客观关系。

其次，随着社会生产力和社会分工的发展，隐结构不断发生历史性的变化，从而使社会显结构即经济、政治和精神文化体系部分地或整体地失去时效。例如，在封建社会末期，随着商品经济和科学技术的发展，社会经济结构逐渐发生根本性变化，即自给自足的自然经济向全面商品化的市场经济过渡。市场经济作为一种新的经济形式，其内部构成的各种基本的经济因素和这些因素之间的隐结构关系完全不同于自然经济。经济结构的变化也相应地引起了政治结构和精神文化结构的变化。所有这些变化都必然同以自然经济为基础的封建社会的显结构，即封建社会的经济、政治和思想文化体制发生矛盾，从而在客观上要求对它进行彻底变革。但是，一种社会体制一经形成就具有相对的稳定性。特别是在阶级社会中，作为显结构的主导和核心的权力机构是由在既定经济关系中占主导地位的社会阶级来把持的，其基本目标的设置和主要社会规范如社会基本制度和法律都体现着统治阶级的利益和意志，改变社会显结构意味着统治阶级将丧失旧有的一切。因此，统治阶级总会千方百计地运用一切手段来维护旧的社会制度。在这种情况下，不推翻统治阶级的统治，隐结构和显结构的矛盾是不能解决的。

社会隐结构和社会显结构之间的矛盾，表明人们创造历史的活动是受社会系统内部客观关系和客观规律制约的。人们创设自己的社会体制，总是要服从自身社会活动的目标。但是如果对社会系统内部的隐结构关系及其客观规律缺乏科学的把握，那么所创设出来的社会体制就有可能使社会系统中各种社会生活基本因素的变化按其隐结构关系导致不符合预期目的的结果。辩证的历史决定论的基本任务就是要通过对社会隐结构关系的分析来揭示社会主体创造自身社会生活系统、生活方式所必须把握的客观规律。

许多西方学者的社会结构理论往往忽视或否认社会系统内在的客观关系和客观规律，这同他们没有能够透过社会系统的表观结构去探究社会系统深层的隐结构关系密切相关。例如，美国著名社会家帕森斯在其代表作《社会体系》一书中，从任何生命体系的四种基本功能中推导出社会结构的基本模式。这四种功能是：潜在的模式维持（L），即家庭、教育、宗教等；整合（I），即法律系统、社会控制、习惯、规范等；目标实现（G），即目标体系、政治权力；适应（A），即经济系统。应当肯定，就研究社会显结构来说，帕森斯的 A-G-I-L 模式确有相当重要的参考价值。但是，这一模式只是有助于描述社会系统的整合性、稳定性和持存性，而在很大程度上缺乏对社会变革的深层原因的研究，无法解释发自社会系统内部的冲突和变革，因而这个理论被许多人指责为保守主义偏见。如美国社会学家让指出："困扰帕森斯理论的原因，就是他力图去解释服从和社会的稳定性。……他极力使反对者的观点不能成立，这样，所发生的暴动、革命和历史变迁都成为不可理解的了。"①美国另一位社会学家玛格利特·波格玛也批评道："虽然帕森斯的进化论力图避开 19 世纪许多进化论中的进步是不可避免的浪漫派观点，但他像先驱者一样并没有解释这个变迁过程。换言之，帕森斯描述了通向现代社会的运动，但却没有具体说明这种运

---

① 转引自玛格利特·波格玛：《当代社会学理论》，孙立平译，华夏出版社 1989 年版，第 145 页。

动是如何由一个阶段到达另一个阶段的。"①我们认为，帕森斯的理论之所以具有这种保守性，其根本原因在于他所描述和论证的仅仅是浮在社会表层上的可观察的结构，完全没有看到社会物质生产的持续发展必然造成社会隐结构关系同社会显结构的尖锐矛盾，以及这种矛盾如何导致社会变革。可见，社会结构变迁的动力和客观依据只能从社会隐结构中去寻找。

2. 人的自主活动与社会结构的生成和演变

尽管社会系统的隐结构关系对社会生活的发展起着客观的制约作用和决定作用，但它并不是独立存在的实体，而是隐藏在社会显结构之中的由共同生活过程的基本因素构成的客观关系。在历史上，任何民族或国家的社会生活系统在其现实性上，或者说在其可感知、可观察的形态上，都是一个显结构体系。从社会发展的过程上看，社会系统内在的隐结构关系作为客观规律，决定了一个民族或国家的社会生活系统有哪些可能的样态，但并不决定哪种可能的样态转变为现实。而社会显结构则是社会主体在自觉的交往活动中，通过对周围世界的理解、对社会系统演化的可能性空间的把握而创造出来的体现自身意志、目的和价值取向的现实的社会生活体系。因此，人类社会的历史发展过程不仅有其客观性、物质性，而且也必然是一个文化进化或文化创造的过程。这个过程充分显示出社会历史主体在社会发展过程中所表现出来的自主性、自为性和自由性。这就是，人们可以在社会系统演化发展的可能性空间中能动地选择和创造符合自身价值追求的社会结构系统或社会生活的方式，从而真正地把握自身的命运。

人类通过自己的语言意识，通过精神的交往把每个个体联

---

① 转引自玛格利特•波格玛：《当代社会学理论》，孙立平译，华夏出版社 1989年版，第 145 页。

系起来，构成一个整体即社会，同时也通过语言意识创造出一整套言语的或象征的符号系统来构设自己的生活方式。因此，人不仅生活在物质的世界中，而且同时也生活在一个符号系统中。社会显结构就是以这个符号系统为纽带而形成的社会生活系统。这个符号系统体现着人们对社会共同生活的理解，体现着人们的基本目的和价值追求，也就是说，人们不仅创造满足自身生活需求的物质条件和手段，而且追求社会生活的意义，追求那种体现自身人性特征的社会存在方式。从这个意义上说，社会显结构就是历史地体现人们价值追求的意义的世界。辩证的历史决定论不仅要充分研究存在于社会系统内部隐结构关系中的客观规律及其对人类社会生活的制约作用和决定作用，而且应充分研究社会历史主体的价值追求在引导社会结构生成、演化和发展中的作用。

唯物史观关于社会基本矛盾的理论实际上侧重于对社会隐结构的研究。这种研究力图揭示社会生活的客观性、物质性，揭示社会发展的客观动力和客观规律。马克思以后，唯物史观对社会结构的研究没有取得实质性的进展，其原因之一就是忽视了对社会显结构的研究。尽管原则上肯定了社会意识对社会存在、上层建筑对经济基础的"反作用"，但却没有从社会结构的现实发展过程上说明"反作用"的性质和方式，即没有看到这种"反作用"是以人们自觉地创造社会显结构为途径的。这就难以确切说明人的自觉活动在社会发展中的重要作用，甚至忽视人类文化精神、价值选择对社会进步的引导作用，把社会发展理解为一种纯粹的客观必然性，往往导致否认人是历史的主体和创造者的历史的机械决定论和宿命论。

法国哲学家阿尔都塞用结构主义的方法阐释马克思的唯物史观，并从中得出一个很奇怪的结论：马克思认为生产关系不是人们之间的关系。他论证道："生产关系的结构决定着由生产的动作者所占据的位置和功能，就他们是这些功能的'支撑者'而言，他们从来也只是这些位置的占据者。所以，真正的主体（在过程的构成主体的意义上说，并不是这些功能的占据者，并不是——不管一切表面现象如何——素朴人类学的'所与'的明显性，'具体的个人'、'真正的个人'——而是这些位置和功能的规定和分配。真正的'主体'是这些规定者和分配者：生产关系（和政治的以及意识形态的社会关系），但既然这些是'关系'，那就不能在主体的范畴内思考它们。而如果任何人偶然提议他是违反了马克思的思想。"[①]这样看来，生产关系以及其他一切关系，或者说社会结构，不是人们之间的关系，而是某种预先存在着的，并自主地发挥作用的"规定者"和"分配者"，而人不过是社会关系或社会结构的承担者、占据者。阿尔都塞反对把社会结构关系归结为个人的活动，反对从人的个体性出发来引申、演绎社会系统结构关系，当然有其合理的一面。但是真理一旦越出其适用的范围就会变成谬误。如果仅仅承认人是社会及其历史文化的产物，而不是同时也承认人是社会及其历史文化的创造者，那就不可避免地把社会结构关系及其历史发展看成脱离人的自主活动而产生和存在的怪物。

人类社会的确具有在人们的共同生活中形成的不以任何个人的意志为转移的客观的结构关系。人、人性或人的本质也不是某种抽象的、永恒不变的东西，而是人们在实践活动中所发生的各种社会关系的总和，因而也必然取决于社会关系所具有的历史性质。从这个意义上说，人是被其社会关系所规定的。但是阿尔都塞所忽视的一个问题是，人作为社会历史和文化的

---

① 阿尔都塞：《读〈资本论〉》，李其庆、冯文光译，中央编译出版社 2008 年版，第 180 页。

产物，并不仅仅是作为前人所创造的各种文化、历史上形成的社会关系、社会结构的表现者、承担者、占据者，而是通过对各种既得的社会文化成果和社会条件的占有，成为一个能动的、富有创造力的新一代社会实践主体。这个主体以社会共同活动的方式把前人的成就作为他或他们新的实践活动的起点，从而继续推进历史过程，在社会发展的现实状态所蕴含的可能性空间中进行新的能动的选择，按照生活发展的要求，通过改造或改变社会系统的显结构来变革自身的生存方式或活动方式。从这个意义上说，正是人才是社会历史和社会结构的创造者。正如马克思所言："人们自己创造了自己的历史。"①否认人的主体地位，否认人的自主性、能动性，事实上根本无法解释社会结构的演化发展。如果人们只是社会结构关系的表现者、占据者、承担者，那么我们就不可能在个人与社会之间发现任何矛盾，也无法理解联合起来的个人为什么在一定历史时期成为社会制度的叛逆或反抗者。只有把人看成能动的主体，把人的活动理解为自主活动，把社会系统内在结构的演变看成人的自主活动的结果，才能真正揭示社会进步的原因。社会物质生产活动的发展，本质上是人的自主活动的发展，是人的自主活动能力的增强和提升。社会关系或社会结构不过是人们的物质生产活动借以展开的社会形式或条件。当一定形式的社会关系或社会结构及其文化的表现形式同人们的物质生产活动发生矛盾时，这种社会关系或社会结构就会由人们物质生产活动的条件转变成桎梏。在这种情况下，联合起来的个人就会成为旧世界的叛逆，而他们所进行的革命则在于创造出更适合于自己活动的社会条件。所以马克思历来把历史发展同个人的发展统一起

---

① 马克思：《路易·波拿巴的雾月十八日》，《马克思恩格斯选集》第 1 卷，人民出版社 1995 年版，第 585 页。

来，他说："人们的社会历史始终只是他们的个体发展的历史，而不管他们是否意识到这一点，他们的物质关系形成他们的一切关系的基础。这些物质关系不过是他们的物质的和个体的活动所借以实现的必然形式罢了。"①

① 马克思：《致帕·瓦·安年科夫（1846 年 12 月 28 日）》，《马克思恩格斯选集》第 4 卷，人民出版社 1995 年版，第 532 页。

# 第六章　辩证的历史决定论与社会有机系统的动态机制

从前面对社会隐结构和显结构的分析，我们可以看出，社会生活系统本身包含着源于人们物质生活过程的客观的隐结构关系，这种隐结构关系作为社会生活过程的客观规律一般地决定了社会有机系统在其现实的条件下具有哪些可能的样态。社会显结构则是人们在交往活动中通过建构合目的的社会体制而形成的社会系统的现实样态，是社会生活各个过程、各个组成部分之间的客观关系赖以显现的相对固定的形式。人类社会本身又是一个不断发展变化的、"活的"有机系统。在这一章中，我们将重点考察社会系统的动态过程，揭示社会发展的内在动力、动态机制，并由此阐明人类的自主活动是通过什么样的客观机制实现对社会生活的组织、控制和改造的。

## 一、社会系统动态机制的一般特征

### 1. 社会科学中的结构动态理论

把人类社会理解为一个完整的系统，并对其进行结构分析和研究，应当说是出自人们建构社会科学的一种努力。早在 18 世纪初，意大利历史学家和法律学家维科在力图建立"人的物理学"时，就已经不那么自觉地包含着对社会生活进行结构分析的意向。他从人的心灵的变化来说明社会文化、社会制度和社会组织的历史演变，就是想表明一种观点，即一方面人创造了自己的生活体系，这个创造过程包括不断创造各种可以认识的、重复的形式；另一方面人也被这种生活体系、被社会制度所创造。也就是说，在历史中，一旦人们的社会生活的各个方面及其关系具有比较固定的形式，那么生活于其中的任何个人就其人性的具体形式而言是由特定的社会关系和人类制度所决定的。黑格尔在他的庞大的精神哲学体系中，把社会生活理解为"绝对理念"发展到高级阶段的产物，并从理念精神的各个环节的内在差别、内在矛盾中说明社会结构的构成及其动态规律。马克思是历史上第一位从人类物质生产活动的发展过程阐明社会结构生成和演变规律的伟大思想家。他的《资本论》一书，实际上是对当时资本主义社会内在结构的全面的、系统的逻辑分析，用列宁的话说，是把"整个资本主义社会形态作为活生生的东西向读者表明出来"。①当然，这些思想巨匠，并没有有意识地创造一种一般的结构理论或一般的社会结构理论，因而也就没有把系统结构抽象出来作为独立的研究对象，考察它的一般特征。

　　20 世纪初，瑞士语言学家索绪尔创立了语言学的结构主义方法，把语言理解为一个有着内在结构的符号系统，认为每个语言符号的意义是由它与其他符号的关系决定的，并提出共时性语言研究方法，即从横断面去研究同一时间内各种现象的关系以及它们同整个系统的关系。这种结构主义方法很快在欧洲和北美社会科学的各个领域得到传播。特别是在 20 世纪 40 年代中期，系统科学的理论与方法迅速产生和发展起来以后，结

---

① 列宁《什么是"人民之友"以及他们如何攻击社会民主主义者？》，《列宁选集》第 1 卷，人民出版社 1972 年版，第 9 页。

构主义思潮便同系统科学相融合，一时形成强大的学术浪潮，使结构主义的方法延伸到人类学、社会学、哲学、文学、心理学等科学领域。法国人类学家列维-斯特劳斯比较成功地把结构主义方法用于研究社会系统结构，创立了结构人类学，从而大大推进了对社会系统的结构研究。阿尔都塞则自觉不自觉地把结构主义的方法同马克思的唯物史观结合起来，以重新考证马克思主义关于社会发展的客观规律的学说。20世纪60年代后半期，巴尔特、福科、德里达、皮亚杰等人对结构问题进行了较为普遍的概括和研究，提出了一般结构理论的思想，使结构主义研究进入一个综合性发展的阶段。

正如英国学者特伦斯·霍克斯所说："结构主义基本上是关于世界的一种思维方式，这种思维方式对结构的感知和描绘极为关注。"[①]在结构主义的发展中，各种各样的结构主义理论各有其理论上的长短之处。但有一点必须肯定，对结构问题的关注，特别是对一般结构问题的关注，强有力地推动了人们对事物系统（其中包括社会生活系统）动态机制的把握。因而这些可贵的探讨，无疑是有助于我们科学地把握人类社会系统内在的客观关系、客观规律及其在人类自觉活动中的表现的。

瑞士心理学家和哲学家皮亚杰较为一般地概括了结构的特征。他认为，人们可以在一些实体的排列组合中观察到结构，这种排列组合体现了整体性、转换性和自身调整性。所谓整体性，是指结构的内在的连贯性。实体的排列组合本身是完整的，并不是由别的独立因素构成的混合物。结构的组成部分受一整套内在规律的支配，这规律决定着结构的性质和结构的各部分的性质。结构的转换性，是指支配结构的规律对结构起着构成

---

① 特伦斯·霍克斯：《结构主义和符号学》，瞿铁鹏译，上海译文出版社1987年版，第8页。

作用，这种构成作用是通过结构的转换程序实现的，借助这些程序，不断加工整理新的材料，使之被整合为一个体系。结构的自我调节性是系统结构有效地进行转换的程序，也就是系统对结构转换过程的自我控制，使这种转换不因偶然的涨落而中断或产生破坏结构完整性的结果。系统结构的这三种特性，对于我们考察社会系统的动态机制是十分重要的。但是，就社会系统运动变化的动力因源于社会生活本身而言，社会系统的结构还应具有第四种特性，即内在矛盾性。而且，社会系统的自我转换和自我调整的能力和必要性，只能在系统结构的内在差异或矛盾中得到说明。

2. 社会结构的动态特征

以下，我们就从结构的整体性、矛盾性、转换性和自我调节性四个方面来分析社会系统的结构特征和动态机制。

社会有机系统的整体性一般是指，无论是对于社会的隐结构，还是对于社会的显结构，无论对于社会生活的局部，还是对于社会生活的总体，社会生活的各种基本因素或各个组成部分都是相互联系、相互制约、相互作用而构成的一个整体的。其中任何一个因素或组成部分都不能脱离其他因素或组成部分而孤立地存在，亦不能离开与其他因素或组成部分的相互作用而独立地发挥作用。无论是社会子系统还是社会的整体系统都具有产生于系统自身结构关系的整体性质和功能。这些整体性质和功能不能还原为要素的性质和功能。例如，在社会经济系统中，生产、分配、交换、消费作为经济过程的四个基本环节，不仅其中任何一个环节或因素不能脱离与其他环节或因素而独立存在，而且整个系统缺少其中任何一个环节或因素都有可能解体，至少不能正常地运行。经济系统的基本功能，如为人的生存和社会的发展提供物质条件和手段，乃是经济系统的整体功能，而不是其中哪一个因素或组成部分在单独情况下所能具备的。再如，任何政治权力或权威只有在统治与服从的关系中，才能获得自身的存在，并且只有在政治职能的分工体系中，才能获得自身的规定性。社会系统的整体性意味着每一社会生活因素的变化都会不同程度地影响其他因素的变化。因此，社会生活的发展也表现为一种系统的整体发育过程。关于这一点，马克思在《资本论》中有一段关于工业发展的精彩描述，我们不妨抄录于下：

> 一个工业部门生产方式的变革，会引起其他部门生产方式的变革。这首先是涉及因社会分工而孤立起来以致各自生产一种独立的商品、但又作为一个总过程的各阶段紧密联系在一起的那些工业部门。因此，有了机器纺纱，就必须有机器织布，而这二者又使漂白业、印花业和染色业必须进行力学和化学革命。同样，另一方面，棉纺业的革命又引起分离棉花纤维和棉籽的轧棉机的发明，由于这一发明，棉花生产才有可能按目前所需要的巨大规模进行。但是，工农业生产方式的革命，尤其使社会生产过程的一般条件即交通运输手段的革命成为必要。……因此，撇开已经完全变革的帆船制造业不说，交通运输业是逐渐靠内河轮船、铁路、远洋轮船和电报的体系而适应了大工业的生产方式。但是，现在要对巨大的铁块进行锻冶、焊接、切削、镗孔和成型，又需要有庞大的机器，制造这样的机器是工场手工业的机器制造业所不能胜任的。[①]

由此可以看出，无论人们是否意识到，社会生活的运动变化都是全面的、综合的、多维度、多方面的。

---

① 马克思：《资本论》，《马克思恩格斯全集》第 44 卷，人民出版社 2001 年版，第 440—441 页。

社会系统的内在矛盾性。系统结构的每一因素或组成部分均有其特殊性质和功能，并在系统的动态过程中保持一种相对独立性，这就形成了系统结构的内在差异。然而，每一因素的特殊性质和功能又是该因素在同其他因素的相互关系中获得的，因而以其他因素的存在为自身存在的前提和条件，这就构成了系统结构的内在同一性。系统结构的差异性和同一性的统一便是系统的内在矛盾。矛盾普遍地存在于社会系统各种因素或环节、各种组成部分之间的结构关系中，并且在较高的抽象层次上，存在着支配社会生活一般过程的基本矛盾，如我们在前几章中提到的社会存在与社会意识的矛盾、社会主体与客体的矛盾、生产力与生产关系的矛盾和经济基础与上层建筑的矛盾，等等。需要指出的是，基本矛盾通常是指普遍存在于社会系统各个组成部分之中的矛盾，而不仅仅是组成部分之间的局域性矛盾。如在经济系统中，生产力和生产关系的矛盾就是存在于系统内部各个组成部分之中的基本矛盾。在经济系统的任何一个环节，任何一个部分中都存在着通过人和物的关系表现出来的人与自然的关系和人与人的社会关系，因此都包含着生产力和生产关系的矛盾，只不过在不同的环节或部分中，这个矛盾有不同的具体内容和表现形式罢了。我国学术界有些学者生搬硬套系统理论，把经济系统机械地区分为生产力系统和生产关系系统，从而把生产力与生产关系的矛盾看成两个子系统的矛盾，甚至有人主张建立生产力系统论。这样做注定是没有出路的，因为生产力本身是社会地结合起来的整体力量或功能，并不能脱离生产关系而单独构成一个功能子系统。生产关系亦不能脱离生产力而构成一个功能子系统。经济系统的子系统通常是指经济的各个部门、各个环节，而生产力与生产关系的矛盾则存在于每个部门，每个环节之中。理论上可以把二者抽象出来分别加以分析，但在现实的系统中，并没有各自独立的存在。系统结构的内在矛盾表明，系统内部各种因素或组成部分既相互依存、相互推动、互为前提和条件，又相互对立、相互制约和限制，形成了系统结构自身运动永不衰竭的源泉，使社会系统本身充满"活力"。

社会系统结构的转换性。系统结构的内在矛盾性通过系统结构的转换性表现出来。在结构因素的相互作用关系中，每一因素自身的性质决定了它所输出的功能，它的功能又是其他因素存在和发展的条件，同样，其他因素输出的功能又是该因素存在发展的条件。因此，在社会系统中，各种因素之间存在着功能与条件的转换关系，通过这种转换关系，社会系统结构才能保持守恒和再造并实现功能整合。结构转换本身可以区分为共时性转换和历时性转换。前者反映了结构因素之间的逻辑联系和稳定性的一面，后者表现出结构的变化性的一面。

社会系统结构的自我调整性（自组织性）。自我调整性所表现的是系统通过转换规律实现对结构矛盾的解决。结构的内在矛盾以及受系统内部和外部各种随机因素的影响，结构因素之间的相互作用经常出现失衡。在社会系统中，自我调整可以表现为通过某种客观机制实现的无意识的过程，如市场经济中，某种商品一旦充斥市场，必然会因供大于求而降低价格，为此投资者会把投资方向转移到稀缺商品的生产上，从而使市场的供求关系恢复平衡。然而，自我调整性更主要的是社会主体通过实施一定的发展策略，约束因素的超常变化，使相互作用恢复均衡状态。这种自我调整通常表现为社会控制和社会变革（改革或变迁）。

# 二、社会结构的功能整合与功能失调

社会有机系统可以被近似地看作由经济、政治和精神文化三个基本层次的子系统组成的整体。其中每个子系统的内部结构又都包含相当数量的组成部分，而每个组成部分又都可以看作更小规模的子系统。社会有机体的这三个子系统之间以及每个子系统内部各个组成部分之间存在着高度的相互依赖、相互制约、相互作用的关系。这种关系，在一般意义上主要通过社会结构的功能整合或功能失调表现出来。

1. 社会结构的基本功能和功能整合

经济、政治和精神文化三个相对独立的子系统，各有由其内部结构所决定的基本功能，同时每个子系统的存在和发展又必须具备一定的条件。社会结构的功能整合主要表现为：每个子系统在正常运行的情况下所产生出来的基本功能成为另外两个子系统存在和发展的条件，而另外两个子系统所产生出来的基本功能又是这个子系统存在和发展的条件，因而三个子系统之间的相互作用关系就是通过它们之间的功能-条件转换关系表现出来。由于这种功能-条件转换关系，三个子系统彼此相互适应并有机地结合起来形成社会的整体结构。

社会经济系统是社会有机体同外部自然界进行物质和能量交换的有机系统。它的基本功能是通过人们的物质生产活动，按照人们各方面社会生活的需求和目的改变外部自然界各种物质和能量的自在形态，使之成为人们的物质生活资料和经济、政治和精神文化生活所必需的物质条件和手段，并通过经济的交往活动如交换、分配等把生产所创造出来的物质条件和手段分配到社会成员手中，分配到社会生活的各个领域。这个基本功能的发挥恰恰是社会政治生活和精神文化生活存在和发展的条件，只有借助于生产活动所提供的物质条件和手段，政治生活和精神文化生活及其发展才能成为现实的过程。经济系统的基本功能是由其内部结构所决定的，然而，这个内部结构的形成与稳定又依赖于一定的社会条件。首先，社会经济系统的内在结构是人们共同的经济生活中各种经济关系的总和。要使经济结构保持一定的稳定性，使经济生活具有正常的秩序，这些经济关系必须被规范化、制度化，也就是必须通过国家权力机构制定出制约和限定人们经济行为的各种制度、法律和法规，并运用国家的强制手段来保证这些经济规范的实施。这是经济系统存在和发展、经济结构保持稳定和经济生活有序化的政治条件。没有这个条件，经济结构或社会的经济生活随时有可能被个人或经济组织的偶然的、任意的行为所破坏，在存在着阶级对抗的社会中，还会被阶级冲突所破坏，其结果是经济生活不可避免地陷于混乱，甚至完全瘫痪，经济系统的基本功能不能充分发挥，并因此使社会政治和思想文化系统失去常态。其次，人们的物质生产活动的进行和发展离不开人们对自然界各种过程、各类现象的客观性质和客观规律的认识的深化扩展；对经济生活的调节控制，各种经济规范的建立，也有赖于人们对经济结构中各种客观的技术交往关系和经济交往关系的科学把握。这就是说，经济生活作为人们自觉活动的基本形态，离不开教育和科学文化的发展。在更深的文化层次上，人们的经济生活还依赖人们对整个世界的一般本质和统一性的理解，因为一定的世界观、历史观和人生观为人们提供最基本的生活信念、道德意识和价值观念，这些信念和价值观念又是使包括经济规范在内的各种社会规范具有合理性的思想前提，它们使人们理解生活的普遍价值和意义，从而使人们的交往活动朝着合理化的方向发展。这些都是社会经济系统存在和发展的思想条件。

在一定的经济基础上建立起来的社会政治系统或政治结构是社会有机体对自身进行自觉调节和控制的中心。其基本功能是共同体的公共权力机构以共同体的普遍利益的名义，通过制定和实施制度和法律来规范和引导社会生活，对各方面社会生活实行统一指挥、监督和管理，建立和维护必要的社会秩序，防止来自共同体内部或外部的对立因素对共同生活的侵扰。具体一点说，对于经济系统，政治系统的基本功能就是将经济结构的各种客观关系规范化、制度化，防止经济生活的秩序被个人或经济组织任意的行为所破坏，并通过实施必要的经济发展策略，引导经济生活朝着与社会基本价值取向相吻合的方向发展。对于思想文化体系，政治系统的基本功能则是通过建立一定的文化体制确保与共同体的性质相吻合的文化精神在共同生活中的统治地位，并在这个前提下，维护社会思想文化生活的秩序，促进思想文化事业的发展。当然，政治系统的存在和发展、政治结构基本功能的产生和发挥也需要一定的社会条件。首先，它需要一定的物质条件，不仅需要有足够的物质生活资料来供养那些在政治系统中从业的大小官员、工作人员、军队和司法队伍，而且整个国家机器的运转也需要大量物质设施、设备和手段。其次，同经济结构一样，政治结构的形成、稳固和发展也必须依赖于一定的思想文化条件。一方面，政治统治必然以一定的政治法律思想和一定的哲学或宗教世界观为理论基础，因此统治阶级必须发展自己的思想文化，并使它在社会思想文化领域占据统治地位，以便在建立经济、政治统治的同时建立起思想统治；另一方面，各种制度、法律的制定以及对社会生活各方面的指挥、监督和管理也必须依据对社会生活各种过程的认识和把握。离开了这些物质条件和思想文化条件，政治系统一天也存在不下去。

思想文化系统的基本功能在于提供经济和政治结构的存在和发展所必需的思想文化条件，并满足人们对自身精神生活的要求。它对社会生活具有全面的渗透性。同经济、政治系统一样，思想文化系统的存在和发展也需要一定的社会条件，这些条件恰恰又是经济系统和政治系统基本功能正常发挥所提供的。

社会有机系统的三个子系统之间的这种功能-条件相互转换、互为因果的循环关系使这三个子系统相互结合构成社会整体的功能耦合系统。其中每一子系统在正常状态下所输出的基本功能必然作为条件输入另外两个子系统中，同时它又把另外两个子系统在正常状态下输出的基本功能作为存在和发展的条件输入自身中来。每个子系统都不能离开其他子系统而孤立地存在和发展。只有当三个子系统之间的功能-条件转换关系得以正常实现时，它们的基本功能才能得到比较充分的发挥，并使社会整体结构实现高度的功能整合，社会有机体的结构才具有相互适应性，处于稳态或平衡态中。这表明，要维持社会生活的稳定、持续的发展，就必须使三个子系统在发展中互相协调、互相配合。在这个问题上，我们应当坚决地排除以往的理论研究中不自觉地存在着的一种线性的或"还原论"的观念。这种观念认为，既然物质生产活动对全部社会生活起着归根到底的决定作用，那么只要生产力发展了，经济发达了就自然会带来社会生活的全面进步。这种观念在实践中的表现就是盲目扩大和加速经济发展的规模和速度，忽视社会政治和思想文化的相应发展。从理论上说，这种观念的基本错误之一，就是完全没有看到经济、政治和思想文化三者之间互为因果的功能耦合关系，没有看到社会的经济生活本身的发展是以政治和思想文化的相应进步为前提和条件的。当然，在一定的发展时期，由于资源条件的有限性，使我们事实上不可能同时解决我们所面临的所有问题，而是将资源首先用于解决最主要、最迫切需要解决的问题，如经济发展问题，但这不意味着可以置政治和思想文化的发展于不顾。特别是当政治和思想文化的持续滞后已经同经济发展要求发生尖锐矛盾时，它们就会由经济发展的条件变成阻碍经济进步的因素，社会整体结构的功能耦合就会被破坏，就必然会导致社会生活的紊乱，并最终使经济发展过程失去必要的社会条件而陷于停滞或混乱状态。因此，我们不能用机械决定论的方式理解物质生产对社会生活的基础作用和决定作用。要切实地把握社会有机体的动态机制，就必须把握社会结构的辩证本性。

2. 社会结构的反功能和功能失调

经济、政治和精神文化三个子系统的基本功能的正常发挥是社会结构功能整合的实现。然而，在社会生活中，影响社会结构基本功能正常发挥，从而破坏社会结构功能整合的因素却经常发生。这些因素有些可能是来自外部自然界（如自然灾害），更多的则是来自社会生活本身，来自社会系统的结构-功能之中。

无论是经济结构还是政治结构或精神文化结构，本身都是一个由许多组成部分构成的复杂的系统或者说包含着许多相对独立的因果过程，因而在社会系统的演化过程中，由于系统因素和系统结构的复杂性以及系统外部环境因素的影响，每个子系统通常会产生多种功能。基本功能是系统的主要功能，这种功能一般可以被人们认识和把握并成为人们自觉追求的目标。

但除了基本功能外，还会产生一些非基本功能。这些非基本功能并非都有利于社会结构的功能整合，有些非基本功能的产生和发展可能影响基本功能的正常发挥，破坏社会结构的功能整合。这类非基本功能被称为社会结构的反功能。

反功能作为人的活动的客观后果同样产生于社会结构的客观关系中，但人们对反功能的产生和反功能可能引发的社会问题往往事先很难预料到。例如，在经济结构中，工业生产的发展无疑加速了社会财富的创造，这是它的基本功能，但它也会带来一些反功能如废料、废气和污水对人类生存环境的破坏，等等。在工业生产刚刚起步时期，这些反功能虽然已经存在，但它们的危害性尚未充分显示出来。而随着工业生产的全面发展，这些反功能引发的社会问题便逐渐积累，时至今日，它已对社会生存的条件构成严重威胁，迫使世界各国，特别是发达国家不得不调整工业发展策略。再如，在市场经济中，经济主体自主地追求经济利益的最大化是市场经济机制发挥作用的前提。但是，经济主体这一经济行为本身也会使经济主体的局部利益同社会的整体利益发生矛盾。如果对经济主体的行为缺乏有效的引导和控制，它们对自身特殊利益的无限制追逐就可能不择手段，从而势必损害社会经济的协调发展，在整体上影响社会经济结构基本功能的正常发挥。

在社会的政治结构中同样也会产生妨碍基本功能正常发挥的反功能。如现代政治结构都是规模庞大、层级复杂的组织体系。这个体系因结构的稳定性、制度的严格性和职权的明晰性而具有较高的工作效率，强化了政治结构对社会生活的调节控制功能。但随着社会生活的发展和政治统治的社会管理职能的日益增多，政治结构的组织体系也会随之增大，这就不可避免地会产生一些反功能，如机构臃肿、冗员增多、人浮于事、官僚主义，等等。美国社会学家默顿指出：在科层化的政治机构中，官员们对规章制度的过分依赖会使他们把遵守制度看成目的本身，从而丧失对新情况的灵活反映能力；片面强调下级对上级的服从，会助长官员只对上级负责而不对公众利益负责的行为；机构的扩大也会造成工作程序的复杂化。这些反功能如果得不到有效的抑制，久而久之就会使政治结构的组织体系一反初衷，变得迟钝、僵化和效率低下。此外，政治统治、社会管理的高度职业化，难免会使某些官员钻制度的空隙，出现利用各种机会以权谋私的行为。这种腐败现象最初可能只发生在局部，但如不加以克服，就会逐渐腐蚀整个国家机器，甚至有可能在政治结构中形成一个不仅同公众利益相对立，而且脱离其阶级基础的官僚利益群体，这个利益群体有自身的特殊利益并力图使国家机器服务于这个特殊利益。

同样的情况也会发生在思想文化结构中。例如，在市场经济中，思想文化产品也是作为商品进入市场的，并在一定程度上依靠市场供求机制刺激文化产品的生产。但在这个过程中，精神生产也会出现以谋取利益为目的的"商业效应"。如果对思想文化生活不去施加正确的引导和有效的控制，各种非科学的、伪科学的、迎合大众低级趣味、毒害人们心理健康的文化产品或文化活动就会充斥文化市场，使思想文化结构的基本功能难以正常地发挥出来。

由于各层次的社会结构之间存在着高度的相互依赖、相互作用关系，社会结构的反功能在社会生活中所引起的矛盾或问题也必然是互为因果的。某一层次的社会结构一旦因反功能的产生和增强而偏离正轨，就会相应地引起其他层次社会结构一定程度的变态，诱发其他结构的反功能的产生，同时其他结构的变态又会进一步促使它脱离正常状态。经济秩序的混乱往往会引起政治的腐败，而政治的腐败又会加速经济的崩溃，这是各国历史上屡见不鲜的事实。起初，反功能的产生以及它在各层次社会结构中引起的互为因果的变化可能是微小的、局部的或枝节性的，并不妨碍社会结构在总体上的功能整合，但它潜移默化地增长着、积累着，一点一点地侵害社会结构的基本功能，并最终可能导致这些基本功能完全得不到正常发挥而破坏社会结构的功能整合，造成社会结构的功能失调。例如，政治腐败的一个重要表现就是官员收受贿赂而使制度和法律失去实效。如果得不到有效的克服或抑制而任其滋长，政治结构不仅不能发挥对社会生活进行统一指挥、管理和维护社会生活秩序的功能，反而它本身就成为社会动乱的根源。

充分认识社会结构的反功能是十分重要的，因为一旦社会结构因其反功能的蔓延出现功能失调，社会生活就会陷入动荡不安之中，除非找到新的功能整合的机制，或者进行结构重组，否则社会动荡将不断地持续下去。如果只看到社会结构的基本功能，看不到它的反功能，或者对反功能可能引起的社会后果估计不足，甚至在反功能已经存在并引起社会矛盾的时候仍然不进行有效的克服或抑制，反功能的产生和发展，终将酿成恶果严重地破坏社会的稳定。

# 三、社会基本矛盾与社会结构的变迁

社会结构的功能整合和功能失调从正反两个方面显示出社会有机体三个子系统在整体结构中的相互依赖、互为因果的相互作用关系。但仅此尚不能充分说明社会制度的改变和社会结构的变迁，不能说明人类社会在其历史过程中从低级形态向高

级形态的转变。虽然分析社会结构的反功能可以部分地说明社
会内部动荡不安的原因，但社会结构的变迁、社会制度的改变
或社会形态的变革却不是反功能产生和发展的结果，而恰恰是
社会结构基本功能充分发挥的结果，是社会稳定发展的结果。
西方一些社会学家（如帕森斯）关于社会结构的理论之所以对
社会结构变迁的深层机制缺乏有说服力的阐释，其原因之一，
就是他们把社会系统内部的冲突和社会结构的变迁仅仅理解为
社会结构反功能起作用的结果。

　　荷兰著名哲学家斯宾诺莎有一句名言："规定即是否定。"①
社会历史过程的辩证本性就在于，使一定的社会结构得以存在
的力量在其发展中必然会成为否定这个社会结构的力量。在历
史发展的一定阶段上，具有某种特定历史性质的社会系统即便
没有受到外部冲击，即使它的内部结构的反功能得到充分的抑
制，它的存在也只能保持一段或长或短的历史时期，它的内部
迟早会产生它自身无法克服的矛盾。这个矛盾的发展不可避免
地造成社会结构的变迁。

　　那么，是什么力量造成社会结构的自我否定呢？马克思在
《〈政治经济学批判〉序言》一文中的一段著名的论述为这个问
题提供了基本的答案：

　　　　人们在自己生活的社会生产中发生一定的、必然的、
　　不以他们的意志为转移的关系，即同他们的物质生产力的
　　一定发展阶段相适合的生产关系。这些生产关系的总和构
　　成社会的经济结构，即有法律的和政治的上层建筑竖立其
　　上并有一定的社会意识形式与之相适应的现实基础。物质
　　生活的生产方式制约着整个社会生活、政治生活和精神生

--------

　　① 斯宾诺莎：《斯宾诺莎著作选》俄文版第 2 卷，第 568 页，转引自冒从虎等主
编《欧洲哲学通史》（上卷），南开大学出版社 1986 年版，第 42 页。

活的过程。……社会的物质生产力发展到一定阶段，便同它们一直在其中运动的现存生产关系或财产关系（这只是生产关系的法律用语）发生矛盾。于是这些关系便由生产力的发展形式变成生产力的桎梏。那时社会革命的时代就到来了。随着经济基础的变更，全部庞大的上层建筑也或慢或快地发生变革。①

马克思的这段论述告诉我们，历史变革的根本原因应当从人们现实的物质生活中去寻找，归根到底应从社会隐结构所蕴含的社会基本矛盾中去寻找。

1. 生产力与生产关系的矛盾

物质生活的生产和再生产是人类社会及其历史发展的现实基础，因此，从整体上推动社会进步发展的基本动力来自社会经济系统内在结构中的基本矛盾，即存在于生产活动的每一环节、每一方面中的生产力和生产关系的矛盾。

在前面第五章，我们已经指出：社会生产力作为生产活动中通过人和物的关系而表现出来的人与自然的关系，作为人们同外部自然界进行物质、能量和信息交换的能力，它的现实水平和状况主要体现在生产过程的各种实体性要素上，即体现在生产主体的知识和技能上、劳动资料（特别是生产工具）的技术性质和效率上以及劳动对象的广度和深度上。生产关系则包含两个基本层面，即由劳动资料的技术性质所决定的生产主体之间技术上的相互交往关系或技术上的社会结合方式（劳动组织形式）和生产主体之间以经济利益为核心的经济交往关系，如生产资料的占有关系、人们在生产体系中的地位和产品的分配关系。在生产发展的历史过程中，劳动资料的技术性质直接

① 马克思：《〈政治经济学批判〉序言》，《马克思恩格斯选集》第 2 卷，人民出版社 1995 年版，第 32—33 页。

决定了生产主体之间技术上的社会结合方式或劳动的组织形式，而经济交往关系在历史上所具有的性质和所采取的形式则必须同生产力的发展水平和状况相适应，也就是说只有当它有利于与劳动资料的技术性质相应的生产主体间技术上的社会结合方式或劳动组织形式的形成时，才能对生产力的发展起到推动作用。一般说来，历史上不断追求生产力发展的人们也必然追求与生产力发展相适应的生产关系形式。因此，在历史上生产力与生产关系互为存在的前提，既不存在同生产力相脱离的生产关系，也不存在同生产关系相脱离的生产力，二者的统一构成社会的生产方式。

既然一定形式的生产关系是同生产力的一定发展水平和状况相适应而建立起来的，那么，为什么随着时间的推移，它又不可避免地同生产力的发展发生矛盾呢？关于这个问题，我国学术界比较一致的看法是：生产力是最活跃、最革命的因素，而生产关系则是相对稳定的因素，因而生产力发展到一定阶段就会同既定的生产关系发生矛盾。这种理解无疑是正确的。但为什么生产力是最活跃、最革命的因素？对于这个问题，学术界的看法就不尽相同，这主要表现在对生产力发展原因的探讨上。将学术界的各种观点归纳起来，大致有如下几种看法。

第一，"需求刺激论"。即认为人们对物质生活资料的需求以及各方面社会生活对物质条件和手段的需求的增长是生产力发展的直接动机和动力。随着人口的增长、生活水平的提高、社会生活的日益丰富和多样化，社会物质需求必然会不断增长，形成巨大的"需求压力"，刺激人们不断进行生产和再生产，不断改进生产技术，加速物质财富的创造，从而推动生产力的发展。

第二，"科技转化论"。即认为科学技术的发展及其在生产中的应用是生产力发展的根本原因。认为只有科学技术的发展才能真正提高劳动者的技术素质，改变劳动资料的技术性能，扩大劳动对象的范围和提高生产的科学管理水平，并且科学技术一旦实际应用到生产过程中，本身也就转化为直接的生产力。

第三，"生产力与生产关系相互作用论"。即认为生产力发展的动力来自生产力和生产关系的相互作用。生产关系是生产力发展的社会形式，适合生产力发展要求的关系本身就推动生产力的发展。

除了上述三方面的主要观点外，有些学者认为，生产力的发展和生产率的提高还取决于许多思想文化方面的因素，如劳动者的情感、情绪、道德修养、政治觉悟以及社会文教卫生事业的发展，等等。

我们认为，所有这些观点都有一定的道理，但如果把生产力发展的原因或动力归结为其中任何一个又都是片面的。事实上，促使生产力发展的原因是多方面的，它们来自社会结构的各个方面、各个层次。其中每一个原因都在生产力的发展中起一份特定的作用，但任何一个原因都不能单独地决定生产力的发展，它只有与其他原因相互结合，形成一种"综合动力"才能推动生产力的发展。例如，物质需求的增长固然是生产力发展的动机和动力，但它只能说明人们为什么要发展生产力，却不能说明人们怎样发展生产力。科学技术的发展及其在生产中的应用可以直接显示出生产力水平的提高，而科学技术的发展又离不开教育和科学文化事业的发展，在更深的层次上还离不开哲学和思维科学的发展。同时，科技人员、管理人员和劳动者在生产过程中还必须具有发展科技和生产的积极性、主动性，具有良好的道德素质、社会责任感和健康的心理状态，而这些主观因素的获得又同社会经济、政治和文化状况相联系，等等。

当然在所有影响生产力发展的因素中，就生产力的实际发展主要在于劳动资料的改进或变革而言，科学技术的发展是生产力发展的直接推动力，因为只有科学技术的发展及其在生产中的应用才能直接改变和提高标志生产力水平和状况的劳动资料的性质。特别是在现代化生产中，社会生产力的提高完全取决于科学技术的发展水平。科学技术转化为生产力的速度越来越快，在许多高科技工业中，科技与生产直接合一，以至我们可以说科学技术是第一生产力，其他因素最终都要汇集到推动科学技术发展的轨道中才能真正起到推动生产力发展的作用。然而生产力和科学技术的发展亦有千万条无形的线同社会生活的各个部分、各个方面联系起来。因此，发展生产力固然要注重科学技术的发展，但也不能把目光仅仅盯在经济领域和科技领域，而置社会生活的其他方面于不顾。

在多种原因的综合推动下，社会生产力处在不断的发展变化之中。相对于生产力而言，生产关系则是比较稳定的。首先，由于生产力的发展是一个拾级而上逐级提高的过程，当一定形式的生产关系适合生产力的状况建立起来以后，不会随着生产力的任何一次微小的进步而发生根本性的变化。即便新的科学技术在生产中的应用改变了劳动者之间技术上的社会结合方式，但只要不从根本上冲击由经济关系的一般性质所决定的经济利益的分配方式，生产关系就能保持同生产力发展水平和状况相适应的状态。其次，一定形式的生产关系成为社会的经济基础，就会被规范化、制度化为相对固定的形式，并得到上层建筑的保护。最后，生产关系具有自我调节的能力。随着生产力的不断发展，生产关系可以在根本性质不变的情况下进行局部环节的调整或改革，从而保持生产关系总体上的稳定性。

但是，生产关系的稳定性毕竟是相对的，它的自我调节能力也是有限的。一旦生产力的发展经过较长时间的积累发生了质的飞跃，生产关系就会从同生产力相适应转变为不适应。这主要表现为，科学技术的发展最终从根本上革新了劳动资料的技术性质，相应地也就要求改变生产者之间技术上的社会结合方式或劳动组织形式。在这个时候，如果既定的生产关系完全不利于新的社会结合方式的形成，它就不再是生产力赖以发展的社会形式，而成为生产力发展的桎梏。在这种情况下，生产力的发展在客观上就要求改变生产关系的形式和性质，建立起同自身发展相适应的新的生产关系。

在生产方式的演变中，只要人们追求生产力的不断发展，不管这种追求是出于经济利益的考虑还是出于人本学意义上的价值取向，生产关系的变革，从而社会经济结构的变迁是必然要发生的。例如，在原始社会末期，金属工具的普遍采用提高了劳动生产率，促进了社会分工和商品交换的发展，使原始社会那种直接集体的劳动组织形式向个体劳动转变。个体劳动和个体经济的发展又使原始社会公有制的生产关系失去意义，从而向私有制过渡。同样，封建生产关系向资本主义生产关系的过渡，也正是由于机器的普遍采用所引起的工业革命彻底摧毁了封建生产关系赖以建立的自然经济基础。同时，机器大工业所必须采取的直接集体的劳动组织形式需要吸收大批的自由劳动力，这就要求劳动者彻底摆脱对土地的依附和对封建统治阶级的人身依附。这样，资本主义社会生产力的发展就不能不同封建的生产关系发生尖锐的矛盾。这个矛盾的解决，就是用资本主义的生产关系取代封建生产关系。

历史上所发生的生产关系的变革表明，人类的物质生产活动不仅是物质产品的生产，而且也是生产关系的生产。当一定的生产关系适合生产力状况时，人们就会维护这种生产关系的稳定性，并按照生产力的发展要求促使它进行内部调整；当这种生产关系不再适合生产力发展状况时，人们就会创造出生产关系的新的形式以取代旧的形式。

2. 经济基础与上层建筑的矛盾

生产力与生产关系的矛盾构成了社会结构变迁的深刻的客观原因或动力，而经济基础与上层建筑的矛盾则显示出社会结构变迁的复杂性。

社会的经济基础是指同人们的物质生产力的一定发展阶段相适应的占统治地位的生产关系的总和。社会的上层建筑是指在一定经济基础之上的社会、政治、法律、制度与设施和由政治、法律、思想、哲学、宗教、道德、艺术等社会意识形式所构成的社会意识形态。按照我国学术界比较一致的划分方法，上层建筑区分为政治上层建筑和思想上层建筑两个部分。在社会系统中社会结构的各个层次是高度相互依赖的，经济结构的内部矛盾以及这个矛盾所引起的经济关系的变化必然会同既定的政治和思想的上层建筑发生矛盾，破坏社会结构的功能整合。因此，要使新的生产关系成为社会的经济基础就必须相应地变革旧的上层建筑，以便形成社会经济、政治和思想文化之间的新的功能整合体系。

政治上层建筑是随着阶级、国家的产生而产生的以国家政权为核心的社会政治体系。它的基本性质是由经济基础的基本性质决定的。其具体表现是，当一种生产关系在社会经济结构中占据主导地位后，代表这种生产关系的生产资料占有者阶级也就必然会借助对主要社会资源的控制而上升为政治上的统治阶级。国家政权本质上是统治阶级意志和利益的体现，整个国家机器成为该阶级用以维护自身经济地位和政治统治的工具。因此只要经济基础的根本性质不发生变化，上层建筑的根本性质也不会发生变化。

政治上层建筑的基本功能之一是维护和巩固自己赖以存在的经济基础。政治上层建筑是运用国家机器有组织地行使国家权力，通过制定和实施经济制度、法律和法规，把作为经济基础的生产关系制度化法律化，形成经济显结构或经济体制，把个人和经济组织的经济、社会行为置于体制的规范体系的制约之下。毫无疑问，在存在着阶级对抗的社会中，没有政治上层建筑，社会经济结构不可能自发地保持稳定。

政治上层建筑的上述功能表明它对经济基础有着巨大的反作用。一旦通过上层建筑建立起以制度、法律和法规为框架的经济显结构或经济体制，人们或经济组织的经济行为就直接地受这些经济规范的制约。在这种情况下，社会的经济活动能否顺利进行，就直接地取决于这些经济规范是否符合客观的经济规律，是否符合生产力的发展要求。如果符合，受这些经济规范制约的经济活动就能推动社会的经济发展，反之则阻碍它的发展，或者延缓它的发展，甚至导致经济崩溃。政治上层建筑正是通过制定和实施经济规范来制约和支配人们的经济生活。恩格斯曾指出："国家权力对于经济发展的反作用可能有三种：它可以沿着同一方向起作用，在这种情况下就会发展得比较快；它可以沿着相反方向起作用，在这种情况下，像现在每个大民族的情况那样，它经历一定的时期都要遭到崩溃；或者是它可以阻止经济发展沿着既定方向走，而给它规定另外的方向——这种情况归根到底还是归结为前两种情况中的一种。但是很明显，在第二和第三种情况下，政治权力能给经济发展带来巨大的损害，并造成人力和物力的大量浪费。"① 中国封建社会能够

---

① 恩格斯：《致康·施米特（1890 年 10 月 27 日）》，《马克思恩格斯选集》第 4 卷，人民出版社 1995 年版，第 701 页。

延续两千多年，自然经济能够始终占主导地位，封建统治阶级利用国家政权的力量严格限制商品经济的发展、摧残资本主义生产方式的萌芽，不能不说是主要原因之一。自汉代起，封建统治者就严令禁止盐铁私营，限制海外贸易。此后随着封建经济的缓慢发展，限制商品经济始终是历代王朝立法的主要内容。到了明清时期，立法限制几乎达到了无微不至的程度。如在清朝，虽然封建经济中已出现资本主义生产关系的萌芽，但却遭到了清政府的严重摧残。《大清律》严格禁止盐、铁、茶、金、银、铜、锡、硝等由私人经营，重征商税，限制手工业和农村商品经济的发展，重法实行海禁，阻碍对外贸易，严禁私人经营矿业等，这就使已经产生的资本主义萌芽迟迟不能发育、成熟。

上层建筑的反作用，使社会生产关系的变革或社会结构的变迁不可避免地遇到巨大的政治阻力。历史上，依赖于旧的经济基础的统治阶级不会自动地退出历史舞台，而是必然要利用国家机器的强制力来维护自己的经济、政治体制，阻碍经济基础的变革。而代表生产力发展要求的先进阶级要想使自己所代表的生产关系在社会经济结构中占据不可侵犯的主导地位，它就必须夺取国家政权，使自己上升为政治上的统治阶级，以便利用国家机器把新的生产关系制度化、法律化。这样，生产力与生产关系的矛盾就必然转变为经济基础的变革要求与上层建筑的矛盾，生产关系的变革必然演变成一场政治革命。

政治上层建筑对经济基础的反作用是同思想上层建筑联系在一起的。统治阶级的政治统治总是需要一定的政治法律思想、道德原则以及哲学或宗教世界观为思想前提和理论基础。因此，思想上层建筑作为统治阶级的意识形态是政治上层建筑得以形成并使之稳固的思想条件。

　　思想上层建筑对经济基础的反作用主要表现为，统治集团通过对精神生产和传播的控制而实施对社会的思想统治和观念控制。也就是通过教育、宣传和劝说，把同社会经济制度和政治制度相吻合的各种理论思想、道德规范、价值观念、宗教意识或哲学灌输到人们的内心世界中，用这些思想理论论证社会经济制度和政治制度的合理性，以期人们自觉自愿地服从统治集团对社会生活的统一管理和控制。这种思想统治所能发挥的作用是难以估量的。欧洲中世纪的宗教神学和中国封建社会时期的儒家文化，在禁锢人们的思想，阻碍经济进步方面都起到了政治手段和经济手段所起不到的作用。例如，在中国封建社会时期，统治阶级不仅制定严苛的法律限制工商业的发展，而且还极力倡导"农本商末""重农抑商"以及"无商不奸"的小农经济观念。这些观念深深地根植于社会成员的心理意识中，束缚了商品经济的发展。

　　思想上层建筑对经济基础的反作用使经济基础的变革要求也必然会折射到社会思想文化结构中来。如在欧洲封建社会中后期，当资本主义生产方式大踏步地由城市向农村迈进时，它所遇到的不仅仅是政治障碍，而且还遇到了强大的思想障碍。这就是历经数百年已完全大众化了的传统的宗教意识。这种宗教意识要求人们放弃对物质生活的追求，停止一切争斗，相亲相爱、忍受苦难，并在来世的幻觉中寻求解脱。而资本主义的生产方式的发展则在事实上鼓励人们依靠科学和理性来推进社会生活，大胆地追求现实的幸福，不择手段地牟取私利。也就是说，按传统的宗教意识，资本主义的生产方式完全是不合理的，是不道德。如果不解除传统宗教意识对人们内心世界的束缚，不建立起同资本主义生产方式相适应的思想文化，资本主义生产方式就会处处受到抵制并给人们造成复杂的心理矛

盾。16 世纪后半叶开始的席卷整个欧洲的文艺复兴运动和宗教
改革运动起到了扫除这些思想障碍的作用。前者倡导反宗教神
学的人文主义，高扬人的理性精神，把人的现实的感性生活合
理化，把抽象的人性视为社会生活的普遍法则；后者则是更大
范围内的思想变革，它彻底拆除了绑在资产阶级手脚上的精神
绳索。如加尔文的以"因信称义"为根本原则的新教伦理宣称：
上帝自创世以来就把人分为"选民"和"弃民"，每个人的命运
均由上帝"前定"了，而与他个人的行为无关，那些克勤克俭、
敢于创业的人注定是上帝的"选民"。正如恩格斯所说的那样：
"加尔文的信条适合于当时资产阶级中最勇敢的人的要求。"①
这场思想解放运动是资本主义生产方式发展的结果，同时又是
资产阶级政治革命的思想先导。事实上，任何一场政治变革都
必然有其经济根源同时又以思想解放为前奏。

　　3. 社会基本矛盾与其他社会矛盾

　　人类社会是由大量的因素或组成部分所构成的复杂系统，
其内部矛盾也是复杂的、多样的，除了上述基本矛盾外，还存
在着大量的非基本矛盾。在社会系统的结构变迁中，社会基本
矛盾往往是通过非基本矛盾表现出来，并通过这些矛盾的解决
为自己开辟道路。

　　首先，无论是社会生产力的发展，还是社会结构的变迁，
都是人们社会实践活动的客观结果。社会基本矛盾尽管是不依
人们的意志为转移的客观关系、客观规律，但它们并非像自然
物和自然规律那样存在于人们的活动之外，而是内在于人们的
共同活动之中。人不是孤立的个体，而是社会的个体。任何个
人必然隶属于一定的群体、组织、共同体，在阶级社会中隶属

---

① 恩格斯：《社会主义从空想到科学的发展》，《马克思恩格斯选集》第 3 卷，人
民出版社 1995 年版，第 706 页。

于一定的社会阶级、阶层或社会集团。社会基本矛盾产生于人们社会性的共同活动或共同生活之中，在阶级社会里，它们主要地寓于阶级关系之中，并必然通过阶级矛盾表现出来。

我国的历史唯物主义教科书大都指出：阶级斗争是社会基本矛盾运动的结果和特殊表现。这种说法原则上是正确的。但需要进一步说明的是，社会基本阶级之间的对立根源于它们之间经济利益上的根本对立，而经济利益的对立是阶级社会中任何一种生产关系本身所固有的，无论生产关系是否适合于生产力的发展状况，阶级对抗都始终存在。因此，并非任何阶级矛盾都直接地表现出生产力与生产关系的矛盾。像奴隶社会中的奴隶阶级和封建社会中的农民阶级，它们同奴隶主阶级和封建地主阶级的对立和斗争自始至终地存在于奴隶社会和封建社会的发展过程中，而且经常发展到外部冲突的程度，但是它们本身都不与新的生产力和生产关系相联系，因而它们的反抗斗争虽然一定程度上推动了社会的发展，但最终结果并不导致新的生产关系的产生。在这两个阶级社会中，真正代表新生产关系的是奴隶社会末期的新兴地主阶级和封建社会末期的新兴资产阶级。然而，在社会基本矛盾发展过程的不同阶段上，阶级矛盾和斗争所产生的社会后果是很不一样的。在生产关系基本适应生产力发展要求的情况下，阶级矛盾和阶级斗争虽然有可能给统治阶级造成很大的威胁，有可能给社会生活带来强烈的震荡，但最终结果不过是造成原有生产关系的重建或修复，因为在这种情况下，生产力本身的发展尚未为新的生产关系的产生创造出充分的条件。而当生产关系已经不再适合生产力发展要求时，阶级矛盾和斗争在客观上就有可能起到瓦解旧生产关系，从而摧毁旧的社会结构的作用。因为在这种情况下，阶级的斗争就会从根本上动摇统治阶级的统治，从而使代表生产力发展要求的并同新的生产关系相联系的革命阶级夺取国家政权创造了有利的革命形势。

在复杂的社会结构中，社会基本矛盾不仅同阶级矛盾交织在一起，并通过阶级矛盾表现出来，而且还和来自不同根源、具有不同性质的其他社会矛盾，如社会结构的反功能引起的社会矛盾交织在一起。

无论生产关系与生产力、经济基础与上层建筑是否适应，由社会结构的反功能引起的社会矛盾和社会问题都有可能发生，而且如果得不到有效的克服或抑制，也会造成剧烈的社会动荡。用系统科学的语言来说，反功能引起的社会矛盾构成了社会系统内部的随机涨落。只不过在社会基本矛盾发展的不同阶段上，这些随机涨落对社会动态所产生的影响不同罢了。当生产关系同生产力的发展状况相适应的时候，这些矛盾或随机涨落一般都可以依靠国家政权的强制力，通过制定或完善制度和法律而得到有效的抑制，可以将这些矛盾所造成的危害控制到最低限度。即便这些矛盾没有得到有效的控制，最后造成了剧烈的社会动荡，其结果也不过是同种性质的社会结构的重建或恢复。而当生产关系不再适合生产力的发展要求，上层建筑不再适合经济基础的变革要求时，反功能引起的社会矛盾就会加重社会危机，并同社会基本矛盾和阶级矛盾交织融合在一起，形成对旧的社会结构的统一的破坏力，从而加速旧社会的灭亡和新社会的产生。

4. 生产力的发展何以是社会结构变迁的终极动因

以上，我们从生产力与生产关系、经济基础与上层建筑的矛盾关系以及社会基本矛盾与其他社会矛盾的关系中，探讨了社会结构变迁的客观动力和机制。尽管社会系统的结构关系比起任何理论的描述都要复杂得多，但这并不妨碍我们通过理论思维的抽象形成这样的结论：社会基本矛盾运动是社会结构变迁的最基本的客观机制，而社会物质生产力的发展是推动社会发展的最终动因。这也是历史的辩证决定论在考察社会结构变迁时所要坚持的最基本的观点。

在历史上，生产力的发展对社会发展的决定作用大致可以通过如下三种情况表现出来。

第一，当生产力的发展达到必须改变人们之间经济交往关系的既定形式，必须改变经济利益的分配形式时，也就是必须改变既定的生产关系时，不断追求生产力发展的社会主体就最终会通过自身的自觉活动（如社会革命）来废除旧的生产关系和与之相一致的上层建筑，建立起新的社会生活体系。关于这一点，我们在前面已有反复的论述。

第二，当生产力的发展尚未达到冲破既定生产关系所能容纳的范围时，社会经济结构、政治结构和思想文化结构的根本性变迁便不可能发生。当然，这种情况并不排除社会系统本身可能会由于各种原因发生剧烈的结构动荡，但动荡的结果不可避免地是旧结构改头换面的重复。马克思在谈到消灭资本主义私有制必须以生产力的发展为前提时说："生产力的这种发展之所以是绝对必需的实际前提，还因为如果没有这种发展，那就只会有贫穷、极端贫困的普遍化；而在极端贫困的情况下，必须重新开始争取必需品的斗争，全部陈腐的东西又要死灰复燃。"[①]由此可以理解，为什么历史上有些民族或国家在发生了所谓的"革命"之后，新的统治者总是自觉不自觉地在经济、政治和思想文化统治上走回老路，重复以往的种种做法。

第三，历史上曾发生过某些生产力发展相对落后的民族用

---

① 马克思和恩格斯：《德意志意识形态（节选）》，《马克思恩格斯选集》第 1 卷，人民出版社 1995 年版，第 86 页。

武力征服生产力发展相对先进的民族，如在欧洲历史上处在部落社会末期的日耳曼民族征服了处在奴隶社会末期的罗马帝国，在中国历史上满族人推翻明王朝建立清朝统治，等等。然而这种征服的最终结果却是落后的民族在经济上、政治上和文化上被先进的民族所同化，也就是说，来自落后民族的征服者不能把他们的社会制度建立在被征服者的土地上，后者已经创造出来的社会生产力——如果不想使这一生产力遭到毁灭的话——必然会在征战结束后把与自身相适应的生产关系再生产出来。

由此可见，尽管社会结构的变迁是在错综复杂的社会因素的相互作用中实现的，但生产力的发展水平和状况却可以成为我们把握这个复杂过程的中心线索，使我们可以至少部分地用实证的方法考察社会发展过程，并预见社会发展趋势的客观依据。

唯物史观亦即辩证的历史决定论的这一基本观点，受到社会科学界的高度重视，但同时也遭到了来自不同方面，特别是来自历史非决定论观点的批评和指责。许多西方学者一方面肯定马克思强调经济发展在社会发展中的作用是对社会科学的贡献；另一方面又指责马克思过于片面，认为马克思忽视了政治和文化的因素对社会结构的同等重要的决定作用。如马克斯·韦伯认为经济因素不能被视为最根本的、最重要的因素，与经济因素同时起作用的，并且在许多情况下占主导地位的是政治的和观念的因素。波普尔甚至认为，经济因素与社会政治的、宗教的和科学的因素相比只能占次要地位，他说："我认为社会经验清楚地表明，在某些情况下，观念的影响可能超过并取代经济力量。"①这些学者并没有真正理解马克思主义关于生产力的发展对社会发展起决定作用的观点。我们决不否认社会结构的变迁的现实过程是社会生活多种因素综合作用的观点，而且就结构变迁必然通过人的自觉活动才能实现而言，没有观念因素的引导，是断然不会发生的。然而就结构变迁的客观机制而言，只有当社会生产力发展到不改变经济结构的既定形式，不改变经济利益的实现方式，已经获得的生产力就不能发挥出来这样一个程度时，结构变迁才有可能实际地发生。社会系统中所有可以促进社会进步的能动因素，最终只有汇集到推动生产力发展这个轨道上来，才能切实地发挥作用。因此，正如我们在前面提到的，生产力的发展本身是社会系统中多方面因素综合起作用的结果，但在社会结构变迁这个层面上，生产力的发展则是结构变迁的终极性的原因。

# 四、社会控制与社会革命

无论是社会结构的功能整合，还是社会结构的变迁，都不是自然发生的过程，而必须通过社会主体的自觉活动才能实现。因此，社会的进步发展不能不体现着人的活动的自觉性，体现着人们在共同生活中形成的文化价值取向。生物进化是亿万年自然选择的结果，本质上体现的是自然的必然性和偶然性的统一。社会进化则是人们文化选择的结果，本质上体现的是必然性和自由性的统一。当代某些系统理论和结构理论力图把从对自然系统的研究中获得的关于系统演化的特征和规律的理论应用于对社会系统的研究。这种研究一方面取得了巨量的可贵成

① 波普尔：《猜想与反驳》，傅纪重等译，上海译文出版社1986年版，第417页。

果，另一方面也存在着一个重要缺陷，这就是忽视了人的活动的自觉性在社会系统演变过程中的重要作用，或者仅仅把人的意志、意识、目的、心理倾向和价值追求等看成引起系统随机涨落的偶然性因素，而没有看到正是这些因素使社会系统的演变表现出自主性、自觉性，使社会系统中各种因素相互作用的过程和结果既表现出合规律性又表现出合目的性。导致这一缺陷的主要原因是把观念的东西仅仅理解为属于个人的东西，而没有发现在人们的共同生活及其历史发展中形成的社会化、客观化了的社会文化精神，从而忽视了社会生活的精神特质，忽视了社会系统演变的主观取向。

　　辩证的历史决定论一方面从现实的物质生产活动出发揭示社会历史发展的物质性、客观性、规律性，并把社会生产力的发展理解为推动社会发展的最终动力；另一方面也指出生产力本身不是一种自然的物质力量，而是在人们的自觉活动中形成的社会性的物质力量，因此生产力的发展本身就是受价值观念引导的。首先，人们是为了满足自身的物质需求而进行生产，而被意识到的需求就是引导、驱动人们进行生产的最基本的价值观，即追求物质利益的价值观。物质利益的满足没有限度。能动的、超越自然局限的生产活动在满足人们的需求的同时又创造新的需求，新的需求反过来又刺激人们扩大生产。正是人们对物质利益的无止境的追求使人们努力探索自然、增强自己改造自然的能力，从而推动社会生产力的发展。这是生产力发展的经济学价值。其次，社会生产力是人的本质力量，从而也是人的存在的超越性的体现。因此，人在生产活动中不仅追求物质利益的满足，而且追求人在与自然的关系中所具有的自主性、自由性，把自身本质的实现作为目的，并把自身创造性的活动及其结果作为自我实现的方式即自身本质力量的确证。这是蕴含于人的生产行为中的文化精神或人文精神，是以"人本身"为最高目的的价值追求。这种价值追求使社会生产力的发展成为历史必然性。

源于物质生活的文化精神反过来又引导着社会生活的进展。社会系统内部各种社会生活因素及其相互之间的客观关系如同自然系统中的事物一样有着不以人的意志为转移的客观实在性，对人的自主活动具有客观制约性。因此，人对自身物质利益的追求、对自身自主性、自由性的追求就不仅体现在对自然的改造上，还要体现在对自身社会生活的改造上，以努力把自己的目的嵌入社会系统中的各种客观的关系中，使社会系统的运行和演变体现人的文化精神和价值追求。社会系统的自我调整性正是通过社会控制和社会革命而体现社会主体的目的和价值追求的自觉行为。

1. 社会控制与社会结构的功能整合

社会控制是指对社会经济、政治和思想文化等各方面社会生活进行有意识的组织、指挥、监督、管理和操纵，以维护正常的社会生活秩序，建立良好的社会生活状态的社会管理活动。

当生产力与生产关系之间、经济基础与上层建筑之间相互适应时，人们之间经济的、政治的和思想文化的交往形式便是社会生产力发展的社会条件，从而也是人的自主活动的社会条件或社会方式。在这种情况下，维持社会生活秩序的稳定便是十分必要的。然而，社会经济、政治和思想文化三方面的结构是高度相互依赖的整体，从社会系统动态的客观机制上看，这三个子系统之间必须通过功能-条件的转换关系，才能实现社会结构的功能整合。社会生活秩序的稳定，主要基于这种转换关系的良性循环。但是，由于三个子系统各有其一整套相对独立的因果机制，而且系统内复杂的非线性相互作用关系经常导致大量的反功能产生以及现实生活中追求私利的个人之间或追求特殊利益的阶级、阶层之间、追求局部利益的社会组织之间经常发生矛盾,社会子系统之间功能-条件的良性转换或社会结构的功能整合和以此为基础的社会稳定不可能自然地、自发地形成,即便形成了,如果没有必要的控制也不能维持长久。这就是说,社会系统虽存在着功能整合的客观机制,但没有社会主体的自觉控制,这个机制也不可能按照人的需要和目的发挥作用。正如美国心理学家白马克所说:"社会秩序,决不能偶然产生,既经产生,如不外力控制,亦不能维持。因为个人常各寻自己私利,而茫然于社会利益。"①因此,他认为需要"一种中心控制势力,以维持秩序"。

　　社会控制是社会显结构的基本功能。社会显结构是以社会共同体的公共权力或权威机构为核心和主导的。这个权力和权威机构的核心地位和主导作用恰恰是通过实施社会控制行为体现出来。因此,权力或权威机构是社会生活的控制中心,而显结构的组织性、规范性和目标性则是实施控制行为的社会文化机制。社会控制的基本方式和目的是控制中心根据一定的发展目标,通过制定和实施各种制度和法律、实行各种决策和计划,引导个人、群体、组织(阶级、阶层)的社会行为,处理、协调它们之间的矛盾,保证社会结构的基本功能的正常发挥,实现社会结构的功能整合,同时防止社会结构反功能的产生和发展导致社会结构的功能失调,维护社会生活的正常秩序和稳定发展。显然,社会控制作为社会系统的自我调节机制,是一定的社会主体的自觉的、有预期目的的行为。一定的发展目标和一定的规范体系一方面以社会系统内部的各种客观关系及其决定的各种可能的发展趋向为依据,另一方面又以在人们的共同

---

　　① 转引自孙本文:《社会学原理》,商务印书馆1935年版,第512页。

生活中形成的社会文化精神或基本的、共享的文化价值观念为基底，并从中获得"合理性"。当然，权力或权威机构完全有可能依据对社会系统中的客观关系、客观规律的错误认识而实施对社会生活的控制，如实行不正确的制度、法律、决策、使用不正当的控制手段，等等。这种控制本身反而会引起社会矛盾，阻碍社会生活的进步。

　　社会控制表现出社会主体对自身社会生活的自觉把握，其主要作用有以下几项。第一，避免或消除社会结构反功能所引发的各种社会矛盾和社会问题，或者把它们对社会生活的危害降低到最低限度。其主要方法是依靠制定和实施制度和法律，把个人和社会组织的行为规范化；把各种危害社会生活秩序的行为定义为"违法"行为，并运用国家强制机构予以制裁。由此最大限度地保证结构间功能-条件转换关系的良性循环。第二，控制社会发展速度，防止某些局部发展过快或过慢而导致社会结构的紊乱，以保证社会生活的协调发展。第三，控制社会生活过程的发展方向，使之朝着某一方向发展，阻止它朝向其他方向发展。第四，根据社会经济、政治和思想文化的发展状况，通过制定、完善、修改各种制度和法律，颁行各种政策或法令，对社会经济、政治和思想文化体制进行调整或改革，使之能够适应不断变化的社会生活。自文明社会以来，社会控制主要是统治阶级依照自身的经济利益和政治、思想统治的需要对社会生活过程进行自觉调节，因此，在阶级社会中，社会控制本质上都是维护统治阶级的特殊利益。但是，只要统治阶级所代表的生产关系在客观上同社会生产力的发展水平是基本适应的，这种自觉控制在客观上就是同社会发展的客观要求相吻合，因而不仅是完全可能的，而且是十分必要的。

　　由于社会生活各方面、社会结构各层次是高度相互依赖的，因此，社会控制也必须是全方位、多维度的。社会生活的任何一个方面，社会结构的任何一个层次失去控制或控制无效，可能产生的矛盾或问题都会波及社会生活的其他方面或社会结构的其他层次。在社会整体系统中，由于政治结构本身是社会控制的中心，对于政治结构本身的控制就更为重要。如果政治结构本身失去控制，它自身的反功能就必然会使它的正常功能不能得到发挥，从而造成社会的全面失控。例如，政治的腐败对社会生活具有极大的腐蚀性，如果不能得到有效的防治，其结果必然是引起社会的全面腐败，造成全面混乱。这种混乱无疑会激起广大社会成员的不满和义愤，甚至会引起大规模的社会动乱，给社会生活带来严重的危机。

2. 社会革命与社会结构的变迁

社会控制使社会结构保持稳定和功能整合状态。但社会结构的这种稳定状态迟早会被社会生产力的发展所打破。按照社会基本矛盾运动的规律，当社会生产力发展到一个新的历史阶段时，它必然要同原有的生产关系发生矛盾，并进而导致经济基础的变革要求与原有的上层建筑的矛盾。在这种情况下，单纯的社会控制已无济于事。只有彻底地变革旧的社会经济、政治制度，彻底改变社会显结构的性质和模式，才能使社会生活摆脱自我矛盾。这就是社会结构的变迁。

社会结构的维持依赖于一定社会主体的自觉控制，而社会结构的变迁则依赖于一定社会主体的自觉革命。社会革命固然以客观的社会基本矛盾运动为依据，但客观的矛盾运动并不自发地引起革命。由于社会显结构是以一定的社会文化精神、一定的文化价值观念为基底的，没有文化精神的发展和价值观念的更新，结构变迁的客观要求就很难变成社会主体的自觉行为。社会系统内部的客观矛盾运动可以重复性地诱发各种社会问题，引起社会生活的动荡不安，但缺乏革命的主观条件，就不会有现实的革命过程。当然，当生产关系和上层建筑已经不是生产力发展的社会条件，而是它的桎梏时，以这种生产关系和上层建筑为存在根据的社会显结构就会同社会主体根源于生产力发展的追求物质利益、追求自主自由的基本文化精神和价值观相矛盾，因而支撑这种显结构并论证其"合理性"的文化观念体系就失去了存在的社会根基，随之而起的便是旨在解除观念束缚的思想解放运动，用新的文化观念体系论证旧的社会结构的不合理性，用新的文化价值观念更新旧的文化价值观念并以此设想出"合理的"社会，动员社会成员投入社会变革中。社会变革的历史表明，任何社会变革必然以思想解放运动为先导。

通过社会革命实现社会结构的变迁，必须同时具备三方面条件。第一，社会基本矛盾，特别是生产力与生产关系的矛盾已发展到完全不相适应的程度；新的生产关系或者已经产生，或者产生的物质条件已经成熟，人们完全有可能依据经济发展趋向制定或设想出新的经济体制。第二，代表新的生产方式的革命阶级已成长壮大成为独立的政治力量，不仅意识到只有夺取国家政权、建立自己的阶级统治才能真正获得经济上的解放，而且具有自己的政治纲领、政治原则和政治组织（包括政党、武装力量等），并对革命胜利后建立何种社会政治制度和政治体系有明确且完整的设想。第三，革命阶级必须有一整套包括哲学或宗教、政治法律思想、道德观念在内的思想文化体系。这个思想体系确立新的文化价值观,动员社会大众投入社会变革。社会革命的这三方面条件的相互结合实际上也就是新的社会显结构的潜在状态。一当社会革命获得成功，仍依赖于这三方面条件而在旧结构的废墟上迅速建立起新的社会显结构。

　　社会控制和社会革命都是人们的自觉活动。社会发展的客观机制和客观规律只有通过人的自觉活动才能起作用。社会发展的必然趋势只能是社会发展的客观机制与社会主体的价值追求的统一。人们自己创造着自己的历史。人们的自觉活动是使社会有机系统具有自我维持、自我组织、自我更新能力的不尽的源泉。虽然在我们降生于其中的那个世界有着各种制约我们的客观力量，但我们是创造并维护这个世界的人。随着社会经济、政治和文化的进步，客观的力量将越来越成为我们实现自己目的的手段。因此，揭示社会发展的客观性、必然性和多样性，不是要我们俯首帖耳地听从命运的安排，更不是借此诋毁人类的伟大的创造精神，而恰恰是为我们肯定人类自由的现实性提供根据，为我们在社会实践中实现自身的全面自由和解放提供思想先导。

# 第七章　社会历史发展的
## 统一性和多样性

　　在人类社会发展的一定历史阶段上，人们之间经济的、政治的和精神的社会交往活动和交往关系总是具有同社会生产力发展的总体水平和状况相适应的历史性质和历史形式。这些历史的、具体的交往活动和交往关系总和起来构成了所谓的社会。社会生活的实践本质和社会有机系统的一般结构和动态，都决定社会形态及其历史发展具有共同的本质、共同的特征，并遵循共同的发展规律。然而，社会生活的共同本质、特征和发展规律在不同的民族或国家中又有着多种多样的，甚至十分不同的表现形式，使社会形态的发展又具有个别性和多样性。辩证的历史决定论考察社会历史发展过程时，一方面要揭示社会形态的发展在其一般本质和基本规律的支配下的基本的发展趋势，即揭示社会形态发展的统一性、共同性；另一方面又要弄清在不同的民族或国家，社会形态的发展之所以具有多样性的原因，并由此说明各个民族或国家自主地选择发展道路、发展方式的可能性和必要性。

## 一、社会经济形态的发展是一自然历史过程

　　社会形态可以说是社会经济形态、政治形态和思想文化形

态的综合统一。社会形态发展的统一性主要是由社会生活的本质、社会有机系统的隐结构关系和社会发展的客观机制及其规律的共同性、一致性决定的。社会生活在本质上是实践的，而最基本的实践乃是以人与自然的相互作用关系为实在内容的物质生产活动，全部社会生活以物质资料的生产和再生产为现实基础。尽管不同的民族或国家由于处在不同的地理环境中，面临不同的自然条件，其生产活动的具体内容、生产的劳动组织形式以及生产的部门结构和时空结构各有不同，但任何民族或国家的经济结构的每一因素或环节都包含着生产力与生产关系的矛盾，并且在社会历史过程中，社会生产力发展的水平和状况决定生产关系的基本性质和历史形式。因而，在大致相同的生产力发展阶段上就会形成基本性质大致相同的社会经济形态。社会政治形态和思想文化形态则是人们之间一定性质和形式的政治的和精神的交往关系或交往方式。它们作为社会的上层建筑与社会经济形态之间存在着功能上的相互作用和相互适应的关系，这意味着在基本性质大致相同的经济形态基础上也会形成基本性质大致相同的社会政治形态和思想文化形态。

总之，社会形态发展的统一性主要地体现在经济形态发展的客观性和规律性上，因此，考察社会形态发展的统一性，必须从生产力的发展所决定的社会经济形态发展的阶段性出发。马克思指出，"我的观点是把经济的社会形态的发展理解为一种自然史的过程"，"一个社会即使探索到了本身运动的自然规律，——本书的最终目的就是揭示现代社会的经济运动规律，——它还是既不能跳过也不能用法令取消自然的发展阶段。但是它能缩短和减轻分娩的痛苦"。①

---

① 马克思：《资本论》第 1 卷（节选），《马克思恩格斯选集》第 2 卷，人民出版社 1995 年版，第 102 页，第 101 页。

所谓社会的经济形态，是在一定历史阶段，由生产力水平所决定的社会经济结构的历史样态。在人类社会的历史过程中，社会经济形态的发展已经经历了两次具有决定性意义的转变。第一次是由采集-狩猎经济形态转变为以农业为主的自然经济形态。这次转变标志着自然形成的社会过渡到历史地形成的社会，或者说从蒙昧、野蛮的原始社会进入文明社会。第二次是由体现农业文明的自然经济形态转变为体现工业文明的市场经济形态。这次转变被当代社会发展理论称为从传统社会向现代社会的过渡。这两次转变表现出社会经济形态发展迄今所经历的最基本的三个历史阶段。

1. 从采集-狩猎经济形态向自然经济形态的转变

对于刚刚从灵长类动物群体转变过来的人类社会来说，最初采取的唯一可能的经济形态是采集-狩猎经济。在这种经济形态中，"生产的原始条件最初本身不可能是生产出来的，不可能是生产的结果"，而是"表现为自然前提，即生产者生存的自然条件"[①]。原始的生产活动还没有达到改变自然和控制自然过程的程度，反之，生产对象的自然属性却直接地决定着生产活动的内容和方式。在这种为生产的自然前提直接决定的经济形态中，自然界是作为外在的强制性力量同人的活动对立，支配着人们的社会生活。

建立在这种经济形态基础之上的社会是"自然形成的社会"[②]，其社会的组织结构属于"自然形成的部落共同体"[③]，即以血缘关系为基础的原始家族或氏族、部落。显然，这种共

---

① 马克思：《〈政治经济学批判〉（1857—1858 年草稿）》，《马克思恩格斯全集》第 46 卷上册，人民出版社 1979 年版，第 488 页。
② 马克思：《〈政治经济学批判〉（1857—1858 年草稿）》，《马克思恩格斯全集》第 46 卷上册，人民出版社 1979 年版，第 491 页。
③ 马克思：《〈政治经济学批判〉（1857—1858 年草稿）》，《马克思恩格斯全集》第 46 卷上册，人民出版社 1979 年版，第 472 页。

同体是以人本身的自然为前提。原始社会的社会结构之所以以
血缘关系为基础，主要是因为受自然前提支配的生产活动，其
生产率极为低下，还不能对社会结构的形成起决定性作用。"劳
动越不发展，劳动产品的数量，从而社会的财富越受限制，社
会制度就越在较大程度上受血族关系的支配。"①以共同占有生
产条件，共同劳动和平均分配劳动产品为特征的原始公有制经
济关系，不是生产发展的结果，而是这种生产的前提。这种经
济关系虽然属于非生物性的社会关系，但它不仅不与以血缘关
系为基础的社会组织形式相矛盾，反而以这种组织形式为前提，
因为由血缘关系所带来的人们之间的自然结合和情感亲近完全
有利于这种经济关系的建立。在这种自然形成的原始共同体中，
社会组织形式也经历了从血缘家庭到"普那路亚"家庭再到对
偶家庭的转变。家庭形式的这些变化同样不是取决于生产的发
展，而是缘起于防止近亲结合产生不利后果而实施的乱伦禁忌
的不断扩大。这表明，在氏族共同体的最初发展阶段上自然选
择的规律仍起着十分重要的作用。

　　以采集-狩猎为主要内容的原始生产受生产的自然条件及
各种偶然因素的直接影响，不能或很少提供大于群体直接消费
的剩余产品，个体之间在天赋（智力、体力等）上的差别没有
特殊的经济后果，任何个体不可能在经济上独立于群体或其他
人，而是直接地依赖于群体。所以，"对活的个体来说，生产的
自然条件之一，就是他属于某一自然形成的社会、部落等
等。……他自身的生产存在，只有在这个条件下才是可能的"②。
在这种情况下，共同体的共同利益或普遍利益几乎是唯一的，

---

① 马克思：《〈政治经济学批判〉导言》，《马克思恩格斯选集》第 4 卷，人民出
版社 1995 年版，第 2 页。
② 马克思：《〈政治经济学批判〉（1857—1858 年草稿）》，《马克思恩格斯全集》
第 46 卷上册，人民出版社 1979 年版，第 491 页。

或者说不存在与共同利益相对立的个体利益或特殊利益。普遍利益的满足是个体生存的直接条件。当然，社会生活作为有组织的共同生活，一开始就需要一种对社会生活进行统一组织、协调和控制的社会管理活动，并形成使社会管理活动得以实施的公共权力。但是，在氏族共同体中，自然形成的公有制经济关系决定了氏族成员之间社会地位上的平等和物质利益上的一致，落后的生产力状况决定了个体对共同体、个体利益对共同利益或普遍利益的绝对依赖，这就使氏族共同体的社会管理活动不会是部分人对另一部分人的压迫和管制，而是真正代表氏族的共同利益和共同意志对社会生活实施统一协调、组织和控制。公共权力是共同利益和共同意志的体现，氏族成员对公共权力的服从是个体对共同体直接的、绝对的依赖性的表现。

氏族共同体的社会管理活动以自然形成的原始宗教观念为观念基础。以图腾崇拜为特征的原始宗教观念是氏族成员在共同生活中形成的集体意向。它通常包括对宇宙起源、宇宙本性、宇宙秩序（包括社会生活秩序）等虚幻的理解和共识。这种集体意向是氏族共同体成员理解或解释自己的行为、确定自己活动的信念和处理自己与周围世界的关系以及个人与群体的关系的根据。公共权力在这种集体意向中被神话化，共同活动或共同生活的目标以及体现在习俗、礼仪、习惯、道德中的生活规范在这种集体意向中得到最终的解释。因而，这种集体意向是氏族共同体实现社会整合的文化机制。

总之，在自然形成的社会中，无论是人们的物质生活还是人们的精神生活都是受自然前提的直接支配。尽管采集-狩猎活动因包含工具的制造和使用而在实质上已成为一种生产活动或经济行为，但工具的制造和使用尚为这种生产的辅助手段而不是生产的前提。与生产活动的形成和发展同时产生和发展起来的意识和语言赋予原始先民们的只是朦胧的主观世界，使他们对自己的存在、自己的需求只是刚刚有了一定的自觉意识。自然形成的以血缘关系为纽带的原始共同体对于人们来说也是出自某种神秘力量的天造地设，对它的服从是天经地义的事情。

以生产工具为中介的人与自然的相互作用本质上已是人的自主的活动，但人们并没有形成自觉的自主意识，或者说自主性尚处于不自觉的状态。因为工具作为辅助手段，它对自在自然的否定性和超越性还是一种潜在的本质。人的本质力量尚未发展到足以抗拒自然力的程度，这就使人们对周围世界的虚幻理解中包含着对宇宙的敬畏。人们享受自然界现成的赐予，把宇宙看成一个有生命的实体，把自身生命的存在视为宇宙生命的一个部分，并从中获得对自然界和自身社会生活的理解，而没有意识到自身的存在与外部世界的对立。在这种情况下，人的自主的活动实际上尚处于萌发和形成过程中，社会生活的各个方面尚未完全摆脱自然必然性的直接支配。

第一次社会大分工，即农业和畜牧业的分工之后，原始的采集-狩猎经济进入农业和牧业经济。农牧业经济的产生意味着人类的物质生产活动开始以控制和改变自然过程（如控制植物的生长和牲畜的繁衍）使之适合于人的目的为基本特征。农牧业的发展使生产工具的制造和使用具有越来越重要的意义，以至成为生产的前提和必要手段。对生产工具的需要的增长终于又导致了第二次社会大分工，即农业和手工业的分工。这表明，人们的物质生产活动不再仅限于直接的生活消费品的生产，而且也生产生产的手段和条件。这同时也意味着，生产活动不再完全取决于生产的自然条件，而是同时也取决于由生产所创造的物质条件。

两次社会大分工使原始的采集-狩猎经济形态过渡到以农

业为主的自然经济形态。农业、畜牧业和手工业的发展一方面创造了前所未有的财富来源，另一方面也在原始共同体内部引起富有决定意义的变化。首先，生产工具的进步、农业和手工业的发展，提高了劳动生产率，使男子在社会生产中占据越来越重要的地位，从而使丈夫在家庭中的地位不断提高。为了使丈夫的财产能够为自己的子女所继承，而不是归丈夫所属的氏族所有，就必然要求具有群婚特征的对偶家庭向一夫一妻制家庭转变。显然，在这个转变中，起决定作用的因素是社会物质生产活动的发展所产生的强大的经济力量，而自然选择的规律则"无事可做了"。以血缘关系为基础的共同体被以财产关系或经济关系为基础的共同体所取代。其次，生产工具的进步所带来的劳动生产率的提高使个体劳动成为可能。原来需要集体协作才能进行的生产（如集体耕作）现在可以由实行一夫一妻制后在氏族内部所形成的个体家庭独立完成。这样，集体劳动逐渐过渡为个体劳动。在劳动方式的转变中，生产资料（土地、畜群等）起初归个体家庭使用后来便永久地归个体家庭所有，私有制代替了原始公有制。最后，当生产力的发展达到"人的劳动所能生产的东西超过了单纯维持劳动力所需的数量"的程度时，劳动力获得了价值。部落间的战争所得来的战俘被当作劳动力保留下来；氏族内部个体家庭之间的贫富分化，使贫穷的氏族成员因债务关系逐渐丧失生产资料和生活资料而沦为奴隶。这样，社会成员便按其是否占有生产资料而划分为两大基本阶级，即奴隶主阶级和奴隶阶级。由于经济利益上的根本对立，这两个阶级之间的矛盾和对抗无法调和，氏族共同体及其处理公共事务的方式和机构已没有能力调解和处理日益加深的阶级对抗和冲突。奴隶主阶级为了维护自己的经济利益和对奴隶的阶级统治，便建立了专门的权力机关和暴力机构即国家，取代原始的氏族组织。

以自然经济形态为基础的奴隶制社会的产生标志着人类社会完成了由自然形成的社会向历史地形成的社会的转变。同自然形成的社会相比，历史地形成的社会有如下特征。第一，物质生产活动不是以纯粹的自然条件为前提，而是以以往生产活动的产物，即以生产出来的生产条件为前提。"生产力是人们应用能力的结果，但是这种能力本身决定于人们所处的条件，决定于先前已获得的生产力，决定于在他们以前已经存在，不是由他们创立而是由前一代人创立的社会形式。"①第二，历史地形成的社会，其社会结构不是以血缘关系为基础，而是以人们在生产过程中所发生的经济关系为基础，并在这个基础上产生了一定的政治关系，形成了国家这种新型的社会共同体。这就是说，社会结构、社会组织形式的发展一般地表现为生产发展的结果，自然进化的规律已完全被物质生产活动发展的规律所取代。第三，脑力劳动已随着劳动生产率的提高和社会分工的发展从体力劳动中分离出来，成为社会生活的一个相对独立的领域。社会意识借助专门的精神劳动而成为有着自身发展规律的相对独立的历史过程。通过对前人思想材料的继承和发展，观念活动得以积累和传递，从而形成对后代人的观念活动产生指导、制约和限定作用的思想文化传统。

自然经济形态是历史地形成的社会所经历的最初的发展阶段。这种经济形态形成于奴隶社会而完成于封建社会。这两种社会形态的异同主要表现为如下几点。

第一，二者均以农业为主的自然经济形态为基础，自然条件（如土壤、气候、水源等）的优劣以及自然环境中的各种偶

---

① 马克思：《致帕·瓦·安年科夫（1846年12月26日）》，《马克思恩格斯选集》第4卷，人民出版社1995年版，第532页。

然因素（如旱、涝灾害等）对生产的效率有直接的影响。自然
力尚未得到开发和利用，用于农耕的生产工具主要以劳动者自
身的体力和牲畜的体力为驱动能源，因而劳动生产力水平较低
且发展缓慢。二者的差别首先体现在生产工具的进步程度上。
奴隶社会时期，农耕工具主要是效率很低的木器和青铜器，单
个奴隶劳动所提供的剩余通常是很有限而且很不稳定的。奴隶
主只有通过占有较大数量的奴隶并迫使其集体劳动才能产生足
以满足奴隶主各方面需求的剩余产品。最简捷的方式就是利用
直接的暴力迫使奴隶在生与死的选择中放弃自己做人的权利，
为奴隶主提供无偿的劳动。随着生产工具的进步，特别是铁器
在农业中的运用、劳动分工的发展以及用于农业和手工业生产
的技能和知识的积累，劳动生产率不断提高，个体劳动所能提
供的剩余产品也逐渐增多。但是，被彻底剥夺人身自由的奴隶
却并没有因此得到任何利益，从而没有任何劳动积极性和主动
性，并且难以忍受的非人境遇也使奴隶阶级经常以各种方式同
奴隶主阶级进行抗争。这表明发展起来的生产力受到奴隶占有
制社会形态的阻碍，这一矛盾又通过阶级矛盾表现出来。生产
力的发展要求比奴隶具有较高积极性的生产者，这就需要改变
奴隶的经济地位和法律地位。奴隶主为了缓和奴隶的反抗，不
得不寻求和采用新的剥削方式，如用授产的方式允许奴隶独立
经营。这样，在奴隶制社会末期，随着耕地面积的扩大，在奴
隶主阶级中产生了一批大土地所有者，他们把土地以授产或租
赁的方式交付奴隶或平民独立经营，并以征收贡赋和租税的方
式占有剩余劳动。奴隶主的庄园经济被瓦解了，奴隶制社会经
过一系列革命性变革逐步走上封建化道路。大土地所有者演变
为封建主，奴隶转化为农奴。以大量奴隶集体劳作为特征的奴
隶主庄园经济过渡为以独立的、分散的个体劳动者家庭为基本

经营单位的小农经济。

第二，奴隶制社会和封建制社会的社会结构均以财产关系为基础，但血缘关系或亲属关系并没有退出社会经济、政治生活领域，而是同财产关系相融合构成了自然经济社会特有的以财产、权力和社会地位的世袭制为主要特征的宗法关系和以此为基础的等级秩序。国家这种共同体本质上是阶级矛盾不可调和的产物。在这种共同体中，维护共同生活所必需的公共权力事实上已演变为维护统治阶级特殊利益的政治权力。所不同的是，奴隶制国家是从氏族共同体自然转变过来的，奴隶主阶级的成员是从氏族共同体末期形成的个体家庭中分化出来的，因此，奴隶制国家采取何种政治统治体制往往取决于奴隶主阶级内部各集团或派系之间以及奴隶主阶层与享有公民权的自由民之间矛盾斗争和力量对比的状况。如欧洲的许多奴隶制国家都曾实行过民主制和共和制，而中国自夏朝始便奠定了君主制。到了封建社会，东西方国家的政治体制几乎无一例外地实行君主制。这种情况的产生是与自然经济形态的完善化过程分不开的。在封建社会中，经济领域里的社会分工尚不发达，主要的经济成分是个体的、分散的、自给自足的小农经济。虽然随着剩余产品的增多，商品经济有了较大的发展，但商品交换还只是小农经济的补充。个体生产者之间以及社会生活的不同领域之间的经济联系十分薄弱。另一方面，小农经济又是十分脆弱的经济。个体农民在狭小的经营范围内通常受到来自自然和社会双重力量的挤压，无力掌握自己的命运。自然灾害、封建地主或领主的超强剥削、封建割据状态下的兼并战争和外族入侵等随时有可能摧毁小农经济的根基。小农经济需要在统一的国家寻求庇护，利用国家共同体的政治整合机制保护小农经济的稳定性。马克思认为，分散经营的小生产，"按其本性来说，是全能的和无数的官僚立足的基地"。[①]"交换手段拥有的社会力量越小……把个人互相联结起来的共同体的力量就必定越大。"[②]因此，小农经济客观上必然要求政治权力的高度集中，以便通过政治统治的直接强制性管理实现社会的全面整合。

在自然经济形态的基础上形成了与自然经济形态相吻合、体现农业文明的文化精神。这种文化精神是随着农业经济的发展从原始宗教观念逐步演化过来的。原始宗教是把可直接感受到的自然体或自然力理解为有生命的存在物（物活论）加以崇拜，而随着农业生产力的发展，直接的自然体或自然力已不同程度地成为人们改造或驯化的对象，其神秘之处不在于自然物本身而在于支配自然物运动变化的内在法则或秩序。这样，对自然体或自然力的直接崇拜逐渐转变为对超自然神灵的崇拜。从自然崇拜到神灵崇拜的转变，表现出人类智力的进步，诱发了人们对宇宙本性和无处可见又无处不在的宇宙法则的探索，这就使早期的科学思维得以萌生（如古希腊自然哲学的产生）。当探索万物生长的本性和规律对于生产行为成为必要时，人们便开始朦胧地意识到人与自然的对立。当自然的法则或宇宙的秩序对人来说尚为一种无法理解、无法抗拒的神秘力量从而被当作神灵来崇拜时，这种崇拜主要地不是寻求直接的恩赐，而是寻求对生产行为的庇护。对神灵的屈从隐含着抗拒自然制约的种种努力。

体现农业文明的文化精神显示出人们对土地这一最基本的生产资料的依赖性。土地是孕育万物的摇篮，是财富的源泉，对土地的敬畏包含着一种亲近的情感。在中国古代文化中，天

---

① 马克思：《路易·波拿巴的雾月十八日》，《马克思恩格斯选集》第 1 卷，人民出版社 1995 年版，第 681 页。
② 马克思：《〈政治经济学批判〉（1857—1858 年草稿）》，《马克思恩格斯全集》第 46 卷上册，人民出版社 1979 年版，第 104 页。

与地同是人们崇拜的对象，"地载万物，天垂象，取财于地，取法于天，是以尊天而亲地也"（《礼记·郊特牲》）。其他民族或国家的文化传统中亦包含以土地为崇拜对象的习俗和观念。这种土地意识使人们牢固地树立起以农为本的经济价值观，并且自给自足的家庭经济也使人们产生满足现状，顺乎天命的家园意识。这种文化观念对于小农经济无疑是一种稳定剂。

在以自然经济形态为基础的社会系统中，崇拜神灵的文化观念也是实现社会结构整合的文化机制。小农经济的特征是以家庭为基本单位的生产实体，在性质上是相同的，各个生产实体之间在经济上或功能上缺乏相互依赖性。社会整合的实现主要靠政治统治的直接的和外在的强制以及对于家庭经济和宗法政治都十分重要的伦理秩序。然而，政治统治必须在社会成员中建立"对统治合法性的信仰"（韦伯语），即通过信仰体系而成为合法统治。对神灵的崇拜和敬畏，正是农业社会最基本的信仰体系。人们普遍相信"亲亲、尊尊"的人伦关系、自上而下的等级秩序是神灵创设的宇宙法则在人世间的体现，王权统治则是"奉天承运"。顺乎统治便是顺乎天意。在这种共同信仰的基础上形成了注重伦理关系、道德责任、情感联结和遵从王权的文化价值观念。共有这些信仰和价值观念的人们感到他们有共同的归属，从而分散的个体被纳入共同的生活秩序中。自有国家以来，立法和司法就是政治统治的基本方式，但在自然经济形态的社会中，法律是"约束性"的法律（迪尔凯姆语），即把任何威胁或违反集体意志或集体良心的行为规定为犯罪，因为这些行为破坏了社会秩序的基础。

总之，在以自然经济形态为基础的社会中，社会生活不再以纯粹的自在的自然为前提，而是以人的感性物质活动即实践活动的结果为前提。自然界并没有消失，只不过在人的实践活动中逐步失去自在的形态，成为实践活动的结果。自主活动最基本的含义是这种活动的条件不是外在于活动的东西而恰恰是这种活动的结果。也就是说从这时起人类才真正开始了自己创造自己的历史的过程。从这个意义上说，占有财富就是占有自主活动的条件。私有制是这种占有的初级形态。在私有制条件下，占有表现为个人的占有，因而必然以个体的特殊性或个体之间的差异性为前提，其结果必然导致贫富分化和阶级分化，导致历史的自我矛盾状态：从"类"的意义上说，人类以自己活动的结果为自己活动的条件，因而是人类自主活动的开端；但从个体的意义上说，实际的占有者所占有的并不是自己活动的结果而是他人活动的结果，相反创造活动条件的人却不能实际地占有自己所创造的条件。这是创造与占有的分离，这种分离使历史的主体很难在自主活动中生成自觉的自主意识，也就是说在此一阶段，人类的自主活动处在不自觉状态。

2. 从自然经济形态向市场经济形态的过渡

随着社会分工的发展，商品经济在自然经济形态中缓慢地发育起来。商品经济起初是自然经济的补充，其特点是"为买而卖"。商品循环的规律是"W—G—W"，始极是一种商品，终极是另一种商品，后者退出流通，转入消费。"这一循环的最终目的是消费，是满足需要，总之，是使用价值。"①个人消费为商品经济的发展规定了限度。这种简单的商品经济形式如果不发展到足以改变生产者的生产目的的程度是不会改变自然经济形态的基本性质的。但是商品经济本身又是从根本上瓦解、摧毁自然经济的否定因素。它在生产者之间建立了一种以"物"为中介的社会联系，这种联系只依据商品的价值确认商品所有

---

① 马克思：《资本论》，《马克思恩格斯全集》第44卷，人民出版社2001年版，第175页。

者的价值，天然地无视社会的宗法关系和等级地位赋予人的任何特权和社会规定，同时它肯定商品所有者作为商品所有者的独立地位和特殊利益并按照等价交换的原则在不同商品所有者之间建立平等的社会关系。在封建社会晚期，商业资本十分活跃。分工的发展，引起商品需求的增加，巨大的商业利润刺激着生产由消费品生产向商品生产过渡，从而产业资本开始从商业资本中分离出来。自然经济形态开始向发达的商品经济即市场经济过渡。

向市场经济过渡首先是社会经济结构的根本性变迁。其发育起点是手工业的封建行会组织向简单协作组织的转变。简单协作与行会在形式上区别不大，但经济性质根本不同。前者表现为产业资本的最初运用，并且协作产生了集体力，引起了生产条件的变化，扩大了劳动空间，有效地利用了设备。进而在简单协作中产生了固定的劳动分工，劳动组织形式复杂化，资本的管理职能形式也发生相应的变化，形成了较固定的生产组织规范，即工场手工业。工场手工业本身的技术基础发展到一定程度，就和它自身创造的生产需求发生矛盾。机器的产生和应用解决了这个矛盾，局部工作分工取代了人力分工。机器工业使生产社会化，迅速推进社会分工的发展，从而在工业文明的基础上开始了市场经济形态的历史进程。

市场经济的特征在于"为卖而买"，即表现为"G—W—G'"的资本循环，从货币出发再回到货币，使用价值的区别消失。货币只有量的差别没有质的差别。资本的运动没有给自己的运动规定任何界限，它的意义只在于价值增殖，这是强大的驱动力。它促使经济主体时刻追求潜在的经济利益，使其经济行为由满足消费的取向转变为价值增殖的取向。这种利益驱动机制是市场经济结构发育的契机。经济结构发育的可能性必然包含着潜在的经济利益，只要富于创新精神的经济主体看到了这种潜在利益，就会要求变革现存组织形式去获取潜在利益，从而引起组织形式、结构形式乃至经济制度的创新，使市场经济结构不断更新发展。

以市场经济形态为基础的社会首先表现为社会分工的充分发展。就其经济结构而言，社会分工使生产过程的技术环节和社会生产总体过程的经济环节分化和专门化。每个环节成为相对独立的但对社会经济总过程即整体而言又是局部的领域，因此，技术的和经济的诸环节之间存在着功能上的相互依赖。这表明，在社会分工充分发展的情况下，客观上要求经济、技术的诸环节之间实现功能整合,否则经济过程必然是支离破碎的。但是，经济、技术诸环节的分化和专门化本身并不必定是市场经济。经济结构的市场经济性质主要体现在诸环节的社会整合方式上。

从历史上看，市场经济自然的、自发的形成和发展是在以自然经济为基础的封建社会的经济结构中进行的。这个发育过程包含两个方面：其一，在私有制条件下，社会分工打破了自给自足的自然经济共同体，把社会成员分配到技术、经济的诸环节中，成为功能上的局部个体；其二，在私有制条件下，每个个体成为追求自身特殊利益（私利）的经济主体。黑格尔说："市民社会，这是各个成员作为独立的单个人的联合。"[1]"个别的人作为市民，就是私人。他们都把本身利益作为自己的目的。""具体的人作为特殊的人本身就是目的。"[2]这就是说，在市场经济中，经济主体成为追求特殊利益的自主主体，其经济行为的选择不受强制性因素的影响，而表现为依据市场信号的

---

① 黑格尔：《法哲学原理》，范扬、张企泰译，商务印书馆1961年版，第157页。
② 黑格尔：《法哲学原理》，范扬、张企泰译，商务印书馆1961年版，第187页。

自由选择。由于追求利益的最大化，经济主体才主动地在投入和产出之间进行核算，从而推动了市场效益的扩大。因此，作为私人的经济主体追求特殊利益被黑格尔称为"市民社会的一个原则"。经济主体追求特殊利益，而这种特殊利益又必须在商品交换中实现。如果他的活动及其产品不能成为商品，不能满足他人的需要，他就不能实现自己的利益，不能达到自己的全部目的。在这个意义上，他人成为达到自己目的的手段。"特殊目的通过同他人的关系就取得了普遍性的形式，并且在满足他人福利的同时，满足自己。"①这是市场经济的"普遍性的形式"，由此形成一切方面相互依赖的市场体系。

　　通过社会分工而产生的诸经济、技术环节客观上要求功能整合，但在市场经济条件下，这种功能整合恰恰是以经济主体之间的经济利益关系为实现条件的。功能上的相互依赖决定了一个功能局部的经济主体必须同哪些经济主体发生关系，而经济利益上的相互依赖决定了该经济主体能否同其他经济主体发生关系。在这里，商品交换成为社会交往的中介，人与人的社会关系表现为物的关系。正是由于这一点，市场经济的自动均衡机制才能发挥作用，实现价值规律对经济结构的调整。

　　3. 市场经济的发展所导致的社会生活的全面变革

　　市场经济的运行机制从根本上改变了社会经济体系的基本性质，推动了社会经济的快速发展。首先，市场机制的作用形成了社会生产的有机整体。市场通过商品交换活动把各个商品生产者彼此联系起来，"各个单个资本的循环是互相交错的，是互为前提、互为条件的，而且正是在这种交错中形成社会总资

①　黑格尔：《法哲学原理》，范扬、张企泰译，商务印书馆1961年版，第182页，第183页。

本的运动"①。市场的这种联系作用，扩展了经济活动的地域范围，加深了生产的专业化程度，使得整个社会生产结成一个有机整体。其二，市场机制的作用实现社会资源的配置。市场价格的波动会引起资本在各生产部门之间的转移，引导社会资源的流向和流量，从而把资源按市场需求分配到各个不同的生产部门，实现资源的配置。其三，市场机制迫使商品生产者面向市场需求，研究市场动向，努力生产符合市场需要的产品。同时，在竞争中不断地改善生产条件，改进生产技术，加速技术进步，提高劳动生产率。最后，市场机制的作用推动资本主义的生产方式向全世界的扩大，使以往的各个民族或国家的自然的、自发的历史转变为"世界历史"。马克思和恩格斯指出："不断扩大产品销路的需要，驱使资产阶级奔走于全球各地。它必须到处落户，到处开发，到处建立联系。资产阶级，由于开拓了世界市场，使一切国家的生产和消费都成为世界性的了。"②

从以自然经济为基础的社会向以市场经济为基础的社会过渡必然引起社会政治结构的变迁。社会分工使社会生活划分为各种不同的、具有局部性功能的领域或功能上相对独立的各个环节。而在市场经济条件下，这些局部的领域或环节通过追求特殊利益的经济主体之间的商品交换实现功能整合。局部领域或环节之间功能上的相互依赖和经济主体之间利益上的相互依赖使市场体系成为以价值规律为调节机制和均衡机制的有机结合的整体。这意味着，传统社会那种权力高度集中的政治体制及其对社会生活全面的、直接的控制和操纵的统治方式，即外在强制的社会整合方式失去了存在的基础。此外，市场经济是

①　马克思：《资本论》，《马克思恩格斯全集》第45卷，人民出版社2003年版，第392页。

②　马克思和恩格斯：《共产党宣言》，《马克思恩格斯选集》第1卷，人民出版社1995年版，第276页。

追求特殊利益的领域。当经济主体的特殊利益成为被社会所决定的利益时，经济主体必然要求彻底摆脱自身经济行为对政治体系的依附而获得最大限度的自主权和自由性，以便在充满机遇和偶然性的市场境遇中，灵活地选择自己的经济行为。传统社会的宗法关系和等级制度在市场经济中土崩瓦解，追求特殊利益的主体只承认竞争的权威，不承认任何其他的权威，他必然要求打破传统政治体系强加于人的"先天不平等"。

当然，市场体系并非在一般意义上排斥社会政治体系对经济生活的制约和控制，只不过市场经济形态与自然经济形态在性质上的对立必然产生全新的政治要求。

首先，追求特殊利益是驱动市场的原则，而特殊利益的满足是没有限度的。当特殊利益成为唯一的目标时，市场经济便成为物欲的海洋。在没有限制的情况下，各种非市场经济手段（如偷盗、抢劫、谋杀、欺诈等）就可能被用于实现特殊目的，而这必然会破坏市场经济本身。因此，要使市场经济成其为市场经济，就必须运用国家的强制性力量建立旨在维护市场秩序的市场制度，制约经济主体的行为，使之不能采取非经济手段达到目的。因此，市场经济是法制经济，而法制的力量来自国家。在这里国家是代表一种与市场物欲相对立的理性精神，国家的法律应当是对市场经济内在逻辑的理性的反映。马克思说："安全是市民社会的最高社会概念，是警察的概念。按照这个概念，整个社会存在都只是为了保证它的每个成员的人身、权利和财产不受侵犯。"[1]黑格尔正是在这个意义上把市民社会称为"需要和理智的国家"[2]。

---

① 马克思：《论犹太人问题》，《马克思恩格斯全集》第 1 卷，人民出版社 1956 年版，第 439 页。
② 参见马克思：《论犹太人问题》，《马克思恩格斯全集》第 1 卷，人民出版社 1956 年版，第 439 页。

　　其次，在市场经济中，经济主体对特殊利益的追求受其资产、技能、体智等个体因素的制约，在激烈的竞争中必然会产生财富上的不平等，造成贫富分化。市场经济本身不能解决贫富分化问题，相反是以经济主体之间的个体差异为存在的前提。但是，贫富分化必然诱发严重的社会矛盾。在追求特殊利益的物欲世界中，个人财富的积聚没有尺度，因而贫困也没有尺度，极端的分化造成贫富对立，导致贫困者的各种形式的反抗，致使社会摩擦加剧，从而威胁社会的安全。这就要求国家为贫富的分化提供一种尺度（如征收累进税、实施社会福利政策等），使其限制在社会承受贫困抗拒的能力范围内，降低社会经济发展的成本。在这个意义上国家代表一种"社会公平"的要求。

　　最后，在市场经济条件下，许多属于全民共享的公共事业（如教育、卫生、交通、通信、航天、军事、安全等）是追求特殊利益的经济主体难以承担或难以独立承担的。这些事业或者是社会进步的条件，或者代表社会进步的方向，是与特殊利益相对立的公共利益，是一种始终可以得到社会文化价值的认同但又难以成为经济主体的经济活动目标的"普遍物"。如果硬性要求经济主体牺牲特殊利益去实现对"普遍物"的追求，通常是不现实的，甚至有可能违反市场原则。这就要求国家成为实现公共利益的基本主体，利用征税所获得的物质力量来代表公众实现对"普遍物"的追求，而不致使社会进步的基本价值迷失于市场的物欲海洋之中。在这个意义上，国家代表一种理想、一种文化价值的肯定。

　　总之，市场经济条件下，经济对于政治的决定作用就表现为要求国家政治体系的理性化或法理化。显然，封建专制的政治体系完全不符合这一要求，因为一旦国家权力集中于一人手中或少数政治寡头手中，国家理性就不是一种必然性而是一种偶然性。同时权力高度集中的政治体制必然形成直接干预社会经济生活和社会文化生活的强制性整合的社会共同体，用"普遍性"压抑甚至扼杀"特殊性"。这必然同市场经济的内在逻辑、基本原则相矛盾，从而破坏市场经济本身。

正是由于传统的、以君主专制为主要形式的封建政治体系与市场经济形态的根本对立，历史上率先进入市场经济发展阶段的西方国家在其社会转型过程中都经历了激烈的政治革命。通过发展工业和商业而增长了实力的新兴资产阶级力图把表达本阶级经济利益的阶级意志上升为国家意志，以便清除阻碍市场经济运行的种种政治障碍。这一努力的最终结果是这些国家的资产阶级以不同的方式获得了国家政权，并在以后的数百年的发展中建立和逐步完善了以现代选举制度、议会制度、政府制度和政党制度为主要内容的资本主义民主政治体系。民主作为一种国家形式、一种政治体制，本质上依然是阶级统治的工具。但是，正如君主专制是自然经济的产物一样，民主政治则是市场经济的产物。从某种意义上说，没有完备的市场经济就不会有完备的民主政治。市场经济使经济生活商品化，使等价交换的原则成为普遍的社会原则，这就必然要确定经济主体在经济生活中的自主权利、独立人格和平等地位，确定经济主体之间平等互利的契约关系。这种经济原则升华为政治要求，就是确认公民在政治体系中的平等地位，赋予每个公民同等程度的权利以及相应的责任和义务，也就是在法律上确认政治权力的民意性，使政治体系成为市场体系的社会保证。因此，现代资本主义国家，无论其政治统治在实质上如何为资产阶级的特殊利益所左右，却都在宪法和法律上宣称"主权在民"的政治原则并通过确立选举制度以使这一原则体现在政治生活的过程之中。现代议会制度，至少在形式上力图使国家意志的表达（立法）能够反映或代表各阶级和各阶层的不同利益，而排除把个人专断变成国家意志的可能性。就此而言，民主政治是市场经济形态得以形成的社会条件，是市场经济内在逻辑在政治上的体现。

尽管在市场经济条件下，社会经济体系凭借自身的相互依赖性和内在的调节机制而相对独立于政治体系，但这并不意味着削弱政治体系的权威性，相反，市场经济对市场规则的要求更需要强化政治体系的权威性，只不过这种权威性不是来自政治首领的人格特征，更不是来自世袭的神圣地位，而是产生于法制的普遍性。韦伯认为，在现代社会中法律具有至高无上的地位，这是一种以法律为依据进行治理的社会。法律规范是基于有利权衡或价值合理性（或两者兼而有之）经由协议或强制来建立的，它要求这种统治类型的组织成员——通常包括居住在一定领土范围内的所有人，他们的社会关系、社会行动的方式，要受这一组织的管辖——都要服从其权力。国家立法和行政管理过程旨在制约组织在法律规定的界限内理性地追求利益并遵守形式化的原则。领袖和官员必须服从这一非人格的法律秩序，他们的任何决策和命令，也受这一秩序的辖制。服从统治的人所服从的也只是法律秩序，而不是服从统治者本人。因此，个人对掌权者的服从义务，也只限于法律秩序所承认的范围以内。这就是说，在市场经济形态中，政治的权威本质上是法律的权威，是国家理性的权威。唯其如此，政治体系才能代表"公正""公平"的社会价值。市场经济对国家理性的需求同样体现在政治体系的建构上。从政权结构上看，国家意志的表达（立法）和国家意志的执行（行政和司法）之间既要求统一性和一致性，又必须形成权力制衡的机制，而避免各种权力集于一身，导致权力运用的任意性。政府的权力相对于公民来说

是强大的，如果对政府的权力没有任何限制和约束，没有一种
力量能使它改变主意，承认错误，那就没有什么保证可以使政
府的行为不侵犯公民的权益。因此，现代西方国家都不同程度
不同形式地实行了对政府权力的分立和制衡（如三权分立等）。
从政治的组织结构上看，无论是立法、行政和司法机构都是按
照法定程序而形成的分工体系。体系的每一部分都有明确的职
权范围，执行分工系统确定的特定功能。显然，这种政治体系
在结构形式上具有"合理性"，它的程序和手段是由法规支配的，
是受理智控制的，它使政治体系成为独立于任何个人的"普遍
物"，它使任何个人的个性服从体系的理性要求。这正是现代社
会政治体系与以往传统社会政治体系的本质区别。

　　当市场经济从根本上改变了人们的生产方式、生活方式，
或者说，改变了人的生存方式的时候，社会文化精神中最核心
的部分，即对人及人与周围世界的关系问题的理解就必然要相
应地得到彻底的改造。这种改造的中心任务是必须确立与市场
主体的平等地位、自由贸易、市场运作机制的内在逻辑相适应
的新型文化观念体系。率先进入市场经济发展阶段的那些西方
国家早在 15 世纪就开始了以"文艺复兴运动"为代表的文化更
新的过程。文艺复兴是近代人本主义和理性精神的滥觞。它的
主旨是以人本主义反对神本主义、以理性主义反对蒙昧主义。
它把人的一般本性提升为历史的本体，倡导人生而平等、生而
自由，鼓励人们摆脱封建等级制度的束缚获得个性解放，并在
现世的创造活动中发挥自己的个性、表现自身的价值；它肯定
"人"是现世生活的创造者和享受者，要求恢复人追求现世幸福
的正当权利；它崇尚理性，强调科学的实证性、经验性、精确
性和有效性，力图用科学理性的权威取代宗教信仰的权威。抛
开人本主义思潮本身所具有的时代特征和哲学上的种种谬见，

我们可以看出，这一思潮是促使人们重新认识人与周围世界的关系，重新考察社会生活的意义。它的倡导人的自主性、独立性、平等、自由的人本精神，它的追求现实幸福的价值观念以及对科学理性的崇尚，都是市场经济及民主政治得以确立和发展的最基本的文化原则。

市场经济本身是富于变易性或革命性的。市场主体对潜在利益的追求不断引发结构变迁和制度创新。以往传统社会中那种依循传统生活模式、畏惧变革的文化观念是无法同市场经济的这一特征相适应的。这就必然要求在社会成员中树立变革的价值取向，使创业意识、创新意识、风险意识、效率意识等成为支撑市场运行机制的文化精神。16世纪发端于德国的宗教改革运动特别是加尔文的宗教改革促使西方国家完成了这种文化精神的转换。加尔文教的理论基础是"绝对预定论"，即认为上帝早已预定了谁是"选民"，谁是"弃民"，不可更改。然而，人们要想知道自己是否为上帝的"选民"，就看自己在现世的成功与失败，上帝总是保佑自己的选民在事业上获得成功。无疑，这种教义是用宗教语言鼓励人们竭尽自己的才智，努力创造成功的业绩。加尔文教主张严格的禁欲，但这种禁欲不是对身体的摧残，不是简单地克制自己的肉体欲望，而是主张一种克勤克俭的创业精神，使创业守成成为基本的价值取向和伦理原则。德国的宗教改革在欧洲各国产生了极为广泛的影响，它提供了新的信念和价值尺度，解除了束缚平民、手工业者、商人和实业家手脚的精神锁链，使市场经济的内在机制转化为"合理"的生活原则。当然，经历向市场经济的转型过渡，未必经历宗教改革，但必然要经历文化精神的转换，因为在大众的心理结构中不具有同市场经济相适应的文化精神，市场机制就会因受到传统价值观的抵制而无法建立或不能正常地发挥作用。

市场经济所引起的文化变革，不仅仅是文化观念的更新和文化精神的转换，更根本的是导致文化的社会整合方式的改变。在传统社会中，个体的、分散的自然经济使社会成员在经济利益及其满足方式上缺乏有机的相互依赖关系，社会共同体的存在和公共生活秩序的建立在很大程度上依靠树立和维护以共同的信仰、观念、道德责任和政治理想为基本内容的"集体意志"。这种集体意志渗透于社会生活的各个部分，使社会成员个体的行为直接地与某种"普遍价值"相联系，由此实现集体意志对个体行为的直接约束。在这种情况下，社会文化特别是统治阶级所倡导的文化，通常是作为政治意识形态的一部分而发挥文化整合功能。在市场经济条件下，社会分工的发展所带来的社会结构的高度分化和专门化，使社会成员个体的特殊利益本身变成为社会所决定的利益，利益的满足方式紧密地乃至唯一地同活动及其结果的交换过程相联系，以往必须以某种普遍价值、共同信仰和道义原则为依托才能建立起来的社会联系，现在被普遍的体现利益交换的契约关系所取代，社会成员个体之间在利益及其满足方式上的有机的相互依赖关系成为社会共同体自身最基本的社会机制。在这种情况下，社会文化的意识形态功能必然被逐渐"淡化"，因为个体的行为和特殊利益并不需要同"普遍价值"相联系才成为共同生活的一部分。当然，文化的意识形态功能被淡化并不意味着文化的社会整合功能彻底丧失。事实上，在现代社会中，全社会共有的信仰和道德原则始终对共同生活产生着持续的影响，甚至可以说是契约关系的非契约性基础，经济关系的非经济前提。只不过这种体现人及其生活的终极价值或意义的"集体意识"是潜在地发挥作用的，而且往往被追求现实利益的物欲所掩盖，只有经过深入的文化反思才能成为社会成员的自觉追求。

# 二、关于社会发展的"五形态"理论

从采集-狩猎经济到自然经济再到市场经济,这是社会经济形态发展的三个基本的历史形态。这三种经济形态的依次更替是与社会生产力"拾级而上"的发展相适应,因而是合乎规律的"自然历史过程"。然而,仅仅描述经济形态发展的历史阶段并不能完整地显示出社会形态发展的历史差别。因为,就社会经济结构内部的生产资料所有制形式以及由所有制形式所决定的社会经济、政治制度而言,不仅在不同的经济形态基础上产生了不同的所有制形式和社会制度,而且在同一种经济形态基础上,由于其自身发展的历史差别及复杂的社会历史条件的影响,也有可能建立起不同的所有制形式和社会制度。马克思在总结生产力和分工发展的不同历史阶段时,把资本主义社会产生之前历史上所发生的所有制形式概括为三种基本形式,第一种形式是部落所有制即原始公有制,第二种形式是古代公社和国家所有制即奴隶主私有制,第三种形式是封建的或等级的所有制,加上马克思所经历的资本主义所有制和他为之奋斗的社会主义或共产主义所有制,共有五种基本的所有制形式以及相应的五种社会形态。后人根据马克思的有关论述,把社会的历史发展归结为五种基本的社会形态的依次更替,形成了所谓"五形态理论"。

然而,关于五种社会形态的依次更替是否成为一种规律这个问题则在东西方学术界引起很大的争论。当代西方许多学者认为,五形态更替的理论纯粹是虚构出来的,根本经不起事实的检验;也有的认为,五形态依次更替至多只能作为某一地区、某一国家的发展规律，绝不是社会发展的普遍规律。国内有些学者亦主张类似的观点。这种观点的主要论据是，世界上没有几个民族或国家经历了完整的五种社会形态的依次更替，甚至许多民族或国家呈现出跨阶段发展的特征，因此，历史发展的经验事实并没有为"五形态理论"提供强有力的支持。

的确，如果说五形态依次更替作为一种规律是指任何民族或国家不管其历史境况有怎样的特殊性或发生怎样的变化都必然要经历上述五种社会形态的依次更替，这是不符合历史的真实的。马克思本人也没有这种看法，他并没有把五种形态的更替表述为一种规律。但是马克思也没有把五种形态的更替看成一种偶然性，看成没有规则的历史现象。他对历史上发生的各种所有制形式、生产方式和社会形态的历史性更替的考察，是力图揭示通过这种历史性更替表现出来的社会发展的共同规律，即所有制形式、生产方式和整个社会形态的发展和演变归根到底是社会生产力发展的结果，在生产力的一定发展阶段上必然产生与这一生产力的发展状况相适应的生产关系和社会形态。各种社会形态依次更替所表现出来的顺序，本质上体现了社会生产力"拾级而上"的发展过程。马克思概括地指出："随着新生产力的获得，人们改变自己的生产方式，随着生产方式即谋生的方式的改变，人们也就会改变自己的一切社会关系。手推磨产生的是封建主的社会，蒸汽磨产生的是工业资本家的社会。"①应当说，这是社会形态依次更替所表现出来的社会发展的统一性、一致性、必然性的实质内容，是任何民族或国家的发展历程本身所遵循的共同规律。

但是，能否说任何民族或国家都必然要经历五种形态的依

_____

① 马克思：《哲学的贫困（节选）》，《马克思恩格斯选集》第 1 卷，人民出版社1995 年版，第 142 页。

次更替？对于这个问题，马克思本人是十分慎重的。从世界历史上看，大多数民族或国家就其自身内部的生产力自发、自然的发展过程而言，都大致经历了从原始社会到奴隶社会再到封建社会三个阶段。这三个阶段都是社会生产力发展的结果，都是与一定的社会经济形态相适应的。如在采集–狩猎经济形态基础上，只能产生原始公有制的社会形态，而奴隶制和封建制都是与自然经济形态相适应的，其中奴隶制向封建制的过渡是自然经济形态本身发展的结果，具体地说，是生产力的发展使自然经济进一步朝向个体化发展的结果。除此之外，在马克思的时代，许多国家的社会形态不是已经完成了向资本主义社会的过渡，就是已经表现出向资本主义过渡的趋势。但尽管如此，马克思也没有断然认为所有的民族或国家都必然要走相同的发展道路。他把自己的结论限定在西欧国家发展的范围内，明确表示："一定要把我关于西欧资本主义起源的历史概述彻底变成一般发展道路的历史哲学理论，一切民族，不管它们所处的历史环境如何，都注定要走这条道路"，这样做，"会给我过多的荣誉，同时也会给我过多的侮辱"。①他之所以这样说，是因为他比其他任何人都更清醒地知道："极为相似的事变发生在不同的历史环境中就引起了完全不同的结果。"②在考察 19 世纪俄国社会发展问题时，马克思解释了他为什么把"这一运动的历史必然性"限于"西欧各国"的原因。他认为，西欧国家从封建制向资本主义的过渡，是"以自己的劳动为基础的私有制……被以剥削他人的劳动、即以雇佣劳动为基础的资本主义私有制

---

① 马克思：《给〈祖国纪事〉杂志编辑部的信》，《马克思恩格斯全集》第 25 卷，人民出版社 2001 年版，第 145 页。
② 马克思：《给〈祖国纪事〉杂志编辑部的信》，《马克思恩格斯全集》第 25 卷，人民出版社 2001 年版，第 145 页。

所排挤"。①这个过程不一定是俄国社会必然经历的。他说："可见，归根到底这里所说的是把一种私有制形式变为另一种私有制形式。但是，既然俄国农民手中的土地从来没有成为他们的私有财产，那么这一论述又如何应用呢？"②因此，马克思绝不排除俄国这样的社会走出不同于西欧国家发展道路的可能性。他认为，从经济形态自然的发展过程上看，土地公社所有制向私有制过渡是不可避免的，"如果您回顾一下西方社会的起源，那您到处都会发现土地公有制；随着社会的进步，它又到处让位给私有制；因此，它不可能在俄国一个国家内免于同样的遭遇"。③但是，随着资本主义的发展，俄国社会发展的历史环境发生了根本性变化，因而俄国有可能跨越资本主义发展的"卡夫丁峡谷"，直接进入高于资本主义制度的社会发展阶段。他说，"在俄国，由于各种情况的特殊结合，至今还在全国范围内存在着的农村公社能够逐渐摆脱其原始特征，并直接作为集体生产的因素在全国范围内发展起来。正因为它和资本主义生产是同时存在的东西，所以它能够不经受资本主义生产的可怕的波折而占有它的一切积极的成果"，"在欧洲，只有俄国的'农村公社'在全国范围内保存下来了。因此，它目前处在这样的历史环境中：它和资本主义同时存在为它提供集体劳动的一切条件。它有可能不通过资本主义制度的卡夫丁峡谷，而占有资本主义制度所创造的一切积极的成果"。④

　　今天，我们探讨社会发展道路时，应当特别注重马克思关

---

① 马克思：《给维·伊·查苏利奇的复信》，《马克思恩格斯全集》第 25 卷，人民出版社 2001 年版，第 455 页。

② 马克思：《给维·伊·查苏利奇的复信》，《马克思恩格斯全集》第 25 卷，人民出版社 2001 年版，第 455 页。

③ 马克思：《给〈祖国纪事〉杂志编辑部的信》，《马克思恩格斯全集》第 25 卷，人民出版社 2001 年版，第 476 页。

④ 马克思：《给维·伊·查苏利奇的复信》，《马克思恩格斯全集》第 25 卷，人民出版社 2001 年版，第 456 页，第 465 页。

于"极为相似的事变发生在不同的历史环境中就引起了完全不同的结果"①这一重要思想。自 16 世纪以来，开始于西欧各国的资本主义的发展逐渐地从根本上改变了世界上各个民族或国家社会发展的历史环境。一方面是资本主义世界市场的形成，另一方面是伴随着血与火的殖民化过程，世界上各个民族或国家，特别是经济上比较落后的民族或国家已经不能继续走其自然的、自发的发展道路，而是被拖入了世界性的资本主义体系。到了 20 世纪 40 年代中期以后，历史环境再次发生重大变化，这就是第二次世界大战后，绝大多数殖民地和半殖民地国家纷纷独立，走上了自主发展的道路。然而，在这一时期，随着科学技术的飞速发展、现代交通和通信技术的广泛采用、跨国公司和世界贸易在全球的扩展以及各国间政治、军事势力的角逐，世界范围内的经济、政治和科学文化已经形成为一个高度相互制约、相互依赖的体系，生存和发展已经不是一个国家自身的事情，而是普遍的全球性问题。在经济、技术和文化的国际交流中，科学技术的发展所创造的新的生产力可以很快地传输到世界各地，在这种情况下，一个经济、政治和文化相对落后的国家完全有可能在这个世界体系中，通过吸收发达国家发展的肯定的成就，获得依其自身自然的发展或许还须再走几百年才能获得的新生产力，从而跨越自然的发展阶段进入现代国家的行列。面对这种新的历史环境，如果还认为各个民族或国家一定要经历五种形态的依次演进，那只能是玩弄概念游戏的大笑话。

　　然而，一个国家在新的历史环境下并不必然地经历五种社会形态的依次更替，是不是否认了社会发展的统一性？是不是

---

　　① 马克思：《给〈祖国纪事〉杂志编辑部的信》，《马克思恩格斯全集》第 25 卷，人民出版社 2001 年版，第 145 页。

否认了社会经济形态发展是一自然历史过程的观点呢？当然没有！首先，社会发展的统一性，并不在于每个国家必然经历五种社会形态，而在于所有制形式的变更、社会形态的演变必然是生产力发展的结果。落后国家跨阶段发展的基本前提是在世界体系中吸收和消化发达国家所创造出来的新的生产力，使之成为引起自身社会变革的物质基础。显然，没有这个基础，跨阶段发展是根本不可能的。相反，如果一个国家已经获得了新的生产力，却硬要建立与较低生产力状况相适应的社会形态，那才是不可理解的事情。其次，尽管在许多相对落后的国家中，跨阶段的发展所造就的社会经济、政治制度不尽相同，但社会经济形态的发展阶段却显示出十分顽强的不可跨越性，在当今新的历史环境下，主要表现为社会经济形态的发展不可能绕过市场经济的发展阶段而直接从自然经济形态过渡到高于市场经济的经济形态中。例如，我国并没有经历完整的资本主义发展阶段，而是在民主革命胜利后，在半殖民地、半封建社会的废墟上直接建立起了社会主义的经济、政治制度。在我国社会主义经济建设的最初阶段，曾否认在我国发展市场经济的必要性，而是力图按照马克思所设想的计划经济模式来促进我国的现代化建设。但是，几十年发展的现实教育了我们，使我们终于认识到，没有市场经济的充分发展是根本不可能真正实现生产的社会化和现代化的，市场经济是社会经济形态发展的不可逾越的阶段。我们经过几十年的曲折，最终又回到发展市场经济这条道路上来。这不正是马克思所说的"既不能跳过也不能用法令取消自然的发展阶段"吗？

# 三、关于社会形态发展的多样性问题

社会发展的统一性仅仅指明了各个民族或国家历史发展过程的共同本质、一般规律和客观必然性，而不能说明它们各自历史发展过程的特殊内容，不能说明它们彼此之间历史发展的差别性。共性寓于个性之中，社会生活的共同本质存在于各个民族或国家各具特色的社会生活模式中，社会发展的统一性也是通过各个民族或国家历史发展的多样性表现出来的。

1. 不同民族或国家社会生活模式的多样性

社会形态发展的多样性首先体现在不同民族或国家的社会系统在显结构上的差异性上。显结构是一个文化集成体，也就是说，显结构是以一定社会主体通过对自然界和社会生活的客观属性、客观关系的主观把握而形成的文化精神及价值观念为基底的。因此，尽管从隐结构的角度看，社会生活的客观本质、社会有机系统中各种社会生活基本因素之间的客观关系以及社会形态演变的客观机制和规律具有共同性、一致性，但由组织体系、目标体系、规范体系和权威或权力体系所构成的社会显结构却因不同民族或国家历史地形成并内化于社会成员心理结构中的文化精神和价值观念的差异而各具特色。

一个民族或国家社会形态发展的特殊性可以追溯到历史的源头。不同的民族或国家生活在不同的地理环境中，其社会组织形式、生产方式、生活方式和行为方式必须同特定的自然环境条件相适应。因此，在社会生产力水平十分低下的原始社会时期，一个氏族共同体的特殊性是为自然环境条件的特殊性直接决定。共同体中的社会成员之间物质的和精神的交往方式与自然环境条件的特点相适应，从而形成了属于该民族的、地域性的、特殊的文化精神。这种民族文化精神包含该共同体成员对周围世界的理解和共识以及在此基础上形成的信念、信仰和价值观念。民族文化精神作为体现民族性格的"集体意向"通过习俗礼仪、道德规范、社会制度、生活方式等社会生活的诸多方面表现出来。从而使民族共同体成为具有民族个性的文化集成体。随着物质生产力的发展，生产方式和生活方式的变化，人们的文化观念也必然会发生变化，但是，社会文化精神通过人们之间物质的和精神的交往、通过同一种语言的使用和共同生活的情感连接而内化于社会成员的心理结构中，它的发展具有连续性、积累性，在社会生活的发展中产生出来的新的文化观念，即便可以改变旧的文化观念的实质，也必须采取寄寓着民族情感和民族个性、体现民族精神的文化形式。由此，特殊的、地域性的民族文化在民族的历史发展中构成了体现民族特殊性的文化传统。

体现民族精神的民族文化传统同时也是该民族实现社会整合的文化机制。社会系统内部大量的社会生活因素之间存在着复杂的非线性相互作用关系，因而具有多种可能的演化形态。使哪一种可能的演化形态成为现实，一方面取决于支持演化的各种现实的物质条件，另一方面取决于社会主体基于文化精神的价值选择。也就是说，在既定的物质生活条件所决定的社会系统演化形态的可能性空间中，形成什么样的社会组织体系、规范体系、权威或权力体系和目标体系，总是取决于社会成员在文化价值观上的认同，取决于它们是否具有可以接受的"合理性"。当然，正如我们在第四章中指出的那样，这种"合理性"并不一定是科学性，人们并不一定总是依据对自然界和社会生活的正确把握来创设规范、形成组织。形成社会组织体系、规范体系、目标体系和权威体系，亦即形成社会显结构，只是要实现社会的整合。如果它们不是基于人们对社会生活的共同理解，没有价值认同上的"合理性"，不能被社会成员所接受，要么不能产生，要么只能依靠外在强制力量得以产生和维持，在这种情况下通常会在社会系统内部引起无法克服的矛盾。

传统文化所具有的民族的特殊的文化精神和文化价值选择，加上地理环境、国土面积、人口状况和外部影响等多方面因素的综合作用，使不同的民族或国家即便处于大致相同的生产力发展阶段，所形成的社会显结构体系也会显示出千差万别的多样性，或者说基本性质大致相同的社会形态可以有多种多样的文化表现形态。例如，同是奴隶社会，在西欧，奴隶主以经营大庄园为主，直接驱使和强制奴隶从事较大规模的集体劳动；在东方，奴隶主则主要是把土地划分为小块，分给成家奴隶以家庭为单位分散耕作，并较多地使用奴隶从事家务劳动。基于这种情况，恩格斯在《家庭、私有制与国家的起源》一书中，把西欧的奴隶制称为"古代的劳动奴隶制"，把东方的奴隶制称为"东方的家庭奴隶制"。再如，在封建社会，西欧的封建土地所有制形式主要是领主土地所有制。封建领主在自己的领地内，可以自立城邦，形成独立的庄园经济。农奴对领主的人身依附关系较强，直接属于自己的领主。这种经济形式决定了西欧的封建国家在政治上形成封建王权与诸侯势力相互抗衡、相互制约的局面。而在东方，如中国，封建土地所有制形式则主要是国家土地所有制和地主土地所有制并存。在这种土地制度下，土地允许自由买卖，地主占有土地的多寡主要取决于经济实力，而不取决于政治上的特权。从事农业劳动的主要是私人佃农或国家佃农，其中私人佃农对封建地主的人身依附比较弱。在政治上则是实行以宗法关系为核心的高度集权的君主专制制度。不仅奴隶社会和封建社会发展时期，不同的民族或国家的社会系统在其显结构上表现出千差万别的多样性，就是在现在的资本主义和社会主义社会中，不同的民族或国家的社会显结构或社会生活模式乃至社会制度体系均有其由各自的文化传统和特殊的国情所决定的个性特征。正如马克思所说的那样："相同的经济基础——按主要条件来说相同——可以由于无数不同的经验的情况，自然条件，种族关系，各种从外部发生的历史影响等等,而在现象上显示出无穷无尽的变异和彩色差异，这些变异和差异只有通过对这些经验上已存在的情况进行分析才可以理解。"①

2. 社会历史发展的必然和偶然、必然和自由

在第二章中，我们已经对必然性和偶然性各自的规定性以及二者间的辩证关系做出了一般意义上的理论分析。这个分析对于考察社会历史发展过程中的必然性和偶然性依然是适用的。

在社会历史发展的现实过程中，影响社会动态过程的偶然性因素亦是大量存在的。人类社会作为由多种因素所构成的复杂系统，其内部经济的、政治的和思想文化的等多层次、多方面过程既相互联系、相互制约，同时又各有其相对独立的因果机制，也就是说，社会系统本身包含着大量的各自相对独立的因果过程的"汇合"和"交叉"，因而充满了不确定的或偶然的倾向。社会发展的客观规律作为在人们共同生活中所产生出来的各种社会生活基本因素之间的隐结构关系，以及由社会历史的客观规律所决定的社会发展的客观趋势，在其现实性上，是通过大量的因果过程的"汇合"或"交叉"表现出来，并通过

---

① 马克思：《资本论》,《马克思恩格斯全集》第 46 卷，人民出版社 2003 年版，第 894—895 页。

种种偶然性为自己开辟道路。例如，生产力与生产关系之间的矛盾运动及其规律，一般地决定了社会经济形态乃至全部社会形态发展变革的基本趋势，但是，在现实的社会生活中，这一矛盾运动及其规律并没有赤裸裸地摆在我们面前，而是通过阶级之间、阶层之间的矛盾，经济生活与政治生活的矛盾，经济、政治生活与思想文化生活的矛盾表现出来，通过人们的生产活动、经济交往、政治活动（甚至包括军事活动）和精神生活表现出来，这些错综复杂的矛盾以及各方面的社会生活所具有的具体形式和特征，通常又同一个民族或国家历史地形成的文化传统密切相关，在很多时候还受到来自自然环境中的各种变化（如自然灾害）的直接影响。因此，尽管生产力与生产关系的矛盾运动及其规律是社会发展的普遍的、共同的规律，但是由于受到来自社会系统内部和外部的各种偶然因素的影响，这一矛盾运动和规律在不同的民族或国家的历史发展中便会有十分不同的表现形式和具体内容。恩格斯在晚年批评那种把唯物史观变成简单公式的庸俗做法时指出：

> 根据唯物史观，历史过程中的决定性因素归根到底是现实生活的生产和再生产。无论马克思或我都从来没有肯定过比这更多的东西。如果有人在这里加以歪曲，说经济因素是唯一决定性的因素，那么他就是把这个命题变成毫无内容的、抽象的、荒诞无稽的空话。经济状况是基础，但是对历史斗争的进程发生影响并且在许多情况下主要是决定着这一斗争的形式的，还有上层建筑的各种因素：阶级斗争的政治形式及其成果——由胜利了的阶级在获胜以后确立的宪法等等，各种法的形式以及所有这些实际斗争在参加者头脑中的反映，政治的、法律的和哲学的理论，宗教的观点以及它们向教义体系的进一步发展。这里表现

出这一切因素间的相互作用，而在这种相互作用中归根到
底是经济运动作为必然的东西通过无穷无尽的偶然事件
（即这样一些事物和事变，它们的内部联系是如此疏远或者
是如此难于确定，以致我们可以认为这种联系并不存在，
忘掉这种联系）向前发展。否则把理论应用于任何历史时
期，就会比解一个最简单的一次方程式更容易了。①

在社会发展过程中，偶然性决定了历史发展的外观形态。
任何民族或国家的历史，从外观上看，是由一系列历史事件构
成的。而就每一历史事件所以发生的全部原因来说，都是大量
因果过程的"汇合"或"交叉"，因而就其全部个性内容和特征
来说，都是一种具有偶然性的事件。特别是那些由人的活动促
成的历史事件，其发生、发展和结局，不仅往往取决于许多经
济的、政治的和文化的（有时还包括自然的）因素，更重要的
还取决于导演这些历史事件的历史人物的个人品质和才能。历
史人物个人的品质和才能，对于历史发展的总体过程来说，就
是一种不折不扣的偶然性，因为他们的存在与他们的品质和才
能的形成原因和过程并不是完整地包含在历史规律中，为历史
规律所决定的。然而，当由他们来担当历史重任时，他们个人
的品质和才能就直接决定了由他们导演的历史事件的发生和结
局，并使历史的外观明显地打上他们个人的印迹。例如，没有
拿破仑，或者拿破仑在一次战斗中被一颗偶然的流弹打死，法
国历史上就不会有那些至今还令法国人感到骄傲的伟大战役，
甚至可以说法国的那段历史恐怕都会因此而改写，也就是说，
由历史规律所决定的历史发展趋势可能就会通过另外一个系列
的历史事件表现出来。

---

① 恩格斯：《致约·布洛赫（1890 年 9 月 21 日—22 日）》，《马克思恩格斯选集》
第 4 卷，人民出版社 1995 年版，第 696 页。

　　偶然性决定了历史的外观，但这并不意味着偶然性可以决定历史过程的基本性质和发展趋势，并不意味着社会历史就是一系列偶然事件的堆砌。在社会系统中，大量的偶然性因素构成了社会系统内部的随机涨落，这些随机涨落对社会系统动态过程的影响，从根本上说是受社会基本矛盾运动状况的制约的。当社会生产力和生产关系之间、经济基础和上层建筑之间还处在基本适应的状态时，这些随机涨落一般不会导致社会结构的根本性变迁，即便在某些特定条件下，这些随机涨落引起了剧烈的社会动荡，但其结局，也通常是原有性质的社会结构的修复。而当生产力和生产关系、经济基础和上层建筑之间发生尖锐冲突，各种社会矛盾因此而汇集起来时，这些随机涨落就会在结构变迁的临界点上被放大，从而直接促进社会结构变迁的发生。那些活跃在历史变革时期的历史人物，就他们个人的存在和个人的品质和才能而言，当然是一种偶然性，但使他们能够成为举足轻重的历史人物，则不能完全由他们个人的成长过程来说明。如果不是社会基本矛盾发展到必须彻底变革社会结构、社会制度的程度，他们也许就不会被推向历史的前台，表演他们叱咤风云的能力。而如果社会基本矛盾运动已经发展到了这样的程度，那么，即便没有我们所熟悉的那些历史人物，也会有其他人物涌现出来，成为历史重责的担当者。在这种情况下，他们个人的品质和才能就通过他们导演的历史事件使社会变革具有丰富生动的个性特征，并直接影响变革的进行过程，或者加速变革的完成，或者使之延缓。

　　社会历史发展过程充满了偶然性，而且人们越是缺乏对历史过程的客观本性和客观规律的自觉把握，这些偶然性就越是作为一种盲目的客观力量支配着人的行为。我们说，人的活动都是一种自觉的活动，但这里所说的自觉并不是说人们在一开始就自觉地把握了社会发展的规律和趋势，并依照这种认识来决定自己的所作所为。社会发展规律是在人们的共同生活中产生出来的各种社会生活基本因素之间的内在的隐结构关系，这些规律是通过大量的偶然性表现出来，没有相应的理论思维水平，是很难把握到的。马克思在阐述商品流通的规律时指出：

> 我们对于这个流通领域当然只能就它所产生的各种形式规定进行说明，论证资本的形态在流通领域内的继续发展。但是事实上，这个领域是一个竞争的领域，就每一个别情况来看，在这个领域中是偶然性占统治地位。因此，在这个领域中，通过偶然性来为自己开辟道路并调节着这些偶然性的内部规律，只有在对这些偶然性进行大量概括的基础上才能看到。因此，对单个的生产当事人本身来说，这种内部规律仍然是看不出来，不能理解的。①

从这个意义上说，在人们真正地把握了社会发展规律之前，人的自觉不过是一种个体的自觉，即他的行为是受他个人的意志支配的，他知道自己行为的目的，但他对社会生活中各种制约着他的行为的客观力量，往往是茫然无知的。这样，"一种社会活动，一系列社会过程，越是超出人们的自觉的控制，越是超出他们支配的范围，越是显得受纯粹的偶然性的摆布，它所固有的内在规律就越是以自然的必然性在这种偶然性中去实现自己"②。在这样的状态下，尽管每个人的活动在个体上都是自觉的，但社会发展的总体过程却不是自觉的，而是表现出自发进化的特征。对此，恩格斯做出了这样的说明："历史是这样创造的：最终的结果总是从许多单个的意志的相互冲突中产生

　　① 马克思：《资本论》，《马克思恩格斯全集》第 46 卷，人民出版社 2003 年版，第 938 页。
　　② 恩格斯：《家庭、私有制和国家的起源》，《马克思恩格斯选集》第 4 卷，人民出版社 1995 年版，第 175 页。

出来的，而其中每一个意志，又是由于许多特殊的生活条件，才成为它所成为的那样。这样就有无数相互交错的力量，有无数个力的平行四边形，由此就产生出一个合力，即历史结果，而这个结果又可以看作一个作为整体的、不自觉地和不自主地起着作用的力量的产物。……所以到目前为止的历史总是像一种自然过程一样地进行，而且实质上也是服从于同一运动规律的。但是，各个人的意志——其中的每一个都希望得到他的体质和外部的、归根到底是经济的情况（或者是他个人的，或是一般社会性的）使他向往的东西——虽然都达不到自己的愿望，而是融合为一个总的平均数，一个总的合力，然而从这一事实中决不应做出结论说，这些意志等于零。相反地，每个意志都对合力有所贡献，因而是包括在这个合力里面的。"①顺便说一点，我国学术界不少学者认为，恩格斯在这里所说的"合力"就是历史规律，或历史必然性。这种看法是极经不起推敲的。"合力"只是一种比喻，它比较形象地说明，在社会的自发进化中，历史规律是怎样通过人的活动表现出来，怎样通过人的活动决定历史事变的总的结果，而不是历史发展的实质，更不是历史规律本身。

然而，尽管社会历史发展的现实过程表现为必然性和偶然性的统一，但必然和偶然的关系并不是人类历史过程的实质。自然物之间的相互作用过程在其现实性上被局限于必然和偶然的统一中，这是因为，自然物不是一个有着自觉意识的自为存在的主体，它的运动变化并不指向什么目的，而只是在各种因果过程的"汇合"或"交叉"中自然发生的过程。而社会活动的主体是有意识、有目的的人，虽然人们对社会生活本身的客

---

① 恩格斯：《致约·布洛赫（1890年9月21日—22日）》，《马克思恩格斯选集》第4卷，人民出版社1995年版，第697页。

观性质、复杂的结构关系和客观规律的科学把握需要一个漫长的过程，但人的语言意识使人具有把握社会本性的潜能。随着人类社会实践的发展，人们不仅在不断深化和扩大对自然界的认识，而且也在不断深化和扩大对社会生活本身的认识。这样，社会发展在必然和偶然的统一中所具有的各种可能的趋势就可以逐步地呈现在人的自觉意识中，使人们可以依据自身的价值目标从中选择或构造理想的社会生活状态，并通过自己的自觉活动促使理想变成现实。在这个意义上，社会发展过程中的必然和偶然的矛盾就在人的自觉活动中不断转换为必然和自由的矛盾。因此，人类社会历史从根本上说，就是不断地由自发进化向自觉发展过渡的历史，这个过程的实质内容是必然与自由的统一。

3. 社会发展的内生因素与外部条件

社会形态发展的多样性，不仅体现在历史的必然性和偶然性的统一上，而且还体现在社会发展的内生因素与外部条件的关系中。

所谓发展的内生因素，是指一个民族或国家在其发展过程中历史地形成的各种发展条件的总和，包括自然条件、人口因素、国土状况、文化传统、经济水平、生活方式、社会制度、社会心理等多方面因素。这些因素不是拼凑堆砌在一起的，而是按一定的结构关系相互作用、相互结合构成了一个民族或国家的社会生活体系。每个民族或国家都经历过较为漫长的自然、自发的历史发展过程，因而其社会系统中各方面因素在任何一个历史发展阶段上所达到的现实状态，都有十分复杂的历史成因。黑格尔认为，现实是历史发展的结果，因此对于现实来说，历史并没有消失，而只是失去了直接性。这就是说，内生因素的各个方面以及它们的相互结合方式是同发展的历史过程相联系，有着深厚的历史根源的。

任何民族或国家所面临的生存和发展的条件以及所经历的自然、自发的发展过程都是不尽相同的，因而历史地形成的各种内生因素具有十分鲜明的民族个性，是一个民族或国家的民族性和特殊国情的具体内容。不同的民族或国家社会发展的内生因素不同，其发展道路和发展中所形成的社会体系也就具有了千差万别的多样性。例如，欧洲封建社会末期，随着社会生产力的发展，英国、法国和德国等西欧国家都已开始向资本主义市场经济过渡。然而，这些国家在内生因素上的差别，使这些地理上比较接近的国家发展方式和结局上也各有其特殊性。在英国，王权的力量、贵族的力量和市民阶级（资产阶级为主体）大致平衡，形成了相互制约的政治局面。当贵族的分裂倾向严重时，王权就与市民阶级联合起来，制约贵族，保持统一；当市民阶级力图取得政治上的统治地位时，王权就与贵族携手，维护封建等级体系的稳定；而当王权出现专制倾向时，市民阶级就同贵族力量联合，共同防止官僚机构和国王权力的过分膨胀。这三种力量的均衡导致了君主议会制政治体系的产生。在法国，封建王权的力量几经反复，到了 17 世纪变得十分强大，并建立起绝对君主专制制度，这就决定了法国资本主义结构不可能和平地取代封建社会结构，其结果是资产阶级领导的社会革命以疾风暴雨式的武装斗争彻底推翻了封建专制制度，建立起了资产阶级的民主共和国。而在德国，贵族的力量大于王权和市民的力量，致使德国社会长期处于分裂割据状态，并使资本主义社会取代封建社会的过程大大延长。这表明，不同民族或国家社会发展的内生因素不同，因而即便是性质上相同的社会变革，也不会走完全相同的发展道路。当代社会发展理论特别强调发展的内生性，就是要特别注重一个民族或国家自身的发展机制和特殊国情。一个国家发展的成功的经验不能简单地移植到另一个国家中，因为内生因素的不同，往往会使相同的做法在不同的社会体系中产生不同的后果。

发展的外部条件是指一个民族或国家在其发展中所面临的历史环境，其中主要是指不同民族、不同国家之间在经济、政治和文化上的相互影响、相互制约。尽管不同的民族或国家由于发展的内生因素不同而有其独特的历史发展进程，但任何民族或国家又不可能是绝对封闭的社会体系，经济往来、文化交流、军事冲突等社会活动的频繁发生，把不同的民族或国家不同程度地联系起来。对于一个民族或国家来说，其他民族或国家的发展及其对自身的影响，就构成了它自身发展的外部条件。

由于各个民族或国家的经济、政治和文化都是不断发展变化的，因而一个民族或国家的社会发展在不同的历史时期所面临的外部条件或历史环境都是不同的。在不同的历史环境中，受不同的外部条件的影响，其发展的道路、方式和结局也会表现出历史的特殊性。关于这一点，我们在前面探讨社会形态理论时已做出一些理论说明，在这里，我们仅结合当代发展中国家的发展问题，进一步阐述我们的观点。

当代社会发展理论所研究的一个重点问题是发展中国家如何从以自然经济为基础的传统社会向以市场经济为基础的现代社会的过渡。英、法、德、美等西方主要资本主义国家由自然经济向市场经济的过渡开始于 16—17 世纪，完成于 19 世纪，而绝大多数发展中国家自主地发展本国的市场经济则是在 20 世纪 40 年代中后期（即第二次世界大战以后）才开始的。当代社会发展理论将之区分为"先发国家"和"后发国家"。"先发"和"后发"的区别不仅仅是时间早晚，更重要的是先发国家若干世纪的发展从根本上改变了世界经济、政治和文化发展的格局从而使后发国家的社会转型过程处在与先发国家转型时期完全不同的国际环境和历史条件中，因而面临完全不同的社会问题。

首先，以英、法、德、美为代表的西方国家是通过资产阶级革命率先完成向以市场经济为基础的现代社会转型的。这个转型过程是随着商品经济的发生和发展而自然自发地实现的，较少受其他民族国家经济、政治和文化发展的影响。然而，资本主义市场经济在这些国家充分发育的过程同时也是资本的国际化过程。通过世界市场的开拓和殖民化过程的扩展，各民族国家自我封闭的经济和文化锁链被市场经济这把"利刃"斩断，民族国家的历史开始迅速地向世界历史转化。特别是 20 世纪以来，随着现代交通和通信技术以及跨国公司、世界银行和多边经济关系的飞速发展，随着发达资本主义国家之间为争夺原料产地和商品市场而展开的经济、军事角逐以及第三世界国家争取民族独立和解放的斗争，世界范围内经济、政治和文化已形成了一个普遍相互依赖、相互制约的体系。生存和发展不再是一个民族或国家自身的事情，各民族国家自然、自发的发展道路已被终止。广大发展中国家起初是在资本主义殖民化过程中被卷入这个日益扩展的世界体系中，备受资本主义宗主国的掠夺。"二战"以后，大部分发展中国家在政治上获得独立，但其通向现代化的发展过程却受世界体系的制约。一方面，在世界体系中广泛的、密切的经济、政治和文化的交流与渗透使发展中国家有可能通过借鉴先发国家的经验教训、吸收现代科学文化发展的优秀成果并利用国际援助和国外资本的流入，而在较高的起点上获得跨阶段发展的机遇；另一方面，由于各个国家和地区经济、政治和文化发展的不平衡性，这个世界体系又充满了矛盾和抗争。发展中国家因其经济技术的普遍落后而在国际竞争中处于不利地位，其发展过程步履维艰。

其次，从社会结构的角度看，"先发"国家由传统社会向现代社会的过渡，都经过资本的"原始积累"完成了农业经济的商品化，从而确立了资本主义的"一体化"市场经济结构。与此相适应，社会政治结构和思想文化结构也通过资产阶级革命从传统社会类型向与市场经济结构的功能要求相吻合的现代社会类型的转变。同西方发达国家相比，发展中国家却普遍面临"结构二元性"的困扰。所谓"二元结构"首先是指发展中国家经济结构中存在着其性质和结构完全不同的两种经济形式，即生产效率低下、经营方式落后的自给或半自给性农业经济和生产效率较高、经营方式较为先进的现代工业经济。这种二元结构起初是资本主义殖民化过程的结果，"二战"以后，获得独立的发展中国家为了摆脱贫困状况片面追求工业化而忽视了对农业经济的改造，致使经济结构的二元性被牢固化。在二元结构中，城市工业的迅速发展导致城市消费的畸形膨胀，农业经济则因投资增长缓慢长期滞留在自然经济模式中，城乡之间生产方式、生活方式和分配方式以及城乡居民的经济收入和文化教育水平上的差距越来越大，从而抑制了一体化市场经济的形成，使市场经济的均衡机制或价值规律的调节手段不能充分发挥作用。经济结构上的"二元性"必然延伸到政治领域和思想文化领域，造成整个社会结构的二元性，相互矛盾的社会体制以及难以相容的发展策略持续不断地引起社会内部的紧张和动荡不安。

再次，社会转型所面临的更深层次的问题是文化更新问题。西方国家的文化变迁是在资本主义市场经济发育过程的推动下发生的。文艺复兴时期的人文主义运动、宗教改革运动和启蒙运动从根本上改变了人们传统的文化价值观，确立了与资本主义生产方式和生活方式相适应的文化精神，解除了束缚新生资产阶级手脚的精神锁链，从而为资产阶级革命的完成，为资本主义经济、政治体制的确立提供了智力支持、心理准备和文化背景。而大多数发展中国家没有经历市场经济自发的、完整的发育过程，因而在自身的经济结构的演变中缺乏刺激本土文化发生变革的因素。社会体制所包含的组织体系、规范体系、目标体系和权利体系（政治体系）均以一定的社会文化价值观为基底。如果社会成员普遍缺乏与现代化过程相适应的文化价值观念，如自主意识、创业精神、讲究效率、注重信誉、法制观念、公平竞争等，势必对现代化过程所必须经历的结构变迁缺少必要的思想准备、智力支持和心理承受力，自觉或不自觉地抵制结构变迁。发展理论家们发现，追求经济增长易于成为贫穷落后国家所倾心的目标，而一旦要从根本上变革社会结构，确立新的发展模式，那么在需要变革的任何一个地方，都会遇到人们久已习惯的传统价值观念的抗拒。这就使社会变革过程变得步履维艰。文化更新的另一个重要问题是民族文化与外来文化的冲突问题。民族文化包含着一个民族自然形成的语言系统、价值观念、伦理意识、风俗习惯和生活方式等诸多因素，通常是民族性的具体体现。然而，世界范围内经济、政治和科学技术的交流必然伴随着文化意识形态的交织、碰撞。落后国家在吸收现代科学技术的同时不得不面临外来文化对本民族文化的严峻挑战，并在得失之间进行痛苦的选择。对于大众来说，传统的民族文化中肯定有许多东西是美好的、自然的、可爱的，但传统文化毕竟是在自然经济基础上形成的东西，其总体结构和基本性质与现代市场经济是格格不入的。如果不损害田园般的温馨和谐，每个人都愿意提高他们的收入，但如果与较好的生活水平在一起的还有你死我活的竞争和经济不平等，那么这个选择就相当艰难了。

发展中国家所面临的发展问题表明，尽管向市场经济过渡是任何一个追求现代化的发展中国家必然要经历的过程，但同西欧国家的发展历程相比，历史环境已经发生了根本性的变化，这就必然会使发展中国家在新的历史条件下走出与那些西欧国家完全不同的发展道路。

# 第八章 历史从自发进化到自由自觉的发展

概括起来说，辩证的历史决定论是由互相关联、互为前提的两个基本观念构成的，其一是，肯定社会生活及其历史发展有其客观性、规律性，也就是承认社会发展在其任何一个特定的历史阶段上，人们创造历史的活动都必然受到来自自然界的和人的历史活动所创造的种种物质条件和文化条件的制约，必然受到来自社会生活系统的内在机制和发展规律的制约，因而人们创造历史的活动不可能是随心所欲的。历史上，人们的生活方式、社会交往活动乃至整个社会形态的变迁，尽管在每一个历史阶段上都有多种可能性，但这个可能性的空间是由社会历史发展的客观规律及历史条件所规定的，要使其中任何一个可能性变成现实，都必须把握这种可能性借以实现的条件和规律。其二是，肯定人的活动是自由自觉的活动，也就是承认人的能动的实践活动能够打破既定的历史条件的限制，依据自己的需求、目的即价值取向在社会系统的客观规律所决定的可能性空间中进行选择，从而使历史的发展体现出主体的价值选择。社会生活本身是一个由大量的变量以及它们之间的非线性交互作用所构成的复杂系统，因而社会形态的演变趋向客观上不是唯一的，而是有多种可能性的，究竟哪一种可能性能够变成现实，当然在很大程度上取决于历史主体在总体的生活实践中的价值选择。这种选择最初可能是自发的，是出于生活本能或社会强势集团的利益需求的，但随着社会历史的不断发展，人们的自我意识的不断提高，这种选择必然要逐渐地变成自觉的、出于人类对自由的自觉追求和对人类共同利益的普遍关注。恰恰是历史主体意识的觉醒和成熟，使社会生活的过程呈现出从自发进化到逐步实现自由自觉发展的基本趋势。而历史的自由自觉的发展，最高的目标就是真正实现人的自由，创造出使每个人的发展不是以牺牲他人为代价，而是成为其他一切人发展的条件这样一种社会状态。这也正是辩证的历史决定所要追寻的目标。

# 一、对社会自发进化的两种理论界说

## 1. 对社会自发进化的马克思主义理解

马克思指出："如维科所说的那样，人类史同自然史的区别在于，人类史是我们自己创造的，而自然史不是我们自己创造的。"[①]这就是说，人类历史是由追求着自己目的的人的活动所构成的，在社会历史发展过程中不断涌现出来的物质财富和精神财富，乃至社会关系的改造和社会制度的更新都是人们世世代代创造活动的结果。但这是否意味着，人类自一开始就是在自觉地、有意识地创造自己的历史，或者说，社会发展在一开始就表现为自觉发展的历史过程？对于这个问题的思索往往会使我们面临历史进程本身所蕴含的一个深刻的矛盾，即人的自觉活动与社会历史客观过程的矛盾。

就人作为一种自为的存在物而言，它一经产生，其活动就被置于自身的自由意志和目的的自觉支配之下。人的自由意志

---

① 马克思：《资本论》第 1 卷，人民出版社 1975 年版，第 409—410 页注（89）。

和语言意识使人们在其实践活动中不断发现人的存在与周围世界、人的不断增长和变化的需求与满足需求的手段和条件之间的矛盾，并由此产生克服这种矛盾的种种努力。因此，无论是个体的活动，还是或大或小的群体的活动，都必然是趋向某种目的的自觉活动。不管这个特定目的表现为"文明进步"的宏大目标，还是仅仅为一己私利，人的这种自觉活动都体现着人的自主性和自由性。从最一般的意义上说，人类改造自然和社会的一切活动就是要努力使人的自主性和自由性得到深化和扩展，而历史本身也的确是朝着人的自主性和自由性的不断深化和扩大的方向发展。就此而论，人类历史的发展正是基于人的活动的自觉性，历史发展的基本趋势必然包含人类对自主和自由的深层追求。但是，当我们纵观历史发展的实在过程时，又不难看到，人的自觉活动无时无处不受到各种客观力量的制约，这些客观力量既存在于自然界，也存在于人类社会生活本身，因而人的趋向目的的活动并不总是导致目的的实现，甚至在较近或较远的后果上出现背离人的价值目标的状况。进一步说，尽管语言意识的产生使人的活动一开始就是一种自觉的活动，但是这种自觉最初在很大程度上主要地表现为个体活动的自觉，而非社会总体意义上的自觉。也就是说，人类的自觉活动最初总是表现为个体对自身生存环境诸种因素的有限把握，而对于人类社会这个高度复杂的系统的内在机制、动态过程及其进化规律的总体把握，即使今天也依然是远未完结的任务。一般说来，历史活动的主体愈是能够准确地、全面地、深入地把握社会生活及其历史发展的内在机制和客观规律，社会生活的发展就愈有可能体现人类的内在的价值目的，社会生活随时间演进的过程在总体上也就愈具有自觉发展的特征。反之，只要社会生活本身所具有的客观机制和客观规律不在人的掌控之下，对于社会生活中每一个个体来说，就依然在很大程度上是作为各种盲目的客观力量而起作用的。从这个意义上说，以往的历史（某种意义上说也包括现在），尽管在一开始就基于人的自觉活动，但总体的过程和结果却往往包含着极大的盲目性，或者说具有类似于自然进化的自发性特征。关于这一点，恩格斯曾做出过相当精辟的概括，他说：

> 人离开狭义的动物越远，就越是有意识地自己创造自己的历史，未能预见的作用、未能控制的力量对这一历史的影响就越小，历史的结果和预定的目的就越加符合。但是，如果用这个尺度来衡量人类的历史，甚至衡量现代最发达的民族的历史，我们就会发现：在这里，预定目的和达到的结果之间还总是存在着极大的出入，未能预见的作用占据优势，未能控制的力量比有计划运用的力量强得多。只要人的最重要的历史活动，这种使人从动物界上升到人类并构成人的其他一切活动的物质基础的历史活动，即人的生活必需品的生产，也就是今天的社会生产，还被未能控制的力量的意外的作用所左右，而人所期望的目的只是作为例外才能实现，而且往往适得其反，那么情况就不得不是这样。[①]

在马克思看来，资本主义社会可以说是迄今人类社会自发进化的最高阶段。在这个阶段上，自发进化的一切局限性都通过实际发生的不良后果表现出来。其中最重要的就是资本主义经济危机的爆发。依照马克思的分析，产生资本主义经济危机的主要原因就是生产的盲目性，而所谓盲目性并非无目的性，只不过这个生产的目的是价值增殖，而不是满足人的社会地发

---

① 恩格斯：《自然辩证法（节选）》，《马克思恩格斯选集》第 4 卷，人民出版社 1995 年版，第 274—275 页。

展起来的需要。"生产的扩大和缩小，不是取决于生产和社会需要即社会地发展了的人的需要之间的关系，而是取决于无酬劳动的占有以及这个无酬劳动和物化劳动之比，或者按照资本主义的说法，取决于利润以及这个利润和所使用的资本之比，即一定水平的利润率。因此，当生产的扩大程度在另一个前提下还远为不足的时候，对资本主义的限制已经出现了。资本主义生产不是在需要的满足要求停顿时停顿，而是在利润的生产和时限要求停顿时停顿。"①这样，资本主义生产就其直接目的是追求价值增殖而言，它不会停止发展生产力，就好像它不是在一个有限的社会基础上的生产，这是"它本身的内在规律"。而事实上，它又是在一种局限性的范围内发展生产力。这个局限性的范围由相互关联的两个方面构成，其一是群众的贫困和他们的消费的有限性。"一切真正的危机的最根本原因，总不外乎群众的贫困和他们的有限的消费，资本主义生产却不顾这种情况而力图发展生产力，好像只有社会的绝对的消费能力才是生产力发展的界限。"②其二是新市场的扩展的有限性。"现代的大工业只有在经常扩大，经常取得新市场的条件下才能存在。大量生产的无限可能性、技术的不断发展和进一步完善以及由此而产生的资本和劳动力的不断排挤，迫使现代的大工业非这样不可。在这里，任何停滞都只是破产的开始。但是，工业的发展取决于市场的扩展。由于工业在当前的发展阶段上，增加生产力比扩大市场要迅速得多，于是便产生了周期性的危机"。③可见，资本主义生产是一种没有预先决定和预先被决定的需要界限所束缚的生产，"生产资本越增加，它就越是迫不得

① 马克思：《资本论》第 1 卷，人民出版社 1975 年版，第 288 页。
② 马克思：《资本论》第 1 卷，人民出版社 1975 年版，第 548 页。
③ 恩格斯：《英国的 10 小时工作制法案》，《马克思恩格斯全集》第 7 卷，人民出版社 1979 年版，第 281 页。

已地为市场（这种市场的需求它并不了解）而生产，生产就越是超过消费，供给就越是力图强制需求，结果危机的发生也就越猛烈而且越频繁"①。

由于资本的目的不是满足人们的需要，而是追逐利润的不断扩大，所以，在立足于资本主义基础的有限的消费范围和不断地突破自己固有的这种限制的生产之间，必然会不断发生冲突。马克思确信，资本主义生产就是在这些矛盾中运动的，它自身无法克服这个矛盾，因而"只要这个制度还存在，危机就必然会由它产生出来，就好像一年四季的自然更迭一样"，这些矛盾同时也表明资本主义生产只是历史的过渡形式。他指出："社会的生产发展同它的现存的生产关系之间日益增长的不相适应，通过尖锐的矛盾、危机、痉挛表现出来。用暴力消灭资本，——这不是通过资本的外部关系，而是被当作资本自我保存的条件，——这是忠告资本退位并让位于更高级的社会形态的最令人信服的形式。"②这个所谓更高级的社会形态就是一种自觉发展的社会形态。在《论土地国有化》一书中，马克思对这种社会形态做出了一个基本设想。他说："土地国有化将彻底改变劳动和资本的关系，并最终完全消灭工业和农业中的资本主义生产。只有到那时，阶级差别和各种特权才会随着它们赖以存在的经济基础一同消失。靠他人的劳动而生活将成为往事。与社会相对立的政府或国家将不复存在！农业、矿业、工业，总而言之，一切生产部门将用最合理的方式逐渐组织起来。生产资料的全国性集中将成为由自由平等的生产者的各联合体所构成的社会的全国性基础，这些生产者将按照共同的合理的计

---

① 马克思：《关于自由贸易问题的演说》，《马克思恩格斯全集》第 1 卷，人民出版社 1995 年版，第 223 页。
② 马克思：《〈政治经济学批判〉（1857—1858 年草稿)》，《马克思恩格斯全集》第 46 卷下册，人民出版社 1979 年版，第 268—269 页。

划进行社会劳动。这就是 19 世纪的伟大经济运动所引向的人道目标。"①

　　不难看出，马克思分析资本主义经济危机的一个很重要的方面就是指出资本主义生产方式没有也不可能实现在文艺复兴运动、宗教改革运动和启蒙运动中确立起来的人道主义目标。马克思把资本主义社会形态称为"以物的依赖性为基础的人的独立性"的社会形态。同"人的依赖性"的社会，即传统的宗法的等级制的封建社会相比，在资本主义社会中，人确实获得了某种意义上的独立、自由和平等。但是马克思并没有像资产阶级学者那样把人的独立性视为源自人的原始的"自然状态"，而是指出人在现代社会中所获得的独立性只是历史过程的结果，马克思说："我们越往前追溯历史，个人，从而也是进行生产的个人，就越表现为不独立，从属于一个较大的整体：最初还是十分自然地在家庭和扩大成为氏族的家庭中；后来是在由氏族间的冲突和融合而产生的各种形式的公社中。只有到了 18 世纪，在'市民社会'中，社会联系的各种形式，对个人说来，才是表现为达到他私人目的的手段，才表现为外在的必然性。但是，产生这种孤立个人的观点的时代，正是具有迄今为止最发达的社会关系（从这个观点看来是一般关系）的时代。"②马克思认为，人的这种以物的依赖性为基础的独立性，是一个孤立化的过程，而"交换本身就是造成这种孤立化的一种主要手段。它使群的存在成为不必要，并使之解体。于是事情就成了这样，即作为孤立个人的人便只有依靠自己了，然而，使自己确立为一个孤立的个人所需的手段，又使自己成为普遍的和共

---

　　① 马克思：《论土地国有化》，《马克思恩格斯选集》第 3 卷，人民出版社 1995 年版，第 129—130 页。
　　② 马克思：《导言（1857 年手稿）》，《马克思恩格斯全集》第 46 卷上册，人民出版社 1979 年版，第 21 页。

同体的生物"。①因为，从资本主义生产的客观本性上看，这个独立、自由与平等只是形式上的，而不是实质上的；是法律上的，而不是事实上的。发达的商品经济将社会交往关系全面物化或异己化，在这种情况下，个人虽然摆脱了对他人的直接依赖，但却陷入了对自己的创造物的直接依赖，并被这些创造物所限制或统治。

资本主义社会过程的这种自发性，是不可能真正地达到"人道目标"的。在资本主义条件下，个人在法律上的独立、自由和平等仅仅意味着个人并不注定滞留在某一特定的社会地位、社会阶级或阶层中。商品市场上风云变幻的复杂过程产生出大量的偶然因素或机遇可能会改变某一个个人的社会境遇，可能使一个贫困潦倒的穷汉变成腰缠万贯的"暴发户"，也可能使一个金玉满堂的富翁沦为一贫如洗的无产者。但是，资本主义私有制本身却不可避免地使社会财富越来越集中在少数私有者手中，而使大多数人沦为无产者。因此，这个制度并不注定使哪一个人成为资本家，但却注定要产生一个资本家阶级，它也并不注定谁会成为无产者，却注定要使大多数人成为经济上的被奴役者，它也注定要使社会的政治权力在保护每个人的私人财产权利不受侵犯的法律原则下，事实上成为维护资产者阶级的利益的工具，使无产者永远处于被统治、被压迫、被剥削的地位。

马克思认为，资本主义社会之所以无法摆脱发展的自发性、盲目性，其根本原因就在于，资本主义私有制所包含的劳动与资本的分离，必然造成个人的分散和对立，从而对于每一个个人来说，"他们自身的生活条件、劳动，以及当代社会的全部生

① 马克思：《〈政治经济学批判〉（1857—1858 年草稿）》，《马克思恩格斯全集》第 46 卷上册，人民出版社 1979 年版，第 497 页。

存条件都已变成了一种偶然的东西，单个无产者是无法加以控制的。而且也没有任何社会组织能使他们加以控制"①。因此，只有消灭了私有制，建立公有制为基本特征的社会，才能实现"联合起来的个人对全部生产力总和的占有"。这样的社会"推翻一切旧的生产关系和交往关系的基础，并且破天荒第一次自觉地把一切自发形成的前提看作前人的创造，消除这些前提的自发性，使它们受联合起来的个人的支配"②。

从马克思的上述思想中可以看出，马克思主义的历史哲学作为一种辩证的历史决定论，所谋求的正是对社会过程及其历史发展的自觉控制，而这种控制的根本目的就是要真正达到"经济运动所引向的人道目标"，也就是使人真正摆脱资本主义制度下事实上受奴役、受压迫、受剥削的地位，成为"自由的社会个人"。

2. 哈耶克对社会自发进化的描述与论证

与马克思主义的辩证的历史决定论观点相反，非决定论历史观否认社会历史发展的客观性、规律性，因而也就在事实上否认人类能够自觉地把握社会历史进程的可能性，最终否认克服社会发展的自发性的可能性和必要性。在这方面，美籍奥地利经济学家、政治哲学家 F. A. 哈耶克堪称最著名的代表人物。

哈耶克的社会自发进化论可以说是对启蒙运动以来逐渐形成的、并在法国和德国的哲学中得以系统阐述的理性主义或建构主义历史观的直接而公开的挑战，同时也是对以亚当·斯密、大卫·休谟为代表的自由主义历史观的秉承与发展。在《致命的自负》这本著作中，他开宗明义地道出了自己的基本论点：

---

① 马克思和恩格斯：《德意志意识形态（节选）》，《马克思恩格斯选集》第 1 卷，人民出版社 1995 年版，第 120 页。

② 马克思和恩格斯：《德意志意识形态（节选）》，《马克思恩格斯选集》第 1 卷，人民出版社 1995 年版，第 122 页。

"本书所要论证的是，我们的文明，不管是它的起源还是它的维持，都取决于这样一件事情，它的准确表达，就是在人类合作中不断扩展的秩序。……这种扩展秩序并不是人类的设计或意图造成的结果，而是一个自发的产物：它是从无意之间遵守某些传统的、主要是道德方面的做法中产生的，其中许多这种做法人们并不喜欢，他们通常不理解它的含义，也不能证明它的正确，但是透过恰好遵循了这些做法的群体中的一个进化选择过程——人口和财富的相对增加——它们相当迅速地传播开来。"①在这里，"自发进化"和"扩展秩序"是哈耶克历史观或社会进化观的核心概念，他试图用这类概念来断绝通过理性设计而建构社会秩序的任何企图。他声称自己并不反对"正确地运用理性"，而是反对"在理性上的专断态度"。而所谓"正确地运用理性"，是指那种承认自我局限性的理性，这种理性恰恰在于承认"在未经设计的情况下生成的秩序，能够大大超越人们自觉追求的计划"。②

哈耶克的社会自发进化理论开始于对人类社会"原初状态"（或"自然状态"）的理论设定。他认为，由于孤立的个人不可能生存下去，因而在人类最初的群体中起主导作用的是在漫长的演化中形成的合作本能。这表明，在最初的"自然状态"中，"根本就不存在'一切人反对一切人的战争'"③。但是，人类的这种集体主义的"原初状态"必然是合作范围狭小，仅限于相互了解和信任的同胞之间的交往的小团体或群体。秩序的扩展，即超出原始的小团体秩序形成更大范围的秩序，首先应归

---

① 哈耶克：《致命的自负》，冯克利、胡锦华译，中国社会科学出版社 2000 年版，第 1 页。

② 哈耶克：《致命的自负》，冯克利、胡锦华译，中国社会科学出版社 2000 年版，第 3 页。

③ 哈耶克：《致命的自负》，冯克利、胡锦华译，中国社会科学出版社 2000 年版，第 8 页。

功于贸易的发展。因为贸易的发展能够使个人交往形成一条连续不断的关系链，从而也使固定职业以及由此产生的专业化在许多新的地区成为可能，并最终导致人口密度的增加。

在秩序的扩展中，财产分立的形成起到了关键的或基础性的作用。因为秩序的扩展只能依靠独特的个人知识，要使个人的知识和创造力得到充分利用，就必须越来越普遍地承认分立的财产。在财产分立的情况下，"个人可以根据自己的以及他可以加入其中的不管哪个群体的知识和愿望，自己来决定如何利用具体的物品，他能够这样做，取决于一个受到尊重、个人可以自由支配的私人领域得到了普遍的承认，也取决于特定物品的权利能够从这人转移给那人的方式同样得到了承认"[①]。也就是说，"个人决定要以个人的控制范围为前提，因此只有随着个人财产的进化才成为可能；个人财产的发展反过来又为超出头领或酋长——或集体的——认知范围的扩展秩序的成长奠定了基础"[②]。随着财产分立的逐渐形成和普遍化，秩序的扩展经过漫长的演化过程（用哈耶克的话说，大概用了几十万年而不是五六千年），最终造就出今天我们生活于其中的人类交往的扩展秩序——市场秩序。

哈耶克对扩展秩序演化过程的描述就是力图向人们证明，人类社会秩序的扩展是一个自发的进化过程，并且如果人们不想失去自己的文明基础和文明成果，就应当让这个自发的进化过程持续地进行下去，而不要试图凭借自己的理性去人为地设计和建构社会秩序，把文明的进展纳入任何计划就必然导致文明的覆灭。

---

① 哈耶克：《致命的自负》，冯克利、胡锦华译，中国社会科学出版社 2000 年版，第 29 页。

② 哈耶克：《致命的自负》，冯克利、胡锦华译，中国社会科学出版社 2000 年版，第 53 页。

　　哈耶克认为，扩展秩序之所以不可能是理性设计的结果就在于人类理性是有限的，其本身也是一个自然选择的进化过程的产物，在我们行动的基础和条件中总是包含着"理性不及的因素"（non-rational factors），设想产生于进化过程中的人类理性能够支配文化的进一步发展，或者认为有思维能力的人创造并控制着自己的文化进化，都是错误的，都是用超自然的假设代替了科学的解释。他说："我们所谓的理智，并非像个人生来就有大脑一样，是他生来便有的东西或是由大脑产生的东西，而是他的遗传组织（例如他的具有一定尺寸和结构的大脑）在他成长的过程中，帮助他从自己的家庭和成年同胞那里不是由遗传传递的传统成果而获得的。从这个意义上说，头脑并没有包含多少可以检证的有关世界的知识，也没有多少对人的环境做出解释的能力，而是包含着不少限制本能的能力——一种无法由个人理性加以检验的能力，因为它是作用于群体。"① 由此推知，尽管我们可以说人创造了文明，但"这并不意味着文明是人之设计（design）的产物，甚至更不意味着人知道文明功能或其生生不息之存续所依凭的所有基础性条件"②。"那种认为人经由审慎思考而建构起了文明的观念，乃源出于一种荒谬的唯智主义（intellectualism）；这种唯智主义视人的理性为某种外在于自然的东西，而且是那种能独立于经验就获致知识及推理的能力。但是，人之心智的发展乃文明发展的一部分；恰恰是特定时期的文明状态决定着人之目标及价值的范围和可能性。人的心智决不能预见其自身的发展。"③

　　不能否认，哈耶克对扩展秩序自发演化过程的描述和论证，

　　① 哈耶克：《致命的自负》，冯克利、胡锦华译，中国社会科学出版社 2000 年版，第 21 页。
　　② 哈耶克：《自由秩序原理》，邓正来译，三联书店 1997 年版，第 21 页。
　　③ 哈耶克：《自由秩序原理》，邓正来译，三联书店 1997 年版，第 21 页。

确实包含着诸多真知灼见。如他对近代以来居统治地位的理性主义或"唯智主义"所宣称的"人类历史就是理性的发展史"从而"历史就是理性的体现和结果"（黑格尔语）的观念提出有力的质疑，提醒我们注意到人类理性的"有限性"，强调在我们行动的基础和条件中总是包含着"理性不及的因素"，因而不能将文明秩序的扩展看成理性设计的结果，不能撇开传统而仅仅通过理性设计来另起炉灶，建构一种理想秩序，以及据此对计划经济的有说服力的批判等。这些观点对于我们从总体上把握迄今人类社会秩序的形成与发展过程来说是十分重要的，对于那种盲目崇拜人的理性能力的"唯理性主义"也是有力的"棒喝"。然而，本书在这里暂不涉及哈耶克的这些可圈可点的见识，而是重点讨论人类社会的发展有没有可能、有没有必要由自发进化的模式走向自觉发展的轨道。

就承认迄今人类社会发展史在很大程度上仍是一个自发进化的过程这一点而言，马克思与哈耶克之间没有重大分歧。如前所述，马克思实际上是以另一种方式阐释了传统社会和资本主义现代社会演化的自发性特征。二者的根本分歧在于是否承认社会进化或发展过程本身是一个合乎规律的过程？是否认为人类能够逐渐地通过把握社会进化的规律来预测社会进化的可能趋向？能否将社会的自发进化逐渐转变为为人的理性所能控制的自觉的发展过程，从而最大限度地避免自发进化所带来的种种灾难性的后果？这些问题无疑是辩证的历史决定论与历史非决定论的根本分歧之所在。哈耶克也正是在这些问题上十分坚决地用他的自发进化论或扩展秩序论来反对历史决定论的社会发展观念。他认为，文化进化与生物进化都是对不可预见的、无法预知的环境变化不断适应的过程；人们充其量可以揭示复杂的结构如何具有一种使进化进一步发展的调整方式，但是由其性质所定，这种发展本身难免是不可预测的。他断言："从规律支配着进化产物必然经历的各个阶段，因而能够据以预测未来的发展这个意义上说，无论是生物进化还是文化进化，都不承认有什么'进化规律'或'不可避免的历史发展规律'。不管是遗传还是别的什么因素，都不能决定文化的进化，它的结果是多变的，不是千篇一律的。有些哲学家，如马克思和奥古斯都·孔德之流，认为我们的研究能够找出进化规律，从而可以对不可避免的未来发展做出预测，他们是错误的。"①扩展秩序既不为某种"进化规律"所决定，也不能为人们的心智所预见。哈耶克在理论上始终强调人类理性的有限性，强调"理性不及的因素"，但对于历史过程中是否存在着"历史发展规律"或"进化规律"这一显然超出其理论论证范围的问题，却如此独断地一口予以否认，在这一点上，他似乎还不如他的前辈休谟那样明智。

　　哈耶克的自发进化论或扩展秩序论以及他对历史规律的否认都是以贬低人类理性能力为前提的。在哈耶克眼里，理性主义或建构主义的错误首先表现为这样一种要求：盲目地顺从或采取行动是不理性的，一个有目的的行为，对它的意图和后果不但必须做到事先有充分的了解，而且它们还必须能够被充分地观察到，并且是最为有利的。他认为，理性主义的这种要求是荒谬的，因为秩序的扩展起于某些行为方式压倒另一些行为方式，但这些新的行为方式最终导致群体秩序的变更和扩大则是很久以后才产生的结果。对于这种结果，早先实施这些新的行为方式的个人几乎不可能有所了解。由此，他断定："在扩展秩序中，在每个人为达到自己的目标而必须做什么上起决定作

---

① 哈耶克：《致命的自负》，冯克利、胡锦华译，中国社会科学出版社2000年版，第25页。

用的环境，显然包含着其他许多素不相识的人就采取什么手段以达到他们自己的目的而做出的不为人知的决定。因此不管是在这一过程的哪个时刻，个人都不能根据自己的目的，对逐渐形成秩序的规则的功能进行设计。"①可以看出，哈耶克所否认的所谓理性主义的"荒谬要求"其实正是人类理性能力的正当要求，亦即他否认了人运用自己的理性来了解自己的行动条件和基础、预测行动的后果和设计自己的行动方案的可能性和必要性。的确，就个人理性的有限性而言，在我们行动的基础和条件中确实包含着"理性不及的因素"，我们也很难对行动的或近或远的后果做出准确无误的预测，我们的行动也常常不能完全甚或完全不能达到预期的目标。从这个意义上说个人的理性不足以穷尽来自自然和社会生活的全部信息，而且即便就人类理性的整体而言，要穷尽生存环境的知识也是一个无止境的过程。在这个意义上，我们不得不承认迄今人类历史在一定程度上依然是自发进化的历史。但面对这个事实，我们应当放弃行动理性的运用，还是应当发展我们理性运用的能力呢？这个问题其实并不难回答。人类科学的发展，不管是自然科学还是社会科学，都是在扩展我们的理性能力，丰富我们有关行动的基础和条件的知识，增强我们对行动后果的预测能力，强化我们对行动方案的设计能力。人类正是通过经验和知识的积累，通过不断发展自己的科学理论，而强化自己的理性运用能力。人类也正是由于成功地运用了自己的理性并不断去发展自己的理性能力，才最终脱离了动物界，创造了自己的文明史。

　　当然，哈耶克有一点说得很对，即在秩序的扩展过程中，我们的知识并不是来自直接的经验或观察，"而是来自一个对通

---

　　① 哈耶克：《致命的自负》，冯克利、胡锦华译，中国社会科学出版社 2000 年版，第 81 页。

过学习得到的传统进行筛选的不间断过程，它需要个人承认并服从那些无法用传统理性学说加以证明的道德传统"。这说明，"这个形成了各种习俗和道德观念的选择过程能够加以利用的实际条件，较之个人能够认知的范围要大得多，因此传统在某些方面比人类理性更优越，或'更聪明'"①。毫无疑问，与社会习俗、道德等传统的漫长的形成过程相比，个人的认知范围的确十分有限，因此对于每一个个人来说，承认并且服从道德传统对于适应生存环境并保持基本社会秩序来说可能是十分重要的社会行为。但这是否意味着"人类理性"可以放弃对习俗道德传统形成过程的探索？是否意味着可以放弃从这种探索中获取某种规律性的东西，以便提高我们自觉地把握社会秩序的形成机制或"设计"社会秩序的能力呢？说"传统在某些方面比人类理性更优越"，这是一个很奇怪的论断，因为这个论断居然把传统和人类理性看成两个互不相干的东西，但是离开了人类理性，我们却很难想象传统是什么东西。没有理性的"传统"，大概只能在动物群体中依稀看到，而那种"传统"数千万年、数亿年都没有任何变化，即没有任何哈耶克所说的"扩展秩序"的发生。人类不仅可以传承传统，而且能够在传承之中不断扩大更新，但如果没有人类理性，这一切又如何发生呢？因此，在人类社会的发展中，既没有完全缺乏理性的传统，也不存在完全脱离传统的理性。

哈耶克为了辩解自己的观点，还提出了一个似是而非的论证：随着人类知识的增长，人的无知的范围亦会不断地增加和扩大，他说："人类的知识愈多，那么每一个个人的心智从中所能汲取的知识份额就愈小。我们的文明程度愈高，那么每一个

---

① 哈耶克：《致命的自负》，冯克利、胡锦华译，中国社会科学出版社 2000 年版，第 85 页。

个人对文明所依凭的事实亦就一定知之愈少。知识的分工特性（division of knowledge），当会扩大个人的必然无知的范围，亦即使个人对这种知识中的大部分知识必然处于无知的状态。"[①]哈耶克的这种论证是站不住的。个人知识在人类知识总量中所占份额的相对缩小，正表明人类知识总量的绝对扩大。而人类社会由自发走向自觉发展所依赖的知识条件，只能是人类知识，而不是个人知识，个人知识是汇合到人类知识总体中去发挥作用的。这个过程自然也包含着个人对人类知识的占有，也就是说，个人知识正是通过对人类知识的占有而突破了个人理性的有限性。

哈耶克将人类知识归结为个人知识，即将人类理性归结为个人理性，由此论证，人类理性的有限性，并进而论证他的"自发进化论"的历史观。这就使得如何看待人类理性和个人理性的关系问题成为理论上的关键问题之一。人类理性当然包含着每个个人的理性，但绝不能简单地把人类理性看成个人理性的总和，因而把个人理性的有限性就直接地述说为人类理性的有限性。"人类理性"更重要的成分恰恰是克服个人理性有限性的认知机制，其中最典型的就是科学，就我们的论题而言特别是那些直接研究人类秩序的科学如人类学、伦理学、法学、政治学、社会学，等等。正是人类的科学探索集中了、积累了、延续了人类的智慧。它的发展使人们日益清晰、日益全面、日益深入地了解和把握了习俗、道德传统的形成过程和条件，不断地把习俗、道德纳入人类理性的建构当中，今人能够较之古人更准确地理解习俗道德的秩序功能和价值，并不断地更新它们，淘汰那些野蛮的、不文明、不科学的习俗规范，并面向新的生活通过自觉的立法和司法活动创立和维护新的秩序。在这里，

---

① 哈耶克：《自由秩序原理》，邓正来译，三联书店1997年版，第25页。

特别应当提到的就是人类的"立法行为"。完全依靠自发形成的习俗道德来维护社会秩序的社会主要是史前社会，即漫长的原始社会。而自进入文明社会以后，由于利益群体的分化，特别是阶级对立的产生，单纯依靠习俗道德来维护社会秩序就已经不可能了。利用国家暴力机器的作用，通过立法司法来建立和维护基本秩序就成为历史的必然。而当统治者将各种基本的规范见诸文字并强力实施之时起，秩序的理性建构就开始了自己的历史，它几乎和人类的文明史一样长。不管这个历史包含着多少血与火的历程，但任何人都无法否认在这个过程中人类理性的决定性作用，因为理性建构正是出现于单纯的习俗道德无法持续下去的时候。时至今日，现代社会的基本秩序都是靠理性建构的立法和司法来建立和维护的。难道我们可以在建立和维护社会秩序的过程中取消理性建构功能吗？

当然，哈耶克本人既坚决反对把文明秩序的发展理解为理性设计或计划的结果，也不想把自己的自发进化论变成纯粹的自然进化论，而是提出了一个"文化进化"概念，用以表明"扩展秩序"与理性建构和自然进化的区别。他宣称："我的基本论点是，道德规范，尤其是我们的财产、自由和社会公证制度，并不是人的理性所创造的，而是有文化进化赋予人类的一种独特的第二并行。"[①]但是，他并没有对"文化进化"这个概念做出详细的理论阐释，只是指出这个"文化进化"介乎于本能和理性之间，并认为"这种进化是新的行为方式利用习惯的传播过程得到了扩散而产生的，它类似于生物进化，但在某些重要方面又和它有所不同。……一切新近开化的群体，都表现出一种通过学习某些传统而获得文明的能力。由此可见，文明和文

① 哈耶克：《致命的自负》，冯克利、胡锦华译，中国社会科学出版社 2000 年版，第 85 页。

化的传递，几乎不可能受遗传的决定。它们必定是被所有类似的人通过传统而学会的"①。看得出来，哈耶克提出"文化进化"这个概念是相当谨慎的，他唯恐这个概念的提出会使他的"自发进化论"受到猜疑，因而他不得不做出补充说明："只有从我们的大多数价值、我们的语言、我们的艺术和我们的理性出自人为这个意义上说，文明是人为的产物这种说法才是有意义的：它们不是经由遗传存在于我们的生理结构中。但是从另一种意义上说，扩展秩序完全是自然的产物：就像类似的生物现象一样，它是在自然选择过程中，通过自然进化而形成自身的。"②这样一来，"文化进化"这个概念最终还是被纳入"自然进化"的观念中。从哈耶克的这个论证中我们不难发现，哈耶克曾激烈地反对"一种荒谬的唯智主义"，认为"这种唯智主义是某种外在于自然的东西"，但他的论证使他走向另一个极端，即视人的理性为某种外在于文明过程的东西，甚至可以说是与文明过程相对立的东西，从这个意义上说，"扩展秩序完全是自然的产物"。显然，这已经从荒谬的"唯智主义"走向了更为荒谬的"自然主义"。

从上述分析中，我们可以看出，哈耶克的"文化进化"说暴露出他全部理论的一个致命的薄弱环节，即如果把"文化进化"所应具有的全部内涵揭示出来，也就是把哈耶克所说的文化进化不同于生物进化的那些重要方面阐释清楚，人类理性在文明秩序发展进化过程中所起的作用就会凸现出来，因为离开了人类理性的运作，我们很难想象文化进化与自然进化还有哪些重要的区别。例如，就社会秩序的生成、维系、扩展和变革

---

① 哈耶克：《致命的自负》，冯克利、胡锦华译，中国社会科学出版社2000年版，第13页。

② 哈耶克：《致命的自负》，冯克利、胡锦华译，中国社会科学出版社2000年版，第16—17页。

发展而言，所谓"文化进化"主要是指在人们共同生活的漫长的演化过程中，人们之间最基本的交往活动及交往方式通过"主观化环节"而被形式化，也就是在人们的观念交往中，借助人们自身的语言意识而创造出一整套言语的或象征的语义符号系统，由此形成引导、约束人们社会行为和调节人们之间关系的各种社会规范，如习俗、习惯、道德、法律等规范和制度。正是这个文化过程是人类最终脱离了生物进化的轨道，而走上了文化进化的路途。人类不再需要像动物那样通过生理属性、体质特征的改变或新物种的产生来调整和改变自己的生存方式，而是通过各种文化规范的建立、调整、更新来改变人们的生存方式以适应复杂多变的生存环境。由此看来，这个文化进化之所以有别于生物进化，就在于它主要是人类理性的活动和结果。从这个意义上说，文化进化必然包含着"理性设计"或"理性建构"，这种理性设计或理性建构当然不是撇开传统的"狂妄理智"，而一定包含着对传统的理性把握，不管这个把握是否能够穷尽传统所包含的一切知识，但没有这个把握便无以生成现代社会秩序须臾不可缺少的道德、法律等规范和制度。因此，文化进化必然地体现在对传统习俗、道德的理性把握和改造更新中，体现在制度、法律的确立或建构中，也体现在对人的生存方式的理性理解中。面对文化进化的事实，哈耶克很难把他的自发进化论或自然进化论贯彻到底。因而，他不得不承认我们可以对扩展秩序中形成的规则，如道德规则，进行部分的改造，并且承认我们在一定程度上能够理解这些规则所满足的需要。但他依然断言传统道德是无法用理性加以证明，因而对于规则的改造，只能是在内部批判的基础上，通过一点一滴的改进以消除那些公认的缺陷，亦即通过分析其各个部分的相互协调和一致性，对系统做出相应的修补，以此对道德传统加以改进和修正。这可以被理解为是对系统如何能够产生的过程进行所谓的"合理重建"。在这里，尽管哈耶克故意避开理性的运作机制，但是他所说的"改造""改进""内部批判"乃至"合理重建"，难道可以是一个不包含"证实""证明""设计建构"的无理性过程吗？

从以上分析可以看出，哈耶克对社会的自发进化过程的阐述尽管也包含有价值的见识，但其理论论证却不能不说是破绽百出的。这种理论上的不严谨只能说明一点，如要把人类理性从社会秩序的形成、维系和发展的过程彻底地排除出去，只能导致理论上的混乱。当然，对哈耶克上述理论的分析和批判，并不是仅仅要指出哈耶克理论的荒谬性，更重要的是要指出，哈耶克自发进化论的要害是否认社会发展的客观规律。否认了客观规律，社会历史过程当然也就是不能和不须为理性所把握的，所谓扩展秩序也就是不能和不须有理性建构的。这种理论的实践目的，就是认定资本主义秩序只是自然进化、自然选择的结果，马克思依据资本主义发展的规律性，提出的资本主义必然被新的社会形态所代替，因而理性地建构新的社会秩序（即新的社会形态）的理论就是无稽之谈了。

## 二、社会进化的自发性与现代社会危机

辩证的历史决定论强调把握和驾驭社会生活的客观规律，克服社会进化的自发性，实现社会历史的自觉发展，这不仅仅是一种理论的诉求，更重要的是表现出一种对现实问题的深层忧虑。自发进化远不像哈耶克所描述的那样能够自然而然地、十分妥帖地安排好人类生活的一切，相反，正是由于社会生活

本身所具有的各种客观力量不在人的掌控之中，而是作为盲目的必然性在起作用，因而进化的自发性在生成社会生活秩序的同时也在引发一系列有损于人类生存价值的问题。而在现代社会中，进化的这种自发性似乎大有将人类引入绝境的趋势。这种自发进化的现代危机既表现在人与自然的关系上，也表现在人们之间的社会交往关系上。

1. 人与自然关系的自发进化与现代生态危机

自然界是人的无机的身体。自然界经过长期的演化形成了适于人类产生并生存和发展的环境，而人类归根到底是从自然界中汲取创造历史、创造文明所需要的一切物质和能量。虽然人的自觉的、能动的实践活动在人与自然之间建立起否定性的关系，但这种关系并没有改变人类及其社会生活对自然界的依存性。人作为一种自为的存在，他并不以自身自然生命的物种特性为自己的生存本质，而是必须以自身的创造性的活动把外在于他的自在自然变成"为我"的存在，由此满足自己生存和发展的需要。人的生存的自为性必然使"合目的"地改变自然成为人的最基本的存在方式，成为人的生命的本质特征。然而，自然本身并不自动地满足人的要求，自然对象在人与自然的相互作用过程中呈现出来的客观属性和变化规律制约着人类的活动，使人类的任何任意的乃至狂妄的设想或者无法结出现实的果实，或者产生事与愿违的恶果。人类自觉活动与自然制约之间的这一矛盾，是有关社会进步的一切问题的源头。社会生活的发展之所以具有不依人的意志为转移的客观规律，之所以具有其客观必然性，说到底正是因为人类的社会生活是建立在这一本原性的矛盾之上的，社会生活的进步、社会系统的演变或发展归根到底取决于这一矛盾的不断产生和解决。

在人类社会的最初形态，即自然形成的原始社会中，我们的祖先无论是在观念上，还是在实际生活中，都尚未完全剪断与自然母体相连接的脐带，各种自然事物和自然力作为直接的前提决定着人的活动和人的社会生活。自然支配、控制着人，而人顺应、受控于自然是不言而喻的。随着人类改造自然的能力的增强，人类也开始了对自然的探索。随着近代自然科学的发展，人类改造征服自然的能力不断扩展和深化，人们与自然环境相互作用的方式也不断地发生历史性变化。以近代自然科学和技术革命为智力基础的工业文明标志着人与自然的关系大踏步地进入全新的阶段。这一阶段以人对自然的征服和占有为特征。当科学技术不断地把依据自然的属性和规律制作的果实像一道道菜肴直截了当地摆在人类的餐桌上时，笼罩自然本性的神秘面纱也就被一层层地揭开，开始了被马克斯·韦伯称为"世界的祛魅"（the enchantment of the world）的过程。在科学技术和工业化的凯歌行进中，自然的物质和能量日益成为人类用以改造征服自然的武器和力量。自然力被人类所役使，表明人类摆脱了对自然的屈从成为主宰自然的主体，物质财富的迅猛增长、生产力的高速发展以铁的事实确证了人主宰自然的能力。然而在这一变革自然的伟大进程中，由人的活动引发出来的更为深重的问题也在逐渐积累，并最终达到了如不加以自觉的控制就必然会使人类进步的前景暗淡无光的程度。

就人与自然的关系而言，由人的活动所引发的问题大致可分为两类。第一，资源短缺与能源危机，如土壤退化，人均耕地面积递减，冶金、化工等矿物资源和煤炭、石油等能源迅速耗竭，森林面积缩小，生物物种减少，淡水缺乏等，其中特别是与人类生存息息相关的非再生性资源如煤炭、石油等随着工业文明的扩展加速度地耗竭。此外，人口数量的激增，需求压力的加强，使这些问题不断恶化的相对速度更是快得惊人。这意味着饥饿、贫困和死亡的阴影并没有在现代文明的阳光中消逝，不仅相当一批发展中国家的民众仍然处在贫困线上，而且这个阴影还笼罩着不太久远的未来世界。第二，环境污染与生态失衡，如含有大量有毒物质的工业废气、废水和废渣对空气、水源和土壤的污染，难以处置的城市垃圾，热带雨林因其面积不断缩小而日益削弱了对地球大气的调节能力，水土流失，全球范围内的温室效应，南极上空臭氧层空洞的扩大，等等。科学家们发现，在地球上，生命物质与非生命物质之间、各种生物物种之间存在着"相生相克"的循环关系，这种循环关系在动态上达到的平衡是万物生生不息的适宜环境，然而现代工业不过一二百年的发展就已经使经过数十亿年的进化才形成的生态平衡遭到严重的破坏，如果不对人的行为进行有效的控制和调整，继续下去，地球就很难说是人类的"家园"。1981 年，美国两位著名学者里夫金和霍华德发表了《熵：一种新的世界观》一书。这本书把物理学用来表述热力系统无序性的状态函数"熵"广泛应用于哲学、心理学、经济学、政治学、社会学等各个领域，从而向不断追求经济增长的西方经济学思想提出了挑战。所谓熵定律就是热力学的第二定律。作者认为，尽管物理学的质量、能量转化守恒定律说明了自然界中的能量是不灭的、守恒的，只能从一种形式过渡到另一种形式，但这并不意味着我们可以高枕无忧地滥用自然的物质和能源，因为热力学第二定律告诉我们，能量只能不可逆转地沿着一个方向转化，对人类来说，是从可利用的向不可利用的状态转化，从有效的向无效的状态转化。随着现代经济的快速增长，世界中非再生性的能源和物质材料的耗散实际上在加速增大，两者的熵值正提高到一个十分危险的程度，如果继续照现有的经济增长方式发展下去，必然会导致这样一个悲剧：耗尽地球上的非再生性资源。为此，作者告诫人们：以消费为生产目的的现代工业主义，把生产率提高和经济增长视为唯一目的，并通过实现生产过程各环节的自动化而增加能量的流动，致使我们的社会已进入了高熵的社会，"一场大崩溃已迫在眉睫"。

资源和环境问题上所产生的日益深重的危机是社会进化自发性的严重后果。人类是以征服和改造自然的方式与自然界发生关系，而这种征服和改造是以对自然的属性和规律的科学把握为前提的。科学技术的进步的确使人类获得了占有和利用自然的强大手段，以致随着时间的推移，在人与自然的关系的每一个局部的领域都取得了惊人的成就。然而，自然界是一个整体，自然界之所以成为人类的生存环境，不仅因为自然界中有着大量的可供人们享用的多种物质和能量，更因为自然界中各种物质、物种和能量之间在其长期的演化过程中形成了相互依赖、相互作用的平衡有序的系统，即适合于生命存在、繁衍和发展的生态系统。自然的规律也包括使生态系统达到内在平衡的规律。维护这个系统的内在平衡性和稳定性是人类社会存在和发展的基本前提。在宇宙的任何一个天体上，我们都可以发现与地球相同的物质构成元素，但是要在数百亿光年的范围内找到一个与地球类似的生态系统却绝非易事。宇宙无限广大，但人类的生存空间却是极为有限的。而资源和环境问题的产生表明人类对于自然规律尚缺乏整体的、全面的把握，并没有真正意识到自然界作为整体所具有的内在平衡对于生存和发展的前提性意义。在以往相当长的历史发展阶段中，人们改造自然的活动和有关社会进步的种种观念都暗含着一个似乎是不言自明的前提，即物质世界无限广大，自然界中的物质和能量是守恒的、不灭的，只能从一种形式转变到另一种形式，各种资源是取之不尽，用之不竭的，科学技术的进步和物质生产的发展会使物质财富源源不断地涌流出来。毫无疑问，这种观念完全忽视了地球作为生态系统的有限性和内在平衡性，忽视了热力学第二定律揭示的"熵增趋势"，尤其忽视了人类创造财富的过程对自然环境产生负面作用的可能性，使人类对自然的改造成为毫无节制的行为，以至于人类改造自然的每一局部过程都是自觉的，卓有成效的，而在总体上却具有极大的盲目性。这表明，近代以来工业文明的发展模式并没有真正达到正确认识和利用自然规律的程度，使自然界对人类活动所做出的机械的、物理的、化学的和生物的反应产生出严重威胁人类生存和发展的后果。

人类之所以遭遇资源危机和生态危机不仅有其认识论的根源，更有其深刻的社会历史根源。可以说，财产私有制，也就是哈耶克十分欣赏并竭力维护的"财产分立"制度，在历史上一经产生便奠定了自发进化的社会机制。从一切社会活动对物质资源的依赖性上说，所有制实际上是控制物质资源的社会权力，因而是一切社会权力中最根本的权力。财产私有制则是把这一社会权力转变为个人权力的社会机制。因此在私有制社会中，个人对物质财富的占有不仅是为了维持生计，不仅是为了满足消费需求的增长，而且是获取社会权力的最基本方式，这就不能不使个人对物质资源和财富的占有具有强烈的利己主义性质。在这种情况下，对自然资源的开发和利用与其说是为了征服自然，不如说是为了征服他人，至少是为了摆脱他人对自己的控制。特别是当商品经济的发展把人们之间的一切社会关系物化为商品交换关系后，私有财产的权力也就最终失去了等级圈层的限制，膨胀为支配一切社会生活的权力。因而在市场经济中，对物的占有具有全面社会意义，个体对物质利益的追求成为驱动社会生活的普遍原则，它使人与人之间在经济利益上产生普遍的竞争和对抗，并使自然界不可避免地成为这种竞争和对抗的牺牲品。显然，一旦人们把最大限度地获取物质财富作为唯一的目的，经济利益上的相互对抗就必然会引起人们对自然资源的争夺，并且对商业利益的竞争也使人们难于考虑自身经济行为对自然环境的损害。这样，在市场经济中，每个经济主体的局部行为都是有意识、有目的、由自己的意志所决定的自觉行为，但相互冲突的意志在交互作用中却产生了盲目的"合力"，这种合力一方面使社会的物质财富日益丰富，另一方面也使人类行为对自然资源和环境的破坏性作用日积月累，以至我们在享受现代物质文明的同时又不得不对未来的危机产生深重的焦虑。

如果资源和环境上的危机仅仅出于一种认识论上的根源，危机的消除似乎就可以变得相对简单一些。在今日世界，资源和环境所暴露出来的问题已足以使人们感受到危机的严重性。自 20 世纪 60 年代以来，"合理开发和利用资源""保护生态环境"已经成为全球的强烈呼声，环境检测和保护机构已在世界各国建立起来，各种各样保护资源和环境的法律、政策被制定出来，现代科学技术的相当一部分正在用于解决资源和环境中令人棘手的问题，所有这些努力也的确产生了令人欣慰的成果。这表明，人作为能动的实践主体完全有可能通过对包括生态规律在内的自然规律的科学把握即通过理性的控制和建构而有效地克服人类所面临的种种困境。然而，真正的困难在于如何消除制造困境和危机的社会根源。当私有财产的权力一旦泛化为普遍的社会权力就必然导致人与人之间在物质利益上的冲突和对抗，造成特殊利益与普遍利益、局部利益和整体利益的对立，使贫富分化成为社会生活的顽疾。在这种情况下，我们所能看到的只是相互对立、相互竞争的私人利益、集团利益、地区利益和国家利益，而对自然的掠夺性征伐绝大多数正是出于利益群体之间特殊利益或私利的角逐。更使人们忧虑的是，迄今为止，不管关注人类命运的人们在保护资源和环境的主题上奏出何等壮烈的乐章，人与人之间、地区与地区之间、民族与民族之间、国家与国家之间在利益上的相互冲突，却在不断地抵消着人们所做出的努力。利益的抗争使真正出于"人类利益"的种种考虑变得苍白无力。即便人们意识到了危机的深重，意识到现代工业文明的发展模式正在加速危机的到来，但要说服那些被竞争搞得头昏脑涨的人们彻底地放弃现代工业模式所能创造的唾手可得的利益仍是极其困难的。在地球的一端，在那些发达的国家中，经济的富足甚至可以使各种各样的宠物享受人道主义的温情，而在地球的另一端，在那些贫穷的国家中，成千上万的人却依然在忍受着饥饿和疾病的折磨。如此巨大的反差迫使世界体系中的每个国家都不遗余力地追求自身的特殊利益，这就使为消除危机所需要的共同努力难以成为现实。

2. 社会进化的自发性与现代经济、政治危机

对人与自然关系的反思表明，人类在自然环境问题上所面临的危机和困境曲折而深刻地反映着现代社会本身的危机。

我们在本书的第五章中已经指出，通过交往或者说通过个人之间活动的相互交换，个人的生活或个人的活动被整合为社会的共同生活或共同活动。在共同生活、共同活动的层面上产生了构成某一特定社会生活过程所不可缺少的社会生活基本因素。这些社会生活基本因素相互制约、相互作用构成了社会这个复杂的有机体的内在结构，即所谓社会的"隐结构"。因此，社会生活作为人们的共同生活一方面离不开每个个人的生活，但另一方面在质态上又不能还原为个人的生活。在这个意义上，社会生活作为共同生活的整体对于每一个生活于其中的个人来

说必然具有不依个人的意志为转移，同时又制约着个人活动的客观性。共同生活的内在结构是把众多个人的力量凝聚成为社会力量，它有着自己发挥作用的客观机制。各种社会力量，无论是经济力量、政治力量，还是精神力量都与这个客观机制直接相关，因而对于每一个个人来说，也都是不依个人的意志为转移的客观力量。这种社会力量也像自然力量一样，只要人们没有把握它们得以发生并发挥作用的客观机制，它们就会在社会生活的进程中盲目地起作用，甚至制造出灾难性的社会后果。这特别体现在市场经济制度的发展中。

资本主义市场经济作为一种完全由市场调节的经济，或者说一种通过市场机制实现资源配置的经济，一经形成就的确显示出自然经济无法比拟的优越性。它使商品生产和商品交换扩展到社会生活的各个方面，彻底破坏了人们之间一切封建的、宗法的联系，结束了自然经济条件下生产的自给自足性和封闭性，促进了社会生活的高度分化和高度社会化；它使科学技术有了广阔的用武之地，科学技术成为市场主体在竞争中获取最大市场利润的有力武器，从而极大地推动了社会生产力的发展。对此，马克思做出了这样的描述："资产阶级在它的不到一百年的阶级统治中所创造的生产力，比过去一切世代创造的全部生产力还要多，还要大。自然力的征服，机器的采用，化学在工业和农业中的应用，轮船的行驶，铁路的通行，电报的使用，整个整个大陆的开垦，河川的通航，仿佛用法术从地下呼唤出来的大量人口，过去哪一个世纪料想到在社会劳动里蕴藏有这样的生产力呢？"①

资本主义市场经济于起步阶段在经济和政治上所获得的巨

---

① 马克思和恩格斯：《共产党宣言》，《马克思恩格斯选集》第1卷，人民出版社1995年版，第277页。

大成功，的确使当时许多力图从理论上把握这一伟大历史转折的理论家、思想家们感到欢欣鼓舞，他们中不少人甚至认为资本主义制度是人类历史上最为合理的并必将永远存在下去的社会制度。18 世纪后半叶，英国著名古典经济学家亚当·斯密从欧洲近代人文主义所倡导的抽象人性论出发，认为人在本性上是利己主义者，自然的、合理的社会秩序应当是从人的本性产生而合乎人的本性的社会秩序。他不否认社会利益的存在，但他认为社会利益不过是许多个人利益的总和，因此，人们越是追求个人的私利，就越能促进社会利益的扩大。在他看来，与发达的商品经济相适应的资本主义社会就是这种自然秩序最充分的实现。显然，亚当·斯密十分崇尚市场的自发性，甚至可以说把市场的自发性抬高到一个很神圣的地位。

斯密生活在资本主义市场经济的初级阶段，他对市场经济内部动态的经济学的和哲学的分析是以完全竞争市场的理论假设为前提的，即假定市场主体是由众多的资本数额比较小的买方和卖方构成，买卖双方的经济决策是独立的、分散的，没有哪一方可以单独影响市场价格的变化。但从资本主义市场经济自发进化的历史上看，完全竞争市场的理论假设在现实中很难存在。在现实的、自发的经济过程中，市场信息是分散的、大量的而且是瞬息万变的，很难保证各自独立的市场主体及时地、准确地、充分地获得全面的市场信息。自发的竞争也必然会导致资本的积聚和集中，出现垄断经济。垄断资本通过规定垄断价格和经营控制，以获得垄断利润，这就使市场的价格信号不能充分地反映市场供求关系的变化。这些事实表明，一方面，市场主体无限制地追求利润的最大化；另一方面市场信息的分散、时延和扭曲，又使市场主体的经济行为具有受偶然性支配的盲目性。这就不能不使通过市场机制实现的资源配置自发地出现脱离社会供求关系变化的趋势。在极端的情况下，不仅造成微观资源配置的不当，而且会造成整个社会资源配置混乱。1825 年，英国爆发了第一次所谓"生产过剩"的经济危机，以后差不多每隔十年就爆发一次这样的危机。危机的爆发使市场经济可以自发地促进公共利益或普遍利益的实现这一神话被大大地打上了折扣。应当说，经济危机是对资本主义市场经济的一种自发的、强制性的调节。通过危机淘汰了过剩的生产能力，缓和了生产与需求的矛盾，在一定程度上恢复了供求关系的平衡，并在此基础上重新刺激生产的扩大，逐渐使经济达到并超过危机前的最高点。然而，危机所造成的巨大的经济损失往往是难以承受的，如从 1900 年到 1937 年，周期性地爆发了六次大规模的经济危机，使资本主义经济受到沉重的打击。特别是1929 年至 1933 年长达四年之久的经济危机震动了整个资本主义世界，并辐射到所有殖民地、半殖民地国家。这次危机使资本主义工业生产几乎倒退到第一次世界大战前的水平，造成了五千万人的失业。

发生在垄断资本主义时期的经济危机再次表明，仅仅依靠市场经济的自发调节机制，不可避免地会使国民经济发生灾难性的周期震荡。1936 年，英国经济学家 J. M. 凯恩斯发表了《就业、利息和货币通论》一书。在这本书中，凯恩斯对 20 世纪30 年代英国和资本主义世界经济危机所造成的严重的萧条和失业状况进行了分析，摈弃了传统经济学关于资本主义可以借助市场自动调节机制达到充分的就业均衡的说教，主张放弃自由放任主义，由政府出面承担起对经济活动的干预和调节的职能。第二次世界大战以后，西方主要资本主义国家程度不同地接受了凯恩斯的主张，通过加强指导性经济计划，实施财政政策和货币政策，发展国有企业以及颁行各种保护企业、维护基本权利和社会利益的法律和政策等手段加强了政府对市场经济的干预，以期克服市场经济自发进化所导致的盲目恶果。相对于市场经济的自发调节机制而言，国家干预无疑是一种自觉的力量。它表明，当市场经济的自发进化使周期性的经济危机一而再、再而三地构成了对整个社会经济乃至整个社会生活的沉重打击时，国家就再也不能容忍市场的自发运行所导致的灾难性后果，无论是出于实现社会公共利益、减少社会摩擦的考虑，还是出于避免社会经济遭遇衰退或崩溃的考虑，都必须凭借由于市场经济对国家的依赖而拥有的权力和手段向市场伸出"有形的手"，主动地调节市场要素之间的相互作用关系，最大限度地减轻经济失衡的损失。

以自觉的计划调节为主要内容的国家干预，意味着资本主义生产关系的局部调整，其目的在于约束市场的自发性，弥补市场机制在资源配置方面的不足，这在一定程度上反映了生产力不断社会化的客观要求。但是，在资本主义私有制条件下，国家的自觉干预又不可避免地同市场的自发调节机制发生尖锐的矛盾。因为，在一个以私有制为基础的市场经济中，追求特殊利益的市场主体只是根据自己对未来受益和风险的预测自主地确定自己的经济行为。国家即便出于对经济协调发展的最合理的把握，也不能直接决定财产所有者的投资选择和消费选择，而只能通过财政政策和货币政策等手段，或者说通过左右市场信息的方式，对市场主体的选择产生间接的影响或引导作用。因此，真正对资源配置起决定作用的市场主体，依然只是根据自己判断，而不是按照国家的期待，对大量的市场信息做出反应。这就必然会使国家干预的后果由于经济决策的独立性和分散性，由于市场主体对经济信息判断的主观差异而具有极大的不确定性。在资本主义制度下，国家干预并没有消除市场的自发性，国家干预是被纳入市场经济自发运行的轨道中，一旦国家经济政策本身出现误差，这种误差就会在市场要素自发的相互作用关系中被难以控制地放大，产生无法预料的后果。20世纪 70 年代后西方资本主义国家普遍出现的长时期的"经济滞胀"，就比较典型地体现了国家自觉干预与市场自发机制的矛盾。"滞胀"，即生产停滞和通货膨胀的同时并发。从直接原因上看，滞胀的产生也是凯恩斯主义政策的副作用长期积累的后果。凯恩斯主义的反危机措施，使得经济危机不能充分展开，危机固有的淘汰过剩生产能力、暂时解决生产和消费的矛盾的作用无法充分发挥，供求矛盾不能充分暴露，市场失衡不但被经常化，而且被日益加重。对此，20世纪七八十年代，以货币学派、供应学派和新自由主义学派为代表的当代新保守主义经济学理论都把批判的矛头指向"国家干预"。他们认为，滞胀是当代凯恩斯主义的国家干预政策的结果。只要放弃或减少国家的干预，实行自由放任的经济政策，就可以自动地实现经济均衡。新保守主义的上述主张，实际上表现出资本主义国家对市场经济的自发性无可奈何的状态。它表明，私有制本身不可能成为使经济实现自觉发展的社会条件，在市场主体各行其是的经济行为中，国家的自觉干预不可避免地同市场的自发调节机制发生矛盾，从而很难达到自觉地利用市场机制来消除危机促进经济长期稳定发展的目的。因此，我们可以说，当代资本主义所面临的危机，不是国家资本主义危机，而是资本主义私有制的危机，真正的问题既不是市场太多，也不是市场太少，而是市场的自发性无法得到抑制。只要保持私有制，就不可能使社会经济摆脱自发进化的轨道，实现自觉发展。

现代资本主义不能克服市场经济的自发性，也在客观上表现出资本主义社会的政治危机。资本主义国家或政治体系不能在事实上成为代表社会共同利益或普遍价值的主体。与君主专制的封建政治相比，资本主义政治体系的确可以说是一种理性化的产物。依靠强大的法律体系，保证公民权利在法律上的平等；依靠普选制或参与制和以三权分立为特征的政治与行政体系，排除了个人专断和立法执法中的任意性；依靠庞大的科层组织体系和一整套严格的管理程序与规范，使社会管理能够具有较高的效率。但是，资本主义政治的基本前提是"私有财产的不可侵犯性"，全部法制的核心是维护私有者的私有财产权和个人作为私有者所享有的平等权利。私有制把每个社会成员都变成一个私有者，因而看上去，维护私有财产，也就是维护每个人的权利。然而，在资本主义市场经济的发展中，残酷的竞争不可避免地使社会的经济资源作为资本越来越集中在少数人手中，从而使社会成员划分出占有生产资料的资产者阶级和丧失生产资料的无产者阶级，最终在事实上，"合法"地保护私有财产权利变成了"合法"地保护资产者阶级的特殊利益。在这种情况下，国家实际上成了"虚幻的共同体"，即很大程度上只是名义上代表公共利益，而实际上却被资产者阶级的特殊利益所左右。实力雄厚的资本财团通过对政治候选人的资助和对新闻媒体的操纵，使通过普选产生出的政府首脑成为自身利益的代表者；资产者阶级内部的派系或各种势力集团在政坛上的争斗，使三权分立的政治体制中国家意志的表达（立法）和国家意志的执行（行政）经常发生矛盾，并常常使政治统治无法戴上"公正无私"的面具。正如美国政治学家古德诺所说："在国家中拥有控制国家意志的权力机关，总是趋向于利用它对国家意志执行的控制权力，来不正当地影响国家意志的表达。这样做有时候是出于最纯正和最爱国的动机，但更多的时候却是出于邪恶的和利己的动机。无论是哪种情况，其结果都会是一样的。法律的执行不再是公正无私的，而仅仅是或在很大程度上是为了直接或间接地影响国家意志的表达，而这常常又是为了社会中某些阶层的利益。"①这种情况表明，自 18 世纪以来，资本主义政治国家都是通过自觉的政治革命而建立起来的，但资本主义私有制本身却使这种政治国家无法彻底地贯彻或履行自觉革命时期的理性承诺，无可奈何地听任市场机制对政治行为的左右。

3. 社会进化的自发性与现代社会的文化危机

现代资本主义社会发展的自发性，不仅表现在经济过程和政治生活中，而且表现在社会文化中。资本主义私有制不仅使资本主义市场经济的运行成为无法驾驭的自发进化过程，而且使其整个社会结构体系充满了难以克服的矛盾。这些矛盾通过内蕴于社会经济生活、政治生活和精神生活以及制度体系之中的文化价值矛盾表现出来，由此构成了资本主义社会自身的文化冲突，使整个社会生活的内在协调难以实现。

资本主义社会的文化矛盾首先表现为，由于特殊利益与普遍利益、个体利益与共同利益的分离和对立，使赋予社会生活以意义和目的的共同价值和信念受到个人或各种不同群体的特殊价值利益的侵害，难以发挥对社会生活的整合作用，从而极大地削弱了社会的精神凝聚力。19 世纪末，法国社会学家迪尔凯姆在其《社会分工论》一书中，通过分析比较传统社会和现代社会的团结类型，初步揭示了资本主义社会文化矛盾的这一表现及其根源。他认为，在现代社会中，社会分工的发展和个体差异的增大，造成了社会的高度异质性，每个人越来越倾向于只同自己所属的有限的专门化的群体（如职业群体、阶层、阶级）认同，而不是同整个社会认同。这些专门化的群体往往

———————
① 古德诺：《政治与行政》，王元译，华夏出版社 1987 年版，第 14 页。

为了追求他们特殊利益而牺牲整个社会的共同利益。迪尔凯姆进而指出，集体意识的削弱有可能破坏把人们团结到各种群体中或更大的社会中的社会联系，使人们有意义的生活失去社会寄托。因为，个人是依赖于社会的，共同的信仰和价值给予生活以意义和目的，而规范则引导和调整行为。对社会联系的任何破坏都会损害共同的信仰，降低道德的价值和侵蚀规范性结构，由此导致一种无意义无规范的状态，在这种状态中，每个人不知所措，在主观上产生那种令人痛苦的怀疑：生活究竟是不是真正无目的或无意义的？

德国社会学家马克斯·韦伯对资本主义社会内在文化矛盾的分析更显示出现代文明本身所蕴含的难以消除的紧张和对立。韦伯在其对社会行动的类型的分析中，把社会行动区分为合理性的和非理性的两大类，进而又把合理性行动分为价值合理性行动和工具合理性行动。所谓工具合理性行动是指以能够计算和预测后果为条件来实现目的的行动，这种行动着重考虑手段对达成特定目的的能力和可能性，并不在乎特定目的所针对的终极价值是否符合人们的心愿。价值合理性则指主观相信行动具有无条件的、排他的价值，而不顾后果如何、条件怎样都要完成的行动，这种行动包含着主观欲求、意愿、信念和对行动意义的理解，可引入价值判断。韦伯认为，这两种合理性在人们的实际行动中并不是分立的，任何实际行动既包含工具合理性成分，又有价值合理性成分。然而，这两种合理性毕竟又存在着相互矛盾的一面，这种矛盾并不能在实际行动中完全得到协调或消解。在韦伯看来，现代文明的全部成就和问题都来源于这两种合理性之间的紧张和对立。他认为，近代欧洲文明的一切成果都是理性主义的产物。但正是由于两种合理性之间的相异之处无法协调，又使理性化的文明成果包含着难以解脱的自相矛盾。韦伯把自己对于合理性的剖析用于分析社会结构，进而做出了形式合理性和实质合理性的区分。形式合理性具有事实的性质，它是关于不同事实之间的因果关系判断，因而可主要地归结为手段和程序的可计算性，即基于工具的合理性。实质的合理性具有价值的性质，它是关于不同价值之间的逻辑关系判断，属于目的和后果的价值，即基于价值的合理性。韦伯指出，现代资本主义是工具或形式合理性最为成功的典型，因为只有在这种合理性的行为方式和思维方式的支配下，才会产生出经过推理证明的数学和通过理性实验的实证科学，才会相应地产生出合理性的法律、社会行政管理体制以及合理性的社会劳动组织形式资本主义。但也正是因为形式合理性与实质合理性的对立，资本主义社会又不可避免地陷入进退两难的窘境。从经济上说，追求利润或高效率使市场经济中的生产和资本主义经济制度从根本上具有了形式合理性，但那些银行巨头和金融寡头以及大大小小的投资者或投机商为了获得外在的商业利益，往往根本不顾及社会的公共利益，他们工具性地合理利用市场行情见机取利的行为是导致现代市场经济危机亦即现代资本主义实质非理性的重要根源。资本主义社会国家管理体系表现为不断加强的科层化，从纯技术的观点上看，纯科层制类型的行政管理即独断的科层制分工明确，权责明晰，纪律严格，可以获得最高程度的效率，因而无疑最具有工具上的或形式上的合理性。然而，在科层制中，个人按照自己的信仰、理想的价值而行动的自由受到极大的压制，合理性的计算把每个人变成了这架庞大机器上的一个零件，促使人们形成十分冷漠的公务态度或产生追逐权力向上爬的发迹思想，并最终导致不考虑行为的合理性而只是僵硬地执行制度的非理性后果。在精神生活中，工具的合理性使人们摆脱了传统宗教信仰和保守的伦理道德的束缚，但又使人们陷入一种新的异化境地：人成了机器的奴隶、商品的奴隶、官僚制度的奴隶，从而使崇拜效率、崇拜金钱、崇拜商品成为一种拜物教。它窒息了人的精神灵性，降低了文化的水准，剥夺了人的自由，使现实变为实质上的非理性了。总之，资本主义社会依靠工具的合理性使自身获得了巨大的物质进步，但它无法达到实质的合理性，确切地说它本身必然地走向实质上的非理性，使社会生活不能成为人的终极价值的实现。

迪尔凯姆和韦伯比较深刻地揭示了资本主义社会的内在矛盾在社会的精神文化领域和人们的心理结构中的反映和表现，揭示了在资本主义制度结构的观念基础上各种相互冲突的文化价值之间的紧张和对立所导致的严重的社会问题和消极后果，以及对资本主义社会进行价值评价的自相矛盾。然而，资本主义社会的文化矛盾不仅是精神生活领域内的紧张，而且是各层次社会结构之间的相互对立和冲突。美国社会学家丹尼尔•贝尔在1976年发表的《资本主义文化矛盾》一书中，通过分析资本主义社会经济、政治和文化结构之间的关系，揭示了文化矛盾的更为深刻的内涵。贝尔认为资本主义是这样一个社会经济系统，它同建立在成本核算基础上的商品生产挂钩，依靠资本的持续积累来扩大投资。这种独特的经济运转模式牵涉到一整套独特的文化精神和品格构造。其文化精神的基本特征是"自我实现"，即把个人从传统束缚和归属纽带中解脱出来，以便他按照主观意愿"造就"自我。在品格构造上，它确立了自我控制规范和延期报偿原则，培养出为追求既定目的所需的严肃意向行为方式。正是这种经济系统与文化、品格构造的交融关系组成了资本主义文明。但是，资本主义历经二百余年的发展和演变，已形成了它在经济、政治与文化领域间的根本性对立冲突。三个领域相互独立，分别围绕自己的轴心原则，以不同的节律交错运转，甚至逆向摩擦。（1）经济-技术领域。该领域是资本主义发展过程起决定性推动作用的基础部门。它的轴心原则是追求效率，与这个原则相适应的结构是以严格的等级制和精细分工制为特征的科层组织（如公司、企业集团等）。在这个领域中，个人只具有"物"的价值，即最大限度获取利润的工具。（2）政治领域。该领域是调解利益冲突的部门。其轴心原则是"合法性"，不断发展着的平等观念（如法律平等、公民权利平等、社会经济权利平等，等等）。其基本结构是以选举制或参与制为特征的民主政体。政治决策主要依靠谈判或法律仲裁。这样阶级冲突的局面虽然可以得到控制，但公众同官僚机构的矛盾却难以消除，因为政府无法满足来自各方面众多而过分的平等要求。（3）文化领域。这是由文学、艺术、宗教和思想组成的负责诠释人生意义的部门。其轴心原则是不断再现并再造"自我"，以达到自我实现和自我满足。与经济、政治领域中发达的组织与管理模式相反，文化领域追求"个性化""独创性"和"反制度化"精神。这种民主化倾向会促使每个人去实现自己的潜力，因此也会造成"自我"同技术-经济秩序所需要的"角色要求"不断发生冲撞。贝尔指出，这三大领域各有自己独特的模式和运行原则，并依此形成大相径庭的行为方式，这样就造成领域间的断裂，产生冲突，"正是这种领域间的冲突决定了社会的各种矛盾"①。

就分析资本主义社会本身的内在矛盾而言，迪尔凯姆、韦伯和贝尔的上述观点的确可以说是入木三分的。从这些观点中，我们能够很好地体会或领悟出现代资本主义社会自身中既无法

---

① 丹尼尔·贝尔：《资本主义文化矛盾》，赵一凡等译，三联书店 1989 年版，第 56 页。

避免又无法克服的内在矛盾及其所导致的精神生活的紊乱。

# 三、历史进程中的自由问题

现代社会危机日趋严重的趋势已经清晰地表明，社会进化的自发性已经在很大程度上导致社会生活的总体异化，就是说，社会生活是体现人的自主、自由本质的存在方式，却日益成为不可理解的异己力量。蕴含在社会生活及其历史发展中的各种客观力量就是在人的共同生活、共同活动中生成的力量，这些客观力量也可说就是人们用以创造物质财富和精神财富的各种能量，但是当它们作为一种不可控制的盲目力量而起作用时，同样有可能在不自觉的状态下被用于破坏人类生存的基础和条件。因此，如果说在前现代社会中，由于社会主体总体实践能力的相对薄弱，这些客观力量所能起的负面作用也相对薄弱的话，那么随着人们的共同活动、共同生活的愈益发展，这些客观力量及其可能产生的负面作用也会愈益强大。如果人类不能把握这些客观力量起作用的机制和规律，特别是不能建立使这些客观力量得以正确使用的社会形式，那么它们所能产生的负面作用就有可能将人类带入生存困境之中，前面所述的现代社会危机已经充分说明了这一点。

社会进化的自发性所导致的社会危机以一种令人忧虑的方式证明了辩证的历史决定论的真理性：社会生活及其历史发展有着自身的客观机制和客观规律。然而，辩证的历史决定论不是否认人的自由的机械决定论，更不是消极无为的宿命论，它同时承认社会发展的客观机制和客观规律是可以为人所掌握并为人所驾驭的，从而使蕴含在人的共同活动、共同生活中的各种客观力量能够依照人的价值尺度发挥作用。事实上，辩证的历史决定论的这个信念并不仅仅是一种形而上的论断，而是人类科学发展的基本动力。自古以来，人类从未放弃把握社会生活内在机制和规律的努力，近代以来社会科学的产生与发展，已经大大地推进了人类对社会生活自身的理论把握。辩证的历史决定论不过是上述科学努力的一种理论的表现形式。因此，辩证的历史决定论不同于机械决定论和宿命论的关键之处就在于，它是一种真正的关于人的自由的理论，这种理论所探讨的就是人的现实自由何以可能？何以能够在社会历史进程中不断扩展和深化。因此，自由问题既是辩证的历史决定论的出发点，也是这一理论的归宿点。从前面对社会进化自发性问题的分析可以引申出的一个基本结论就是：社会进化的自发性所导致的社会危机，其总特征就是将人类自由乃至人类生存置于自我毁灭的境地。任何无视客观必然性、客观规律的理论和策略都无疑会加重这个趋势。辩证的历史决定论与历史非决定论的根本对立亦在于此。任何意义上的历史非决定论归根到底都是一种把人的现实的自由化为乌有的理论，尽管这种种理论多是以捍卫人类自由的面貌而鼓噪于世的。

1. 自由概念与自由问题的两个层次

首先必须指出的是，辩证的历史决定论在理论上所探求的自由，是人类的现实的自由，即人在现实活动或现实生活中的自由，人的"此岸的"自由。之所以要给"自由"冠之以"现实"二字，并不是要否认人的纯粹主观自由或意志自由的价值。人的最自由的领域莫过于人的主观世界。在这个领域，可以没有任何限制，可以抛开任何现实的规律、条件而天马行空地任意想象。然而，尽管这种自由能力可以给予人类的思维和想象以无穷的创造力，但它毕竟不能代替现实，人一旦进入自身的现实活动和现实生活中，想象中抛开的各种限制就会尽数回到人的身边，成为对人的自由的制约。这正如卢梭在《社会契约论》中所说的那句名言："人是生而自由的，但却无往不在枷锁之中。"虽然卢梭主要是从政治权利的意义上理解自由的含义的，强调"人人共同的自由乃是人性的自然结果"，但这句看似自相矛盾却又耐人寻味的话，至少启发我们思考自由的一般方式，即对自由的理解，应当从它的反面，即从"枷锁"的方面去理解。什么东西在支配着、限制着、制约着人的自由？人能够从这种支配、限制、制约中解脱出来吗？或者说，人在现实中只能享有这种受到限制的自由，但是对于人的自由来说，哪种限制是合理的？如何判断这些限制是否合理呢？黑格尔曾把所谓的"限制"（如道德、法律等）理解为"自由的定在"，但在这个意义上，是否任何限制都可以被理解为"自由的定在"呢？

如果从"支配""制约""限制"的角度来考察人的现实活动或现实生活，那就不难看到，自由问题应当包含着如下两个层次的含义。

其一是自由与奴役的关系，即所谓政治自由。这或许是自由这个概念最原初的含义。在古希腊哲学中，"自由"（ελευθερια）一词最初是涉及主奴关系的一个政治概念，即指当权者或奴隶主依照法律释放那些屈从于他们的权力的人，如奴隶、囚徒等，解除它们的奴隶身份或囚禁状态以及其他方面的奴役。与此相应，在古希腊乃至后来的古罗马社会中那些人身不依附于任何他人的人，那些免受他人奴役和管制的人，也包括解脱了奴籍的人就被称为"自由人"（ελευθερος）。这也就是"自由"（freedom, liberty）一词的最初含义，即"免除……"或者"从……解脱或解放出来"等。在这个意义上，自由也意味着一种权利，即能够按照自己的意愿去生活、去选择、去活动的权利，去做自己愿意做的事情的权利。也就是说，自由作为一种权利就是自主的权利，自己做出决定的权利。自由同时也就是这种权利的不可剥夺性，亦即免除任何加诸个人的任意的约束和强制。这种自由当然不是不受任何限制的为所欲为，而是说制约或限制人们活动的仅仅是那种公认的、普遍的规则。没有这种规则，任何个人的自由都有可能丧失殆尽，因此，这也就是为了人的自由而对人的自由进行限制的规则。在近代哲学中，洛克为这种自由观做了理论上的奠基，他认为："处在政府之下的人们的自由，应有长期有效的规则作为生活的准绳，这种规则为社会一切成员所共同遵守，并为社会所建立的立法机关所制定。这是在规则未加规定的一切事情上能按照我自己的意志去做的自由，而不受另一人的反复无常的、事前不知道的和武断的意志的支配；如同自然的自由是除了自然法以外不受其他约束那样。"①

当代英国著名的自由主义政治哲学家赛亚·伯林把这个意义上的自由进一步区分为"消极自由"和"积极自由"。他说："freedom 或 liberty（我在同一个意义上使用两个词）的政治含义中的第一种，（遵从许多先例）我将称作'消极自由'，它回答这个问题：'主体（一个人或人的群体）被允许或必须被允许不受别人干涉地做他有能力做的事、成为他愿意成为的人的那个领域是什么？'第二种含义我将称作'积极自由'，它回答这个问题：'什么东西或什么人，是决定某人做这个、成为这样而不是做那个、成为那样的那种控制或干涉的根源？'。"②也就是说，消极自由就是能够不受别人阻碍地行动的自由，在这个

---

① 洛克：《政府论》下册，叶启芳、瞿菊农译，商务印书馆 2004 年版，第 17 页。
② 伯林：《自由论》，胡传胜译，译林出版社 2003 年版，第 189 页。

意义上,"如果我的不被干涉地行动的领域被别人挤压至某种最小的程度,我便可以说是被强制的,或者说,是处于奴役状态"①。而"积极自由"则是指我希望我的生活与决定取决于我自己,而不是取决于随便那种外在的强制力,或者说,我希望成为一个主体,而不是客体,希望自己是一个决定的而不是被决定的行动者,是自我向导的,而不是像奴隶那样只受外在自然或他人的作用。在柏林看来,这两种自由的观念看上去在逻辑上相距不远,但二者可以朝着不同的方向发展,直至最终造成相互间的直接冲突。这主要是因为积极自由的自我或主体在历史发展中可以被理解为某种比个体更广的东西,如部落、种族、教会、国家,等等。这类被确认为"真正"自我的实体,可以将其机体的、"有机的"、单一的意志强加于它的顽抗的"成员"身上,并使他们相信,对他们的强制是为了他们自己,是出于他们的利益,甚至可以说就是为了他们的自由。一句话,积极的自由很可能发展为一种"集体暴力",一种以多数人的意志或集体的名义对个人的强制。基于这种理解,伯林更倾向于维护一种"消极的自由"。如此,在自由主义政治哲学中,自由被缩小到"消极自由"这个狭小范围内,其他意义上的自由都是不可取的,甚至是有害的。关于这一点,我们将在后面适当的地方做出详细的分析。

其二是自由与必然的关系,即在人们的活动中,客观对象的客观属性、客观规律对人的活动的支配、制约或限定。在西方哲学中,伊壁鸠鲁可能是最早从这个意义上来理解自由的。他在称颂那种能够说美德和愉快的生活共存的人时说:"他不信有些人拿来当作万物之主的那个命运,他认为我们拥有决定事变的主要力量,他把一些事物归因于必然,一些事物归因于机

---

① 伯林:《自由论》,胡传胜译,译林出版社 2003 年版,第 189 页。

遇，一些事物归因于我们自己，因为必然取消了责任，机遇是
不经常的，而我们的行动是自由的，这种自由就形成了使我们
承受褒贬的责任。"①伊壁鸠鲁把自由理解为"拥有决定事变的
主要力量"和"归因于我们自己的事物"。更为重要的是，他不
仅把"自由"和责任联系起来，而且还把"自由"同"必然"
和"偶然"（机遇）联系起来加以考察，尽管在他的理解中自由、
必然和机遇分属三种不同的事物。在这里，制约人的活动的必
然性，既包括存在于人与自然的相互作用中的各种客观必然性，
也包括存在于人的社会活动中各种客观必然性。正如违反了自
然规律我们必然会遭到自然规律的惩罚一样，如果不能认识和
掌握产生于人们的共同活动或共同生活中的社会规律，我们同
样会为此付出沉重的代价。因此，在自由与必然的关系中，真
正的问题是在各种客观必然性面前，人类能否获得自由。因此，
自斯宾诺莎明确提出自由是对必然性的认识这一著名论断之
后，自由和必然的关系就至少在近代理性主义思维进路中成为
有关自由问题的主要议题。康德虽然把必然归之于"现象世界"，
把自由归之于道德世界，从而肯定了意志自由，但它并没有超
出自由和必然的问题域，而是在这个问题域中提出了一个反题。
黑格尔则以其深邃的思辨逻辑强化了自由是对必然的认识这一
观念，指出必然和自由不是绝对对立的。他说："无疑地，必然
作为必然还不是自由；但是自由以必然为前提，包含必然性在
自身内，作为扬弃了的东西。"②尽管他在法哲学理论中明确地
区分了自然界和精神世界（伦理国家）、区分了自然规律和法律
这两种不同的规律，提出法是自由意志的定在，是作为理念的

① 北京大学哲学系外国哲学史教研室编译:《古希腊罗马哲学》,商务印书馆1961
年版，第369页。
② 黑格尔:《小逻辑》,贺麟译,商务印书馆1980年版，第323页。

自由等重要命题，但他依然把自由理解为理念自我展开的必然性。这就等于把道德领域和政治领域中的自由问题全部纳入自由和必然的关系中加以探讨。

就自由问题的上述两个层次而言，历史决定论所涉及的主要是第二个层次中的自由问题。对于这个层次的自由问题，本书的第二章已经做出了比较详细的论述。在这里，我们主要考察自由问题的这两个层次之间的关系。值得注意的问题是，在以往决定论的阵营中，绝大多数决定论理论都没有关注自由的这两个层次之间的差异，没有看到自由和必然的关系所涉及的主要是人及其活动在本质上是否自由的问题，而自由与奴役的关系所涉及的则主要是人的行为或活动与社会规范（习俗、道德、法律等）之间的关系，确切地说就是各种类型的专制制度与人的自由本质的对立的问题。因而，要么避而不谈自由与奴役的关系，要么将自由与奴役的关系问题附会到自由与必然的关系中，似乎那些奴役人的社会制度亦是某种不可逃避的客观必然性。例如，当黑格尔认定"法是自由的定在"时，他所理解的法就是所谓客观理念自我实现的必然性，其现实化的表现就是他所崇尚的立宪君主制。这就使决定论理论常常被非决定论者指责为专制社会的理论基础。

2. 自由主义的自由观

与决定论观念不同，历史的非决定论者把目光仅仅盯在自由与奴役的关系上，要么把自由与必然的关系问题看成假问题，要么将这一问题排除在自由问题之外。以哈耶克为代表的自由主义政治学说，就十分明确地否认了讨论自由与必然的关系的必要性。哈耶克把自由限定在一个十分狭小的范围内，认为自由就是一种"人的状态"，"在此状态中，一些人对另一些人所

施加的强制，在社会中被减至最小可能之限度"。①显然，这种
"自由"仅涉及人与他人间的关系，对自由的侵犯亦仅来自人的
强制。这就意味着，一个人在特定场合所能选择的各种物理可
能性的范围大小，与他是否自由毫无关联，他说："一个陷于困
境的攀登者，虽说只看到一种方法能救生命，但他此时无疑是
自由的，尽管我们很难说他是有选择的。此外，人们如果看到
此攀登者跌入深渊而无力脱困，那么我们虽然可以在比喻的意
义上称其为'不自由'，但大多数人仍在很大程度上认为其状态
中间有着'自由'一词的原始含义；说他'被剥夺了自由'或
被'困而丧失了自由'，其意义与它们被适用于社会关系时的意
义极不相同。"②也就是说，个人是否自由，不取决于他可选择
的范围大小，而取决于他能否期望按其现有的意图形成自己的
行动途径，或者取决于他人是否有权力操纵各种条件以使他按
照他人的意志而非行动者本人的意志行事。来自他人的强制之
所以构成了对个人自由的侵犯，是因为这种"强制"使一个人
的环境为他人所控制，以至于为了避免所谓更大的危害，他被
迫服务于强制者的目的。也就是"除了选择他人强设于他的所
谓的较小危害之情境以外，他既不能运用他自己的智识或知识，
亦不能遵循他自己的目标及信念"③。这种强制就是一种"恶"，
因为它实际上是把人彻底地沦为实现他人目标的工具。

　　当然，哈耶克并不一般地排斥对人的活动的限制或强制，
在他看来，对"个人自由"危害最大的"自由观"是鼓吹那种
不受限制的"无所不能的自由"。这种自由观把"自由"称为"做
我想做的事情的实质能力"，而把任何限制都看成自由的障碍。

①　哈耶克：《自由秩序原理》，邓正来译，三联书店 1997 年版，第 3 页。
②　哈耶克：《自由秩序原理》，邓正来译，三联书店 1997 年版，第 5 页。
③　哈耶克：《自由秩序原理》，邓正来译，三联书店 1997 年版，第 17 页。

他指出，对于个人自由来说，强制不能完全避免，因为防止强制的方法只能依靠强制，但必须把行使强制的垄断权赋予国家，"并全力把国家对这项权力的使用限制在下述场合，即它被要求制止私人采取强制行为的场合。如果要做到这一点，将完全有赖于国家对众所周知的个人私域的保护以免遭他人的干预，亦有赖于国家并非经由具体的授权而是通过创设的方式来界定这些私域，在这些规则明确规定了政府在种种不尽相同的情形中将采取的措施"①，也就是要求国家用抽象规则代替所谓共同的具体目标，而政府的必要性仅仅在于实施这些抽象规则，以此保护个人的自由领域不受他人的强制或侵犯。这样，与没有限制的自由相比，通过服从抽象规则而实现的自由，是"秩序之母，而不是它的女儿"。由此形成的秩序就是"个人主义秩序"或"自由秩序"，它把强制力量的运用限制在一种方式上，但它设计的一套最有效率的规则能够仍然为人类发挥其独创精神提供了无限广阔的领域。

应当肯定，哈耶克的上述观点，对于理解自由问题的两个层次的差别是很有帮助的。我们的确不能将一个人受他人强制而丧失自由这种状态同一个人受自然必然性约束这种状态混为一谈。但是，当哈耶克把自由与必然的关系排除到自由问题之外时，他的这个观点本身就已经潜藏着一个重大的政治玄机，即为一种事实上的或实质上的奴役关系或奴役制度辩护。

首先，哈耶克强调这种自由秩序或个人主义秩序只能建立在分立的财产制度上，因为"配置资源的权力以可以变化的方式分散在许多能够实际决定这些资源用途的个人手里——这种分散是通过个人自由和分立的财产做到的——才能使分散的知

①  哈耶克：《自由秩序原理》，邓正来译，三联书店 1997 年版，第 17 页。

识得到最充分的利用"。①为此，哈耶克对那种把私有制看成自私的制度的观点提出反驳："分立的财产制度并不是自私的制度，它不是，也不可能是为了把财主的意志强加给其他人而'发明'出来的。相反，它的好处是普遍的，因为它把生产的支配权，从少数不管如何自负知识毕竟有限的个人那儿，转移给了一个过程，即扩展秩序，它使所有人的知识得到了最大限度的利用，因此使没有财产的人得到几乎和有产者同样多的利益。"②

其次，从"财产分立制度"出发，哈耶克也明确反对追求事实上的平等。他认为，"平等地待人"与"使他们平等"是两回事。前者是指任何个人都不能受到他人的强制，都有按照自己的知识和信念行事的权利，反对对个人可能取得的地位的强制限制，因而这是一个自由社会的前提条件；后者则是用强制限制的方式，使人们彼此相同，这意味着"一种新的奴役形式"。因此，"个人主义的主要原则是，任何人或集团都无权决定另外一个人的情形应该怎样，并且认为这是自由的一个非常必要的条件，决不能为了满足我们的公平意识和妒忌心理而牺牲掉这样的条件"③。也就是说，在哈耶克的"自由秩序"中，所谓的"平等"仅仅是指平等地对待每一个人，而并不要求使人们获得事实上的平等，而且，如果追求人们的事实上的平等，就必然有害于"个人自由"。

不能否认，哈耶克的这些思想对于以市场经济为基础的现代社会来说，都是非常重要的理论主张或政治主张。这些主张

① 哈耶克：《致命的自负》，冯克利、胡锦华译，中国社会科学出版社 2000 年版，第 86 页。
② 哈耶克：《致命的自负》，冯克利、胡锦华译，中国社会科学出版社 2000 年版，第 87 页。
③ 哈耶克：《个人主义与经济秩序》，贾湛、文跃然等译，北京经济学院出版社 1989 年版，第 29 页。

对于维护个人的基本权利，对于维护市场经济的内在机制和制度建构都具有充分的、积极的政治价值。但问题不在于市场社会中的自由是否应该如此，而在于我们能不能把哈耶克的自由观看成对人的自由或个人自由的一种终极理解？我们是不是可以为获得这样的自由而满足？对这个问题的回答，需要我们了解市场经济和市场制度的本性。

市场经济本身是以作为市场主体的个人独立地、自主地追求私利为内在驱动力的，在这个意义上，个人的独立性、自主性和自由性的确是与人们的私有财产权利联系在一起的。正如黑格尔所言："从自由的角度看，财产是自由的最初的定在，它本身是本质的目的。"①因此，要使市场机制能够充分地、正常地发挥作用，就必须建立确保个人的基本权利不受侵犯的市场制度和法律规则。政府可以用这些抽象的法律规则对一切人的自由做出统一的限制，从而为所有人的尽可能多的自由提供保障。这些规则禁止对所有其他人（或由他们）实施任意的或歧视性的强制，禁止对任何其他人自由领域的侵犯。简言之，要用抽象规则代替共同的具体目标；政府的必要性仅仅在于实施这些抽象规则，以此保护个人的自由领域不受他人的强制或侵犯。由于这些抽象规则是平等地对待每一个人，因而维护了这样一个意义上的自由，也就产生了这种法律上的、形式上的平等。在哈耶克看来，这也就是一个人所能获得的全部的自由和平等。

然而，以哈耶克为代表的自由主义政治学说所主张的这种自由和平等真的能够免除人对人的强制和奴役吗？对于这个问题，哈耶克也许比谁都清楚。他之所以只赞同"平等地待人"而坚决反对"使人平等"，就是因为，"平等地待人"不过是

① 黑格尔：《法哲学原理》，范杨、张企泰译，商务印书馆1982年版，第54页。

要求国家的法律要平等地对待每一个人，要平等地维护每一个人的基本权利，特别是其中的财产权利；反对"使人平等"就是因为哈耶克完全明了，维护了前一个意义上的平等就必然会使人不平等。前一个意义上的平等是市场经济存在的前提和条件，而"使人不平等"则是市场经济的基本后果。因为在以市场经济为基础的现代社会中，市场主体在个体上的差异必然会导致财富分配上的差异。如黑格尔所说：分享普遍财富的可能性，"一方面受到自己的直接基础（资本）的制约，另一方面受到技能的制约，而技能本身又转而受到资本，而且也受到偶然情况的制约；后者的多样性产生了原来不平等的禀赋和体质在发展上的差异。这种差异在特殊性的领域中表现在一切方面和一切阶段，并且连同其他偶然性和任性，产生了各个人的财富和技能的不平等为其必然结果"[1]。这就是说，市场经济本身的自发倾向必然是产生财富分配上的不平等，也就是产生贫富分化，而且正是这种贫富分化所带来的市场差别，才给市场带来了活力和创造性。但是，财富分配上的不平等同时又是引起社会矛盾、社会摩擦乃至社会动荡的基本原因。因为，如果政府不实施必要的遏制手段，市场经济本身所导致的这种贫富分化趋势是没有止境的，它会使越来越多的人丧失财产沦入贫困者阶层，对于他们来说，已经没有多少财产需要国家法律加以平等的保护，尽管他们在法律上依然被平等地对待。在市场经济社会中，对于个人自由来说，真正能够使人免除他人强制和奴役的不是财产权利，而是财产本身。完全丧失了财产的人，就不能不接受资产者对他的奴役和强制。这是一个基本事实。如果说，自由即意味着"一些人对另一些人所施加的强制，在社会中被减至最小可能之限度"，那么，哈耶克所倡导的

---

① 黑格尔：《法哲学原理》，范扬、张企泰译，商务印书馆1961年版，第211页。

自由却不可避免地使这句话事实上对于绝大多数人来说变成了十足的空话。对此，19 世纪末德国法学家门格尔（A. Menger）就曾指出："通过完全平等的方式对待所有公民，而不论其个人品质和经济地位为何，并且通过允许他们之间展开无限制的竞争的方式，导致了这样一种结果，即商品的生产也得到了无限的增长；但是，贫困的弱者仅能得到此一产出中的一小部分。新的经济立法和社会立法都应力图保护弱者以对抗强者，并确使他们也能在一定程度上获得良好生活所必需的财富。这是因为在今天，人们已经认识到，最大的非正义莫过于对事实上不平等的现象做平等的对待"。①

　　当然，上述情况并不是说，在市场经济社会中法律上或基本权利上的平等和人的独立性、自由性都是骗人的鬼话，而是说在这种"平等"和"自由"之下产生的事实上的不平等和人与人之间的奴役关系完全是出自市场经济内在的客观必然性，也就是说，他们不是产生于人们有意的制度安排，而是产生于市场体系的内在规律。因此，这种事实上的不自由、不平等恰恰表现的是自由与必然的关系。它表明了自由与奴役同自由与必然之间的深刻的内在联系。但以哈耶克为代表的自由主义政治学说把自由与必然的关系从自由问题的论域中排除出去，无非就是想告诉人们，法律上的、形式上的平等和自由就是你所能获得的全部平等和自由，至于事实上的、实质上的贫困与无权以及因此遭受他人的奴役和强制根本就与自由问题无关，因为你不会因此丧失法律上的平等和自由，甚至可以说，你是平等地、自由地受他人的奴役和强制。

　　正是出于上述观念，哈耶克对资本主义社会贫富分化的事

---

① A. Menger, *Das brgerlicheRecht und die besitzlosen Volkslassen* (1896), 3nd ed., Tabingen, 1904, p. 31.

实不但没有一丝忧虑，而且还大加赞赏。他毫不掩饰地称颂少数富人对财富的占有，他说：

> 在一个进步的社会中，如果不允许少数享有财富，那么我们就没有理由相信这些财富还会继续存在。这些财富既非剥夺于其他人，亦非其他人不可享用的东西。它乃是先锋人士所开创的新的生活方式的最初标志。①

从上述引文中，我们至少可以体会出哈耶克这段话的三重含义：其一，在一个进步的社会中，财富的继续存在与财富的创造者无关，而仅仅与财富的少数拥有者相关。也就是说，就是因为财富积聚在少数富人手中，而没有让占人口绝大多数的劳动者——它们是财富的创造者——来共同分享，财富才得以继续存在，亦即要想使财富继续存在，就必须让越来越多的人没有财富！其二，富人拥有的财富并非剥夺于他人，也就是说并非出自对他人（劳动者）剩余劳动的无偿占有，换句话说，没有依靠社会上大多数人的劳动，富人们便可以拥有这些只有通过劳动才能创造出来的财富。这些财富当然是任何人都能享用的财富，但是当少数富人拥有了这些财富的时候，绝大多数的劳动者也就丧失了享用这些财富的权利！其三，在绝大多数人享用财富的权利事实上被剥夺的前提下，少数富人理所当然地成了开创新的生活方式的"先锋人士"，而他们开创的生活方式之所以"新"，就是因为这些生活方式是绝大多数穷人连想也不敢想的。因此，哈耶克公然为富有者骄奢淫逸的生活辩护，宣称"从量上来看，富有者在娱乐中的浪费与大众在相似且同样的'非必要的'娱乐中的浪费相比较，的确是微不足道的"，甚至富人的那些"最为荒谬的生活尝试"也能产生"一般意义上的有益的结果"，相反，穷人的浪费却"偏离了一些从伦理标

---

① 哈耶克：《自由秩序原理》，邓正来译，三联书店1997年版，第159页。

准上来看极为重要的目的"。①不仅如此，哈耶克还把资本家对工人的剥削美化为事关人的生存的"道德实践"，从而冠冕堂皇地说出了下述很难找到比其更为无耻的陈词滥调：

> 如果我们问，那些被称作资本家的人，人们最应该把什么东西归功于他们的道德实践，答案是：人们的生存。社会主义者认为，所以存在着无产阶级，是因为一些原本能够维持自己生存的群体受到了剥削，这种解释纯属天方夜谭。如果没有另一些人为其提供维持生活的手段，构成现在无产者的大部分人根本就不可能存在。尽管这些人可能有受人剥削的感觉，政客们也可能煽动并利用这种感觉以获取权力，但西方的大多数无产阶级，以及发展中国家成千上万的无产阶级中的大多数人，都将它们的生存归因于发达国家给他们创造的机会。这一切还不限于西方国家和发展中国家。像俄罗斯这样的前共产主义国家，如果不是西方国家维持其国民生存的话，他们现在也会忍饥挨饿，虽然这些国家的领导人很难公开承认，只要我们成功地维持并改进使扩展秩序成为可能的私有财产基础，我们就能养活目前包括共产主义国家在内的世界人口。②

我们应当感谢哈耶克，这也算得上是他的"可爱"之处，他把自由主义政治学说中隐藏最深的、被其他人百般掩饰的真实观念如此坦然、直白地道了出来，即把劳动者血汗的榨取者毫无羞耻地说成劳动者的衣食父母，甚至是国际主义的慈善家，由此完整地勾勒出一个傲慢的、强词夺理的、无耻的剥削者的丑恶嘴脸，使我们无须动用深刻的分辨能力就能将其真实目的

---

① 参见哈耶克：《自由秩序原理》，邓正来译，三联书店1997年版，第158—159页。

② 哈耶克：《致命的自负》，冯克利、胡锦华译，中国社会科学出版社2000年版，第150—151页。

或全部意图一览无余。

依据上述理论，哈耶克不仅敌视引导无产阶级解放事业的马克思主义，而且也反对以福柯和哈贝马斯为代表的当代"异化"理论。他从他的扩展秩序理论出发，宣称我们生活于其中的演化的秩序为我们提供的幸福，有可能等于乃至超过原始秩序为极少数人提供的幸福，因而尽管这并不意味着扩展秩序中的一切都是幸福的，但这种扩展秩序正是个人自由的基础。然而，从卢梭到福柯和哈贝马斯这些法国和德国的思想界人士，都认为异化存在于一切未经个人自觉的同意便把秩序"强加于"他们的任何制度之中，从而倾向于认为文明是不堪忍受的，并提出从文明的负担中获得"解放"的要求。对此，哈耶克毫不掩饰地表现出对"解放"概念的反感。他说："'解放'虽然说起来是个新概念，就它摆脱传统道德的要求而言，其实也是一种很古老的现象。赢得了这种解放的人，将破坏自由的基础，允许人们做那些将文明赖以存在的条件摧毁殆尽的事情。"[①]言外之意，任何试图把人从"异化"状态、把劳苦大众从受奴役、受剥削的状态中解放出来的主张，都是哈耶克不能容忍的，因为他的目的就是一个，即"成功地维持并改进使扩展秩序成为可能的私有财产基础"。

哈耶克不仅反对"解放"理论，也反对任何意义上的"正义"或"公正"的主张。当代新自由主义代表人物罗尔斯于1971年发表了《正义论》一书之后，"正义问题"就成了政治哲学复兴的起点和主要议题。人们普遍认同的观念，便是"正义是社会制度的首要价值"。[②]对此，哈耶克同样感到无法容忍。他首

---

① 哈耶克：《致命的自负》，冯克利、胡锦华译，中国社会科学出版社2000年版，第71页。

② 罗尔斯：《正义论》，何怀宏、何包钢、廖申白译，中国社会科学出版社1988年版，第3页。

先否认了在自发进化过程中实现公正的可能性，说："对一个进化过程提出这些公正要求是极不恰当的，不但就过去已经发生的事情而言，而且就现在正在发生的事情而言，都是不恰当的。因为这一进化过程显然仍在进化之中。……虽然个人可以通过符合道德的行为增加自己的机会，但是由此产生的进化不会满足他的所有道德愿望。进化不可能是公正的。"①应当说，哈耶克的这一论断是准确的，自发的进化的确无从保证"公正"或"正义"价值的实现，这已经被数千年血与火的历史所证明。正因为如此，马克思主义的辩证的历史决定论才致力于将人类社会的历史纳入自由自觉发展的轨道，其中一个重要的价值目标就是实现社会公正。然而，哈耶克却明确地主张人们放弃对公正的追求。他说："坚持让一切未来的变化符合公正，这无异于要求终止进化过程。进化率领我们前进，肯定会带来许多我们既不想要也没有预见的结果，更不用说那些对其道德属性所抱的成见。……因此，罗尔斯的世界绝对不可能变成文明世界：对于有运气造成的差异进行压抑，会破坏大多数发现新机会的可能性。"②

综上所述，哈耶克竭力反对以马克思为代表的历史决定论观念，维护所谓的自发进化和扩展秩序，其根本目的就是要维护一个人奴役人、人压迫人的世界，一个没有公正或正义甚至不讲公正或正义的世界，一个在事实上只有少数人享有财富和自由而绝大多数人贫困潦倒、普遍无权的社会。正是在这个意义上，历史的非决定论恰恰成了这种政治主张的思想基础。

① 哈耶克：《致命的自负》，冯克利、胡锦华译，中国社会科学出版社 2000 年版，第 83 页。
② 哈耶克：《致命的自负》冯克利、胡锦华译，中国社会科学出版社 2000 年版，第 83 页。

### 3. 马克思对自由主义自由观的批判

同欧洲近代所有进步的思想家一样，马克思的历史哲学和政治哲学的全部理论都是以肯定人的自由本性为基点的。在《1844年经济学哲学手稿》中，马克思指出："一个种的全部特性、种的类特性就在于生命活动的性质，而人的类特性恰恰就是自由的自觉的活动。"①也就是说，劳动（或更广义地说，实践活动）既是人的自由的根源，也是人的自由本质的体现。人因其自由自觉的活动即劳动而成其为人，同样，人也因其自由自觉的活动而成为自由的人。在以后的著述中，马克思始终保持着这个基本论点。如在《〈政治经济学批判〉（1857－1858年草稿)》中，他在批评亚当·斯密将劳动看作"诅咒"的观点时指出，"诚然，劳动尺度本身在这里是由外面提供的，是由必须达到的目的和为达到这个目的而必须由劳动来克服的那些障碍所提供的。但是克服这种障碍本身，就是自由的实现，而且进一步说，外在目的失掉了单纯外在必然性的外观，被看作个人自己自我提出的目的，因而被看作自我实现，主体的物化，也就是实在的自由，——而这种自由见之于活动恰恰就是劳动，——这些也是亚当·斯密料想不到的"②。这就是说，作为自由见之于活动的劳动之所以构成人的自由本性，从最抽象的意义上说，就是指劳动是人的自我实现、主体的物化和实在的自由。

但是，尽管劳动是人的自由本性，或者说人因其劳动才成为人，但这并不意味着在任何社会的、历史的条件下，处在劳动中的人都是自由的人。人的自由本性和自由的人是两个既有联系又有差别的概念。人的自由本性，这是一个有关人的存在

---

① 马克思：《1844年经济学哲学手稿》，《马克思恩格斯全集》第42卷，人民出版社1979年版，第96页。
② 马克思：《〈政治经济学批判〉（1857—1858年草稿)》，《马克思恩格斯全集》第46卷下册，人民出版社1980年版，第112页。

的抽象规定，作为单纯意义上的本性，自由对于人来说尚只是一种可能性，而不是一种现实性；只是一种自在的自由，而不是自为的自由。要使人的自由真正成为现实的自为的自由，就必须置身于以自由为目的的现实的活动或劳动中。但是，由于人的活动或劳动是在具体的、历史的社会条件下进行的，这些社会条件规定劳动的具体方式，也决定了劳动对于劳动者来说是否真正是他的自我实现的方式。这就是说，自由的人是一个社会概念。当劳动在一定的社会历史条件下，对于劳动者来说不是他自我提出的目的，而仅仅是服从于他人的意志，他在这种劳动中就不是一个自由的人。这并不是说他丧失了自己的自由本性，而是说，他在本性上虽然是自由的，但他的现实存在则是不自由的，是受奴役的，他的本质和它的存在相脱离。正因为如此，他的自由本性才会与现实的社会条件发生冲突，显示出个人与社会之间的深刻矛盾。所以，马克思认为，在奴隶劳动、徭役劳动、雇佣劳动这样一些劳动的历史形式下，劳动始终是令人厌恶的事情，始终是外在的强制劳动，而与此相反，不劳动却是"自由和幸福"，这表明，"一方面是这种对立的劳动；另一方面与此有关，是这样的劳动，这种劳动还没有为自己创造出（或者同牧人等等的状况相比，是丧失了）这样一些主观的和客观的条件，在这些条件下劳动会成为吸引人的劳动，成为个人的自我实现"①。

　　从上述分析出发，马克思对资本主义社会中的自由和平等做了深入的分析，揭示资本主义社会产生事实上或实质上的不平等、不自由的客观必然性。首先，马克思认为，资本主义生产是一种以资本为基础的生产，只要这种生产还是发展社会生

---

① 马克思：《〈政治经济学批判〉（1857—1858 年草稿）》，《马克思恩格斯全集》第 46 卷下册，人民出版社 1980 年版，第 113 页。

产力所必需的，是生产力发展的适当形式，这种生产"在纯粹资本范围内的个人运动"就表现为"个人的自由"，或个人之间的自由竞争。因此，"自由竞争是资本的现实发展。它使符合资本本性，符合以资本为基础的生产方式，符合资本概念的东西，表现为单个资本的外在必然性。各资本在竞争中相互之间施加的，以及资本对劳动等等施加的那种相互强制（工人之间的竞争仅仅是各资本竞争的另一种形式），就是作为资本的财富得到的自由的同时也是现实的发展"。①然而，以资本为基础的生产本身就意味着资本的统治是自由竞争的前提，自由竞争则是资本生产过程的最适当形式。自由竞争越发展，资本运动的形式就表现得越纯粹。因此，从根本上说，自由竞争不过是个别资本的自由运动，在这个运动中，自由的并不是个人，而是资本。

以资本为基础的资本主义生产本质上就是交换价值的生产，相应地，资本主义社会中的平等与自由，也就是建立在交换价值基础上的平等与自由。马克思指出：

> 如果说经济形式，交换，确立了主体之间的全面平等，那么内容，即促使人们去进行交换的个人材料和物质材料，则确立了自由。可见，平等和自由不仅在以交换价值为基础的交换中受到尊重，而且交换价值的交换是一切平等和自由的生产的、现实的基础。作为纯粹观念，平等和自由仅仅是交换价值的交换的一种理想化的表现；作为法律的、政治的、社会的关系上发展了的东西，平等和自由不过是另一次方的这种基础而已。而这种情况也已为历史所证实。这种意义上的平等和自由恰好是古代的自由和平等的反面。古代的自由和平等恰恰不是以发展了的交换价值为基

---

① 马克思：《〈政治经济学批判〉（1857—1858 年草稿）》，《马克思恩格斯全集》第 46 卷下册，人民出版社 1980 年版，第 159 页。

础，相反地是由于交换价值的发展而毁灭。而现代意义上
的平等和自由所要求的生产关系，在古代世界还没有实现，
在中世纪也没有实现。古代世界的基础是直接的强制劳动；
当时共同体就建立在这种强制劳动的现成基础上；作为中
世纪的基础的劳动，本身是一种特权，是尚处在孤立分散
状态的劳动，而不是生产一般交换价值的劳动。[资本主义
社会里的]劳动既不是强制劳动，也不是中世纪那种要听
命于作为最高机构的共同组织（同业公会）的劳动。①

这种在交换价值基础上形成的平等和自由具有彻底的利己
主义性质。因为在交换价值的生产和交换过程中，"每个人为另
一个人服务，目的是为自己服务；每一个人都把另一个人当作
自己的手段互相利用。这两种情况在两个个人的意识中是这样
出现的：（1）每个人只有作为另一个人的手段才能达到自己的
目的；（2）每个人只有作为自我目的（自为的存在）才能作为
另一个人的手段（为他的存在）；（3）每个人是手段同时又是目
的，而且只有成为手段才能达到自己的目的，只有把自己当作
自我目的才能成为手段，也就是说，这个人只有为自己而存在
才把自己变成为那个人而存在，而那个人只有为自己而存在才
把自己变成为这个人而存在，——这种相互关联是一个必然的
事实，它作为交换的自然条件是交换的前提，但是，这种相互
关联本身，对交换主体双方中的任何一方来说，都是他们毫不
关心的，只有就这种相互关联把他们的利益当作排斥他人的利
益，不顾他人的利益而加以满足这一点来说，才和他有利害关
系"②。这样，人们在这种交换关系中是平等的，"因为他们彼

---

① 马克思：《〈政治经济学批判〉（1857—1858 年草稿）》，《马克思恩格斯全集》
第 46 卷上册，人民出版社 1979 年版，第 197 页。
② 马克思：《〈政治经济学批判〉（1857—1858 年草稿）》，《马克思恩格斯全集》
第 46 卷上册，人民出版社 1979 年版，第 196 页。

此只是作为商品所有者发生关系，用等价物交换等价物"，每个人"都自身反映为排他的并占支配地位的（具有决定作用的）交换主体"，[①]每个人都是独立的个体，都是为自己的目的服务，都把他人作为实现自己目的的手段，同时也承认他人的独立性，承认他人与自己是同样的人，在把他人当作实现自己目的手段的同时，也把自己当作他人实现自己目的的手段。在这种交换关系中，没有任何等级和特权，"他们不承认任何别的权威，只承认竞争的权威"[②]。同样，"个人，每一个人，都自身反映为排他的并占支配地位的（具有决定作用的）交换主体"也"确立了个人的完全自由"，即自愿的交易，任何一方都不使用暴力或其他强制手段。"商品例如劳动力的买者和卖者，只取决于自己的自由意志。它们是作为自由的、在法律上平等的人缔结契约的。契约是他们的意志借以得到共同的法律表现的最后结果"。[③]从交换的动因和交换者之间的关系来看，也就是从人的需求和欲望之类的自然动因来看，当然也具有某种强制性，"但是这种关系，从一方面来看，本身只是表示另一个人对我的需要本身毫无关系，对我的自然个性毫无关系，也就是表示他同我平等和他有自由，但是他的自由同样也是我的自由的前提；另一方面，就我受到我的需要的决定和强制来说，对我实施强制的，不是异己的东西，只是作为需要和欲望的总体的我自己的自然（或者说，处在普遍的反思形式上的我的利益）。但使我能强制另一个人，驱使他进入交换制度的，也正是这一方面"[④]。但交换行为和交换关系归根到底"是自私的利益，并没有更高

---

①　马克思：《〈政治经济学批判〉（1857—1858 年草稿)》，《马克思恩格斯全集》第 46 卷上册，人民出版社 1979 年版，第 194—198 页。

②　马克思：《资本论》第 1 卷，人民出版社 1975 年版，第 394 页。

③　马克思：《资本论》第 1 卷，人民出版社 1975 年版，第 199 页。

④　马克思：《〈政治经济学批判〉（1857—1858 年草稿)》，《马克思恩格斯全集》第 46 卷上册，人民出版社 1979 年版，第 198 页。

的东西要去实现"。

针对亚当·斯密所说的个人越是追求个人的私利,就越能促进社会利益的扩大的观点,马克思指出:"表现为全部行为的动因的共同利益,虽然被双方承认为事实,但是这种共同利益本身不是动因,它可以说只是在自身反应的特殊利益背后,在同另一个人的个别利益相对立的个别利益背后得到实现的。"因此,"共同利益恰恰只存在于双方、多方以及存在与各方的独立之中,共同利益就是自私利益的交换。一般利益不过是各种自私利益的一般性。"①

通过上述分析,马克思对于这种建立在交换价值基础上的平等和自由做出了如下概括:

> 劳动力的买和卖是在流通领域或商品交换领域的界限以内进行的,这个领域确实是天赋人权的真正乐园。那里占统治地位的只是自由、平等、所有权和边沁。自由!因为商品例如劳动力的买者和卖者,只取决于自己的自由意志。它们是作为自由的、在法律上平等的人缔结契约的。契约是他们的意志借以得到共同的法律表现的最后结果。平等!因为他们彼此只是作为商品所有者发生关系,用等价物交换等价物。所有权!因为他们都只支配自己的东西。边沁!因为双方都只顾自己。使他们连在一起并发生关系的唯一力量,是他们的利己心,是他们的特殊利益,是他们的私人利益。正因为人人只顾自己,谁也不管别人,所以大家都是在事物的预定和谐下。或者说,在全能的神的保佑下,完成着互惠互利、共同利益、全体有利的事业。②

---

① 马克思:《〈政治经济学批判〉(1857—1858 年草稿)》,《马克思恩格斯全集》第 46 卷上册,人民出版社 1979 年版,第 197 页。
② 马克思:《资本论》第 1 卷,人民出版社 1975 年版,第 199 页。

　　进而，马克思对这种交换价值的生产进行了深入的批判性分析，由此揭示出交换价值基础上的平等和自由的不彻底性和表面性。他指出："在现存的资产阶级社会的总体上，商品表现为价格以及商品的流通等等，只是表面的过程，而在这一过程的背后，在深处，进行的完全是不同的另一些过程，在这些过程中个人之间的表面的平等和自由就消失了。"①马克思在这里所讲的"深处的""完全不同的另一些过程"显然是指决定其表面特征的那些内在的、不以人的意志为转移的客观机制和规律。这些客观机制和规律决定了现代资本主义社会中个人在本质上的不自由，亦即"交换价值作为整个生产的客观基础这一前提，从一开始就已经包含着对个人的强制"②。产生这种强制的客观机制在于：交换价值的实现包含着"（1）我的产品只有对于别人成为产品，才是产品，也就是说，只有成为被扬弃的个别，成为一般，才是产品；（2）我的产品只有转让出去，对于别人成为产品，对我才是产品；（3）别人只有把自己的产品转让出去，我的产品对于他才是产品；由此得出（4）生产对我不是表现为目的本身，而是表现为手段"③。在这种情况下，"私人利益本身已经是社会所决定的利益，而且只有在社会所创造的条件下并使用社会所提供的手段，才能达到；也就是说，私人利益是与这些条件和手段的再生产相联系的。这是私人利益；但它的内容以及实现的形式和手段则是由不以任何人为转移的社会条件决定的"④。这样一来，个人之间的全面的相互依赖性

　　① 马克思：《〈政治经济学批判〉（1857—1858 年草稿）》，《马克思恩格斯全集》第 46 卷上册，人民出版社 1979 年版，第 200 页。
　　② 马克思：《〈政治经济学批判〉（1857—1858 年草稿）》，《马克思恩格斯全集》第 46 卷上册，人民出版社 1979 年版，第 200 页。
　　③ 马克思：《〈政治经济学批判〉（1857—1858 年草稿）》，《马克思恩格斯全集》第 46 卷上册，人民出版社 1979 年版，第 145 页。
　　④ 马克思：《〈政治经济学批判〉（1857—1858 年草稿）》，《马克思恩格斯全集》第 46 卷上册，人民出版社 1979 年版，第 102—103 页。

使物化的社会关系成为外在于每一个个人的异己的力量。个人能否获得自己的生存条件和他所期望的社会地位，不取决于他个人的意图和目的，而是取决于他的活动和结果能否成为商品同他人进行交换。也正是这个决定性的环节把个人置于无法控制的异己力量之中。对此，马克思指出：

> 这一运动的整体虽然表现为社会过程，这一运动的各个因素虽然产生于个人的自觉意志和特殊目的，然而过程的总体表现为一种自发的客观联系；这种联系尽管来自自觉个人的相互作用，但既不存在于他们的意识之中，作为总体也不受他们支配。他们本身的相互冲突为他们创造了一种凌驾于他们之上的社会权力；……个人相互之间的社会联系作为凌驾于他们之上的独立的东西，不论被想象为自然的权力，偶然的现象，还是其他形式的东西，都是下述状况的必然结果，这就是：这里的出发点不是自由的社会个人。①

基于上述分析，马克思既肯定了交换价值基础上的自由和平等这一事实，同时又指出了这种自由和平等在现实中的悖论。他针对法国社会主义认为"交换、交换价值等最初或者按其概念是普遍自由和平等的制度，但被货币、资本等歪曲了"这一观点指出："对于这些社会主义者必须这样回答：交换价值，或者更确切地说，货币制度，事实上是平等和自由的制度，而在这个制度更详尽的发展中对平等和自由起干扰作用的，是这个制度所固有的干扰，这正好是平等和自由的实现，这种平等和自由证明本身就是不平等和不自由"②。他也对当时"把自由

---

① 马克思：《〈政治经济学批判〉（1857—1858 年草稿）》，《马克思恩格斯全集》第 46 卷上册，人民出版社 1979 年版，第 145 页。
② 马克思：《〈政治经济学批判〉（1857—1858 年草稿）》，《马克思恩格斯全集》第 46 卷上册，人民出版社 198 年版，第 201 页。

竞争看成人类自由的终极发展，认为否定自由竞争就等于否定个人自由，等于否定以个人自由为基础的社会生产"这一自由主义政治观念做出明确的反驳，指出：自由竞争中的自由不过是"在资本统治的基础上的自由发展。因此，这种个人自由同时也是彻底地取消任何个人自由，而使个性完全屈从于这样的社会条件，这些社会条件采取物的权力形式，而且是极其强大的物，离开彼此发生关系的个人本身而独立的物"①。马克思认为，交换价值基础上的自由之所以是一个悖论，一个资本主义现代社会中的深刻矛盾，其奥秘就在于这种"自由竞争"的本性。

　　揭示什么是自由竞争，这是对于中产阶级先知们赞美自由竞争或对于社会主义者们诅咒自由竞争所做的唯一合理的回答。如果说，在自由竞争的范围内，个人通过单纯追求他们的私人利益而实现公共利益，或更确切些说，实现普遍的利益，那么，这只意味着，在资本主义生产的条件下它们相互压榨，因而他们的相互冲突本身也只不过是这种相互作用所依据的条件的再创造。不过，一旦把竞争看作自由个性的所谓绝对形式这种幻想消失了，那么这种情况就证明，竞争的条件，即以资本为基础的生产的条件，已经被人们当作限制而感觉到了和考虑到了，因而这些条件已经成为而且越来越成为这样的限制了。断言自由竞争等于生产力发展的终极形式，因而也就是人类自由的终极形式，这无非是说中产阶级统治就是世界历史的终结——对前天的暴发户们来说这当然是一个愉快的想法。②

---

　　① 马克思：《〈政治经济学批判〉（1857—1858 年草稿）》，《马克思恩格斯全集》第 46 卷下册，人民出版社 1979 年版，第 160—161 页。
　　② 马克思：《〈政治经济学批判〉（1857—1858 年草稿）》，《马克思恩格斯全集》第 46 卷下册，人民出版社 1980 年版，第 161 页。

# 四、走向实质上的、事实上的自由
## ——马克思对"自由王国"的构想

　　马克思对交换价值基础上的自由与平等的批判性分析，其最终目的就是要彻底地改变那种事实上的人奴役人、人压迫人的社会关系，实现事实上的或实质上的人类自由与平等。这个目的集中地体现在马克思关于必然王国和自由王国的理论中。在《资本论》第三卷中，马克思论述了他对"自由王国"的理论构想。他说：

　　　　事实上，自由王国只是在由必需和外在目的规定要做的劳动终止的地方才开始；因而按照事物的本性来说，它存在于真正物质生产领域的彼岸。……在这个必然王国的彼岸，作为目的本身的人类能力的发展，真正的自由王国，就开始了。但是，这个自由王国只有建立在必然王国的基础上，才能繁荣起来。工作日的缩短是根本条件。①

　　从这段话中，我们可以看出，既然"自由王国只是在由必需和外在目的规定要做的劳动终止的地方才开始"，那么，"必然王国"就是由必需和外在目的规定要做的劳动的领域，即真正的物质生产领域。这里所谓"必需和外在目的"是指以维持和再生产自己的生命为目的，亦即以满足人们对物质生活条件的需求为目的，而不是以劳动本身和发展人类能力为目的。在任何社会形态、任何生产方式中都必然存在着由必需和外在目的规定要做的劳动，因而这个作为真正的物质生产领域的必然王国是始终存在的，因为在任何历史阶段上，人们为了满足自

---

　　① 马克思：《资本论》第3卷，人民出版社 1975 年版，第 926—927 页。

己的需要，为了维持和再生产自己的生命，必须与自然进行斗争。随着人的发展和需要的扩大，这个必然王国也会扩大。但是，马克思没有把必然王国理解为仅仅由盲目必然性所操控的领域，而是明确指出作为自由王国基础的必然王国领域也必须是具有自由性质的必然王国领域。这种必然王国中的自由只能是"社会化的人，联合起来的生产者，将合理地调节他们和自然之间的物质变换，把它置于他们的共同控制之下，而不让它作为盲目的力量来统治自己；靠消耗最小的力量，在最无愧于和最适合于他们的人类本性的条件下来进行这种物质变换"[①]。显然，马克思区分了两种不同性质的必然王国领域，一种是缺乏自由的必然王国领域，一种是具有自由性质的必然王国领域。这种具有自由性质的必然王国领域只有在共产主义社会中才能实现，或者说是共产主义社会中的必然王国领域。"这个'必然王国'不是同'自由王国'相对立的，而是'自由王国'得以繁荣的基础。这个'必然王国'在其发展过程中的这种历史差别，正鲜明地表现着两种社会状态的差别。"[②]

　　"自由王国"是"必然王国"的彼岸，所谓彼岸是指真正的物质生产领域终止的地方，即自由王国是以人类能力的发展为目的的，是以人本身为目的的，而不是为了其他外在目的进行的生产。这个自由王国只能建立在必然王国基础上，确切地说，这个自由王国只能建立在实现了自由的或具有自由性质的必然王国的基础上。这意味着，人们能否进入自由王国，以及在多大程度上进入自由王国，取决于人们能否以及在多大程度上超越"真正的物质生产领域"。因此，马克思指出，对于这个自由王国来说，"工作日的缩短是根本条件"。

---

①　马克思：《资本论》第 3 卷，人民出版社 1975 年版，第 926—927 页。
②　陈晏清、李淑梅：《应着重从社会历史角度理解马克思主义关于"自由王国"的理论》，《哲学研究》1986 年第 8 期。

　　工作日的缩短之所以是自由王国的根本条件，就在于"物质生产活动的'此岸'和'彼岸'的对立，实质上是劳动时间和自由时间的对立。这种对立是历史的产物，是在社会生产有了一定的发展而又发展不充分的历史条件下出现和存在的。当社会生产力有了一定的发展，劳动者能够超出自身的需要为社会提供剩余劳动时，人类就不用把全部时间和精力都花费在物质资料的生产上，而可以腾出一部分时间从事科学、艺术、社会管理等物质生产活动以外的其他活动。这种以剩余劳动为基础的用以从事科学、艺术、社会管理等活动的时间，就是社会所游离出的自由时间。这种自由时间的出现，对于人类自由的发展以至整个人类文明的发展具有决定性的意义"[①]。在马克思看来，"时间是人类发展的空间"[②]，真正的经济是劳动时间的节约，而"节约劳动时间等于增加自由时间，即增加使个人得到充分发展的时间，而个人的充分发展又作为最大的生产力反作用于劳动生产力"[③]，因此，"整个人类发展，就其超出对人的自然存在直接需要的发展来说，无非是对这种自由时间的运用，并且整个人类发展的前提就是把这种自由时间的运用作为必要的基础"[④]。当然，直接的劳动时间并不是永远同自由时间处于抽象对立之中，自由时间的获得也不意味着人们进入一种非劳动的状态，毋宁说是进入一种以自身能力的发展为目的本身的劳动中，"自由时间——不论是闲暇时间还是从事较高级活动的时间——自然要把占有它的人变成另一主体，于是他

　　① 陈晏清、李淑梅：《应着重从社会历史角度理解马克思主义关于"自由王国"的理论》，《哲学研究》1986 年第 8 期。
　　② 马克思：《工资、价格和利润》，《马克思恩格斯选集》第 2 卷，人民出版社 1995 年版，第 90 页。
　　③ 马克思：《〈政治经济学批判〉（1857—1858 年草稿）》，《马克思恩格斯全集》第 46 卷下册，人民出版社 1980 年版，第 225 页。
　　④ 马克思：《经济学手稿（1861—1863 年）》，《马克思恩格斯全集》第 47 卷，人民出版社 1979 年版，第 216 页。

作为这另一主体又加入直接生产过程"①。

但是，仅仅有一定自由时间，也不意味着自由王国在一定程度上的实现。对此，马克思对劳动时间做出了更为细致的分析。首先，他依据资本主义生产方式的性质，指出资本主义社会中劳动的强制性。即资本会在与它相适应的社会生产过程中，从直接生产者即工人身上榨取一定量的剩余劳动，这种剩余劳动是资本未付等价物而得到的，并且按它的本质来说，总是强制劳动，尽管它看起来非常像是自由协商同意的结果。但是资本又有其文明的一面，即"它榨取剩余劳动的方式和条件，同以前的奴隶制、农奴制等形式相比，都更有利于生产力的发展，有利于社会关系的发展，有利于更高级的新形态的各种要素的创造"②。因此，资本的发展终将导致这样一个发展阶段，在这个阶段上，"社会上的一部分人靠牺牲另一部分人来强制和垄断社会发展（包括这种发展的物质方面和精神方面的利益）的现象将会消灭"，同时，这个阶段又会"为这样一些关系创造出物质手段和萌芽，这些关系在一个更高级的社会形态内，使这种剩余劳动能够同一般物质劳动所占用的时间的较显著的缩短结合在一起"。③马克思在这里所说的"剩余劳动"与"一般物质劳动所占用的时间的较显著的缩短"结合在一起，是指随着科学技术的发展，一般物质劳动所占用的时间就会缩短，而这不会导致剩余劳动的减少，"因为，按照劳动生产力发展的不同情况，剩余劳动可以在一个小的总工作日中显得大，也可以在一个大的总工作日中相对地显得小"④，因而社会现实财富和

　　① 马克思：《〈政治经济学批判〉（1857—1858 年草稿）》，《马克思恩格斯全集》第 46 卷下册，人民出版社 1980 年版，第 225—226 页。
　　② 马克思：《资本论》第 3 卷，人民出版社 1975 年版，第 925—926 页。
　　③ 马克思：《资本论》第 3 卷，人民出版社 1975 年版，第 926 页。
　　④ 马克思：《资本论》第 3 卷，人民出版社 1975 年版，第 926 页。

社会再生产过程不断扩大的可能性并不取决于剩余劳动时间的长短，而是取决于劳动生产率和剩余劳动借以完成的优劣程度不等的生产条件。这就意味着，资本的发展有可能导致一般物质劳动时间的缩短，而这种缩短不仅不会造成剩余劳动的减少，而且还会推动剩余劳动的增长，也就是推进社会财富的增长和社会再生产的扩大。一般物质劳动时间的缩短，就意味着自由时间的增加，也就是自由王国基础的扩展。

当然，资本的发展创造了进入自由王国领域的可能性，但为资本而进行的生产或资本主义生产方式本身并不能将这种可能性变成现实。这不是说，在资本主义社会中，资本的发展不能创造出自由时间，而是说这种事实上可以成为自由时间的劳动时间依然是被资本家占用的剩余劳动时间，以扩大对工人的剥削，亦即"资本的不变趋势一方面是创造可以自由支配的时间，另一方面是把这些可以自由支配的时间变为剩余劳动"①。这样，在资本主义社会中，资本的发展所创造出来的自由时间，"是靠工人超出维持他们本身的生存所需要的劳动时间而延长的劳动时间而产生的。同一方的自由时间相应的是另一方的被奴役的时间"②。在这种情况下，可以自由支配的时间是与剩余劳动时间相对立的，而不是相结合的。工人阶级不可能成为自由时间的真正主体，真正主体只能是资本家。所以马克思不无激愤地说："资本家是窃取了工人为社会创造的自由时间。"③

因此，要真正实现"剩余劳动"与"一般物质劳动所占用的时间的较显著的缩短"相结合，就必须消灭私有制，进入以

---

① 马克思：《〈政治经济学批判〉（1857—1858 年手稿）》，《马克思恩格斯全集》第 46 卷下册，人民出版社 1980 年版，第 221 页。
② 马克思：《经济学手稿（1861—1863 年）》，《马克思恩格斯全集》第 47 卷，人民出版社 1979 年版，第 216—217 页。
③ 马克思：《〈政治经济学批判〉（1857—1858 年草稿）》，《马克思恩格斯全集》第 46 卷下册，人民出版社 1980 年版，第 139 页。

联合起来的个人对生产资料共同占有为基础的社会形态中，在这种社会形态中，生产的目的不是为了少数人榨取更多的剩余价值，而是为全体社会成员争取更多的自由时间。如马克思所说：

> 如果共同生产已成为前提，时间的规定当然仍有重要意义。社会为生产小麦、牲畜等等所需要的时间越少，他所赢得的从事其他生产，物质的或精神的生产的时间就越多。正像单个人的情况一样，社会发展、社会享用和社会活动的全面性，都取决于时间的节省。一切节约归根到底都是时间的节约。正像单个人必须正确地分配时间，才能以适当的比例获得知识或满足对他的活动所提出的各种要求，社会必须合理地分配自己的时间，才能实现符合社会全部需要的生产。因此，时间的节约，以及劳动时间在不同的生产部门之间的有计划的分配，在共同生产的基础上仍然是首要的经济规律。这甚至在更加高得多的程度上成为规律。[①]

在这种社会形态中，尽管人们依然要从事"由需要和外在目的规定要做的劳动"，但一方面这种劳动的社会条件已经掌握在联合起来的个人手中，改变了剥削与被剥削、奴役与被奴役的性质，因而这是一个有着自由性质的必然王国领域；另一方面，在这种劳动中，由于实现了"剩余劳动"与"一般物质劳动所占用的时间的较显著的缩短"的结合，因而创造出了更多的自由时间，即随着物质生产的发展，一旦用于满足谋生需要的劳动成为次要的时候，"资本就违背自己的意志，成了为社会可以自由支配的时间创造条件的工具，使整个社会的劳动时间缩减到不断下降的最低限度，从而为全体（社会成员）本身的

---

① 马克思：《〈政治经济学批判〉（1857—1858 年草稿）》，《马克思恩格斯全集》第 46 卷上册，人民出版社 1979 年版，第 120 页。

发展腾出时间"①。在这种情况下，社会财富的尺度就不再是劳动时间，而是自由时间。因为，"以劳动时间作为财富的尺度，这表明财富本身是建立在贫困的基础上的，而可以自由支配的时间是同剩余劳动时间相对立而存在的，或者说，个人的全部时间成为劳动时间，从而使人降到仅仅是工人的地位，使他从属于劳动"②。这是资本主义社会本质特征的一个极为重要的方面，也是人的不自由的最重要表现。在这种社会中，工人被锁定在把生产劳动作为谋生手段的经济活动之中，因此，人类本身还没有真正创造出作为自身发展的直接形式的自由时间。而"一旦直接形式的劳动不再是财富的巨大源泉，劳动时间就不再是，而且必然不再是财富的尺度，因而交换价值也不再是使用价值的尺度……于是，以交换价值为基础的生产便会崩溃，直接的物质生产过程本身也就摆脱了贫困和对抗性的形式。个性得到自由发展，因此，并不是为了获得剩余劳动而缩短必要劳动时间，而是直接把社会必要劳动缩减到最低限度，那时，与此相适应，由于给所有的人腾出了时间和创造了手段，个人会在艺术、科学等等方面得到发展"③。

马克思的上述理论十分清楚地表明，这位伟人所提出的"自由王国"的构想，绝不仅仅是提出一个寄托人类美好愿望的前景，而是揭示出实现这个美好前景的现实可能性，这也是辩证的历史决定论在自由与必然的关系问题上最终做出的结论。随着现代科学技术的发展及其在物质生产领域中的广泛应用，事实上已经在大大地缩短劳动时间的占用，然而在交换价值的生

① 马克思：《〈政治经济学批判〉（1857—1858 年草稿）》，《马克思恩格斯全集》第 46 卷下册，人民出版社 1980 年版，第 221 页。
② 马克思：《资本的流通过程》，《马克思恩格斯全集》第 31 卷，人民出版社 1995 年版，第 104 页。
③ 马克思：《〈政治经济学批判〉（1857—1858 年草稿）》，《马克思恩格斯全集》第 46 卷下册，人民出版社 1980 年版，第 218—219 页。

产中，劳动时间的缩短并没有为广大的劳动者带来更多的自由时间。在现代社会中，法律上的自由与平等尽管有着不可忽视的历史价值和政治价值，但满足这个意义上的自由和平等，并不能阻止日趋严重的贫富分化状况。在这种状况中，由科学技术的进步所创造出来的自由时间，事实上只能更多地被少数富人占有，而多数人依然在劳动时间中耗尽血汗。在这种情况下，我们能说，人的自由已经得到了完整的实现吗？当一个社会事实上只能使少数人游离于劳动时间之外过着骄奢淫逸的生活，而使越来越多的人不得不为自身的生计疲于奔命，我们能允许这个社会持久地甚至永恒地存在下去吗？

# 附一：对历史非决定论观点的评析

　　人类社会的历史发展是否具有内在的规律性，是现代历史哲学诸学派激烈争论的焦点问题。肯定人类社会的历史发展是一个有着内在规律的过程，这是历史决定论的基本原则。反之，否认历史发展规律的存在则是历史非决定论的基本观念。英国著名哲学家卡尔·波普尔，作为现代西方非决定论历史观的代表人物，十分清楚历史规律对于历史决定论的意义。他说：历史决定论"把社会科学的任务看作揭示社会进化的规律，以便预言社会的未来。这个观点或许可以描述为历史决定论的核心"①。正因为如此，现代西方非决定论历史观几乎无一例外地试图从否定历史规律出发来铲除历史决定论的理论根基。为此，我们也有必要从历史规律的有无问题出发阐明辩证的历史决定论的基本观念。

## 一、社会历史发展有无内在规律？

### 1. 唯物史观对历史规律的揭示

　　自欧洲文艺复兴以来，自然科学经历了中世纪漫长冬夜之

---

　　① 波普[尔]：《历史决定论的贫困》，杜汝楫、邱仁宗译，华夏出版社1987年版，第83页。

后破土而出，经过几个世纪的迅速发展，相继形成了一系列独立的实证科学。各门科学都在自己的领域内发现了支配自然现象的规律。自然科学的巨大成就使人们普遍地相信，自然界并非是杂乱无章的物体或现象的堆砌物，而是有着内在秩序和法则的统一体。科学的任务就在于发现自然现象之间的因果关系，揭示隐含于其中的自然规律。凭借对自然规律的把握，人们不仅可以理解自然，而且可以改变自然，使之按照人的愿望发生变化。

近代自然科学在发现自然规律方面所取得的巨大成功有力地推动了社会科学的产生和发展。在 18 世纪，意大利人文学家维科力图效仿伽利略、牛顿等自然科学家创立"物理学"那样，创立以研究人类历史的共同性和规律性为主要任务的新科学，而他的《新科学》一书也的确标志着社会科学的产生。德国哲学家康德把人类社会历史发展理解为"大自然隐秘计划的实现"，确认历史过程即是合乎规律的，又是合乎目的的。在他之后，德国哲学家谢林也在他的精神哲学中明确指出：人类历史中存在着以自由为目的的规律。在 19 世纪，黑格尔创造性地发挥了康德和谢林的历史哲学观念，以其博大深邃的思辨哲学把人类社会的历史纳入他的"绝对理念"的统一的合乎规律的发展过程中。与黑格尔同时代的法国哲学家孔德和英国哲学家斯宾塞也在其创立的社会理论中力求像发现自然规律那样去发现社会历史规律，并力图把自然科学与历史科学统一起来。20 世纪以来，斯宾格勒、索罗金、汤因比等历史学家、社会学家不厌其烦地搜集大量的经验材料和统计数据，希望从社会文化特征的演变中寻找支配历史进程的一般规律，建构以"文化周期"为主要框架的历史理论体系。尽管这些学说对"历史规律"的理解大相径庭，但都确信，社会历史不可能是一种既没有规律，又不能解释和预见的怪物。历史学要想从编年记事的可怜境地中摆脱出来成为一门科学，就必须探索历史的规律，就像自然科学已经做到的那样。

在所有这些肯定历史规律的学说中，马克思创立的唯物史观当为最突出的理论典范之一。他的贡献不在于肯定了历史规律的存在，而在于第一次从人的现实活动，即人的物质生产活动中揭示人类历史的客观基础和发展规律。在马克思看来，以往历史观的根本缺陷在于完全忽视了历史的现实基础——物质生活的生产和再生产，从而脱离人的现实生活来考察历史。"这样就把人对自然界的关系从历史中排除出去了，因而造成了自然界和历史之间的对立。"①相反，实践的唯物主义是从人们的现实生活的需要和满足这种需要的物质生产活动中来理解人和自然、历史和自然的关系的。物质生产活动既是一种人与自然的关系即生产力，同时这种生产力作为一种社会性的物质力量又以人与人的社会关系即交往关系或生产关系为前提。在社会发展的现实过程中，社会物质需求的增长推动着物质生产力的发展，而物质生产力的发展水平或状况客观上必然要求人们之间的交往关系采取与之相适应的历史形式，从而当物质生产力发展到一个新的高度就必然会导致生产关系的历史形式发生变化，即用适应生产力发展要求的新的生产关系形式取代已成为生产力发展桎梏的旧的生产关系形式。生产关系的这种变化客观上也会要求社会的政治关系和思想文化关系发生相应的变化。整个社会生活都是以现实生活的生产和再生产为现实基础的，并随着这个现实基础的发展而不断改变，由此呈现出最终随着物质生产力"拾级而上"的进步而合乎规律的发展过程。

---

① 马克思和恩格斯：《德意志意识形态（节选）》，《马克思恩格斯选集》第1卷，人民出版社1995年版，第93页。

正是在这个意义上，马克思把社会经济形态的发展称为一个"自然历史过程"，他在《资本论》一书的序言中说："一个社会即使探索到了本身运动的自然规律规律，——本书的最终目的就是揭示现代社会的经济运动规律，——它还是既不能跳过也不能用法令取消自然的发展阶段。但是它能缩短和减轻分娩的痛苦。"①也如恩格斯所指出的那样，不管社会历史和自然界的差别"对历史研究，尤其是对各个时代和各个事件的历史研究如何重要，它丝毫不能改变这一事实：历史进程是受内在的一般规律支配的。……在表面上是偶然性起作用的地方，这种偶然性始终是受内部的隐藏着的规律支配的，而问题只是在于发现这些规律"。②总之，在唯物史观看来，问题不在于历史有没有规律，而在于我们能不能发现规律，能不能正确地认识这些规律在不同的历史阶段上所具有的特殊内容和表现形式，能不能科学地阐明历史规律是如何内蕴于人的历史活动中并通过人的历史活动而发挥作用的。

唯物史观的划时代贡献就在于它第一次以科学的态度确认了社会历史的客观性、统一性和规律性，从而为各种形式的历史研究、各个特殊领域的社会科学提供了科学的概念系统和指导原则。作为一种哲学，唯物史观不会取代任何历史科学，也不能包罗历史的全部丰富内容，但它却在历史思维的最高层次上树立起任何历史科学都不能回避的完整的历史观。英国当代著名史学家杰弗里·巴勒克拉夫明确指出："今天仍保留着生命力和内在潜力的唯一的'历史哲学'，当然是马克思主义。……当代著名历史学家，甚至包括对马克思的分析抱着不同见解的

①　马克思：《资本论》，第一卷（节选），《马克思恩格斯选集》第 2 卷，人民出版社 1995 年版，第 101 页。
②　恩格斯：《路德维希·费尔巴哈和德国古典哲学的终结》，《马克思恩格斯选集》第 4 卷，人民出版社 1995 年版，第 247 页。

历史学家，无一例外地交口称誉马克思主义历史哲学对他们产生的巨大影响，启发了他们的创造力。"①他还说："要否认马克思主义是有关人类社会进化的能够自圆其说的唯一理论，是很难办到的。"②英国另一位著名史学家塞亚·伯林在《历史的必然性》一书中说："在一切比较重要的社会历史理论当中，马克思主义胆量最大，而且最充满智慧。"③

2. 新康德主义对"历史规律"的全盘否定

当然，马克思主义的唯物史观在当今世界的哲学和史学领域中并没有得到普遍的认可。相反，20世纪以来，西方历史哲学中否认历史规律的非决定论历史观正在日益膨胀为一股势力强大的潮流，并且无一例外地都把唯物史观作为抨击的主要目标。

对历史规律乃至对历史决定论的诘难，依然首先是出自"自然和历史的对立"这一经久不衰的老问题。德国弗赖堡学派的新康德主义者文德尔班和李凯尔特都在这个问题上大做文章。文德尔班认为自然科学和历史科学区别不在于对象上，因为二者都以经验、感觉、事实为出发点。区别只在于方法和目的上。他说："划分的原则是根据这些科学的认识目的的表面性质。有一些科学探索一般规律，另一些科学则探索个别事实。"④前者（即自然科学）采取普遍化方法探索自然界中的"规律""齐一性""共相"或"不变的形式"；后者（历史科学）则采取个别化方法使过去发生的事实再现于当前的观念中，是一种"描述

---

① 巴勒克拉夫：《当代史学的主要趋势》，杨豫译，上海译文出版社1987年版，第261页。
② 巴勒克拉夫：《当代史学的主要趋势》，杨豫译，上海译文出版社1987年版，第261页。
③ 转引自巴勒克拉夫：《当代史学的主要趋势》，杨豫译，上海译文出版社1987年版，第261页。
④ 转引自沙夫：《历史规律的客观性》，郑开琪等译，北京三联书店1963年版，第21页。

的科学"。李凯尔特完全赞同文德尔班的观点，但在个别地方做了些修正。他认为自然科学和历史科学（或文化科学）的区别不仅在方法上，而且也在对象上。用他的话说，对象在质料上的对立是专门科学分类的基础。从对象上看，整个现实世界存在着两类不同的对象。一类是"从自身中成长起来的，'诞生出来的'和任其自生自长的东西的总和"，即自然现象。另一类是与人的活动相联系，对人们有特别意义和重要性的现象，即文化现象。对于自然现象，自然科学必须采取普遍化的方法，通过对特殊的个别的事例的分析形成统摄一切个别事件的普遍概念和普遍规律。而文化科学或历史科学则采取个别化的方法，从个别性和特殊性的观点来看待现实。之所以会造成自然科学和社会科学这种区分，是因为历史中的个体作为文化现象，是同某种价值相联系的，是与价值不可分割的统一体，记述这种个体是有意义的。相反，自然科学中的个体可以不从价值的观点来考察，记述这样的个体是没有任何意义的。经过这番拐弯抹角的分析，李凯尔特得出下列结论："历史概念亦就其特殊性和个别性而言只是发生一次的事件这个概念，与普遍规律概念处于形式的对立中。"① 规律概念所包括的不仅仅是那种可以永远看作无数次重复出现的东西，所以历史发展的概念和规律的概念是互相排斥的。"历史规律"这个概念是"*contratio in adjecto*"（用语的矛盾）。

不能否认，弗赖堡学派指出历史中的个体由于与人的活动相关因而是有意义、有价值的，是有别于自然现象的文化现象，指出历史必须用个别化的方法来研究，记述具体的、个别的历史事件，这无疑是正确的，这也是新康德主义学派重要的理论

---

① 李凯尔特：《文化科学与自然科学》，涂纪亮译，商务印书馆 1991 年版，第 13 页。

贡献。但从这个前提出发，决不能武断地导出历史现象的发生和历史进程的展开是没有规律的这一结论，也决不能排除在历史研究中同时也采用普遍化方法的可能性。自然科学必须采取普遍化的方法并不仅仅是因为记述个别自然现象是没有意义的，而是因为自然过程本身蕴含着支配自然现象发生、发展的规律，只有揭示这种规律才能理解自然现象。因此，"自然规律"这个概念中的"自然"并不含有"无数次重复的"含义，而是把自然理解为一个过程，同样如果把"历史"理解为人类社会随时间的演进过程，那么"历史规律"这个概念也就不是什么"*contratio in adjecto*"。科学的方法首先取决于对象的性质，而不只是取决于研究的角度。如果在那些具体的从不重复出现的历史事件中蕴含着支配历史过程的规律，那么，作为尊重事实的社会科学家就同样有责任像自然科学那样，用普遍化的方法来发现这种规律。而且不管这项工作是否属于历史学本身的任务，历史学都不应忽视揭示历史规律的重要作用。因此，马克思主义唯物史观同弗赖堡学派的分歧，并不在于历史学是否要研究、记述历史中的个体，而在于是否承认历史规律的存在，是否承认历史学研究要以历史规律的研究为前提和基础。而对这个问题的进一步分析就会涉及一个困扰哲学家几千年的古老问题，即一般与个别的关系问题。

## 二、历史的一般与个别

个别和一般的关系说到底就是人类思维如何把握现实，科学理论如何得以形成的问题。人类思维是借助概念来进行的，而任何科学概念都是从共性或一般性的角度来把握现实事物的，唯其如此，才能形成阐释现实过程的本质和规律的科学理论。弗赖堡学派的新康德主义者和其他否认历史规律的非决定论者，几乎无一例外地用割裂历史过程中个别和一般的关系的方式来否认历史规律的存在，由此形成了所谓"个别论历史观"。

1. 个别论历史观的主要论点

在所有主张个别论历史观的哲学家和史学家中，新康德主义者李凯尔特的观点最为系统、最为典型。他于 1896 年至 1902 年间写的《自然科学概念构成的界限》和于 1899 年写的《文化科学和自然科学》两本书，堪称个别论历史观的经典之作。

李凯尔特认为，一般科学都是普遍化的，即形成普遍规律、概念和原则，历史则是从现实的个别性方面去说明现实的。他宣称，现实既可以是自然，也可以是历史，二者的区分取决于我们研究现实的视角。他说："当我们从普遍性的观点来考察现实时，现实就是自然；当我们从个别性和特殊性的观点来观察现实时，现实就是历史。"[①]确认历史研究必须注重历史事实的个别性和特殊性这当然没有什么问题，但李凯尔特旨在从这个区分中得出历史过程中不存在一般或规律的结论。为此，他不惜贬损自然科学的普遍化方法在反映现实方面的意义。

他首先断言，科学的认识并不能真正地反映现实。现实是无限杂多，把现实的全部细枝末节"如实地"纳入概念是没有意义的，能纳入概念的东西比起必须舍弃的东西，简直微不足道。这样一来，"如果我们必须用概念去反映现实，那么，我们作为认识者就会面临一个原则上无法解决的任务"[②]。因为现实本身具有两个相互矛盾的特性：一方面，任何现实之物都处

---

① 李凯尔特：《文化科学与自然科学》，涂纪亮译，商务印书馆 1991 年版，第 51 页。

② 李凯尔特：《文化科学与自然科学》，涂纪亮译，商务印书馆 1991 年版，第 30 页。

在渐进的转化中，自然界中没有飞跃，一切都是流动的。李凯尔特把这一特性称为"一切现实的连续性原理"。另一方面，世界上没有完全相同的事情，每个现实物都表现出一种特殊的、特有的、个别的特征，一切都互不相同。这是关于一切现实之物的"异质性原理"。如此，现实中的每一部分都是一种异质连续。运用概念可以把握连续性，也可以把握异质性，但唯独不能把二者统一起来，亦即把握异质连续性，而只能把这种异质连续改造为同质连续性（如数学）和异质间断性（如其他自然科学），分别加以认识。自然科学的普遍化方法，即用概念对现实的本质和规律的把握，就是经过这种"改造"而形成的，与其说它反映了现实，不如说它造成了概念和现实之间的断裂。李凯尔特说："因此，在概念的内容和现实的内容之间形成一条鸿沟，它像普遍和个别之间的鸿沟一样宽阔，在它上面是不能架设桥梁的。"①

　　由于自然科学的普遍化方法在形成超出直接经验的普遍概念和规律的同时，抛去了一切使现实成为现实的那种单一的、特殊的东西，并由此造成了概念与现实的分离，因而决不能应用到历史学中。历史科学的目的，不是提出普遍规律，而是要研究那些一次性的、个别的现实事物本身，"它们想从现实的个别性方面去说明现实，这种现实不是普遍的，而始终是个别的"②。因此，历史科学是真正的现实科学。这种现实科学应当排除"历史规律"这一概念。

　　当然，李凯尔特并不否认历史科学必须借助普遍概念。他说："要叙述个别的事物，就不能没有普遍的概念……任何科学

---

　　① 李凯尔特：《文化科学与自然科学》，涂纪亮译，商务印书馆 1991 年版，第 45 页。
　　② 李凯尔特：《文化科学与自然科学》，涂纪亮译，商务印书馆 1991 年版，第 45 页。

的最终成分必定是普遍的。历史个别性概念也是由纯粹普遍因素所组成的。"①但他认为，普遍概念在历史科学中的作用不同于自然科学。在自然科学中，普遍的概念是科学的目的，而在历史科学中则仅仅是手段。自然科学通过概念组合构成所谓规律，而历史科学则是以另一种方式组合概念，使一般要素合成的整体所包含的内容仅仅出现在一次的、特殊的对象上，恰恰说明该对象与其他一切对象之所以不同。

　　李凯尔特的观点在 20 世纪以来的历史研究中产生极大的影响。继他之后，一大批西方学者都力图从这个方面把自然科学与历史科学对立起来，反对任何形式的历史规律的学说，特别是反对马克思主义的历史唯物主义。法国社会学家雷·阿隆认为，物理学的目标是构成体系化规律的总体，历史学的目标是构建一种人们将不会第二次看到的事物的独特序列。他说："我们越是要求这种历史性，合法性也就越是趋于消灭。因为归根到底，唯一的、不可逆转的变化，根据定义是不容许有规律的。"②德国存在主义者雅斯贝尔斯宣称，如果从普遍规律去把握历史，那么所把握的就不是历史本身，因为历史是个别的。英国史学家屈维廉说，历史学不像自然科学那样有效，没有实用价值，不能演绎出普遍实用的因果规律，一切想发现历史规律的企图都失败了。英国著名哲学家卡尔·波普尔也认为，历史学家不必企图像自然科学家那样进行普遍的认识和一般的概括。历史学是为了说明特殊事件的科学。他把确认"历史规律"的观点说成受进化论假说影响的"泛自然主义"。而地球上的生命进化或人类社会的进化只是一个单独的历史过程，对这个

---

　　① 李凯尔特：《文化科学与自然科学》，涂纪亮译，商务印书馆 1991 年版，第 72 页。

　　② 雷·阿隆：《历史的规律》，《现代西方历史哲学译文集》，张文杰等编译，上海译文出版社 1984 年版，第 65 页。

过程的描述不是规律，只是一个单称的历史命题。①

2. 历史中的个别与一般

从上文中我们大致可以看出，个别论历史观片面强调历史的个别性，排斥历史过程的一般性，其主要意图是否认历史过程中蕴含着人类社会的普遍本质和发展规律。的确，自然科学无须记述自然中的个别事件，而历史学家则必须通过记述和分析历史中的个别事件来展示不可逆转的历史过程。这是自然科学和历史科学的重要区别之一。但这只是问题的一个方面。关键的问题是，历史中的个别是"纯粹"的个别，还是同自然现象一样是包含了一般的个别？历史过程是一个个别事件偶然堆砌的序列，还是一个有着内在本质和规律的过程？这个问题才是解决历史学中个别和一般的关系的最终依据。

事实上，人类理性对任何个别事物的把握，都必然体现着一般和个别的统一。例如，当我们说"这是一个经济事件……"或"这是一个政治事件……"时，我们已经把这个个别的事件放到普遍概念或类概念中加以理解，离开了表现事物一般的普遍概念，就无从把握个别事物，更不可能对个别事物做出理论的描述。这表明任何个别事物都不是绝对的唯一性，它既包含着自身不同于其他任何事物的个性特征，同时也包含着与其他事物所共有的一般特征。具体事物就是共性和个性的统一。个别中包含一般，这是科学思维进行抽象和概括的客观依据。任何科学的基本特征就是从普遍性的方面去把握事物，即首先运用从个别上升为一般的方法，通过观察、比较、分析、归纳，从大量的个别事物中概括出事物的共性，形成反映事物共同本质和变化规律的普遍概念和理论，然后再运用这些概念和理论

① 参见波普[奥]：《历史决定论的贫困》，杜汝楫、邱仁宗译，华夏出版社 1987年版，第 84—85 页.

来解释和描述具体事物变化的来龙去脉，来整理新的感性材料，来预见事物变化的趋势。在这里，普遍化的方法对于任何企图理解现实的科学都是共同的。因为，不把握事物的一般，就不会有真正意义上的概念思维，不揭示现实过程的本质和规律就不能真正理解现实。

李凯尔特指责自然科学的普遍化方法造成了概念与现实的分离，这是毫无根据的。既然共性存在于个性之中，那么共性就和个性一样是现实的，而且是比个性更深刻的现实。当然，要获得共性的知识，就必须进行科学的抽象，略去具体事物的个性特征和非本质成分，抓取同类事物的一般特征和共同本质，或者找到构成某种运动形式的基本因素以及这些因素的基本关系。例如，把一块运动的石头抽象为只有质量、速度和作用力的物体。这表明思维把握现实不是照镜子式的映照，而必然包含主体对事物直观形象的"改造"，一旦经过这番改造，与其说是远离了现实，不如说是更深刻地接近了现实。如果只要描述个别的自然现象就能把握现实的话，那么任何科学都是多余的。

同样的道理是否也适合对历史过程的研究呢？个别论历史观强调，自然现象可以重复，允许我们从中概括出一般本质和普遍规律，历史过程则是一个个别的、特殊的、不会重复出现的序列，此中无规律而言。这种论证大可质疑。事实上，在自然发生的过程中，也没有什么现象可以简单地重复。每个个别发生的自然现象，就其全部个性而言，都是个别的、唯一的、不可重复的。我们通常所理解的自然的可重复性大体有两层含义。一是说在人为安排的实验条件下，某种现象可以重复发生，这是指操作上的可重复性。另一含义是说，同类事物具有共同的特征，其运动遵循共同的规则，这是指本质和规律的普遍性。这后一种可重复性并不排斥自然现象的不可重复性，相反，它恰恰是存在于不可重复的自然现象的发生、发展的过程中。对于历史过程来说，很少有可能用建立类似实验条件的方法使某个历史现象反复出现，即很少有操作上的可重复性。但这并不意味着社会历史发展过程缺乏或不具有本质或规律的普遍性，例如，尽管不同民族或国家有各自不同的历史，但像民族、阶级、国家、经济、政治、思想、文化等这些普遍概念能够应用于考察所有民族或国家的历史，不正是因为它们反映了历史中同类现象的共同本质吗？尽管在不同民族或国家中，在同一民族或国家的不同历史时期中，物质生产活动的具体内容和形式都是不同的，但社会生活必须以物质生产活动为基础，并且物质生产活动的发展必然推动社会制度的变迁，这不正是不可逆转的历史过程的规律性吗？所以，个别和一般的辩证法不仅适用于自然，而且也适用于历史。如果历史过程中的任何历史事件都是不具有任何普遍性、一般性特征、本质或规律的纯粹个别事件，那么人类理性对于历史就会毫无作为。

当然，李凯尔特本人似乎也并不是完全否认历史中的普遍或一般，因为他并不想在历史科学中排除概念的使用。但他认为，普遍概念不是历史科学的目的，而只是手段，历史学运用普遍概念的组合来说明个别的历史事件。李凯尔特的这个论点是有片面的道理的。但是，普遍的历史概念又是如何产生的呢？如果历史过程中只有个别，没有一般，只有不可重复的历史现象，没有共同的本质和规律，我们从什么地方去获得反映共性的普遍概念，并以此来描述个别事件呢？况且，至今我们也难以想象，在一个没有共性的纯粹个性的世界中，人类思维还能发挥什么样的作用。就个别和一般的辩证法而言，只有理解一般才能理解个别，正如赫伊津加所指出的那样，"只有依靠抽象才能区别具体，特殊只存在于‘一般’的框架中”。[①]德国哲学家卡西尔在《人论》一书中也指出：“历史学本身如果没有一个普遍的结构框架，就会在无限大量的无条理的面前不知所措，因为只有借助于这种普遍的结构框架，他才能对这些事实进行分类、整理和组织。”[②]甚至像科林伍德这位唯心主义、相对主义的历史学家也认为：“历史学如果充分注意到它自身的概括性要素，它就会变得富于科学性。”[③]

# 三、历史的因果性

“规律”这个概念不仅包含着一般和个别的辩证法，而且也同因果联系密切相关。科学历来把揭示事物或现象之间的因果联系视为把握客观过程内在规律的先导。因此，是否承认历史的因果性，是否承认在历史事件和因果网络中包含着历史规律性，这也是历史决定论同历史非决定论的重要分歧之一。当代西方非决定论历史观在历史的因果性问题上大致有两种态度：其一是否认历史事件间存在着客观的因果联系，或否认用追踪因果联系的方法来考察历史的必要性，以否认历史规律的存在；其二是肯定历史事件之间存在着因果联系，但认为历史的因果性并不意味着存在历史规律。

1. 历史学是否应当探讨历史事实之间的因果联系

在所有反对探讨历史因果性的观点当中，意大利新黑格尔

---

① 转引自巴勒克拉夫：《当代史学的主要趋势》，杨豫译，上海译文出版社 1987 年版，第 83 页
② 卡西尔：《人论》，甘阳译，上海译文出版社 1985 年版，第 88 页。
③ 科林伍德：《历史哲学的性质和目的》，《现代西方历史哲学译文集》，张文杰等编译，上海译文出版社 1984 年版，第 151 页。

主义者本尼戴托·克罗齐的观点最为典型。克罗齐在历史学上主张一种相对主义的历史观，他非常轻视历史学对历史原始资料的考察，认为历史原始资料不可能是我们的真理，历史的真理性应当从我们自身最深刻的经验中来吸取。为此，他坚决反对用探讨因果联系的方法来寻找历史事件之间的联系。在他看来，因果联系与历史格格不入，因为因果概念产生于自然科学的领域，只能满足自然科学的需要，因而应当把"决定论的因果链条都看作缺乏思想的而加以拒绝"①。

克罗齐把探讨因果联系的方法概括为"先收聚事实，然后按因果关系把它们联系起来"，并称"这就是决定论概念中所表现的历史学家的工作方法"。他认为，这种方法很不可靠。首先，"把一件事实当作另一件事实的原因，形成一串因果链条的结果是尽人皆知的：我们就这样开始了一种无限的倒退，我们决不能找到与我们辛勤地套成的链条相连接的最后的原因或多种原因。"②为了避免这种无穷的上溯，历史学家往往把这个因果链弄断，认为史学只需要找出"近似的"原因就行了，但这样一来，他们就把自己任意确定的原因视为"最终的"和"真实的"原因。其结果是"把个人随意的考虑升格为能够创作世界的活动，把它看得和上帝、某些神学家的上帝一样了，他的随意的考虑就是真理"③。因此，为历史寻找近因和终因的做法都是不明智的。其次，历史学所从事的寻找原因，在任何方面都同那种对现实进行抽象分析与分类的自然主义手法并无不同。其结果是用"一个个思维来扼杀活生生的事实，剔除它的抽象因

---

① 克罗齐：《历史学的理论和实际》，傅任敢译，商务印书馆 1982 年版，第 53 页。

② 克罗齐：《历史学的理论和实际》，傅任敢译，商务印书馆 1982 年版，第 47 页。

③ 克罗齐：《历史学的理论和实际》，傅任敢译，商务印书馆 1982 年版，第 48 页。

素。"最后，"先搜集事实，然后再找原因"的做法，也必然会违背决定论原则的初衷，超越自然及其因果联系，而用"目的"概念来取代因果范畴，"可见，对历史采取决定论看法的人，除非他决心不用一种武断的和幻想的方式去割断他的研究，否则他就必须承认，他所采取的方法是达不到他所期望的目的的"①。基于上述理由，克罗齐宣称，必须抛弃决定论的因果链。他说："如果我们想要像历史学家一样进行思考，我们就应该当心我们是怎样扼杀不幸的事实的，如果我们真是历史家，真是这样进行思考的，我们就不会觉得有求助于外在的因果联系即历史决定论，或求助于那同样外在的超验目的即历史哲学的必要。"②

克罗齐上述观点，如果旨在反对对历史进行主观主义的因果探索，反对历史研究的主观任意性，确有其合理之处。"先收聚事实，然后按因果关系把它们联系起来"这种历史研究的方法，的确可能导致一种对历史联系的主观主义的探讨。因为历史过程不会重演，而遗留下来的历史资料大都残缺不全，因而历史研究既需要搜集、记述事实，又需要思维的推论。这样历史学家的主体意识，他的立场、观点、价值标准等都会渗入他对历史资料的选择和解释中。纯客观的历史研究是不存在的。因此，如果只凭史学家的想象或猜测而在历史事实之间建立因果联系，那就必然会导致史学研究的主观任意性。

但是，如果因为对因果联系的主观主义探索会歪曲历史事实的真正性质而抛弃对历史因果联系的探索，就会把历史科学变成对历史事件的单纯记述，从而抛弃历史科学本身。问题首先不在于要不要为历史事实寻找原因，而在于历史事实之间客

---

① 克罗齐：《历史学的理论和实际》，傅任敢译，商务印书馆 1982 年版，第 48 页。

② 克罗齐：《历史学的理论和实际》，傅任敢译，商务印书馆 1982 年版，第 56—57 页。

观上是否存在着因果联系，这是我们要不要"寻找原因"的基本依据。从逻辑上说，假如历史事实都是彼此孤立的，除了时间上的连续，没有内容和意义上的关联，那就意味着历史不是一个连续变化的过程。在这种情况下，我们当然不必寻找原因，但同时也失去了历史科学本身。因为历史总是我们的历史，我们的现实是历史发展的结果，探讨历史的目的最终还是为了理解现实。如果历史与现实没有任何因果联系，对历史的探讨就毫无价值。进而言之，历史事实之间有没有因果联系，这不纯粹是一个历史问题，它也是社会现实生活的本性问题。一个人一生中经历的所有事件，如果都是无因无果的孤立存在，那就没有"经历"和"经验"可谈，他的一生就是互不相干的行为和事件的莫名其妙的组合。一个人如此，一个民族或国家也如此。在较大的社会生活范围，任何事件都不可能是在毫无准备和根据的情况下突兀自生，也不能不在或大或小的范围内产生影响（结果）。因此，现实生活中的人有可能，而且有必要去寻找事件产生的原因，以便解释它，并根据客观的因果性，力争避免恶劣的结果，获得有利的时机。现实生活的本性使我们有理由去推论历史的本性。因为历史曾经是社会的现实，而且现实生活日渐变为历史，抛弃对历史因果性的探讨，不仅违背历史的本性，而且也违背社会生活的本性。当然，克罗齐本人似乎也没有完全否认因果联系的存在，他说："被历史地思考着的事实在其本身以外无原因，亦无目的，原因与目的仅在其本身中，是和它的真正性质及质的实情一致的。"①但是，只要否认了历史事实之间的因果联系，"原因和目的仅在其本身之中"这句话就毫无意义，因为，如果原因是存在着的，那么它同结果

---

① 克罗齐：《历史学的理论和实际》，傅任敢译，商务印书馆 1982 年版，第 57 页。

就必然是两个不同的历史事实。如果把历史事实本身看成孤立的、与其他历史事实没有联系的，那就绝无因果可言。

克罗齐否认历史因果性的观点不仅与社会生活的本性相矛盾，而且也违反了历史学的一贯精神。因此它理所当然地受到绝大多数历史哲学家的尖锐批评。英国历史哲学家沃尔什指出："为了理解某一段历史的涵义，就需要去发现各个历史事件之间的联系，展示一个行动或事件是怎样导致另一个行动或事件的……一个历史学家如果只能确定发生了什么事件，却不能说明那些事件何以会如此这般地发生，那就绝没有完成他的任务。"①

2. 因果联系与历史规律

像克罗齐这样的否认探讨历史因果性的人在西方历史哲学家中毕竟是少数。大多数非决定论历史哲学家都十分明确地肯定探讨历史事件间因果联系的重要性。但他们认为历史的因果联系并不涉及历史规律，即不能从历史因果联系中寻找出历史规律。

德国存在主义者雅斯贝尔斯宣称："所谓有规律的因果性，就是历史中的非历史的因素。"②"如果我们从普遍的规律去把握历史（从因果联系、格式规律和辩证的规律性），那么我们所把握的绝不是历史本身，因为，历史就其个性来说某种出现唯一的、一次的东西。"③英国哲学家伯兰特·罗素以极为温和的态度认为在历史中发现因果规律不是件坏事，但他随后又指出，这种良好愿望的实现只有很小的可能性，因为"历史中的重复

① 沃尔什：《历史中的"涵义"》，《现代西方历史哲学译文集》，张文杰等编译，上海译文出版社 1984 年版，第 208 页。
② 雅斯贝尔斯：《论历史的意义》，《现代西方历史哲学译文集》，张文杰等编译，上海译文出版社 1984 年版，第 42 页。
③ 雅斯贝尔斯：《论历史的意义》，《现代西方历史哲学译文集》，张文杰等编译，上海译文出版社 1984 年版，第 45 页。

出现，不像天文学中那么多。……即使有关过去的历史因果关系已经被证明，也没有多少理由去预期这些关系在将来也会有效"。①法国历史哲学家雷•阿隆十分明确地把规律和因果联系对立起来。他说："规律的概念和因果的概念本来是毫无共同之处的。后者用来指力量，指产生效果的创造能力，前者则是指规则性，而其本身又受另一种更高级的力量的支配。"②因此，因果是在规律之外。"如我们谈自杀的原因，并不涉及自杀的规律。许多随情况而变化的结果看来是与一种抽象的表述相冲突的。"③历史学可以确定因果联系，但不能确定历史规律。"归根到底，唯一的、不可逆转的变化，根据定义是不容许有规律的，这是由于它不能再现，除非是重新回到原始时代，我们才能想象存在着来自最高权力的命令以及总体性运动所必须服从的规则。"④波普尔似乎并不赞同这种把因果性和规律性绝对对立起来的观点，他肯定任何实际存在的现象连续都是按自然规律进行的，只有与某个普遍规律相联系，某个事件才是另一个事件的原因。他提醒人们"必须看到，实际上三个或三个以上有因果联系的具体事件的连续都不是按照任何一个自然规律来进行的"⑤。任何一个具体事件就可以用一个或一组因果规律来解释，但由一系列具体事件构成的连续序列却是独特的、没有任何规律的。历史就是一个这样的过程。对任何历史事件都可以进行因果分析，但"决定各个事件的这种动态系列连续发

① 罗素：《历史作为一种艺术》，《现代西方历史哲学译文集》，张文杰等编译，上海译文出版社 1984 年版，第 133 页。
② 雷•阿隆：《科学和历史哲学》，《现代西方历史哲学译文集》，张文杰等编译，上海译文出版社 1984 年版，第 59 页。
③ 雷•阿隆：《科学和历史哲学》，《现代西方历史哲学译文集》，张文杰等编译，上海译文出版社 1984 年版，第 59 页。
④ 雷•阿隆：《科学和历史哲学》，《现代西方历史哲学译文集》，张文杰等编译，上海译文出版社 1984 年版，第 65 页。
⑤ 波普[尔]：《历史决定论的贫困》，杜汝楫、邱仁宗译，华夏出版社 1987 年版，第 93 页。

生的规律是不存在的"①。

上述观点的主要目的就是要把历史规律从历史的因果联系中清除出去。这就使我们必须认真分析因果联系与规律的关系。首先必须承认，并非任何因果联系都是一种规律。探讨因果关系就是对所发生的事情或将要发生的事情做出一种解释或估计。从这点来说，人们可以从许多不同意义上使用因果概念。亚里士多德曾把因果关系归纳为四种：质料因、形式因、动力因和目的因。不管这种归结是否需要进一步斟酌，它至少可以表明因果概念的多义性。就本文的论题而言，我们可以从两种意义上考察因果联系。

其一，事件间的或现象间的引起和被引起的关系。在这个意义上使用因果联系概念，就是用一个具体事件（或现象）说明另一个具体事件（现象）。例如，用日耳曼人入侵说明罗马帝国的陷落。

其二，本质和表象间的关系。在这个意义上使用因果联系概念就是用同类事物的共同本质或某种运动形式的共同规律来说明具体事件或现象的发生。例如，用物体受热膨胀的定律说明金属在不同温度下的体积，或用商品生产的价值规律说明市场价格的波动，等等。

在这两种意义上，虽然都可以使用因果概念，却体现了认识的不同深度和层次。因此，这两种意义上的因果性并不是截然分开的。第二种往往是第一种认识的深化。例如，我们从直接经验中就可以得知，给金属加热就会使之体积增大。我们往往不会满足于此，还要深入探究一个"为什么"。这就需要借助于物体受热膨胀的规律。所以，对现象间因果联系的解释总是

---

① 波普[尔]：《历史决定论的贫困》，杜汝楫、邱仁宗译，华夏出版社 1987 年版，第 94 页。

导向对事物本质和规律的揭示。这也正是一切科学的基本特征之一。

具体到历史领域，我们同样可以认为，仅仅知道历史事件间的因果联系，并不等于找到了历史规律。例如，"日耳曼人的入侵"和"罗马帝国的灭亡"这两个事件是有因果联系的，但这种联系并不构成历史规律。因为二者在历史上只发生了一次，没有重复性。即使我们把它算作规律，对于解释其他历史事件也没有任何直接意义。因此，阿隆的观点在这个意义上是正确的，即不能把历史规律归结为历史事件间的因果联系。这是否意味着历史过程本无规律可言呢？

历史非决定论者否认历史因果性中包含历史规律的一个共同理由是，历史过程是独一无二的、唯一的、不可重复的过程，因此是没有规律的。对于这一点，我们在谈到历史的个别和一般时已做了一些分析。在此我们想进一步指出：历史过程不存在着历史事件的重复性，但却包含着规律的重复性。假如我们考察一下文艺复兴以来欧洲的历史，就可以看到欧洲各国都或迟或早地爆发了资产阶级革命，尽管这场革命在不同的国家采取了不同方式，经历了不同过程，其结果也不尽相同，但有一点是共同的，即随着资本主义工业和商业的发展，新兴的资本主义生产关系终于取代了以自然经济为基础的封建生产关系，资产阶级终于程度不同地占据了政治上的统治地位。而正是这个共同点决定了整个欧洲这一时期历史变革的本质特征。其中所包含的资本主义生产关系与封建生产关系、资产阶级与封建地主阶级的矛盾就是解释欧洲各国资产阶级革命的根本原因。如果我们进一步追溯人类社会的全部发展史，便可发现历史中更为基本、更为一般的规律性的东西。这就是，历史上任何一次足以改变社会性质的重大变革都是在生产力发展的基础上，新的生产关系强制性地代替旧的生产关系的结果。原始公社的解体、罗马帝国的覆灭、资产阶级革命的胜利、社会主义社会的产生无不是以物质生产内部的生产力与生产关系的矛盾运动为内在根据。这个内在根据作为历史变革的根本原因，不是一个事件，而是人类社会的共同本质和一般规律。依据它，我们就可以对历史事件间的因果联系做出更深刻的分析，指出每一历史事件的真实性质和意义。

波普尔认为，三个以上具有因果联系的事件构成的连续的序列中并不存在一个规律。这种看法只有部分的正确性。任何具体的历史事件，就其在复杂的环境关系中产生而言，本身都包含着多种因素，因而包含着多重的因果联系，我们可以对事件中所包含的每一因果联系做出合乎规律的解释，也可以指出当这些因果联系"聚合"在一起时就会导致何种事件的发生，但由这种"聚合"所造就的具体事件的确是一种"单称的"或"个别的"即不会重复的事件，对"聚合"的解释也的确只是个别事件的描述，而不可称之为一种规律。如果从历史的表观上把社会历史看成由各种历史事件的连续所构成的过程，那么社会历史的确是一个"单称的""个别的"和不可重复的过程。但这是否意味着历史过程本身不存在着普遍规律呢？事实上，同样的问题不仅存在于对历史的考察，也存在于对自然的考察。就自然界本身的演化而言，任何具体的、个别的自然事件同样"聚合"着多种因果联系，因而在自然界中也没有什么自然事件是可以重复的，由自然事件的连续所构成的自然界的演化过程，同样是一个"单称的""个别的"或不可重复的过程。但是自然事件的不可重复性并没有妨碍自然科学从中发现支配自然事件演化的普遍规律，因为自然科学所把握的不是自然事件，而是自然事件的运动形式，也就是从大量的不可重复的自然事件中抽象出构成某种运动形式的基本因素，而普遍的自然规律不过是这些基本因素之间的因果关系。当然在人为安排的实验条件下，我们可以让某种自然现象反复发生，从而获得一种"操作上的可重复性"。造成这种"操作上的可重复性"不过是我们发现自然界普遍规律的方式，它实际上根源于客观规律的普遍性。可见自然现象或自然演化序列的不可重复性并不是同自然规律的普遍性不相容的。同样，社会历史发展过程尽管在外观上也是由大量的不可重复的历史事件所构成的，但它本身也是由多种因素及其相互作用关系所构成的一种特殊的运动形式，因此社会科学完全有理由从不可重复的历史事件或社会事件中抽象出构成社会这种特殊运动形式的那些基本因素，并揭示这些因素之间的因果关系，以发现支配社会历史过程的普遍规律。舍此，就没有社会科学。

历史学一旦放弃对社会生活的本质和历史发展规律的探索，仅仅从事件的因果联系上解释历史事件，就绝不能理解历史事件的真实性质和意义。首先，如果我们用追踪因果链的方法来说明历史事件的起因，那就会出现克罗齐所说的"无限上溯"的过程，我们不仅永远达不到这个链条的顶端，而且时间和空间上距离越远的原因对于解释这个事件就越无意义，所得出的结论就越加荒谬。就像霍尔巴赫认为的"一场暴风雨经过若干环节就可以决定许多民族的命运"那样。其次，一个历史事件的产生常常是众多原因共同促成的。甚至可以说，在一个历史事件中所包含的原因恐怕比所有历史学家所能知道的还要多。因此，仅仅从事件的因果联系中来说明事件的性质，无疑会使历史学陷入事件的迷雾中，无法从无数因果联系交织的乱麻中理出头绪。

总之，历史的因果性是以历史的规律性为根据的。关于这一点，某些西方学者也有十分明确的认识。德国社会学家马克斯·韦伯指出："只有在出现的条件以规律的形式阐述出来时，以及在具体的事例被'解释'为从这类规律在具体条件下的'相互作用'中退出来的特殊状况时，我们对于因果关系的要求才能得到满足。"①英国史学家沃尔什也指出，历史解释离不开因果，如果这仅仅是指个别因果，那这种解释就毫无意义，如同儿戏。②因果解释若要超越具体个别而具一般意义，就必须根据某种共同的东西。

---

① 马克斯·韦伯：《历史因果研究中的客观可能性和相应的起因》，《历史理论与史学理论》，何兆武主编，商务印书馆 1999 年版，第 510 页。
② 参见沃尔什：《历史中的"涵义"》，《现代西方历史哲学译文集》，张文杰等编译，上海译文出版社 1984 年版，第 210—211 页。

# 附二：评西方学者对唯物史观的诘难

　　唯物史观作为辩证的历史决定论，它的基本原则十分完整地体现在它的一元论历史观的理论体系中。这种历史观的核心，就是确认人类社会在本质上是物质的，社会的发展是一个合乎规律的"自然历史过程"。在这里，唯物主义一元论历史观的"元"不是指构成社会有机系统的基本因素或组成部分，而是指人类社会生活的本质和基础。从总体上看，唯物史观把全部社会生活区分为物质生活和精神生活，把全部社会关系区分为物质关系和精神关系，它的一元论的和决定论的最基本的原则，就是认为社会的物质生活和物质关系是人类社会及其历史发展的本质和基础，并在归根结底的意义上决定社会的精神生活和精神关系。因此，与这种物质一元论历史观直接对立的是以各种形式把社会历史的本质归结为"精神"的唯心主义历史观。

　　唯物史观的基本理论为我们考察历史提供了科学的方法。这个方法就是："从直接生活的物质生产出发阐述现实的生产过程，把同这种生产方式相联系的、它所产生的交往形式即各个不同阶段上的市民社会理解为整个历史的基础，从市民社会作为国家的活动描述市民社会，同时从市民社会出发阐明所有各种不同理论的产物和形式，如宗教、哲学、道德等等，并在这个基础上追溯它们产生的过程。"[①]

　　然而，唯物史观的一切基本论点都既是唯物的，又是辩证的。作为社会生活本质和基础的"物质"不是某种自然的物质实体，也不是人的自然属性，而是包含着人与自然、物质与精神、主体与客体的对立统一关系的物质生产活动或"物质实践"。因此，社会的精神生活、精神关系（即由政治、法律和意识形态构成的上层建筑）不是一种消极被动的力量，它们一旦在一定的物质基础上产生出来，就会反过来影响物质生产活动乃至整个社会生活，对社会的物质基础发生能动的反作用。社会的物质本性正是通过社会物质生活和精神生活、物质关系和精神关系的复杂的相互作用关系表现出来。因此，这种历史观不是一种机械的决定论，而是能动的辩证的决定论。

　　这种一元论历史观自诞生之日起就受到唯心主义和非决定论历史观的诘难。在今天，它所面临的挑战比以往任何时候都更为严峻。几乎所有主张历史非决定论的西方历史哲学家都指责唯物史观是拉普拉斯机械决定论的翻版，与社会的多元化结构和历史的多线条发展的事实相矛盾。当然，这些责难也有积极意义，它们大都在社会发展的新阶段上提出了一系列新的问题，使我们有机会在回答这些问题的过程中，更进一步理解唯物史观的实质，并用新的材料和方法来发展这一学说，使之富于时代感。

---

　　① 马克思和恩格斯：《德意志意识形态（节选）》，《马克思恩格斯选集》第 1 卷，人民出版社 1995 年版，第 92 页。

# 一、李凯尔特：经济生活并非历史的本质

　　李凯尔特是立足于个别论或价值论历史观的立场上来攻击唯物史观的基本原则和方法。他认为历史的个别性不允许用普遍化的方法来探讨历史的本质和规律，而只能用价值的观点来确定历史事件的重要性和意义。

　　在李凯尔特看来，历史学如果以经济生活为研究对象，就会使普遍概念占据最重要的地位，"因为只要把这些运动孤立起来看，那么在这里所考虑的事实往往只是群体"①，纯粹的个别的成分就不能不退居次要地位。这就与他们所理解的历史科学的本性相违。为此，他对唯物史观从物质生产活动出发考察社会历史的研究方法大为不满。他说："这种企图把历史仅仅当作经济史，因而当作自然科学的做法是如何没有根据。可以轻而易举地证明，这种做法是建立在一条随心所欲地选择出的区分本质和非本质成分的原则之上，而且从起源上说，这条原则之所以受到偏爱应当归因于一种完全不科学的政治党派偏见。……唯物史观则是这方面的一个典型例证。"②

　　李凯尔特认为，唯物史观之所以把"经济生活"看成历史的本质，乃是因为这种理论是以"民主主义"文化理想为指导原则的。在这种文化理想的指导下，形成了一种趋势，即认为伟大人物在历史上是"非本质的"，只有来自群众的事物才是有意义的，从而与群众直接相关的事物，即经济生活才是"本质

---

　　① 李凯尔特：《文化科学和自然科学》，涂纪亮译，商务印书馆 1986 年版，第 100 页。

　　② 李凯尔特：《文化科学和自然科学》，涂纪亮译，商务印书馆 1986 年版，第 100 页。

的"，历史也因此是唯物主义的。"这根本不是一种经验的，与价值相联系的历史科学，而是一种以粗暴的和非批判的方式臆造出来的历史哲学。"①

唯物史观由于把经济生活看成"本质的"，从而认为那种对经济生活来说具有意义的事物变成了唯一真实的存在，经济文化之外的其他一切都变成了纯粹的"反映"。这样一来，便形成了一种完全形而上学的观点，这种观点从形式方面表现出柏拉图唯心主义或概念实在论的结构，价值被表现为一种真实的而且是唯一的现实的东西。②李凯尔特表面上也承认"经济生活"在历史中有其地位，他说："毋庸争论，历史学家们在以前也许很少注意经济生活的，而经济史作为一种补充的考察肯定是有其价值的。"但他又马上指出："任何企图把一切现象同被当作唯一的本质成分的经济史联系起来的做法，必然被归入迄今为止所进行的最随心所欲的历史解释之列。"③

很明显，李凯尔特对唯物史观的责难包含着对唯物史观的一系列令人惊讶的歪曲。首先，马克思主义从未企图把历史仅仅当作经济史，也从不认为只有经济生活才是"本质的"，与经济生活相联系的事件才是唯一真实的，其他一切都只是这个本质的"纯粹的"反映。唯物史观确认经济状况是社会生活的基础，并对历史过程起着最终的决定作用，这绝不意味着在现实的历史过程中"经济"是唯一的动力，是解释一切历史现象的唯一原因。恩格斯曾经说过："普鲁士国家也是由于历史上的，归根到底是经济的原因而产生出来和发展起来的。但是，恐怕

① 李凯尔特：《文化科学和自然科学》，涂纪亮译，商务印书馆1986年版，第100—101页。
② 参见李凯尔特：《文化科学和自然科学》，涂纪亮译，商务印书馆1986年版，第100—101页。
③ 李凯尔特：《文化科学和自然科学》，涂纪亮译，商务印书馆1986年版，第102页。

只有书呆子才会断定，在北德意志的许多小邦中，勃兰登堡成为一个体现了北部和南部之间的经济差异、语言差异，而自宗教改革以来也体现了宗教差异的强国，这只是由经济的必然性所决定，而不是也由其他因素所决定。……要从经济上说明每一个德意志小邦的过去和现在的存在，或者从经济上说明那种把苏台德山脉至陶努斯山脉所形成的地理划分扩大为贯穿全德意志的真正裂痕的高地德意志语的音变的起源，那么，很难不闹出笑话来。"①社会生活包含着经济的、政治的、思想文化的、种族的、地理环境的等大量因素的相互作用，"并非只有经济状况才是原因，才是积极的，而其余的一切都不过是消极的结果"②。经济的决定性作用，只表现为为这种复杂的相互作用提供了现实的基础，并在归根结底的意义上决定了这种相互作用的一般性质和方式。

其次，说唯物史观出自民主主义文化理想才把经济生活看成本质的，这更是对唯物史观的曲解。的确，马克思主义者作为无产阶级革命的思想家，在历史上第一次充分肯定了人民群众创造历史的重要作用，特别是确认工业无产阶级是开辟历史新纪元的主导力量，但并不是因此才把经济生活看成历史的本质。相反，马克思主义是在揭示出经济状况在整个社会生活的基础地位和决定作用之后，才真正科学地阐明了劳动人民群众的历史作用的。在这里，作为历史过程的本质的，不是泛指一切通常意义上的、诸如饮食起居之类的日常经济生活，而是指满足人们物质生活需要的物质生产活动。历史是由人来创造的，而人的一切活动、社会的一切生活都必须以物质生产活动为前

---

① 恩格斯：《致约·布洛赫（1890年9月21日—22日）》，《马克思恩格斯选集》第4卷，人民出版社1995年版，第696—697页。
② 恩格斯：《致瓦·博尔吉乌斯（1894年1月25日）》，《马克思恩格斯选集》第4卷，人民出版社1995年版，第732页。

提和基础，这难道需要由民主主义理想为指导才能确认吗？

最后，李凯尔特说唯物史观的基本原则和方法是"从形式方面表现出柏拉图唯心主义或概念实在论的结构"，这真是对唯物史观的一种风马牛不相及的责难。任何科学理论都不可能不运用反映客观过程本质的普遍概念。因为，正是这些概念构成了我们把握经济事实的思维方式和形成理论的逻辑框架。唯物史观也不例外。但是，唯物史观的理论概念是对历史过程一般本质和规律的反映，而不是某种脱离现实历史过程的柏拉图式的抽象理念。这些概念固然反映了整个历史进程的一般性、共性，但决不否认这些概念所反映的过程在历史不同阶段上有着完全不同的具体内容和形式。马克思说："生产一般是一个抽象，但是只要它真正把共同点提出来，定下来，免得我们重复，它就是一个合理的抽象。不过，这个一般，或者说，经过比较而抽出来的共同点，本身就是有许多组成部分的、分别不同规定的东西。其中有些属于一切时代，另一些是几个时代共有的，[有些]规定是最新时代和最古时代共有的。没有它们，任何生产都无从设想；……对生产一般运用的种种规定所以要抽出来，也正是为了不致因见到统一而忘记本质的差别。"① 从马克思的这段话中可以明显看出，唯物史观的理论概念只是对历史过程一般本质或共性的反映，这同柏拉图那种把概念看成唯一实在，把现实看成对概念的模仿的概念实在论毫无共同之处。

李凯尔特攻击唯物史观的最终目的是反对从物质生活的生产和再生产出发来考察历史过程的本质和规律。在他看来，"经济史"对于历史顶多是一种"补充"，如果把它看成历史的本质，就会导致随心所欲的历史解释。那么如何避免这种主观随意性，

---

① 马克思：《〈政治经济学批判〉导言》，《马克思恩格斯选集》第 2 卷，人民出版社 1995 年版，第 3 页。

如何保证史学的科学性呢？李凯尔特认为："只要专门研究立足于它的作为指导原则的价值事实上已获得普遍承认这个基础上，而且牢牢地保持与理论价值的联系，那么专门研究客观性是不会受到主观随意性的影响的。"[①]"只有当个别化的叙述受普遍价值或文化价值指导的时候，这种个别化的叙述才能被称为科学的。"[②]在这里，李凯尔特反对普遍化方法，却提出了"普遍价值"，而关于什么是普遍价值、理论价值，他几乎未置一词。他只是在"价值是有意义的"，"有意义的就是有价值"的同语反复中旋转。

历史研究当然要记述分析个别事实，而且对历史事实的选择也必然受一定的价值观引导。但任何价值观念都是对主客体之间需要和需要的满足的关系的反映，因而具有很强的主观性，并且因人而异。单凭价值尺度不能真正避免主观任意性。史学的客观性首先取决于历史过程本身的客观性。唯物史观决不排除价值的指导原则，但认为价值原则只有在反映了历史的客观本质和规律的时候，才能指导出客观的史学。相反，一旦否认了历史的客观本质和规律，就会为随心所欲的史学研究打开方便之门。

# 二、科林伍德：历史无重点、无骨骼

对现代西方历史学产生重大影响的英国历史学家科林伍德，从另一个角度对唯物史观提出批评。他不同意李凯尔特把

---

① 李凯尔特：《文化科学和自然科学》，涂纪亮译，商务印书馆1986年版，第120页。

② 李凯尔特：《文化科学和自然科学》，涂纪亮译，商务印书馆1986年版，第120页。

历史学归结为"个别事件的科学"的观点。他说："历史的本质不在于构成它的个别事实，不论这事实有多大的价值，而在于它是一个过程，一种由此及彼的发展。"①不过，他所理解的"历史过程"乃是没有任何重点或"骨骼"的东西。他认为，真正的历史情节是与整个历史及其所有大量的细节密切相关的。"我们对任何一个历史事件一经完全了解，就会发现其中每个要素都是同样重要的"②。抽去某些细节就会肢解历史情节，人为地规定某些细节为重点，就会歪曲它的普遍意义。从这个观点出发，科林伍德认为："如果马克思主义从经济方面对历史进行解释，其意义仅仅是强调需要研究经济史的话，那么这种解释就是合理的，在当时是有价值的；其大意是说：经济事实是具有根本重要性的唯一事实，因而构成历史的真正骨骼，那简直是哲学上的大错。"③

不难看出，科林伍德对唯物史观的批评，如果不是有意地歪曲，就是没有弄清唯物史观基本原则的实质内容。的确，就某个具体历史事件或历史情节而言，它总是包含着大量的因素和细节。但是，历史学家既无可能，也无必要把全部因素和细节都详尽无遗地呈现出来。历史学研究历史事件的目的不是单纯地记述它，而是从历史事件的前后连续的发展过程中，弄清它的性质和意义。出于这个目的，历史事件或历史情节中所包含的全部因素和细节就并非都是同等重要的。历史学家为了在历史过程中弄清历史事件的性质和意义，就必须对它所包含的全部因素和细节进行选择，去掉那些无关紧要的成分，这本身

---

① 科林伍德：《历史的观点》，转引自刘旭：《人心中的历史》，四川人民出版社1987年版，第152页。
② 科林伍德：《历史哲学的性质和目的》，《现代西方历史哲学译文集》，张文杰等编译，上海译文出版社1984年版，第154页。
③ 科林伍德：《历史哲学的性质和目的》，《现代西方历史哲学译文集》，张文杰等编译，上海译文出版社1984年版，第154页。

就是确认历史细节是有重点的。所以，真正的问题并不在于历史因素有无重点，而在于事实上史学家把什么东西当作重点，如何确定选择史实的标准。唯物史观从社会的经济基础出发来说明历史过程，并不像科林伍德所说的那样认为只有"经济事实"具有根本的重要性，政治事实等也具有根本的重要性。只不过这种重要性需要从政治与经济基础的关系得到说明。例如，我们认为，在欧洲中世纪的历史中，查理·马特继承王位这一事实比他在继承王位时穿什么衣服这一事实更为重要。因为，他继位后在法兰克王国施行了一系列改革措施，推进了欧洲封建化进程，而他穿什么衣服则对这一过程毫无影响。

科林伍德的"历史无重点、无骨骼"的观点，暗含着历史学方法论中另一个重要问题。即：历史事件、历史现象、情节、因素、细节是极其复杂多样的，是否允许史学家按其特性进行相应的概括和归结，以便找出历史过程的基本因素呢？如果不允许，那么历史概念的形式就成了问题。因为任何历史概念如政治、经济、观念等，都不是指向某一个事件或现象，而是指向一类事件或现象。如果允许的话，就得进一步肯定：我们不仅要概括出历史过程的基本因素和方面，而且还要按历史的本来面目，分析和研究这些因素的基本关系，以便建构历史理论的概念系统。唯物史观就是这样做的，它不仅以概念的方式揭示了构成整个历史过程的基本因素，而且阐明了这些基本因素的关系，即生产力和生产关系、经济基础和上层建筑之间的相互作用。正是这些概念及它们的关系所反映的历史过程的一般特征和规律，构成了科林伍德力图取消的历史的"骨骼"。

事实上，科林伍德本人的历史观并非是无重点的。他认为历史过程与自然过程的重要区别就在于历史过程是由人的活动构成的，而人的活动无不受其思想动机的支配，因此，只有了解人的思想动机才能理解人的行动及由一系列行动构成的历史过程。他说："若人的行动仅仅是事件，历史学家就不能理解它们，严格来说，它甚至无法确定它们是否真的发生过。只有当它们是思想的外在表达时，它们才能为历史学家所知道。"①为此，科林伍德说了一句足以代表他的历史观精神实质的名言："历史是过去思想的重演。"由此看来，他的历史观绝不是无重点的。他的重点就是历史中的"思想动机"。他主张"历史无重点"，其实质是企图以十足的唯心史观反对唯物史观。

## 三、罗素：经济不是唯一起决定作用的东西

相比之下，英国哲学家罗素对唯物史观的批评显得要温文尔雅一些。他说："我大体上同意马克思的观点，经济的原因是历史上大多数巨大运动的基础，不仅是政治运动，而且也有像宗教、艺术和道德这样一些领域里的运动。不过，这里需要做一些重要的保留。"②

他都做了哪些保留呢？

第一，马克思没有考虑到时间滞差。如基督教兴起于罗马帝国，但经过许多次变革却幸存下来了；

第二，马克思把经济冲突看作永远是阶级之间的冲突，然而大多数冲突却是种族或民族之间的。当然，民族间的冲突很大一部分确实是经济上的，但是世界以民族来组合并不主要由经济原因决定；

---

① 科林伍德：《历史的观点》，转引自刘旭：《人心中的历史》，四川人民出版社1987年版，第154页。

② 罗素：《辩证唯物主义》，《现代西方历史哲学译文集》，张文杰等编译，上海译文出版社1984年版，第126页。

第三,"为什么政治冲突的结局就应该总是建立某种更为先进的制度呢?事实上,无数先例的情况并非如此。"[1]

第四,"至于经济史观,在我看来大体上是很确实的,而且是对社会学的一个重大贡献;可是我不能把它看成全部确实的,也不相信一切伟大的历史变化都应当看成发展。"[2]

第五,"马克思不肯考虑这样一事实:当两大势力处于势均力敌的时候,一点微小的力量就可以打破这种平衡。即使承认大的势力是由经济原因所产生,但大势力中的哪一方获得胜利,也常常要取决于十分微小的和偶然的事件。"[3]

罗素对马克思主义的注重不亚于对其他哲学思潮的注重,在他的许多著作中,都有相当的篇幅专门讨论辩证唯物主义和历史唯物主义。但就他所做的上述保留来看,不能不使人怀疑他是否真正理解了唯物史观的全部内容。五个方面的"保留",除了第四个表现出他对历史唯物论的发展观的怀疑外,其余四个方面的批评都是毫无根据的。例如,唯物史观从来不把宗教、科学等意识形态的东西,看成经济的被动、消极的结果,而是指出它们一经产生就获得的相对独立性,这种相对独立性使它们同经济基础的变化不会完全同步。唯物史观也从来不认为一切历史事实都能在经济中找到最终的原因,更不认为一切政治冲突的结局都会导致先进制度的建立。至于偶然性因素可以打破两大敌对势力的平衡,导致一方胜利的历史事实,唯物史观不仅予以认真的考虑,而且还做出了科学的说明。

然而,需要注意的是罗素的"保留"却意在否认经济的因

---

① 罗素:《辩证唯物主义》,《现代西方历史哲学译文集》,张文杰等编译,上海译文出版社 1984 年版,第 123 页。

② 罗素:《辩证唯物主义》,《现代西方历史哲学译文集》,张文杰等编译,上海译文出版社 1984 年版,第 118—119 页。

③ 罗素:《辩证唯物主义》,《现代西方历史哲学译文集》,张文杰等编译,上海译文出版社 1984 年版,第 127 页。

素，即物质生产活动在历史中所起到的最终的决定作用。他认为历史变革有四种原因：经济技术、政治理论、重要人物、偶然"机缘"。这四个方面，缺一不可，哪一个也不是最终的。看起来，这种观点似乎很"全面"，但实际上却忽视了一个重要问题：重大历史变革的意义不在于有哪些因素参与了变革过程，而在于这个变革为什么会使社会的经济关系和政治关系发生根本性的变化。唯物史观认为，就变革过程而言，无疑是多种因素相互作用的结果，但"这是在归根到底总是得到实现的经济必然性的基础上的相互作用"①。马克思指出："无论哪一个社会形态，在它所能容纳的全部生产力发挥出来以前，是决不会灭亡的；而新的更高的生产关系，在它的物质存在条件在旧的社会的胎胞里成熟以前，是决不会出现的。"②不从社会的经济背景中来考察历史变革，就不能真正说明历史变革的意义。

罗素对唯物史观的误解，还表现在他认为，马克思把经济原因视为解释历史的根据是正确的，但不是唯一的。历史可以通过许多方式来观察。如果精心地选择事实，就可以发明许多普遍的公式，并有充分根据表明它们的恰当性。他举例说："工业制度是由于近代科学而产生，近代科学是由于伽利略，伽利略是由于哥白尼，哥白尼是由于文艺复兴，文艺复兴是由于君士坦丁堡的陷落，君士坦丁堡的陷落是由于土耳其人的迁徙，土耳其人的迁徙是由于中亚细亚的干旱。因此，在探索历史因果关系时，基本的研究乃是水文地理学。"③不知道他是否想说，中亚细亚的干旱是欧洲工业制度的最终原因。但他用如此方法

---

① 恩格斯：《致瓦·博尔吉乌斯（1894年1月25日）》，《马克思恩格斯选集》第4卷，人民出版社1995年版，第732页。
② 马克思：《〈政治经济学批判〉序言》，《马克思恩格斯选集》第2卷，人民出版社1995年版，第33页。
③ 罗素：《辩证唯物主义》，《现代西方历史哲学译文集》，张文杰等编译，上海译文出版社1984年版，第127页。

建立起来的"普遍公式"来类比马克思的历史理论，乃是企图把马克思的历史规律学说归结为一个历史事件的因果链。也就是说他根本没弄清马克思所说的"经济原因"是什么意思。唯物史观所讲的经济原因，是指蕴含在历史事件中的社会生活的本质和基础，是生产力和生产关系的矛盾运动，而不是一个经济方面的事件。水文地理因素当然也是重要的，但如果不同社会的经济发展、经济关系的变革联系起来，它们就不能对历史发展起任何意义上的"原因"作用。

# 四、后现代主义：历史的非连续性、多元性和差异性

历史唯物主义把物质生活的生产和再生产看成社会历史发展的现实基础，从物质生产活动的内在矛盾运动中揭示了社会历史发展的普遍本质和一般规律，并由此肯定了社会历史在种种曲折中所实现出来的进步趋势。兴起于 20 世纪五六十年代的西方后现代理论则力图把多元性、异质性、差异性、分裂性、片断化理解为解构、颠覆现代社会的积极力量，从而贬低乃至否定建立或重塑共同的、统一的、共享的文化精神的努力。

法国哲学家福柯对于黑格尔和马克思所阐述的那种总体化的、统一的历史发展理论表示不满，认为这种理论实际上是通过抽象概念体系而达到了其叙事的总体化，传布的不过是一种现代理性主义的神话。他断言历史并非是一种不断进步的过程："人性并不会在持续不断的斗争中逐渐进步，直到最后达到普遍的互惠，最终以法律准则取代战争；相反，人性将其每一种暴戾都深深地镶嵌于法规体系之中，因而所谓人性的进步只不过

是从一种统治形式过渡到另一种统治形式而已。"①

　　福柯通过对"规诫性权力"的分析，认为现代理性是一种压迫性的力量，它使多种形态的权力技术以脱离主体的结构方式渗透到社会生活的各个方面，并通过社会制度、话语和实践等方式实施对个人的统治。现代理性是这种统治的根源，它倾向于把知识和真理视为权力和统治的基本成分，从而遮蔽了社会领域内的差异性和多元性，同时在政治上导致了对多元性、多样性和个体性的压抑，并助长了顺从性和同质性。为此，福柯提出一个"一般历史概念"用以反对现代的总体历史概念。他把这两种历史概念之间的差别概括为："一种总体历史叙事将所有的现象都聚拢到一个单一的中心——一种原则、一种意义、一种精神、一种世界观、一个包容一切的范型——之下；与之相反，一般历史叙事展现的则是一个离散的空间。"②福柯确信这种非总体化的后现代历史学方法打破那些巨大的统一体，使"一个完整的领域被解放了"。这种历史学方法，"不会产生某种单一的后果，而是带来多种多样的后果"③，它能够使历史学家在知识领域内发现话语的多样性。

　　基于对立是非连续性、多元性的理解，福柯指责现代理性、制度和主体性形式是统治的根源或统治的建构物。现代理性倾向于把知识和真理视为权利和统治的基本成分。后现代理论拒斥统一的、总体化的理论模式，把它视为启蒙运动的理性主义神话，是还原论的，它遮蔽了社会领域内的差异性和多元性，同时在政治上导致了对多元性、多样性和个体性的压抑，并助

　　① Michel Foucault. *Language, Counter Memory, Practice*, Cornell University Press 1977, p.151.
　　② Michel Foucault. *The Archaeology of Knowledge*, New York: Pantheon Books, p.10.
　　③ Michel Foucault. *The Archaeology of Knowledge*, New York: Pantheon Books, p.160.

长了顺从性和同质性。与这种现代观点截然相反，后现代主义者肯定不可通约性、差异性和片段性，视它们为压迫性的现代理论形式与现代理性的解毒剂。福柯宣称，无论是在理论意义上，还是在实践意义上，比起"整体性的、极权主义理论的压制性后果，""非连续性的、具体的、局部的批判具有惊人的效力"。尽管他承认诸如马克思主义和精神分析学这种整体性理论"为局部研究提供了有用的工具"，但他相信，它们在实践意义上是还原主义和压迫性的，需要用多元的知识形式和微观分析来替代。因此，福柯试图使作为统一整体的、由一个中心、本质或终极目的统治着的历史非总体化，并使历史主体非中心化。他把历史看作由不相关的知识组成的非进化的、支离破碎的领域，把社会看作由处在非均衡发展水平上的各种话语构成的离散的规则体系，把现代主义看作对牢狱社会之运转不可或缺的人本主义虚构，这种牢狱社会处处对它的臣民施以规诫和限制，使其从事苦役并服从统治。

如果说，福柯对现代性的批判是立足于对现代理性的剖析，那么，后现代思想家德勒兹、加塔利则把对欲望的压抑看成现代性，特别是现代资本主义社会一切弊端的总根源。德勒兹和加塔利认为，欲望是无意识以各种类型的"综合"而引发的情感与力比多能量的持续生产。欲望本身是一种自由的生理能量，它在本性上具有包容性，可以同物质流及局部客体建立随机的、片断性的、多样化的联系。而各种社会体制就是通过疏导和控制欲望的方式，或者说通过驯服和限制欲望的生产能量的过程造成欲望的"辖域化"，从而导致对欲望的压抑。因此，要使欲望所具有的生产能量依其本性发挥作用，就必须经过"解辖域化"过程，将物质生产和欲望从社会限制力量的枷锁下解放出来。德勒兹和加塔利认为，现代资本主义在对欲望的辖域化和解辖域化过程中，处于自我矛盾的状态。一方面，资本主义将市场关系扩展到每一个角落，带来了日益复杂的分工、具有自我/超我结构的私人个体以及社会和精神的片断化；另一方面，它同时又以抽象的等价交换逻辑将欲望再辖域化到国家、家庭、法律、商品逻辑、银行系统、消费主义等规范化制度中，使欲望和需要重新被导入限制性的心理与社会空间，从而使它们受到了比原始社会和专制社会中更为有效的控制。在德勒兹与加塔利的理论视角中，现代资本主义的解辖域化和再辖域化的最为明显的事例就是产生了精神分裂。然而，在他们看来，精神分裂并不是一种疾病或一种生理状态，而是一种在资本主义社会状况下产生的具有潜在的解放力量的精神状态，是一种彻底解码的产物。作为一种精神的非中心化过程，精神分裂使主体逃脱了资产阶级的现实原则，逃脱其压抑性的自我与超我束缚以及俄狄浦斯陷阱，从而从根本上对资本主义的稳定和再生产构成了威胁。为此，他们主张一种"分裂分析"，即对一切社会领域内的个体与群体欲望的无意识投资进行一种非中心化的、片断的分析。当然，他们所说的"精神分裂"并非是指个体的或实体的"精神分裂症"，而是同欲望流相关的"非中心化过程"。但他们也指出，这种"分裂的"或"非中心化过程"超过了一定的限度就会变成自我毁灭，造就出"精神分裂症患者"。[①]

对于非连续性、非中心化、片断、分裂和异质性的肯定，使大多数后现代理论家对建立普遍的、统一的文化精神采取否定的、贬抑的态度。利奥塔否认普遍原则和信仰绝对标准的合法性。例如，他在《公正游戏》一书中，把"公正"理解为只能是局部的、多元的、暂时的，"每一种公正都是按照同它相关

① 参见凯尔纳、贝斯特：《后现代理论》，张志斌译，中央编译出版社1999年版，第114—119页。

联的某种游戏的具体规则来界定的"，不存在凌驾于其他一切游戏之上的语言游戏，没有特权话语，也没有普遍性的公正理论可供我们去解决不同游戏之间的斗争。在每一种情况下，公正都是一种暂时性的判断，它不承认普遍原则或原则的普遍化。在利奥塔看来，现代话语为了使其观点合法化而诉诸进步于解放、历史或精神之辩证法或者意义与真理的铭刻（inscription）等元叙事。例如，现代科学就是通过宣称它能将人们从愚昧和迷信中解放出来，并且能够带来真理、财富和进步而使自身合法化的。而后现代知识则是反元叙事和反基础主义的；它回避了宏大的合法化图式；拥护异质性、多元性和不断的革新。为此，利奥塔置分歧和异议于一致和共识之上，置异质性和不可通约性于普遍性之上，反对任何意义上的建立共识的努力。他说："共识违背了语言游戏的异质性。发明总是诞生于歧见之中。后现代知识绝不只是权威们的一个工具；提高了我们对差异的感受性，并且增强了我们容忍不可通约之事物的能力。"[①]他还告诫人们：我们必须不以普遍规则做判断，我们应当寻求差异，倾听那些代表着差异的沉默各方的声音；然后，我们应当允许缄默的声音去讲话，说出与多数话语相反的原则或观点。这样一来，我们就能够突出容忍差异，并且可以走向多元理性而非一元理性。

---

① Jean-Francois Lyotand. *The Postmodern Condition*, Cambridge: Cambridge University Press, 1984, p. 75.

# 附三：历史规律、历史趋势与历史预见
## ——评波普尔《历史决定论的贫困》一书的主要论点

当代英国哲学家卡尔·波普尔在他的一本著名的小册子《历史决定论的贫困》中宣称，"历史决定论是一种拙劣的方法——不能产生任何结果的方法"[①]，并认为，"这种历史决定论的方法论学说从根本上应对（除经济学以外的）理论社会科学那种不令人满意的状况负责"。[②]在波普尔的心目中，这种历史决定论的主要代表，在古代有柏拉图和亚里士多德，在现代有黑格尔和马克思，而马克思的唯物史观则是他最重要的理论攻击目标。

马克思主义的唯物史观因其承认人类社会的历史发展有着不依人的意志为转移的客观规律而的确是一种历史决定论理论，但这种历史决定论完全不同于历史上那些否认人的活动的自主性、自由性，并最终把社会发展和人类命运归结为某种神秘力量的机械的或宿命的历史决定论，它是从社会历史发展的客观规律与人的自由自觉活动的统一中，从历史主体和客体、自由和必然的统一中揭示社会历史发展的基本趋势。因此这是一种历史的辩证决定论。波普尔在他对历史决定论的指责中有意抹杀马克思的历史辩证决定论观念的这一实质特征，以此否

---

① 波普[尔]：《历史决定论的贫困》，杜汝楫、邱仁宗译，华夏出版社1987年版，第1页。

② 波普[尔]：《历史决定论的贫困》，杜汝楫、邱仁宗译，华夏出版社1987年版，第2页。

认马克思的唯物史观作为探讨社会及其历史发展的基本方法的
必要性。不仅如此，波普尔还在他的另一本书《开放社会及其
敌人》中，不遗余力地使历史决定论，特别是马克思的唯物史
观背负起反民主、反文明的沉重罪责，这就不能不引起我们对
其理论的高度关注。

# 一、社会学规律与历史规律

是否承认社会生活及其历史发展有着不依人的意志为转移
的客观规律性，是历史决定论观念与一切形式的历史非决定论
观念的根本分歧。在现代西方历史哲学中，比较极端的非决定
论者如意大利新黑格尔主义者克罗齐和法国历史哲学家雷·阿
隆等，要么否认社会规律和历史规律的存在，乃至否认对历史
进行因果阐释的必要，要么认为对历史的因果阐释并不意味着
存在历史的因果规律。与这种极端的非决定论观念不同，波普
尔肯定"社会规律"或"社会学规律"的存在，但他把这种社
会学规律称为"社会生活的自然规律"，以区别于他所要否认的
历史规律。他说："说到社会学规律或社会生活的自然规律，我
并没有想到诸如柏拉图等历史决定论者感兴趣的所谓演化规
律。……我所想到的却是近代经济学理论所提出的那种规律，
例如，国际贸易理论，贸易循环理论。这些规律和其他重要的
社会学规律是与社会建构的作用相联系的。"①在波普尔看来，
历史决定论所声称的历史规律不是那种只适合于一定历史时期
的社会规律，而是那种能够说明从一个历史时期过渡到另一个

---

① 波普[尔]：《开放社会及其敌人》，杜汝楫、戴雅民译，山西高校联合出版社
1992年版，第70页。

历史时期的"历史发展规律"，他说："真正的社会规律必须是'普遍'有效的。……可是，其有效性不限于某个时期的那种社会齐一性是没有的，因此唯一普遍有效的社会规律就只能是把前后相继的时期联结起来的规律。它们必定是决定从一个时期过渡到另一时期的历史发展规律。这就是历史决定论者认为唯一真正的社会学规律是历史规律的本意。"①波普尔断然否定了这种历史规律的存在。概括起来说，他的理由主要有两个方面。第一，"地球上的生命进化或者人类社会的进化，只是一个单独的历史过程"，我们可以认为，这样的过程是遵照各种因果规律的，"然而，对进化过程的描述不是规律，而只是一个单称的历史命题。……如果我们永远只限于观察一个独一无二的过程，那我们就不能指望对普遍性的假说进行验证，不能指望发现科学所能接受的自然规律。"②这是自德国弗赖堡学派新康德主义者文德尔班和李凯尔特等人提出的所谓"个别论"历史观以来，在当代历史哲学中非决定论历史观最具代表性的观点。第二，"我们虽然可以认为，任何实际存在的现象连续都是按着自然规律进行的，但是我们必须看到，实际上，三个或三个以上有因果联系的具体事件的连续都不是按照任何一个自然规律来进行的。……认为事件的任何连续或序列都可以用某一个规律或某一组规律来解释，纯属错误的想法。既没有连续规律，也没有进化规律（laws of evolution）。"③

从上述观点可以看出，波普尔不像某些极端的非决定论者那样干脆否认了存在于社会生活中的客观规律，他极力避免使

---

① 波普[尔]：《历史决定论的贫困》，杜汝楫、邱仁宗译，华夏出版社 1987 年版，第 32 页。
② 波普[尔]：《历史决定论的贫困》，杜汝楫、邱仁宗译，华夏出版社 1987 年版，第 85—86 页。
③ 波普[尔]：《历史决定论的贫困》，杜汝楫、邱仁宗译，华夏出版社 1987 年版，第 92—93 页。

自己的理论得出足以侮辱社会科学的结论。他力图告诉人们，即便存在着支配社会生活的规律，也不能由此断定存在着支配历史过程的历史规律。然而，他的论证却不能使他把自己的这个观点贯彻到底。

首先，所谓社会规律（或社会学规律）无非是在人们的社会交往活动中生成的内在于人们社会生活过程的规律。一当人们之间的社会交往活动和交往关系把个人的活动整合为社会性的共同活动，就会产生对于构成这种共同活动过程来说必不可少的那些社会生活基本因素，这些基本因素的相互关系就构成了社会活动的客观规律。如社会经济活动的客观规律就存在于生产、分配、交换、消费等基本因素之间相互联系、相互制约的关系中。由于这些社会生活的基本因素只能在人们的共同生活的层面上才能产生，不能还原为个人的活动，因而这些因素之间的关系作为规律对于共同生活中的每一个个体来说都具有不依他们的意志为转移的客观性。而人们的交往活动或社会生活是一个在时空结构中不断展开的动态过程，也就是说，社会生活本身不能只在空间中存在，还必然在时间中存在，是一个不断延展的过程。构成社会学规律的那些社会生活的基本因素只能是一种历史性的存在，是历史地生成和历史地传承的。这些社会生活基本因素都作为人类活动的历史前提制约着人们的活动，又在人们的活动中不断地改变。如马克思所说："每一代都利用以前各代遗留下来的材料、资金和生产力；由于这个缘故，每一代一方面在完全改变了的环境条件下继续从事所继承的活动，另一方面又通过完全改变了的活动来变更旧的环境。"[①] 历史就是这种世代的依次交替，就是环境的改变即社会

---

① 马克思和恩格斯：《德意志意识形态（节选）》，《马克思恩格斯选集》第 1 卷，人民出版社 1995 年版，第 88 页。

生活基本因素的改变和人及其活动的改变。这两个方面的改变是一致的，是相互制约、相互决定的。这种相互制约、相互决定的关系就表现着和包含着历史发展的规律性。显然，只要我们不能否认历史，也就不能否认历史规律，支配社会生活的规律也就是支配社会生活历史过程的规律。在社会科学中，如果不考察社会生活的或长或短的历史性演进过程，我们就很难发现任何被波普尔称为"社会学规律"那样的东西。在社会生活中根本就不存在着完全不同于历史规律的社会学规律或完全不同于社会学规律的历史规律。在这个意义上，承认了社会学规律也就不能不承认历史的辩证决定论的基本原则。

其次，波普尔认为，三个以上具有因果联系的事件构成的连续的序列中并不存在一个规律。这种看法只有部分的正确性。任何具体的历史事件，就其在复杂的环境关系中产生而言，本身都包含着多种因素，因而包含着多重的因果联系，我们可以对事件中所包含的每一因果联系做出合乎规律的解释，也可以指出当这些因果联系"聚合"在一起时就会导致何种事件的发生，但由这种"聚合"所造就的具体事件的确是一种"单称的"或"个别的"即不会重复的事件，对"聚合"的解释也的确只是个别事件的描述，而不可称之为一种规律。如果从历史的表观上把社会历史看成由各种历史事件的连续所构成的过程，那么社会历史的确是一个"单称的""个别的"和不可重复的过程。但这是否意味着历史过程本身不存在着普遍规律呢？事实上，同样的问题不仅存在于对历史的考察，也存在于对自然的考察。就自然界本身的演化而言，任何具体的、个别的自然事件同样"聚合"着多种因果联系，因而在自然界中也没有什么自然事件是可以重复的，由自然事件的连续所构成的自然界的演化过程，同样是一个"单称的""个别的"或不可重复的过程。但是自然事件的不可重复性并没有妨碍自然科学从中发现支配自然事件演化的普遍规律，因为自然科学所把握的不是自然事件，而是自然事件的运动形式，也就是从大量的不可重复的自然事件中抽象出构成某种运动形式的基本因素，而普遍的自然规律不过是这些基本因素之间的因果关系。当然在人为安排的实验条件下，我们可以让某种自然现象反复发生，从而获得一种"操作上的可重复性"。造成这种"操作上的可重复性"不过是我们发现自然界普遍规律的方式，它实际上根源于客观规律的普遍性。可见自然现象或自然演化序列的不可重复性并不是同自然规律的普遍性不相容的。同样，社会历史发展过程尽管在外观上也是由大量的不可重复的历史事件所构成的，但它本身也是一个由多种因素及其相互作用关系所构成的一种特殊的运动形式，因此社会科学完全有理由从不可重复的历史事件或社会事件中抽象出构成社会这种特殊运动形式的那些基本因素，并揭示这些因素之间的因果关系，以发现支配社会历史过程的普遍规律。舍此，就没有社会科学。

如果波普尔对"社会学规律"和"历史规律"的区分是着眼于社会发展的一般规律和特殊规律的不同，那么这个区分也还是有一定意义的。社会生活历史发展的一个基本特征就是随着人们征服和改造自然的能力的不断深化和扩展，人们通过交往而形成的共同生活的形态会发生历史性的变化，某些存在于社会生活的一定历史形态中的较为具体的社会规律也会随着社会生活历史形态的变化而变化。例如，自然经济社会中经济运行的规律不同于市场经济社会中经济运行的规律。为此，马克思坚决反对那种用臆想的联系代替历史过程中的真实的联系，并企图构造适应一切时代的永恒公式的"超历史"的历史哲学。马克思说过："对现实的描述会使独立的哲学失去生存环境，能够取而代之的充其量不过是从对人类历史发展的观察中抽象出来的最一般的结果的概括。这些抽象本身离开了现实的历史就没有任何价值。"①不过，从这里也可以看出，在承认历史哲学是"从对人类历史发展的观察中抽象出来的最一般的结果的概括"这个限度内马克思是明确肯定了历史哲学的存在的。实际上，唯物史观的基本理论就是这样的"概括"，它不是从观念出发，而是从物质实践出发，确认物质生产活动是全部社会生活及其历史发展的现实基础，并从"生产的一切时代"所具有的共同规定中，揭示了一切时代生产活动本身所蕴涵着的内在矛盾，即生产力与生产关系（交往形式）的矛盾。如果说，人们结成一定的生产关系是为了形成人类改造自然的社会性物质力量并使这种力量得以充分发挥，那么，生产关系在历史上所采取的形式就必须同生产力的发展水平和状况相适应。当社会的物质生产力发展到一定阶段，便同它们一直在其中活动的现存生产关系发生矛盾。于是这些生产关系便由生产力的发展形式变成生产力的桎梏，从而客观上要求并最终导致新的更为适应生产力发展状况的生产关系取代已成为桎梏的旧生产关系，随着经济基础的变革，全部庞大的上层建筑也或慢或快地发生变革。"由此可见，一开始就表明了人们之间是有物质联系的。这种联系是由需要和生产方式决定的。……这种联系不断采取新的形式，因而就表现为'历史'，它不需要有专门把人们联合起来的任何政治的或宗教的呓语。"②毫无疑问，唯物史观的这些基本观点所表述的正是贯穿于人类社会发展过程、"把前后相继的时期联结起来"的普遍的历史规律。这个规律在不同的民族

---

　　① 马克思和恩格斯：《德意志意识形态（节选）》，《马克思恩格斯全集》第 3 卷，人民出版社 1995 年版，第 73—74 页。
　　② 马克思和恩格斯：《德意志意识形态（节选）》，《马克思恩格斯选集》第 1 卷，人民出版社 1995 年版，第 81 页。

或国家，以及在不同的历史时期有着十分不同的具体的内容并通过不同时期不同的"社会学规律"表现出来，因而它并不与"单称的""个别的""不可重复的"现实历史过程相矛盾。

## 二、历史规律与历史趋势

否认了历史规律自然也就会否认依据历史规律来判定历史趋势的可能性和必要性。然而波普尔在口头上并不否认历史趋势的存在，因为他认为，"规律和趋势是根本不同的两回事"，"被解释的趋势是存在的，但它们的持续存在依赖于某些特定的原始条件的持续存在（这些原始条件有时又可以是趋势）。"①在这里，波普尔没有说明"某些特定的原始条件"是什么，他只是用这样一个含含糊糊的说法否认对社会发展趋势的把握与历史规律相联系的决定论观点。他说，把趋势和规律混为一谈的习惯"使人们提出进化论和历史决定论的主要学说——即关于不可抗拒的生物进化规律的学说和社会运动不可逆转的学说"②。他认为，把规律和趋势混同起来，使决定论者把趋势看成"无条件的""绝对的"，因此，"我们可以说，这就是历史决定论的主要错误。即它的'发展规律'其实是绝对趋势；这些趋势和规律一样并不依赖原始条件，并且不可抗拒地以一定方向把我们带到未来。"③

依据上述论点，波普尔确信自己在马克思关于"一个社会

① 波普[尔]：《历史决定论的贫困》，杜汝楫、邱仁宗译，华夏出版社 1987 年版，第 92、101 页。
② 波普[尔]：《历史决定论的贫困》，杜汝楫、邱仁宗译，华夏出版社 1987 年版，第 92 页。
③ 波普[尔]：《历史决定论的贫困》，杜汝楫、邱仁宗译，华夏出版社 1987 年版，第 95 页。

即使探索到了本身运动的自然规律，它还是既不能跳过也不能用法令取消自然的发展阶段。但是它能缩短和减轻分娩的阵痛"①和"哲学家们只是用不同的方式解释世界，问题在于改变世界"②这两个著名论述之间发现了"冲突"。他认为，就第一个论述而言，"马克思所提出的这个表述突出地代表了历史决定论的观点"。这个论点"教导人们，要改变行将到来的变化是徒劳的；这可以说是宿命论的特殊形式，可以说是关于历史趋势的宿命论。"而第二个论述则是"能动论"的告诫，因为它强调变化。"但是它与历史决定论的极其重要的学说相冲突，因为正如我们现在看到，我们可以说：'历史决定论者只能解释社会发展并以种种方式促其实现；但他的问题在于无人能改变社会发展。'"③

这里有一连串的问题需要澄清。首先是如何说明条件和趋势的关系。波普尔肯定趋势依赖于条件，这是没有问题的。但是，条件是一个十分宽泛的概念。可以说，一切促成某种趋势的因素都是这种趋势的形成所依赖的条件。这样，波普尔所谓趋势依赖于条件的论点，也就不过是在最一般的意义上肯定了社会趋势形成过程中存在着因果关系，至于这种因果关系是如何发生和实现的，还是没有做出任何说明。可见，波普尔只是空泛地谈论趋势和条件，而有意避开趋势和规律的关系，结果是条件和趋势的关系也是完全说不清楚的。当然，首先必须明确，这里讲的条件，不是在一种宽泛意义上讲的。在宽泛的意义上，可以说事物的规律也是条件，而且是事物存在和发展的

---

① 马克思：《资本论》第一卷（节选），《马克思恩格斯选集》第 2 卷，人民出版社 1995 年版，第 101 页。
② 马克思：《关于费尔巴哈的提纲》，《马克思恩格斯选集》第 1 卷，人民出版社 1995 年版，第 57 页。
③ 波普[尔]：《历史决定论的贫困》，杜汝楫、邱仁宗译，华夏出版社 1987 年版，第 39 页。

根本条件。而在将条件和规律相对区分的意义上，条件则既是一定的规律得以形成的依据，也是一定的规律发生作用的基础。规定社会发展趋势的，是其自身发展的内在根据。这种内在根据不是别的，正是社会自身所具有的规律。条件对于社会发展趋势的造成也是起重要作用的，但它是通过社会发展规律而起作用的，说到底，它只是社会规律借以发生作用的条件。条件总是相对于一定的规律才是条件，离开社会发展的内在规律，任何因素都不成其为社会发展的"条件"，就是说，离开社会发展的规律，条件起什么作用、如何起作用等，都是说不清楚的。

　　肯定社会发展趋势以社会发展的规律为根据，当然不意味着趋势等同于规律。人类社会是一个由多种因素、多种过程所构成的有机系统，其间充满了极为复杂的、可以导致多种演化结果的非线性相互作用关系，因此在社会发展的任何一个历史阶段上，社会生活体系本身所具有的规律并不决定社会的演化必然朝向哪个方向，而只是决定演化的可能性空间。这个可能性空间中究竟是哪一种可能性成为主导趋势便取决于现实的具体条件，这个"条件"即是前面所说的同规律相对区分的条件。显然，人们在社会演化的可能性空间中并不是消极无为的，而是可以做出选择的，因为现实的具体条件是可以改变的。人们认识了社会发展的客观规律，从而把握了社会在一定历史阶段发展的多种可能性以及各种可能性转化为现实的条件，就能够通过强化或抑制历史条件起作用的方向，或者说通过改变条件和创造条件促使符合自己要求的可能性变成现实。而条件的改变又显然是同这个历史阶段上的人们的价值选择直接相关的。这表明社会发展的趋势既以社会发展的客观规律和客观机制为内在根据，又必然包含着社会历史主体的价值选择。波普尔所谓"被解释的趋势"的持续存在"依赖于某种特定的原始条件的持续存在"的论断是没有什么意义的，因为"原始条件的持续存在"这一前提设定就是不真实的、反历史的。没有什么始终不变或"持续存在"的原始条件。条件总是在变化的。从一定意义上说，人类的历史就是不断改变自己的生存条件的历史。随着条件的变化，社会规律发生作用的方向和方式乃至社会规律本身也会变化，从而社会发展趋势也随之变化。人们对于社会历史的认识正在于把握这种变化。如果寄希望于原始条件的持续不变，或者说，认为只有在"原始条件持续不变"的情况下才能把握社会发展的趋势，那么，对于社会历史的认识就会比解一个一次方程更为简单了，而且，这无异于说对于社会历史的认识是可以一劳永逸的了。

　　以上论述也同时说明，所谓马克思的两个论断之间的"冲突"，并不是波普尔的什么重大发现，而完全是他的主观臆断。人类社会的历史就是人们的社会活动的历史。一方面，人们的活动要受社会历史客观规律的制约。马克思所说的不能跳过和取消自然的发展阶段，也就是人们的活动不能超出客观规律所规定的社会发展的可能性空间。另一方面，人们在这个可能性空间内又有选择的自由，即可以改变客观规律发生作用的条件，使其中最符合于人们的价值理想的可能性成为某个时期社会发展的主导趋势并争取其实现。这就是马克思说的"改变世界"，就是马克思的"能动论"的告诫。马克思的这两个论断之间有什么逻辑上的"冲突"吗？完全没有。不仅没有冲突，而且有着二者之间的高度统一。马克思的一系列论述，都精辟地阐明了社会历史的客观规律性和人们历史活动的主观能动性的统一，而这种统一正是历史辩证决定论的精髓。

　　肯定社会客观规律是社会发展趋势的内在根据，同时又肯定社会发展趋势也包含着社会历史主体的价值选择，这是不是意味着社会的发展不具有历史的必然性？要回答这个问题，首先必须明确，所谓社会发展趋势既是指社会历史演化的可能性，也是指人们历史活动的一般趋向。因此社会发展趋势是否包含历史必然性，要看人类历史活动在其最基本的价值取向上是否具有一致性。辩证的历史决定论从对人类最基本的社会活动即物质生产活动的分析中对这个问题做出了肯定的回答。在马克思看来，物质生产活动既是人们满足自身生存的物质需求的活动，又是体现人的实践本质的自由、自主、自觉的活动。马克思说："诚然，劳动尺度本身在这里是由外面提供的，是由必须达到的目的和为达到目的而必须由劳动来克服的那些障碍所提供的。但是克服这种障碍本身，就是自由的实现，而且进一步说，外在目的失掉了单纯外在必然性的外观，被看作个人自己自我提出的目的，因而被看作自我实现，主体的物化，也就是实在的自由，——而这种自由见之于活动恰恰就是劳动"[①]。这就是说，自主性、自由性、自觉性是人类活动的基本特征，也是人的生存与发展的最基本的价值。唯物史观确认生产力与生产关系矛盾运动所推进的历史过程既是经济和社会不断地由低级形态向高级形态推进的过程，也是人们不断地追求自主性和自由性的过程。不管人们对自主性自由性的追求在不同的民族或国家中有怎样不同的文化表现形态，不管这个追求经历怎样的曲折，历史发展的总体趋势总是朝着人的自主性和自由性不断深化和扩大的方向发展。这不是说不会出现生产关系压抑生产力的状况，不会出现人的自主性、自由性被扭曲、被扼杀的情况，而是说，一旦出现这些情况，人们最终要通过自身的历史活动来"矫正"它，乃至为这个"矫正"过程付出流血的代

---

① 马克思：《〈政治经济学批判〉（1857—1858 年草稿）》，《马克思恩格斯全集》第 46 卷下册，人民出版社 1980 年版，第 112 页。

价。我们相信，波普尔本人也是在这种价值追求的引导下从事著述活动的，否则他何以对极权社会抱有如此强烈的义愤。例如他的《开放社会及其敌人》这本书也堪称力图有助于历史"矫正"过程的著作，尽管对于其中的许多观点我们并不赞同。

与以往的一切空想的思想家不同，马克思没有把人们对自主性、自由性的追求变成不切实际的空谈。他指出人的自主性和自由性是一个随着人们历史创造活动的推进而逐步实现的历史过程。马克思本人毕生追求一种理想社会，即"共产主义社会"或"以每个人的全面而自由的发展为基本原则的社会形式"①的社会。但他没有让这个理想脱离历史发展的现实过程。他说：要使个人的全面发展成为可能，"能力的发展就要达到一定的程度和全面性，这正是以建立在交换价值基础上的生产为前提的"。②也就是说，马克思所设想的理想社会只能在市场经济充分发展的基础上才有可能建立起来，而不能跨越这个发展阶段。马克思的这个著名论断事实上已经在社会发展的现实过程中得到证实。包括中国在内的一些社会主义国家曾经试图用"法令"取消市场经济这个发展阶段，但在走过很长一段历史弯路之后，最终又回到这个发展阶段上，而且也正是由于回到这个发展阶段上，我们才真正认识到人的自主性和自由性的现实性特征。

总之，马克思的历史的辨证决定论，是真正的关于人的自由的理论。它确信人类对自主性和自由性的追求构成了人类历史活动的内在价值，同时又指出这种价值追求所依赖的现实条件和客观机制，并积极探索使这一目标得以实现的现实途径。

①　马克思：《资本论》第 1 卷，人民出版社 1975 年版，第 649 页。
②　马克思：《〈政治经济学批判〉（1857—1858 年草稿）》，《马克思恩格斯全集》第 46 卷上册，人民出版社 1979 年版，第 108—109 页。

# 三、历史趋势与历史预见

辩证的历史决定论从社会生活的实践本质出发，既肯定了社会历史发展具有自身的客观规律，又肯定了社会历史主体的价值选择在社会发展中的重要作用，并从主客体的统一中把握社会发展的一般趋势。由此，辩证的历史决定论肯定了社会历史发展的可预见性，因为所谓预见不过是对历史发展的趋势或可能性的揭示。

历史的辩证决定论的这一基本论点遭到了波普尔的最猛烈的攻击。在波普尔看来，承认历史进程的可预见性是历史决定论的核心，他相信自己已经成功地找到了反驳历史决定论从而也是彻底摧毁历史决定论的"纯粹的逻辑理由"。这个"逻辑理由"是一个简单的三段式推论：（1）"人类历史的进程受人类知识的增长的强烈影响"；（2）"我们不可能用合理的或科学的方法来预测我们的科学知识的增长"；（3）"所以，我们不能预测人类历史的未来进程。"

波普尔对于自己的推论相当满意，认为经过这样一个推论就可以宣布"没有一种科学的历史发展理论作为预测历史的根据"，"历史决定论不能成立"。[①]他的一个吹捧者，把波普尔誉为"开放社会之父"的英国学者布赖恩·马吉更是为这个逻辑做了"渲染"，他说："历史决定论在这些逻辑根据上完全崩溃了，因而我们必须否定与理论物理学相对应的理论历史

------

① 波普[尔]：《历史决定论的贫困·序》，杜汝楫、邱仁宗译，华夏出版社 1987年版，第 1 页。

观念——它是马克思主义纲领的核心"①。

然而，当我们仔细推敲波普尔的推论时，却不难发现，这个三段式推论是在一系列不可原谅的理论疏漏中进行的。首先，断言人类知识的增长不可预测就是没有充分根据的。知识的增长固然与知识创造者个人的才能、品德、境遇以及知识创造过程中各种偶然因素密切相关，因而的确具有不确定性的一面。但是，如果把知识的增长放到社会进步的历史过程中进行考察，而不是把它理解为仅仅是个人的事情，我们就会看到知识的增长及其对社会进步的强烈影响亦取决于两方面的社会条件：其一，知识资源的历史性传承和积累，其二，社会经济、政治和文化发展的需求对知识的"选择"。就前者而言，一种新知识的产生总是以历史地积累起来的知识资源为基础和前提，以往文化发展的成果包含着孕育新知识的种种智力因素，新知识的创造者只有充分占有这些知识资源才能真正有所作为。因此，依据人类知识业已达到的程度及其所面临的新问题，人们是可以大体上预测出知识增长的未来走向的。就后者而言，人类知识是在社会经济、政治、文化等诸方面因素交互作用并通过这种交互作用而对历史进程产生"强烈的影响"的。一种科学知识或技术知识只是在被现实的生产过程所吸收，从而转化为现实的生产力的时候，它才能对人们的物质生产、经济过程乃至历史进程产生影响；一种关于社会变革的理论，只有当它把握了真实的社会矛盾或社会问题，并能够被更为广大的社会成员所接受时，它才能实际地影响社会进步的过程。因此，尽管知识本身的增长有其不确定性的一面，但现实的生产活动，或现实的社会矛盾和社会问题却对知识的运用产

---

① 马吉：《开放社会之父——波普尔》，南砚译，湖南人民出版社1988年版，第122页。

生一种"选择"作用，这种选择作用可以使人们用"合理的或科学的方法"从社会经济、技术、政治、文化等诸多方面的社会条件来判定哪些知识可以被吸收或接受，并推测出这些被吸收和接受的知识将对社会发展进程产生何种影响。而且，我们越是能够准确地把握使知识发挥作用的社会条件，就越能准确地预测知识的影响作用。在很多情况下，当某种知识缺乏的时候，生产活动或社会进步所面临的矛盾和问题也会激发人们去创造这些知识。因此，真正推动历史进程的现实力量是社会物质生产力的发展以及这个发展所引发的各种社会矛盾。知识之所以能够对历史进程产生强烈的影响，是因为它能够融入这个现实力量中，能够融入现实矛盾和问题的解决中。没有融入这个现实力量的知识，是不可能对历史进程产生任何影响的。因此，仅仅从知识增长的不确定性出发，是不能径直得出"历史的未来进程不可预测"的结论的。

波普尔争辩说："我的这个论证并不反驳对社会进行预测的可能性；……我的论证只是根据历史发展可以受到我们知识的增长影响这一点，来反驳对历史发展进行预测的可能性。"[①]这又回到了前面讨论的问题，实在无须再说了。对社会进行预测和对历史发展进行预测有什么本质上的不同，波普尔并没有说清楚，但他的主要论点实际上不仅否认了历史预测的可能，而且也否认社会预测的可能，因为他明确地说："我的证明在于指出了任何科学预测者——不管是一位科学家还是一部计算机——都不能用科学方法预测它自己的未来结果"[②]。按照这个说法，科学存在的价值就要大打折扣了。科学存在的

---

① 波普[尔]：《历史决定论的贫困·序》，杜汝楫、邱仁宗译，华夏出版社 1987 年版，第 2 页。
② 波普[尔]：《历史决定论的贫困·序》，杜汝楫、邱仁宗译，华夏出版社 1987 年版，第 2 页。

基本意义就在于能够通过把握研究对象的客观属性和规律，揭示事物系统演化的可能性空间，从而为人类活动提供某种意义上的预测。尽管存在着事物内部关系和外部环境因素的复杂性和不确定性，但科学预测揭示出事物演化的可能性，使人们能够通过自己的活动促使有利于人类生存与发展的可能性变成现实，并避免"坏"的可能性变成现实，至少将其危害减少到最低限度。从某种意义上说，人类就是依赖这种预测而存在和发展起来的，这正是人类活动不同于其他动物活动的地方。

在波普尔看来，历史预言不仅与科学不相容，而且与人类能够把握自身命运的信念相对立，他说："那些广远的历史预言根本不在科学方法的视野之内。未来取决于我们，而我们并不取决于任何历史必然性"①。广远的历史预言的确不会仅仅在科学的视野中形成，因为无论是社会规律还是决定历史进程的规律，都只是决定了社会演化的可能性空间，而不能决定社会必然朝哪个方向发展，抛开了社会历史主体的价值选择，我们无从理解社会发展的基本趋势。但这并不意味着历史必然性这个概念是没有根据的。人及其社会生活的实践本质决定了人们在其历史活动中的最基本的价值取向是相同的，即追求自身自主性和自由性的不断扩展和深化。这一最基本的价值追求使社会的演化有了确定的价值导向。因此，历史必然性这个概念，是包含人类的历史活动和人类的价值选择在内的。尽管由于社会演化包含着多种可能性，从而演化过程异常曲折坎坷，但人类对于自身自主性、自由性的持续追求，终将淘汰一切有悖于人类基本价值的社会状态。否认这一点，波普尔有什么理由认为极权主义是应当被废弃的东西呢？"广远的历史预见"

---

① 波普［尔］：《开放社会及其敌人》，杜汝楫、戴雅民译，山西高校联合出版社1992年版，第3页。

正是以这种历史必然性的观念为依据的。

正如波普尔所说，"未来取决于我们"，因为我们可以在社会演化的可能性空间中进行选择。但必须指出的是，这种选择之所以可能，还在于每一种演化的可能性都以社会发展的客观规律为根据，并依赖于一定的条件。只有掌握社会发展的客观规律，我们才能在生活实践中促使符合我们价值追求的可能性合乎规律地转化为现实。从这个意义上说，人类之所以能够把握自己的命运，首先在于社会发展的客观规律与我们的认识能力之间并没有不可逾越的鸿沟，尽管把握这些客观规律是一个充满曲折的探索过程，或是一个不断试错的过程，但正是由于这些规律的存在，才使我们确信能够促使符合我们价值追求的可能性转变成现实。否认社会发展和历史进步的客观规律，就等于宣布人类依照自己的价值选择所做出的努力不会产生任何确切的结果，"未来取决于我们"同样会因此变成一句无聊的空话。

# 相关论文

# 历史规律·历史趋势·历史预见<sup>*</sup>
## ——评波普尔《历史决定论的贫困》

近几年来，马克思创立的唯物史观不断遭到一些人的非议。而对国内影响较大者，当属英国的哲学家卡尔·波普尔。他在《历史决定论的贫困》《开放社会及其敌人》等书中，不仅攻击马克思的唯物史观，而且污蔑社会主义国家是反民主、反文明的。这些错误的观点一度在我国产生了不小的影响，这就迫使我们不能对其理论采取漠然的态度。

## 社会学规律与历史规律

反历史决定论理论的要害是否认社会生活及其历史发展有着不依人的意志为转移的客观规律性。波普尔与那些极端的反历史决定论者有所不同：他肯定"社会规律"或"社会学规律"的存在，但否认历史决定论所说的"历史发展规律"。他认为，第一，人类社会的进化是一个独特的、不可重复的历史过程，而规律是可以重复的，所以，对历史过程的描述就不是规律，而只是一个"单称的历史命题"[①]。第二，连续发生的三个或

---

* 本文对波普尔在其《历史决定论的贫困》一书中攻击唯物史观的主要论点进行了评论。与阎孟伟合作，原载《求是》2003 年第 18 期。
① 参见波普［尔］：《历史决定论的贫困》，华夏出版社 1987 年版，第 85—86 页。

三个以上有因果关系的事件都不是按照某个自然规律来进行的，那种认为连续进行的事件或序列可以用一个或一组规律来解释的想法是错误的。①看得出来，尽管波普尔力图把自己同某些极端的反决定论者区别开来，尽力避免使自己的理论得出足以侮辱社会科学的结论，但他的论证却很令人失望。

首先，所谓社会规律（或社会学规律）无非是在人们的社会交往活动中生成的内在于人们社会生活过程的规律。一旦人们之间的社会交往活动和交往关系把个人的活动整合为社会性的共同活动，就会产生对于构成这种共同活动过程来说必不可少的社会生活基本因素，这些基本因素的相互关系就构成了社会活动的客观规律。由于这些社会生活的基本因素只能在人们的共同生活的层面上产生，不能还原为个人的活动，因而这些因素之间的关系作为规律对于共同生活中的每一个个体来说都具有不依他们的意志为转移的客观性。而人们的社会生活是一个在时空结构中不断展开的动态过程，也就是说，社会生活本身不能只在空间中存在，还必然在时间中存在，是一个不断延展的过程。构成社会学规律的那些社会生活的基本因素只能是一种历史性的存在，是历史地生成和历史地传承的。这些社会生活基本因素都作为人类活动的历史前提制约着人们的生活，又在人们的活动中不断地改变。历史就是环境即社会生活基本因素和人及其活动不断改变的过程。环境的改变与人的活动的改变是一致的，是相互制约、相互决定的。这种相互制约、相互决定的关系就表现着和包含着历史发展的规律性。显然，只要我们不否认历史，也就不能否认历史规律。在社会科学中，如果不考察社会生活的或长或短的历史性演进过程，我们就很难发现任何被波普尔称为"社会学规律"那样的东西。在社会

---

① 参见波普[尔]：《历史决定论的贫困》，华夏出版社 1987 年版，第 92—93 页。

生活中根本就不存在着完全不同于历史规律的社会学规律或完全不同于社会学规律的历史规律。在这个意义上，承认了社会学规律也就等于承认了历史规律，就等于承认了唯物史观。

其次，波普尔认为，三个以上具有因果联系的事件构成的连续的序列中并不存在一个规律。这种看法只有部分的正确性。任何具体的历史事件，就其在复杂的环境关系中产生而言，本身都包含着多种因素，因而包含着多重的因果联系，我们可以指出当这些因果联系"聚合"在一起时就会导致何种事件的发生，但由这种"聚合"所造就的具体事件的确是一种"单称的"或"个别的"即不会重复的事件，对"聚合"的解释也的确只是个别事件的描述，而不可称之为一种规律。如果从历史的表观上把社会历史看成由各种历史事件的连续所构成的过程，那么社会历史的确是一个"单称的""个别的"和不可重复的过程。但这是否意味着历史过程本身不存在着普遍规律呢？我们认为，社会历史发展过程尽管在外观上也是由大量的不可重复的历史事件所构成，但它本身也是由多种因素及其相互作用关系所构成的一种特殊的运动形式，因此社会科学完全有理由从不可重复的历史事件或社会事件中抽象出构成社会这种特殊运动形式的基本因素，并揭示这些因素之间的因果关系，以发现支配社会历史过程的普遍规律。

当然，在社会发展中，一般规律和特殊规律是有所不同的。那些存在于社会生活的一定历史形态中的特殊规律是会随着社会生活历史形态的变化而变化的。但是，却决不能由此否认一般规律的存在，因为前者不过是后者的表现形式。所以，马克思一方面坚决反对那种用臆想的联系代替历史过程中的真实的联系，并企图构造适应一切时代的永恒公式的"超历史"的历史哲学；另一方面又承认历史的一般规律的存在，认为应当从物质实践出发，把物质生产活动看作全部社会生活及其历史发展的现实基础，并从"生产的一切时代"所具有的共同规定中，揭示一切时代生产活动本身所蕴涵着的内在矛盾，即生产力与生产关系（交往形式）的矛盾及其运动规律。也就是说，马克思的唯物史观既反对那些否认历史发展过程存在规律的历史非决定论，同时也反对历史宿命论或机械的历史决定论，马克思主义正是在批判形形色色的机械决定论的过程中发展起来的。进言之，马克思的唯物史观所表述的是贯穿于人类社会发展过程、把前后相继的时期联结起来的普遍的历史规律，但这个规律在不同的民族或国家，以及在不同的历史时期有着十分不同的具体内容并通过不同的"社会学规律"表现出来，因而它并不与"单称的""个别的""不可重复的"现实历史过程相矛盾。

## 历史规律与历史趋势

否认了历史规律自然也就会否认依据历史规律来判定历史趋势的可能性和必要性。波普尔在口头上并不否认历史趋势的存在，而是认为，"规律和趋势是根本不同的两回事"，"被解释的趋势是存在的，但它们的持续存在依赖于某些特定的原始条件的持续存在（这些原始条件有时又可以是趋势）"。①他甚至说，历史决定论的"主要错误"是把规律和趋势相混同，从而把趋势看成"无条件的"。

这里有一连串的问题需要澄清。首先是如何说明条件和趋势的关系。波普尔没有说明"某些特定的原始条件"是什么，

---

① 参见波普[尔]：《历史决定论的贫困》，华夏出版社 1987 年版，第 92 页，第 101 页。

而只是用这样一种含含糊糊的说法否定了社会发展趋势和历史规律的联系。肯定趋势依赖于条件，这是没有问题的。但是，条件是一个十分宽泛的概念。波普尔所谓趋势依赖于条件的论点，不过是在最一般的意义上肯定了社会趋势形成过程中存在着因果关系，至于这种因果关系是如何发生和实现的，还是没有做出任何说明。可见，波普尔只是空泛地谈论趋势和条件，而有意避开趋势和规律的关系，结果是条件和趋势的关系也完全说不清楚。当然，条件和规律是有联系的。条件既是一定的规律得以形成的依据，也是一定的规律发生作用的基础。规定社会发展趋势的，是其自身发展的内在根据。这种内在根据不是别的，正是社会自身所具有的规律。条件对于社会发展趋势的形成也是起重要作用的，但它是通过社会发展规律而起作用的，说到底，它只是社会规律借以发生作用的条件。条件总是相对于一定的规律才是条件，离开社会发展的内在规律，任何因素都不成其为社会发展的"条件"，就是说，离开社会发展的规律，条件起什么作用、如何起作用等，都无从谈起。

肯定社会发展趋势以社会发展的规律为根据，当然不意味着趋势等同于规律。人类社会是一个由多种因素、多种过程所构成的有机系统，其间充满了极为复杂的、可以导致多种演化结果的非线性相互作用关系，因此在社会发展的任何一个历史阶段上，社会生活体系本身所具有的规律并不决定社会的演化必然朝向哪个方向，而只是决定演化的可能性空间。这个可能性空间中究竟是哪一种可能性成为主导趋势便取决于现实的具体条件，这个"条件"即是前面所说的同规律相对区分的条件。显然，人在社会演化的可能性空间中并不是消极无为的，而是可以做出选择的，因为现实的具体条件是可以改变的。人认识了社会发展的客观规律，从而把握了社会在一定历史阶段发展的多种可能性以及各种可能性转化为现实的条件，就能够通过强化或抑制历史条件起作用的方向，或者说通过改变条件和创造条件促使其中某一种可能性变成现实。而条件的改变又显然是同这个历史阶段上的人的价值选择直接相关的。这表明社会发展的趋势既以社会发展的客观规律为内在根据，又必然包含着社会历史主体的价值选择。波普尔所谓"被解释的趋势"的持续存在"依赖于某种特定的原始条件的持续存在"的论断是没有什么意义的，因为没有什么始终不变或"持续存在"的原始条件，条件总是在变化的。从一定意义上说，人类的历史就是不断改变自己的生存条件的历史。随着条件的变化，社会规律发生作用的方向和方式乃至社会规律本身也会变化。把历史趋势的存在归因于特定原始条件的持续不变，只能说明波普尔仍然沉溺于近代的形而上学思维之中。

肯定社会发展趋势也包含着社会历史主体的价值选择，这并不意味着社会发展不具有历史的必然性。所谓社会发展趋势既是指社会历史演化的可能性，也是指人们历史活动的一般趋向。因此社会发展趋势是否包含历史必然性，既要看社会发展是否具有客观的规律性，当然也要看人类历史活动在其最基本的价值取向上是否具有一致性。历史的辩证决定论从对人类最基本的社会活动即物质生产活动的分析中对于后一个问题同样做出了肯定的回答。在马克思看来，物质生产活动既是人们满足自身生存的物质需求的活动，又是体现人的实践本质的自由、自主、自觉的活动。自主性、自由性、自觉性是人类活动的基本特征，也是人的生存与发展的最基本的价值。唯物史观确认生产力与生产关系矛盾运动所推进的历史过程既是经济和社会不断地由低级形态向高级形态推进的过程，也是人们不断地追求自主性、自由性、自觉性的过程。不管人们对自主性、自由性、自觉性的追求在不同的民族或国家中有怎样不同的文化表现形态，不管这个追求经历怎样的曲折，历史发展的总体趋势总是朝着人的自主性、自由性、自觉性不断深化和扩大的方向发展的。

以上论述说明，一方面，人们的活动要受社会历史客观规律的制约，不能超出客观规律所规定的社会发展的可能性空间；另一方面，人们在这个可能性空间内又有选择的自由，即可以改变客观规律发生作用的条件，使其中最符合于人们的价值理想的可能性成为某个时期社会发展的主导趋势并争取其实现。社会历史的发展是客观规律性与人们历史活动的主观能动性的统一，而这种统一正是历史的辩证决定论的精髓。

# 历史趋势与历史预见

所谓历史预见是指对历史发展的趋势或可能性的揭示，唯物史观从历史规律和历史趋势的存在推出社会历史的发展是可以预见的。历史辩证决定论这一关于社会发展的可预见性的观点遭到了波普尔的最猛烈的攻击。在波普尔看来，承认历史进程的可预见性是历史决定论的核心，他相信自己已经成功地找到了反驳历史决定论从而也是彻底摧毁历史决定论的"纯粹的逻辑理由"。这个"逻辑理由"是一个简单的三段式推论：（1）人类历史的进程受人类知识的增长的强烈影响；（2）我们不可能用合理的或科学的方法来预测我们的科学知识的增长；（3）所以，我们不能预测人类历史的未来进程。

波普尔对于自己的推论相当满意，认为经过这样一个推论就可以宣布历史不可预测，"历史决定论不能成立"。①但当我们仔细推敲波普尔的推论时，却不难发现，这个三段式推论是在一系列不可原谅的理论"疏漏"中进行的。其中，最关键的"疏漏"是：断言人类知识的增长不可预测是没有充分根据的。知识的增长固然与知识创造者个人的才能、品德、境遇以及知识创造过程中各种偶然因素密切相关，因而确有不确定性的一面。但是，如果把知识的增长放到社会进步的历史过程中进行考察，而不是把它理解为仅仅是个人的事情，我们就会看到知识的增长及其对社会进步的强烈影响亦取决于两方面的社会条件：其一，知识资源的历史性传承和积累；其二，社会经济、政治和文化发展的需求对知识的"选择"。就前者而言，一种新知识的产生总是以历史地积累起来的知识资源为基础和前提，以往文化发展的成果包含着孕育新知识的种种智力因素，新知识的创造者只有充分占有这些知识资源才能真正有所作为。因此，依据人类知识业已达到的程度及其所面临的新问题，人们是可以大体上预测出知识增长的未来走向的。就后者而言，人类知识是在社会经济、政治、文化等诸方面因素交互作用并通过这种交互作用而对历史进程产生"强烈的影响"的。一种科学知识或技术知识只有在被现实的生产过程所吸收，从而转化为现实的生产力的时候，它才能对人们的物质生产、经济过程乃至历史进程产生影响；一种关于社会变革的理论，只有当它把握了真实的社会矛盾或社会问题，并能够被更为广大的社会成员所接受时，它才能实际地影响社会进步的过程。因此，尽管知识本身的增长有其不确定性的一面，但现实的生产活动，或现实的社会矛盾和社会问题却对知识的运用产生一种"选择"作用，这种选择作用可以使人们用"合理的或科学的方法"从

----

① 参见波普[尔]：《历史决定论的贫困》，华夏出版社 1987 年版，第 1 页。

社会经济、技术、政治、文化等诸多方面的社会条件来判定哪些知识可以被吸收或接受，并推测出这些被吸收和接受的知识将对社会发展进程产生何种影响。而且，我们越是能够准确地把握使知识发挥作用的社会条件，就越能准确地预测知识的影响作用。在很多情况下，当某种知识缺乏的时候，生产活动或社会进步所面临的矛盾和问题也会激发人们去学习、创造这些知识。因此，真正推动历史进程的现实力量是社会物质生产力的发展以及这个发展所引发的各种社会矛盾。知识之所以能够对历史进程产生强烈的影响，是因为它能够融入这个现实力量中，能够融入现实矛盾和问题的解决中。没有融入这个现实力量的知识，是不可能对历史进程产生任何影响的。仅仅从知识增长的不确定性出发，是不能径直得出"历史的未来进程不可预测"的结论的。

波普尔争辩说："我的这个论证并不反驳对社会进行预测的可能性……我的论证只是根据历史发展可以受到我们知识的增长影响这一点，来反驳对历史发展进行预测的可能性。"[1]这又回到了前面讨论的问题，实在无须再说了。对社会进行预测和对历史发展进行预测有什么本质上的不同，波普尔并没有说清楚，但他的主要论点实际上不仅否认了历史预测的可能，而且也否认了社会预测的可能，因为他明确地说："我的证明在于指出了任何科学预测者——不管是一位科学家还是一部计算机——都不能用科学方法预测它自己的未来结果。"[2]按照这个说法，科学存在的价值就要大打折扣了。科学存在的基本意义就在于能够通过把握研究对象的客观属性和规律，揭示事物系统演化的可能性空间，从而为人类活动提供某种意义上的预测。

---

① 参见波普[尔]：《历史决定论的贫困》，华夏出版社 1987 年版，第 2 页。
② 参见波普[尔]：《历史决定论的贫困》，华夏出版社 1987 年版，第 2 页。

尽管存在着事物内部关系和外部环境因素的复杂性和不确定性，但科学预测可揭示出事物演化的可能性，便使人们能够通过自己的活动促使有利于人类生存与发展的可能性变成现实，并避免"坏"的可能性变成现实，至少将其危害减少到最低限度。从某种意义上说，人类就是依赖这种预测而存在和发展起来的，这正是人类活动不同于其他动物活动的地方。

总之，历史的辩证决定论完全肯定历史主体可以在社会演化的可能性空间中进行选择。这是它的辩证性之所在。这种选择之所以可能，正在于人们可以对社会发展的趋势做出预测。而选择和预见之所以可能，则在于每一种演化的可能性都以社会发展的客观规律为根据，并依赖于一定的条件。从历史规律、历史趋势和历史预见之间的这种内在联系可以说明，历史的辩证决定论，即历史唯物主义是一种正确的、逻辑上十分严整的历史观。

# "社会进步"观念的更新及其意义*
## ——重读《展望二十一世纪》

十多年前，池田大作先生与汤因比博士对话录《展望二十一世纪》的中译本出版时，我读过这本著作，曾深受教益。这次重读，又有许多更为深切的新感受。能有这许多新的感受的原因主要有两个：一个是池田先生已经是南开大学的名誉教授，我读他的著作更加增加了亲切感；二是我们已经进入了 21 世纪，同现实生活中的情形对照起来读这部著作，发现这两位思想家当时讨论的问题，现在仍然是全世界的人们热切关注的问题，他们提出的观点对于人们思考和解决当前的问题仍有重要的意义。因此，我对两位思想家的远见卓识更增加了钦佩之意。

在这本书的序言中，池田先生称赞汤因比博士慷慨地、认真地倾注了他的学识，认为"这一切都发自他希望人类社会向上的愿望"。这个评价也适用于池田先生自己。两位思想家都怀有"希望人类社会向上"的强烈愿望，都怀着对于人类的爱，这也正是他们对话的共同的思想基础。整个对话涉及现代人类生活中几乎所有的方面，包括经济、政治、军事、文化、教育、科学、技术、医疗卫生以及哲学、宗教、伦理等，但贯穿其中的基本线索，是探讨如何解决人类目前面临的问题，去创造更加美好的明天。可以说，对话录所围绕的主题就是社会"向上"

---

* 本文应日本创价学会之约而写。文章就池田大作和汤因比的对话，对近代以来理性主义的"社会进步"观念做了评价，载香港《黎明圣报》2000 年 5 月 8 日。

即社会进步的问题。

展望 21 世纪，思考人类社会的未来走向，探讨社会进步的问题，首先必须有明确的和正确的"进步"观念。这里说的"进步"观念，乃是关于什么是"社会进步"的观念。显然，如果沿用陈旧的、片面的"进步"观念去思考人类社会的现实和未来，就会南辕北辙，做不出正确的判断。因此，池田先生明确提出"对支持所有科学家的'进步'这一概念，必须重新进行探讨"①这可以说是抓住了全部问题的关键。

近代以来，特别是 18 世纪工业革命以来，科学技术突飞猛进，科学技术在生产中的应用获得了令人惊奇的成功。人类有了呼风唤雨、改天换地的伟力，这一切无不来自科学的力量，而科学所表现的则是人的理性的力量。由此，人们相信，只要依靠人类的理性，开发和发展人类的理性力量，人类社会就一定进步，人类社会的"向上"发展是确定不移的。这就是理性主义的"进步"观念。这种"进步"观念在近代史上占据主导地位并不断地强化，19 世纪达到了巅峰。但进入 20 世纪以后，尤其是两次世界大战以后，这种"进步"观念却逐渐动摇了，因为这种观念同现实的情形越来越对不上号了。科学发现了原子的构造，这种科学发现应用于技术造出原子弹，其中两颗被投到广岛和长崎，结果是惨绝人寰的大灾难。科学技术应用于生产，带来了生产力的巨大提高、社会财富的巨大涌流，这不但未能消灭贫穷，给人类社会普遍地带来福祉，反而使财富和权力集中于少数人手中，加剧了社会的分裂。运用越来越新奇、越来越强大的技术手段无限制地开发自然、征服自然，不但未能使自然界变得更适合人类的生存，反而造成资源枯竭、环境

---

① 池田大作、汤因比：《展望二十一世纪》，国际文化出版公司 1985 年版，第 409 页。

污染、水土流失以及其他种种公害，破坏了人类的家园。事实说明，科学技术的发达不一定能够保证社会的进步和人类的幸福，并不是任何一种理性在任何情况下都能够引导人类社会"向上"发展。于是，人们建立在以往的理性主义"进步"观念基础上的信念破灭了。理性在近代一直充当法官的角色，人们习惯于把一切都送到理性的审判台上来；如今，理性跌落到了被告席上，受到人们的奚落、批判和责难。有些人由不再相信理性而不再相信社会进步，他们看到的只是危机和倒退，从而用社会危机论取代了社会进步论。近半个世纪里，在社会进步的问题上，出现了世界性的思想混乱。池田先生与汤因比博士的对话就是在这样的背景下进行的。他们在对话中剖析了20世纪发生的各种问题，深入地分析了这些问题发生的原因以及解决这些问题的途径和前景，更重要的是从理论上深刻地阐明了这些问题的性质，因而大大有助于澄清这种思想混乱。

　　诚然，两位思想家都十分重视现代科学技术的负面影响，且对此进行了淋漓尽致的揭露和评论，但他们并不是一概地否认科学技术的积极意义。他们都认为科学进步具有两重性[1]，明确地指出："有必要对这些技术进行制约——不是排斥而是制约"[2]。这就是说，不应当一味地排斥科学技术，不能简单地否认科学技术是社会进步的推动力量，只是不能把它视为唯一的力量，不能把社会进步的希望仅仅寄托于科学技术的发展。"社会进步"是一个整体性概念。社会进步是在各种社会因素、社会力量的相互制约、相互作用过程中达到的状态。科学技术对于社会进步的推动作用，也是在其他社会因素、社会力量的

---

[1] 池田大作、汤因比：《展望二十一世纪》，国际文化出版公司1985年版，第373页。

[2] 池田大作、汤因比：《展望二十一世纪》，国际文化出版公司1985年版，第298页。

制约下发挥的。这里，首先是社会体制的制约，而归根结底是价值观念包括伦理观念的制约。他们一再强调，"一切力量——也包括进步的科学技术所产生的力量——在伦理上是中性的。因使用方法不同，它可以成为善的东西，也可以成为恶的东西。"[①]因此，不能抽象地评价科学技术，而应着眼于科学技术的制约条件，分清楚在什么样的社会条件制约下它可以为善，可以造福人类，推动社会进步，而在什么样的社会条件制约下，它可能为恶，可能给人类带来灾难，阻碍社会进步。具体地分析科学技术的制约条件，人们就可以积极地创造条件，把科学技术引导到造福人类、推动社会进步的轨道上来。这种看法，无疑是非常正确的，也是非常深刻的。

　　从理论上说，近代理性主义进步观的失误不在于它看重理性，而在于它把"理性"概念片面化了。它把人类的理性归结为科技理性，而科技理性只是一种工具性的东西，因而把价值理性排除于"理性"概念之外，像人们对于生命意义的追寻、对于人类命运的关注、社会理想的确立等，都似乎不是"理性"要做的事情了。只讲工具理性而忽视价值理性，就使工具理性失去了价值理性的制约，而工具理性一旦失去价值理性的制约，它也就失去了方向。这就是问题的实质所在。两位思想家正是抓住了问题的实质，因而他们的谈话自始至终都是强调培育和发扬人类健全的价值理性，即强调树立良好的价值观念和伦理道德。池田先生总结式地说道："人们有一种错觉，以为从技术进步所得的力量，可以代替道德所完成的任务。我认为从这种错觉中解脱出来，是解决人们自己招致的现代危机的出发

---

　　① 池田大作、汤因比：《展望二十一世纪》，国际文化出版公司 1985 年版，第 373 页。

点。"①这是何等正确和深刻，何等切中要害！技术进步不可代替道德进步，相反，只有取得人类道德的进步，才有可能使技术进步在进步道德的制约下而变得有意义，变得有益于人类！整个 20 世纪，尤其是其下半叶，可以说一切有历史责任感的思想家都把他们的思考聚焦在这一点上。当人类历史进入 21 世纪时，这个问题显得更加尖锐、更加紧迫了。

　　在现代科学技术飞速发展、工具理性急剧膨胀的情况下，应当用什么样的价值理性与之相抗衡，用什么样的价值观念去对科学技术加以制约和引导？对此，池田先生有非常明确的回答，那就是要确立把人的生命的尊严放在第一位的价值观。②发展科学技术也好，解决社会体制问题也好，或做其他任何事情也好，都要以保证人的生命的尊严为价值基础。这种"以人为本"的理念贯穿于对话的全过程，给人们以极其深刻的印象。显然，这里所谓"生命的尊严"绝不只是活着就行，而是要活得有尊严，即池田先生所说的能够"像一个真正的人一样生活"③。固然，两位思想家都严厉地谴责人类互相残杀的行为，谴责少数特权者为牟取私利而恣意剥夺千百万人的生命的战争，甚至探讨了废除死刑的问题、安乐死的问题，等等。这一类直接剥夺人的生命的现象，是同保证人的生命的尊严这一基本理念直接相悖的，自然要引起他们的高度重视。但是，他们的思想境界非常开阔。他们不限于提出"把人的生命的尊严放在第一位"的价值准则，而是从方方面面开掘和阐发了"生命尊严"的丰富内涵。因此，他们更多地致力于探讨人类生存环

---

　　① 池田大作、汤因比：《展望二十一世纪》，国际文化出版公司 1985 年版，第 388 页。
　　② 池田大作、汤因比：《展望二十一世纪》，国际文化出版公司 1985 年版，第 111 页，第 150 页。
　　③ 池田大作、汤因比：《展望二十一世纪》，国际文化出版公司 1985 年版，第 150 页。

境、生存状况的改善，探讨人的生命活动的意义，探讨现代人如何在肮脏的富裕中摆脱精神饥饿的威胁①等，因为这些方面都是在深层次上涉及人的生命的尊严，是人的生命的真正价值所在。

人的生命的尊严要人自己去争取和保证。池田先生语气沉重地说："现在威胁人类生存的最大敌人，是人类自己。这种情况越来越显著。如果人不学好治理自己，就会陷入灭亡的深渊。"②战争是人自己去发动和进行的，社会的不公正是人自己制造的，各种公害都是人自己造成的，环境是人自己破坏的，而造成这一切的总根源就是人的贪欲的放纵和骄傲自满。因此，解决目前人类面临的各种问题的出路就在于人学好治理自己。而要治理好自己，最要紧的就是要克制自己，克制自己的贪欲和自满。池田先生把这种自我克制视为"宗教的真髓"③，自然这也是人类普遍的道德要求。正是基于这些观念，池田先生大力倡导和推进"人的革命"。人作为一种精神性的存在物，所谓"人的革命"主要也就是精神的革命。池田先生所期望的，是通过人的革命，建设起高度的精神文化社会，保证人的生命的内涵不断充实和丰富。这才是社会进步的根本目标和尺度。

---

① 池田大作、汤因比：《展望二十一世纪》，国际文化出版公司 1985 年版，第 52 页。

② 池田大作、汤因比：《展望二十一世纪》，国际文化出版公司 1985 年版，第 262 页。

③ 池田大作、汤因比：《展望二十一世纪》，国际文化出版公司 1985 年版，第 52 页。

# 《进步观念的当代重建》序言*

　　社会进步是人类的理想追求,是支撑人类活动的精神信念,因而是古往今来的思想家们不断探索的重大理论课题。在当代,社会进步出现了新的复杂情况,以往的社会进步观念遇到了新的挑战,人们对于社会进步的信念陷入了严重的混乱和迷茫状态,亟须建构适应于新的时代条件的社会进步理论,以引导人类推动社会进步的实践。永平的这部著作,就是适应这种实践和理论的需要,力图对于这一时代的重大课题做出符合马克思主义的回答,它的意义是显而易见的。

　　现在在进步观念上出现的问题,说来说去,都同如何看待近代理性主义的进步观相关联。近代理性主义的进步观是资产阶级开创"世界历史"的产物和理论表现,它在历史上的积极意义是无可置疑的,但它又有着严重的局限性。随着西方现代化进程中的各种弊病日益显露,这种社会进步的理论观念同社会进步的现实过程相距越来越远,理性主义的进步观无可挽回地动摇了。有些人便由否定理性主义的进步观念进而否定一般的进步观念,这就是 20 世纪在西方出现的社会危机论。社会危机论作为理性主义进步观的反动,是现代西方社会深刻矛盾的反映。这部著作着力于揭示近代进步观和现代危机论这两种社会进步观念的实质和根源,可以说是抓住了全部问

　　*《进步观念的当代重建》,郝永平著,湖北教育出版社 2000 年出版。

题的要害。

这部著作对近代西方理性主义进步观和现代西方社会危机论进行了多维度的实质性的比较分析和批判，从而得出了"准确理解和正确把握的马克思主义进步观是当代人类应当确立的社会进步观念的科学形态"这一基本的理论结论。近代进步观立足于理性，现代危机论固执于非理性，马克思主义则从人类活动论的理论立场出发，消解了理性与非理性的对立，合理地说明了理性与非理性各自在社会进步中的地位和作用；近代进步观片面弘扬科学理性精神，现代危机论极度膨胀关注于非理性个人的人文价值，马克思主义则阐明了科学理性精神与人文价值观照的有机统一，从而确立了以人的发展为核心的进步逻辑；近代进步观把社会进步的希望完全寄托于科学技术的发达，现代危机论把社会进步的危机归因于科学技术本身，马克思主义则指明科学技术既有巨大的积极作用又有潜在的、在特定社会关系条件下可能显露的消极效应，主张从整个社会系统对于科学技术的制约性中看待科学技术对于社会进步的意义；近代进步观片面强调必然性而贬低人的自由选择，现代危机论夸大个人自由而否定客观必然性，马克思主义则正确地阐明了必然和自由的含义，把握了必然和自由的统一；近代进步观对社会进步持盲目乐观的信念，现代危机论对社会进步抱消极悲观的情绪，马克思主义则描绘出社会进步的辩证图景，强调以辩证的态度对待充满矛盾和曲折的社会进步过程。整个分析层层深入，条理清晰，充满了辩证法，可以说是历史主义的辩证法在社会理论研究中的一次成功运用。这也使这部著作增添了理论的价值和魅力。

永平曾从我攻读博士学位，这部著作就是在他的学位论文的基础上写成的，它能够出版，我是由衷地高兴的。作品如同人品，永平思维敏捷，勤奋好学，做学问和做人都很老实。他对马克思主义有坚定的信念，写这本书就是基于这种信念。由此我相信，他会在哲学理论研究上做出更大的贡献。